贯彻落实教育规划纲要，推进教育体制改革

U0813683

中国民办教育发展报告2015

周海涛　钟秉林　主编

北京师范大学出版集团
BEIJING NORMAL UNIVERSITY PUBLISHING GROUP
北京师范大学出版社

编 委 会

主　编　周海涛　钟秉林

编　委　张墨涵　马艳丽　朱玉成　郭二榕
罗　炜　刘永林　方　芳　李　虔
景安磊　史少杰　闫丽雯

前　言

2015年是民办教育改革的重要一年。为消除民办教育分类管理的法律障碍，国务院常务会议讨论通过部分教育法律修正案草案，明确“对民办学校实行分类管理，允许兴办营利性民办学校”。2015年教育部工作要点对民办教育改革做出了一系列部署，提出鼓励社会力量兴办教育，出台鼓励社会力量兴办教育的政策文件，推进独立学院规范发展。2015年全国教育工作会议则指出：“完善董事会（理事会）、监事会制度”，“扩大民办学校在教育教学、招生、收费等方面的自主权”，“依法建立分类管理基础上的财政、金融、土地、人事等方面差异化扶持政策”。这为民办学校发展带来难得的机遇。

基于上述政策背景，《中国民办教育发展报告2015》的编撰主要着眼于我国民办高校系统内部尤其是学生和教师发展情况。课题组收集了涵盖全国31个省、自治区和直辖市的民办教育基本数据；同时，致力于分阶段建设民办教育数据库，为政策决策提供数据支持。课题组自2014年开始先从民办高校师生数据库建设入手，共采集上海、重庆、广东、浙江、陕西、甘肃、湖北和宁夏等地的120余所民办高校的教师17074人、学生108205人的有效数据样本，并分步、分批采集和完善民办教育数据。

本报告分为三个部分。

第一部分是“民办高校师生发展总报告”。总报告全面统计和量化分析已采集的2015年民办高校师生发展数据，从宏观上评判我国民办高校师生发展基本状况。内容包括民办高校学生发展基本状况和民办高校教师发展基本状况。在民办高校后发优势逐渐显现的背景下，本年度调查范围设定在民办高校的师生群体。研究采用问卷调查和访谈相结合的方式；分析侧重于各群体发展的差异性比较，主要采用得分平均数比较法，以柱状图形式呈现研究结果，同时重视各差异量之间的显著性检验和问卷信效度检验；撰写以客观反映民办高校发展现状、尊重数据结果为原则，重在呈现结果而非主观判断；通过预测和信效度检验，设计开发了较为可靠的测量工具。

第二部分是“民办高校学生发展报告”。学生发展报告主要从情绪管理、双创基础、学习力、能力发展、获得感五个方面对民办高校学生发展状况进行分析。当前，民办高校学生还存在一些问题，不论是学习基础、能力技能、创新素养，还是学习的积极性、主动性和获得感都相对不足。这既有体制、观念方面的原因，也有方法方面的原因。有效解决问题的根本着力点是推进体制机制改革和人才培养模式改革。下一阶段的民办学校改革要坚持以学生为本，关注学生“主体性”，拓展更大的自主学习空间，更新教学组织形式和方法，努力改变学生被动学习、被动接受知识的局面，给予学生更多自主学习和创新发展的机会。

第三部分是“民办高校教师发展报告”。教师发展报告主要从教学效能感、职业倦怠、环境待遇、职业培训四个方面对民办高校教师发展状况进行分析。稳定与完善民办高校教师队伍，优化民办高校教师的专业发展体系，健全民办高校教师的权益保障机制，一直是民办高校发展的重中之重。民办高校由于建校时间短、教学资源紧缺，为了加速发展，往往将精力和资源集中在基础设施建设和招生就业上，而对管理理念、队伍结构、教师待遇、培训进修机会等关注不够，如不转移发展重心，走内涵式发展道路，将会制约民办高校质量和水平的整体提高。因此，政府、社会和民办学校要协同发力，清理法规和实践中对民办高校教师的歧视性规定，完善各种教师保障制度，尽快健全教师专业发展体系，不断拓展教师职后教育新路径，促进教师的专业成长。

各部分内容要点如下。

一、民办高校师生发展总报告

1. 民办高校学生发展基本状况

学生发展共分为五个测量指标，分别是学生情绪管理、双创基础、学习力、能力发展和获得感，其中情绪管理、双创基础中的创新素养、学习力、能力发展和获得感是连续变量。五个指标均值整体差异不大。第一，全国民办高校学生情绪管理整体水平较高，问题不显著。值得关注的是情绪调节均值在各维度中最低，表明全国民办高校学生情绪管理能力还有提升空间。第二，全国民办高校学生创新素养能力有待提高。其中，学生想象力均值在各维度中最低，还有提升空间。第三，全国民办高校学生学习力在五个指标中均值最低。值得关注的是学生学习毅力均值在各维度中最低，表明全国民办高校学生整体学习力，尤其是学习毅力有待提高，值得关注。第四，全国民办高校学生能力发展在五个指标中均值较高。值得关注的是学生专业技能均值在各维度中最低，表明全国民办高校学生专业技能发展水平略低。第五，全国民办高校学生获得感均值较低。其中，学生认同感均值在各维度中最低，表明全国民办高校学生获得感不高，尤其认同感较低，值得关注。整体而言，全国民办高校学生发展状况良好。学生情绪管理、学习力、能力发展和获得感相对较好，在以下几个方面还有待改进：一是学生情绪调节能力还有提升空间；二是学生想象力创新素养水平不高；三是学生学习毅力有待提高；四是学生专业技能发展水平略低；五是学生认同感不高。问题解决的主要途径：一是发挥心理咨询中心的作用，疏导学生不良心理；二是优化教学模式和考核方式，通过活动激发学生创新能力；三是强化教学的中心地位，重视提高学生学习质量；四是合理设计课程结构，发展学生专业技能；五是积极培育学生获得感，提高学生社会认同感。

2. 民办高校教师发展基本状况

教师发展共有教学效能感、职业倦怠、环境待遇、职业培训四个测量指标，其中有三个指标是可比较的连续数据，分别是教师教学效能感、环境待遇和职业倦怠。三个指标均值整体差异不大。第一，全国民办高校教师教学效能感整体水平比较高。其中，教师的学生投入均值在各维度中最低，表明全国民办高校教师的学生投入情况不理想。第二，全国民办高校教师职业倦怠整体情况不严重，问题不显著。值得关注的是教师的自我成就感和情绪衰竭均值在各维度中较高，表明全国民办高校教师的情绪衰竭情况值得关注。第三，全国民办高校教师环境待遇认知均值稍低。其中，教师的职业待遇均值在各维度中最低，表明全国民办高校教师的职业待遇情况不理想，值得关注。第四，培训需求维度，全国民办高校教师在“教学建设与改革”培训中最想得到的帮助是了解行业发展最新状况、参与专业学科建设和人才培养模式改革；在“实践教学”培训中最想得到的帮助是参加行业活动的机会、开发实践教学环节和项目、与行业企业开展产学研合作；在“一般能力发展”培训中最想得到的帮助是创新能力和实践操作能力。总体上，全国民办高校教师发展状况良好，同时也存在一些突出问题：一是教师对学生投入度不够；二是教师情绪衰竭情况值得关注；三是教师的职业待遇亟待提高。问题解决的主要途径：一是转变教师管理模式，促进民办高校师生交流制度化；二是制定相应的措施，预防和缓解教师的情绪衰竭；三是清理各类歧视政策，落实民办高校教师待遇。

二、民办高校学生发展报告

1. 情绪管理

情绪管理量表是测量大学生情绪管理水平的有效工具。课题组将民办高校学生情绪管理分为自我情绪认知、他人情绪识别、情绪运用和情绪调节四个方面。其中，自我情绪认知均值最高，他人情绪识别、情绪运用均值依次递减，情绪调节均值最低。第一，民办高校学生自我情绪认知状况良好，均值 3.834(采用李克特五级量表，下同)，在各维度中最高。经过显著性检验验证发现，在诸多影响因素中存在显著性差异的有：性别、就读专业层次、家庭所在地、志愿填报、是否担任社团或学生会干部、父母学历、家庭经济、高中学校类型。不存在显著性差异的有：年级、是否独生子女。第二，民办高校学生他人情绪识别能力良好，均值 3.798，在各维度中较高。经过显著性检验验证发现，存在显著性差异的有：性别、就读专业层次、是否独生子女、志愿填报、是否担任社团或学生会干部、父母学历、家庭经济、高中学校类型。不存在显著性差异的有：年级、家庭所在地。第三，民办高校学生自我情绪运用能力良好，均值 3.688，在各维度中均值偏低。经过显著性检验验证发现，存在显著性差异的有：性别、年级、家庭所在地、志愿填报、是否担任社团或学生会干部、父母学历、家庭经济、高中学校类型。不存在显著性差异的有：就读专业层次、是否独生子女。

2. 双创基础

创新素养量表和创业意向问卷是测量大学生双创基础的有效工具。课题组将民办高校学生双创基础分为创新素养和创业意向两个部分。创业意向分为创业准备和创业需求两部分。创新素养分为冒险性、好奇性、想象力和挑战性四个方面考查。其中，挑战性均值最高，冒险性、好奇性均值依次递减，想象力均值最低。第一，民办高校学生创新素养一般，均值 3.494，其中想象力均值仅有 3.32，在各维度中均值偏低。经过显著性检验验证发现，在诸多影响因素中存在显著性差异的有：性别、年级、就读专业层次、家庭所在地、是否独生子女、志愿填报、是否担任社团或学生会干部、父母学历、高中学校类型。不存在显著性差异的有：就读专业类型、家庭经济水平。第二，民办高校学生创业准备不够充分。经过显著性检验验证发现，存在显著性差异的有：性别、年级、就读专业层次、家庭所在地、是否独生子女、志愿填报类型、是否担任社团或学生会干部、就读专业类型、父母学历、家庭经济水平和高中学校类型。

3. 学习力

学习力量表是测量大学生学习动力、毅力、能力的有效工具。课题组将民办高校学生学习力分为学习动力、学习毅力和学习能力三个方面。其中，学习动力均值最高，学习毅力均值最低。第一，民办高校学生学习动力状况一般，均值3.599，但在各维度中均值最高。经过显著性检验验证发现，在诸多影响因素中存在显著性差异的有：性别、年级、就读专业层次、家庭所在地、是否独生子女、志愿填报、是否担任社团或学生会干部、父母学历、家庭经济、高中学校类型。不存在显著性差异的有：就读专业类型。第二，民办高校学生学习毅力状况一般，均值3.332，在各维度中均值最低。经过显著性检验验证发现，存在显著性差异的有：性别、年级、就读专业层次、家庭所在地、志愿填报、是否担任社团或学生会干部、父母学历、家庭经济、高中学校类型。不存在显著性差异的有：是否独生子女。第三，民办高校学生学习能力状况一般，均值3.496，在各维度中均值中等。经过显著性检验验证发现，存在显著性差异的有：性别、年级、家庭所在地、志愿填报、是否担任社团或学生会干部、父母学历、家庭经济、高中学校类型。不存在显著性差异的有：就读专业层次、是否独生子女。

4. 能力发展

能力发展量表是测量大学生基本能力和专业技能的有效工具。课题组将民办高校学生能力发展分为基本能力和专业技能两个方面。其中，基本能力均值最高，专业技能均值最低。第一，民办高校学生基本能力水平较高，均值3.793，但在各维度中均值最高。经过显著性检验验证发现，在诸多影响因素中存在显著性差异的有：性别、年级、就读专业层次、家庭所在地、志愿填报、是否担任社团或学生会干部、父母学历、家庭经济、高中学校类型。不存在显著性差异的有：是否独生子女。第二，民办高校学生基本能力水平不低，均值3.744，但在各维度中均值最低。经过显著性检验验证发现，存在显著性差异的有：性别、年级、就读专业层次、家庭所在地、志愿填报、是否担任社团或学生会干部、父母学历、家庭经济、高中学校类型。不存在显著性差异的有：是否独生子女。

5. 获得感

获得感量表是测量大学生参与、被认同、成就和幸福指数水平的有效工具。课题组将民办高校学生获得感分为参与感、认同感、成就感和幸福感四个方面。其中，幸福感均值最高，成就感、参与感均值依次递减，认同感均值最低。第一，民办高校学生参与感水平不高，均值 3.539，在各维度中均值较低。经过显著性检验验证发现，在诸多影响因素中存在显著性差异的有：性别、年级、家庭所在地、志愿填报、是否担任社团或学生会干部、父母学历、家庭经济、高中学校类型。不存在显著性差异的有：就读专业层次、是否独生子女。第二，民办高校学生认同感水平较低，均值 3.471，在各维度中均值最低。经过显著性检验验证发现，存在显著性差异的有：性别、年级、就读专业层次、家庭所在地、志愿填报、是否担任社团或学生会干部、父母学历、家庭经济、高中学校类型。不存在显著性差异的有：是否独生子女。第三，民办高校学生成就感水平较高，均值 3.794，在各维度中均值较高。经过显著性检验验证发现，存在显著性差异的有：性别、年级、就读专业层次、家庭所在地、是否独生子女、志愿填报、是否担任社团或学生会干部、父母学历、家庭经济、高中学校类型。第四，民办高校学生幸福感水平很高，均值 3.827，在各维度中均值最高。经过显著性检验验证发现，存在显著性差异的有：性别、年级、就读专业层次、家庭所在地、是否独生子女、志愿填报、是否担任社团或学生会干部、父母学历、家庭经济、高中学校类型。

三、民办高校教师发展报告

1. 教学效能感

教学效能感量表是测量教师教学技能、课堂管理、学生投入效能感的有效工具。课题组将民办高校教师教学效能分为教学技能、课堂管理和学生投入三个方面。其中，教学技能均值最高，其次为课堂管理，学生投入均值最低。第一，民办高校教师教学技能水平良好，均值 3.973，在各维度中均值最高。经过显著性检验验证发现，在诸多影响因素中存在显著性差异的有：性别、教龄、学校层次、学历、职称、承担课程门数、每周授课学时。不存在显著性差异的有：专兼职身份。第二，民办高校教师课堂管理水平较好，均值 3.956，在三个维度中均值居中。经过显著性检验验证发现，存在显著性差异的有：性别、教龄、学历、职称、承担课程门数、一周授课学时、月收入、年收入相对于支出、工作满意度。不存在显著性差异的有：专兼职身份、学校层次。第三，民办高校教师对学生的投入均值为3.827，在各维度中均值最低，还有进一步提升的空间。经过显著性检验验证发现，存在显著性差异的有：性别、学历、职称、承担课程门数、每周授课学时数、月收入、年收入相对于支出、工作满意度。不存在显著性差异的有：教龄、专兼职身份、学校层次。

2. 职业倦怠

职业倦怠量表是测量教师情绪衰竭、去个性化、成就感缺失问题的有效工具。课题组将民办高校教师职业倦怠分为情绪衰竭、去个性化和成就感缺失三个方面。其中，去个性化分值最低，其次为情绪衰竭，成就感缺失分值较高。第一，民办高校教师存在情绪衰竭现象，均值2.838，在各维度中处于居中水平。经过显著性检验验证发现，在诸多影响因素中存在显著性差异的有：教龄、专兼职身份、学历、职称、承担课程门数、每周授课学时、月收入、年收入相对于支出、工作满意度。不存在显著性差异的有：性别、学校层次。第二，民办高校教师存在去个性化问题，均值2.483，在三个维度中处于居中水平。经过显著性检验验证发现，存在显著性差异的有：性别、教龄、专兼职身份、学校层次、学历、每周授课学时、月收入、年收入相对于支出、工作满意度。不存在显著性差异的有：职称、承担课程门数。第三，民办高校教师成就感缺失不严重，成就感均值3.627，在各维度中均值最高。经过显著性检验验证发现，存在显著性差异的有：学历、承担课程门数、工作满意度；不存在显著性差异的有：性别、教龄、专兼职身份、学校层次、职称、每周授课学时、月收入、年收入相对于支出。

3. 环境待遇

环境待遇量表是测量教师对学校硬件条件、专业发展支持、教学沟通、职业待遇满意度的有效工具。课题组将民办高校环境待遇分为硬件条件、专业发展和教学沟通和职业待遇四个维度。其中，硬件条件均值最高，其次为专业发展，职业待遇均值最低。第一，民办高校硬件条件水平居中，均值3.301，在各维度中均值最高。经过显著性检验验证发现，在诸多影响因素中存在显著性差异的有：教龄、专兼职身份、学校层次、学历、职称、每周授课学时、月收入、年收入相对于支出、工作满意度。不存在显著性差异的有：性别、承担课程门数。第二，民办高校教师对专业发展的满意度水平中等，均值 3.134，还需进一步提升。经过显著性检验验证发现，存在显著性差异的有：性别、教龄、学校层次、专兼职身份、学历、职称、承担课程门数、每周授课学时、月收入、年收入相对于支出、工作满意度。第三，民办高校教师教学沟通处于中等水平，均值 3.116，教师的教学沟通水平有待提高。经过显著性检验验证发现，存在显著性差异的有：性别、教龄、学校层次、专兼职身份、学历、职称、承担课程门数、每周授课学时、月收入、年收入相对于支出、工作满意度。第四，民办高校教师职业待遇不高，均值 2.824，在四个维度中处于最低水平。经过显著性检验验证发现，存在显著性差异的有：性别、教龄、专兼职身份、学校层次、职称、学历、承担课程门数、每周授课学时、月收入、年收入相对于支出、工作满意度。

4. 职业培训

教师职业培训问卷是了解民办高校教师职业培训现状和需求的有效工具。民办高校教师培训状况是影响教师专业发展、提高民办高校教学质量的关键点。一是已有培训情况分析。已有培训是指民办高校教师曾参加过的职业培训，了解已有培训(培训形式、经费来源与效果评价)的现状，是改善教师发展条件和环境的重要前提。二是已有培训需求分析。培训需求是指了解不同教师群体对特定培训的需求程度。主要包括课堂教学和实践教学培训需求、学科和科研培训需求和能力发展与职业发展培训需求。了解民办高校教师培训需求有利于民办高校有针对性地开展教师培训业务，切实促进教师专业发展。

目　录

图目录

表目录

第一部分

民办高校师生发展总报告

【研究背景】

民办教育事业属于公益性事业，是社会主义教育事业的重要组成部分。改革开放以来，特别是20世纪90年代后，为了给更多的适龄青年提供接受高等教育的机会，不断扩大我国高等教育的规模，在进一步增加公办高等教育投入的同时，国家动员社会各方面力量兴办高等教育，不断加大鼓励、扶植民办教育发展的力度。经过三十多年的发展，民办高校随着社会的转型也呈现出明显的后发优势：由补充性作用向特色性作用转化，由行政性管理向法制化管理转化，由机遇性竞争向实力性竞争转化。

竞争的关键是质量和声誉。师生是高校的主体，教学科研过程是师生共同开展创造性劳动的过程，师生的素质决定了一所大学的质量和声誉。坚持以学生为主体、以教师为主导，在建立健全中国特色现代大学制度中凸显教师和学生的主体地位，落实以人为本理念的关键。长期以来，学术界和实务界将视线集中在民办高等教育的宏观领域，对民办高校师生发展状况的重视程度不够，相关配套政策与研究有待加强。

从系统论视角看，民办高校是一个行为交互影响的系统，是一种为达成目标有组织的人力资源和非人力资源相互连锁的开放系统①。师生的发展是教育系统协同运动的序参量。教育得以发展的根本原因在于师生素质的协同、能动的发展。当然周围的环境需为师生提供物质、能量与信息，师生才能得以持续的发

① 王庆如．民办高校：提升办学水平的研究与思考[M]．福州：福建教育出版社，2014：45.

展。师生的发展是学校发展的核心体现和内在要求，学校的发展又是师生发展的前提条件。学校的发展和师生的发展是一个统一的相互依存、和谐共生的有机体。

从政府的角度讲，对民办高等教育的扶持表面看是通过财政扶持、土地划拨、税收优惠等多种方式扶持民办高校发展，根本是努力改善民办教育整体政策环境，资助和保障师生的基本权益。

从学生的视角看，大多数学生上大学的目的是为了获得知识以及能让他们拥有胜任一份工作的能力和技能。民办高校的学生发展具有阶段性、差异性、可塑性等特征。有针对性地研究民办高校学生发展情况，不仅有利于促进民办高校由外延发展向内涵发展转型，更有利于提高人才培养质量，吸引学生报考民办高校。

从教师的视角看，教学相长是教育的特点，学生的发展也取决于教师的发展，引领学生发展是教师的根本使命。掌握民办高校学生的特点，有针对性地促进学生发展是教师关注的焦点。同时，生存环境与职业发展空间也影响着民办高校教师能否安心工作、专心教学。

本报告基于教育部哲学社会科学研究重大课题攻关项目和发展报告培育项目，以及北京师范大学民办教育科研团队的研究成果与全国民办教育师生发展数据库调查数据撰写。自 2012 年建立全国民办教育数据库以来，每年大范围调查全国民办高校师生发展情况，已连续 4 年出版《中国民办教育发展报告》，并为各参与调研省份提供诊断性分省报告，为各级民办教育主管部门、各类民办学校、研究机构以及广大的民办学校师生提供参考。

1. 调查范围

本年度调查范围设定在民办高校的师生群体。本报告中，样本教师共 7618 名，来自全国 72 所民办高校；样本学生共 43574 名，来自全国 77 所民办高校，具体见表 1。

表 1　全国师生数据来源

样本群体	人数	学校数
学生	43574	77
教师	7618	72

2. 样本特征

(1)学生。

学生样本有效参与人数为 43574 人，从性别分布看，其中男生共 19930 人(占整体的 45.7%)，女性共 23644 人(占整体的 54.3%)，如图 1 所示。

从年级分布看，一年级学生共 21693 人(占整体的 49.8%)，二年级学生共 14089 人(占整体的 32.3%)，三年级学生共 6181 人(占整体的 14.2%)，四年级学生共 1561 人(占整体的 3.6%)，五年级学生共 50 人(占整体的 0.1%)，如图 2 所示。

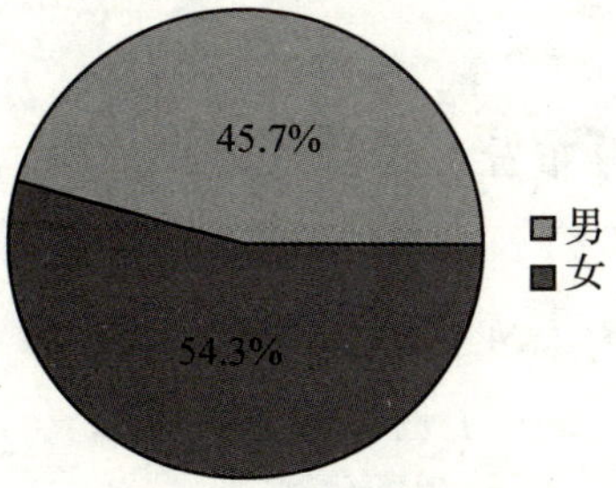

图 1　学生性别分布

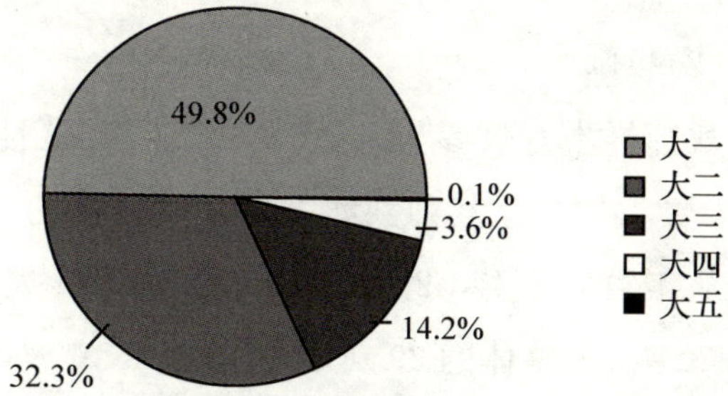

图 2　学生年级分布

从专业分布看，工学专业学生共 11972 人(占整体的 27.5%)，经济学专业学生共 7268 人(占整体的 16.7%)，管理学专业学生共 7730 人(占整体的 17.7%)，艺术学专业学生共 7193 人(占整体的 16.5%)，法学专业学生共 485 人(占整体的 1.1%)，教育学专业学生共 937 人(占整体的 2.2%)，农学专业学生共 91 人(占整体的 0.2%)，医学专业学生共 1451 人(占整体的 3.3%)，理学专业学生共 1508 人(占整体的 3.5%)，哲学专业学生共 99 人(占整体的 0.2%)，文学专业学生共 4840 人(占整体的 11.1%)，如图 3 所示。

从家庭经济状况分布看，家庭很贫困学生共 3363 人(占整体的 7.7%)，家庭贫困学生共 10342 人(占整体的 23.7%)，家庭中等水平学生共 27614 人(占整体的 63.4%)，家庭富裕学生共 1935 人(占整体的 4.4%)，家庭很富裕学生共 320 人(占整体的 0.8%)，如图 4 所示。

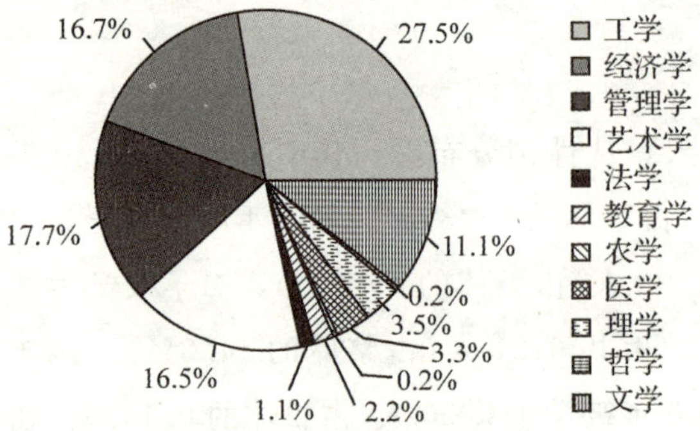

图 3 学生专业分布

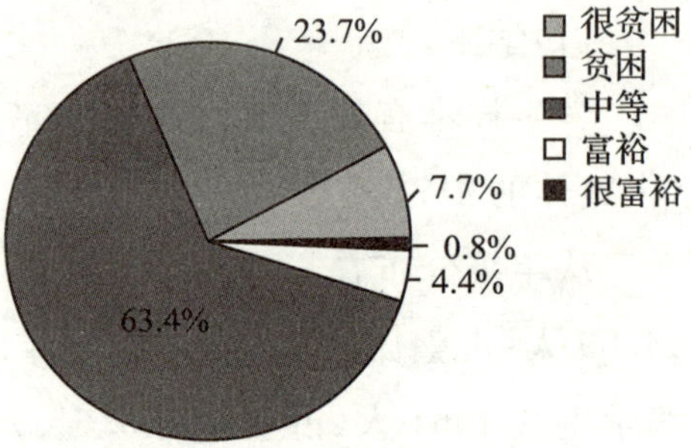

图 4 学生经济状况分布

(2)教师。

教师样本有效参与人数为 7168 人，从性别分布看，男教师共 3087 人(占整体的 40.5%)，女教师共 4531 人(占整体的 59.5%)，如图 5 所示。

从年龄分布看，25 岁以下教师共 478 人(占整体的 6.4%)，26～30 岁教师共 2220 人(占整体的 29.1%)，31～35 岁教师共 2513 人(占整体的 33%)，36～40 岁教师共 1046 人(占整体的 13.7%)，41～50 岁教师共 663 人(占整体的 8.7%)，51～60 岁教师共 399 人(占整体的 5.2%)，61 岁以上教师共 299 人(占整体的 3.9%)，如图 6 所示。

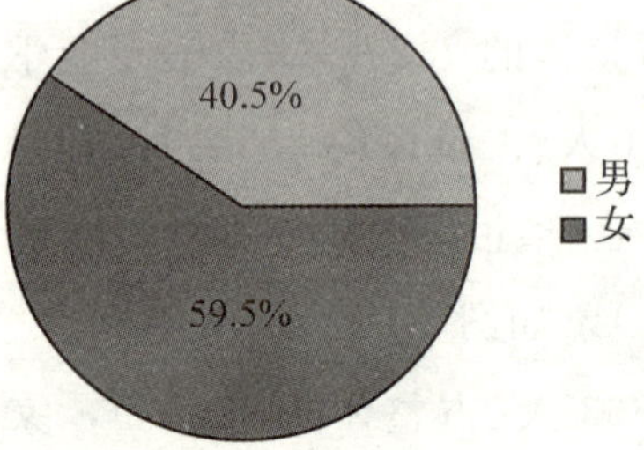

图 5 教师性别分布

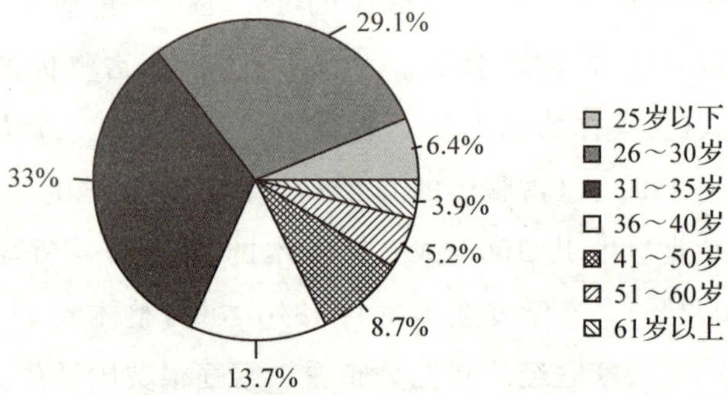

图 6 教师年龄分布

从职称分布看，正高级职称教师共 274 人(占整体的 3.6%)，副高级职称教师共 1030 人(占整体的 13.5%)，中级职称教师共 3596 人(占整体的 47.2%)，初级职称教师共 1675 人(占整体的 22%)，无职称教师共 1043 人(占整体的 13.7%)，如图 7 所示。

从学历分布看，专科及以下共 234 人(占整体的 3.1%)，学士共 2592 人

（占整体的 34%），硕士共 4422 人（占整体的 58%），博士共 204 人（占整体的 2.7%），填写其他学历的共 166 人（占整体的 2.2%），如图 8 所示。

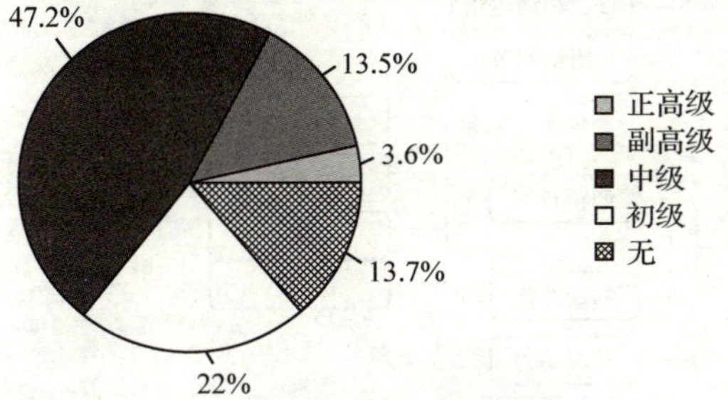

图 7 教师职称分布

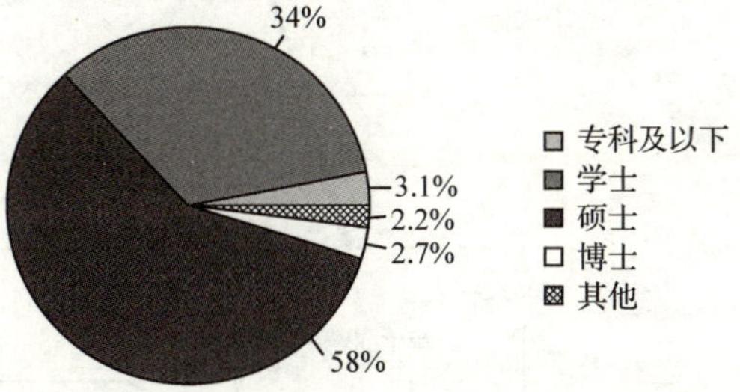

图 8 教师学历分布

【研究方法】

1. 调查方式

研究采用问卷调查和访谈相结合的方式。调查问卷采用纸质填写与网络作答结合的方式，由各省协调人负责协调、督促问卷作答任务。为保证作答真实有效，在委托前向有关负责人讲明本次研究的目的、操作方法和注意事项。

2. 分析方法

回收数据使用 SPSS 统计软件包录入，并同时运用 R 语言软件和 AMOS 软件进行统计分析。

分析侧重于各群体发展的差异性比较，主要采用得分平均数比较法，以柱状图形式呈现研究结果。同时重视各差异量之间的显著性检验和问卷信效度检验。

3. 撰写特点

本报告撰写以客观反映民办高校发展现状、尊重数据结果为原则，重在呈现结果而非主观判断。行文风格以简要、明了，力求准确为导向，突出可视化图形的直观表述。

【测量工具】

1. 工具设计

本研究的测量工具分为民办高校教师问卷和学生问卷。

学生问卷包括五个量表和一个问卷：情绪管理量表、创新素养量表、学习力量表、能力发展量表、获得感量表和创业准备问卷。如图 9 所示。

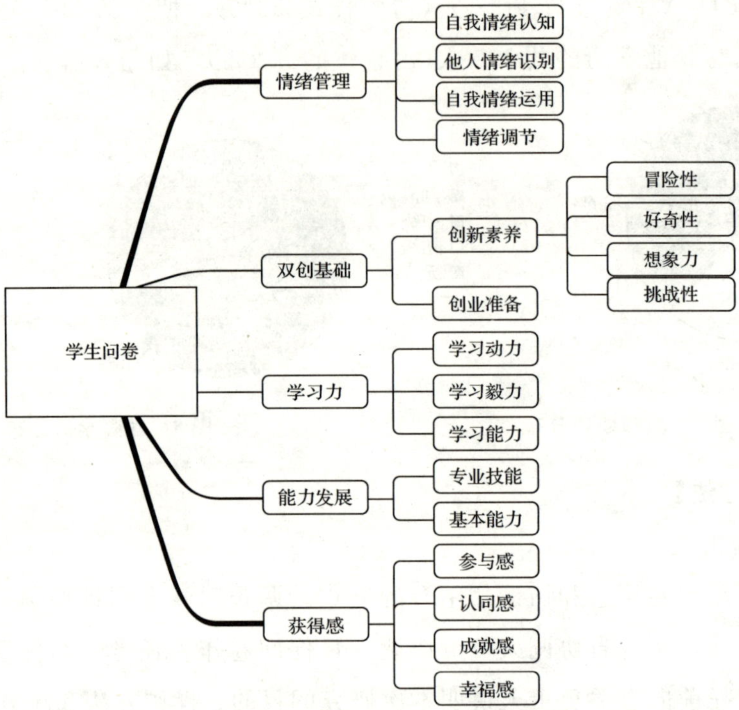

图 9　民办高校学生发展测量工具

教师问卷包括三个量表和一个问卷：教学效能感量表、环境待遇量表、职业倦怠量表和职业培训问卷。

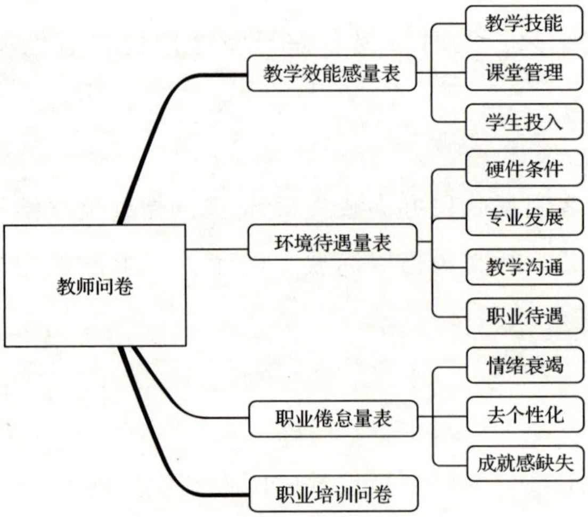

图 10　民办高校教师发展测量工具

2. 工具可靠性

(1)学生量表的信度。

由表2可知，情绪管理量表内部一致性信度为0.949，自我情绪认知、他人情绪识别、情绪适应和情绪调节的内部一致性信度都大于0.8。总体而言，情绪管理量表的信度系数达到团体施测的水平。

创新素养量表内部一致性信度为0.896，冒险性、好奇性、想象力和挑战性的内部一致性信度都大于0.7。总体而言，创新素养量表的信度系数达到团体施测的水平。

学习力量表内部一致性信度为0.949，学习动力、学习毅力和学习能力的内部一致性信度都大于0.8。总体而言，学习力量表的信度系数达到团体施测的水平。

能力发展量表内部一致性信度为0.964，专业技能和基本能力的内部一致性信度都大于0.9。总体而言，能力发展量表的信度系数达到团体施测的水平。

获得感量表内部一致性信度为0.959，参与机会、认同状况、成就水平和幸福程度的内部一致性信度都大于0.8。总体而言，获得感量表的信度系数达到团体施测的水平。

表2　学生量表信度表

测量指标	子维度	子维度（alpha）	指标（alpha）
情绪管理	自我情绪认知	0.845	0.949
	他人情绪识别	0.901	
	情绪适应	0.898	
	情绪调节	0.929	
创新素养	冒险性	0.706	0.896
	好奇性	0.751	
	想象力	0.812	
	挑战性	0.843	
学习力	学习动力	0.839	0.949
	学习毅力	0.909	
	学习能力	0.894	

续表

测量指标	子维度	子维度（alpha）	指标（alpha）
能力发展	专业技能	0.943	0.964
	基本能力	0.937	
获得感	参与感	0.891	0.959
	认同感	0.924	
	成就感	0.900	
	幸福感	0.909	

(2)教师量表的信度。

由表3可知，教学效能感量表内部一致性信度为0.958，教学技能、课堂管理和学生投入的内部一致性信度都大于0.9。总体而言，教学效能感量表的信度系数达到团体施测的水平。

环境待遇量表内部一致性信度为0.957，硬件条件、专业发展、教学沟通和职业待遇的内部一致性信度都大于0.7。总体而言，环境待遇量表的信度系数达到团体施测的水平。

职业倦怠量表内部一致性信度为0.834，情绪衰竭、去个性化、成就感缺失的内部一致性信度都大于0.7。总体而言，职业倦怠量表的信度系数达到团体施测的水平。

表3 教师量表信度表

测量指标	子维度	子维度（alpha）	指标(alpha)
教学效能感	教学技能	0.908	0.958
	课堂管理	0.914	
	学生投入	0.919	
环境待遇	硬件条件	0.799	0.957
	专业发展	0.910	
	教学沟通	0.853	
	职业待遇	0.944	
职业倦怠	情绪衰竭	0.876	0.834
	去个性化	0.778	
	成就感缺失	0.863	

第一章　学生发展基本状况

学生诊断报告包含五个测量指标，分别是学生情绪管理、双创基础、学习力、能力发展和获得感，其中情绪管理、双创基础中的创新素养、学习力、能力发展和获得感是连续变量。五个指标均值整体差异不大，其中参与调查的全国样本学生中学生能力发展均值最高，达到3.765；学习力水平均值最低，仅为3.470；情绪管理、获得感、创新素养均值分别为3.738、3.658、3.494。

一、情绪管理

(一)总体情况

本测量指标分为自我情绪认知、他人情绪识别、自我情绪运用和情绪调节四个维度。全国样本学生在情绪管理方面均值为3.738，位居五个指标均值第二。

(二)维度比较

在自我情绪认知、他人情绪识别、自我情绪运用和情绪调节四个维度中，学生自我情绪认知均值最高，达到3.834，得分主要聚集在4分线上；学生情绪调节均值相对较低，仅为3.655，得分集聚在3分和4分周围。

(三)结果分析

从调研结果看，全国民办高校学生情绪管理均值3.738，在五个指标中得分位居第二。表明全国民办高校学生情绪管理整体水平较高，问题不显著。值得关注的是情绪调节均值仅3.655，在各维度中最低，表明全国民办高校学生情绪管理能力还有提升空间，值得关注。

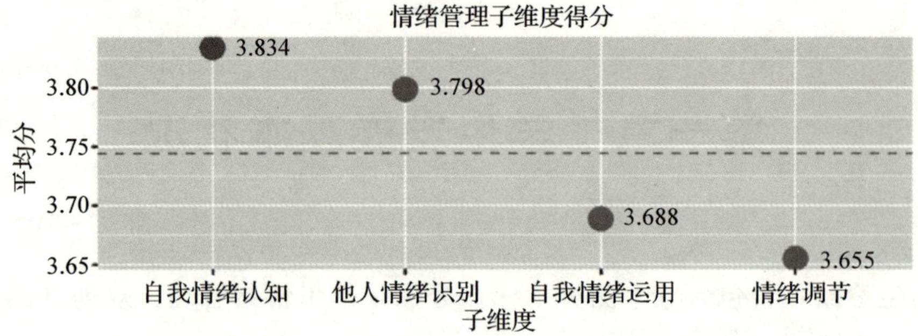

(a)

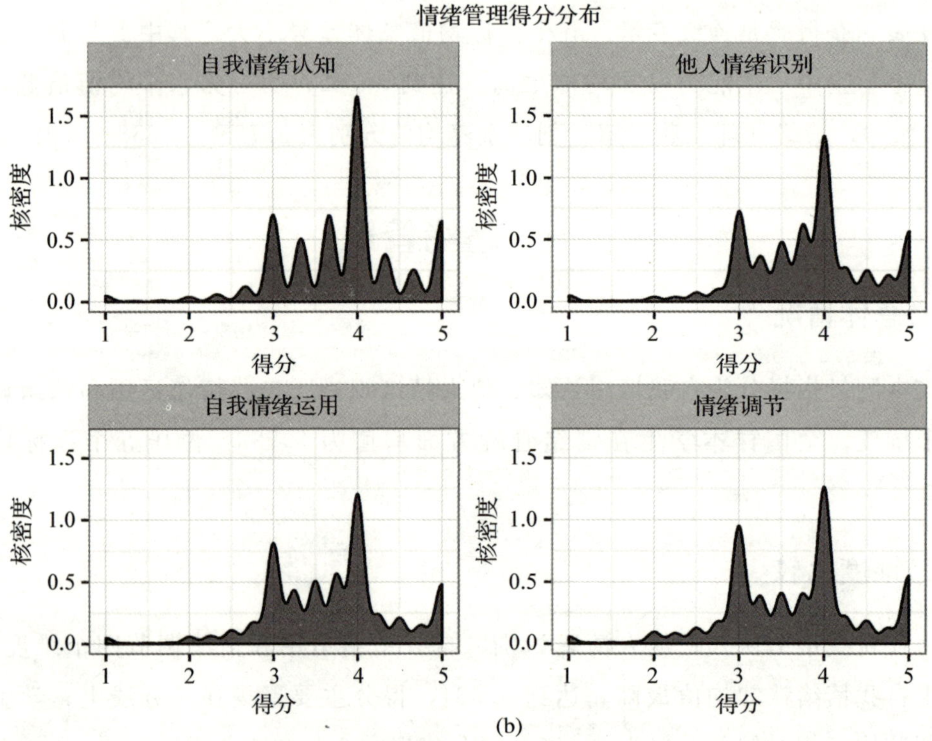

(b)

图 1-1-1　情绪管理维度均分与核密度

二、双创基础

(一)创新素养

1. 总体情况

本测量指标分为冒险性、好奇性、挑战性和想象力四个维度。全国样本学生在创新素养方面均值为 3.494，在五个指标中均值居第四。

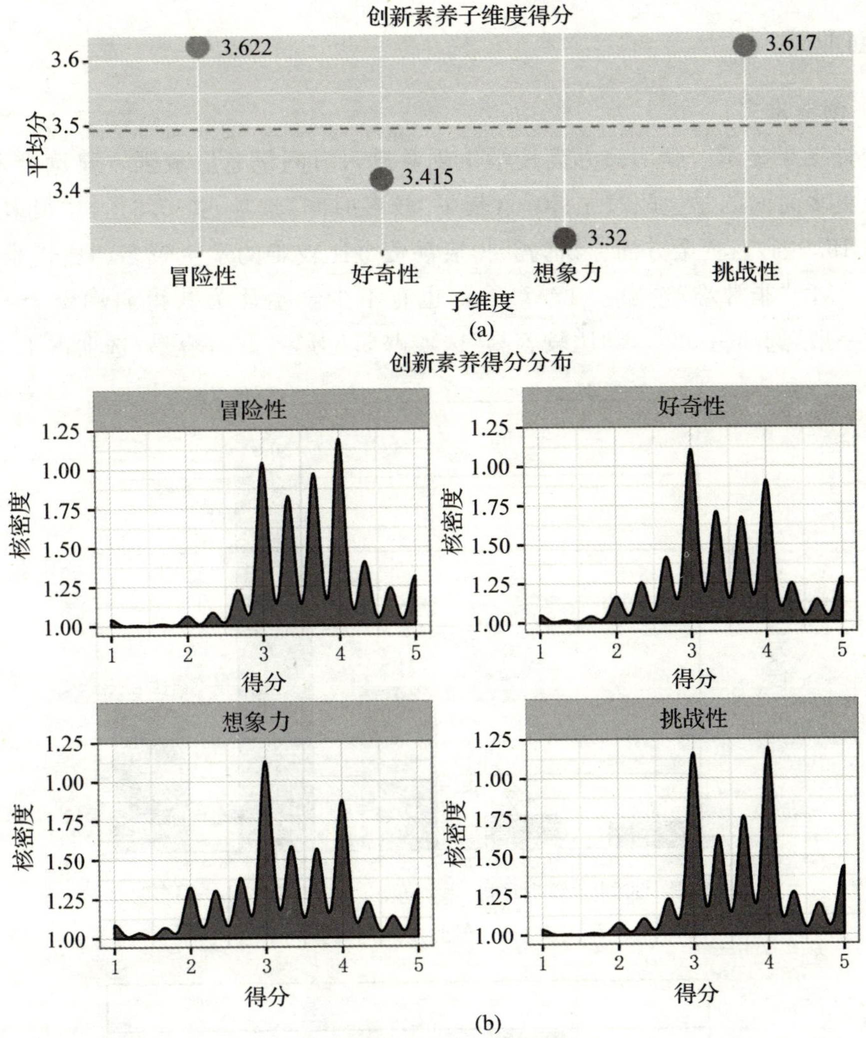

图 1-1-2　创新素养维度均分与核密度

2. 维度比较

在冒险性、好奇性、挑战性和想象力四个维度中，学生冒险性均值最高，达到 3.622，得分由 3 分向 4 分波动；学生想象力均值 3.320，相对较低，主要集中在 3 分左右。

3. 结果分析

从调研结果看，全国民办高校学生创新素养均值 3.494，在五个指标中均值较低，学生创新素养能力有待提高。值得关注的是学生想象力均值 3.320，在各维度中最低，还有提升空间。

(二)创业意向

1. 创业准备

统计结果显示，全国民办高校学生创业投入时间量意愿较强，愿意投入较多时间或更多时间的学生超过了 70%(其中“较多时间”选项占 50.6%，“很多时间”选项占 19.6%)；资金方面，认为获得启动资金比较难的学生较多(“比较难”选项占 39.7%，“非常难”选项占 17.7%)，也有不少学生认为获得启动资金不太难(其中“一般”选项占 36%，“比较容易”选项占 5.5%，“非常容易”选项占 1.1%)。

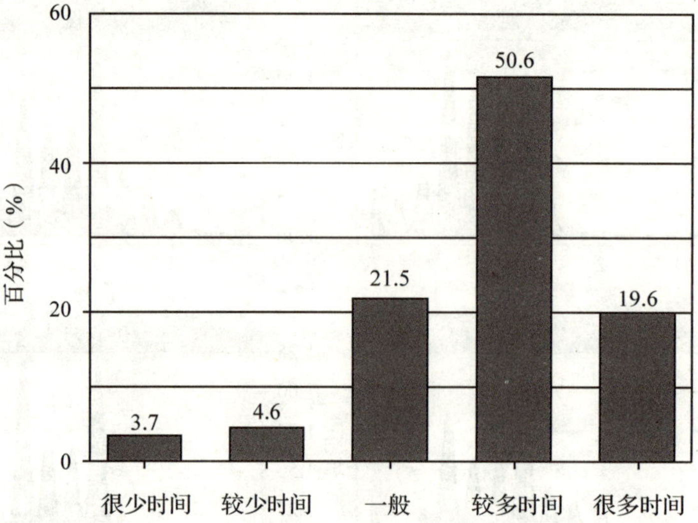

图 1-1-3　创业投入时间量

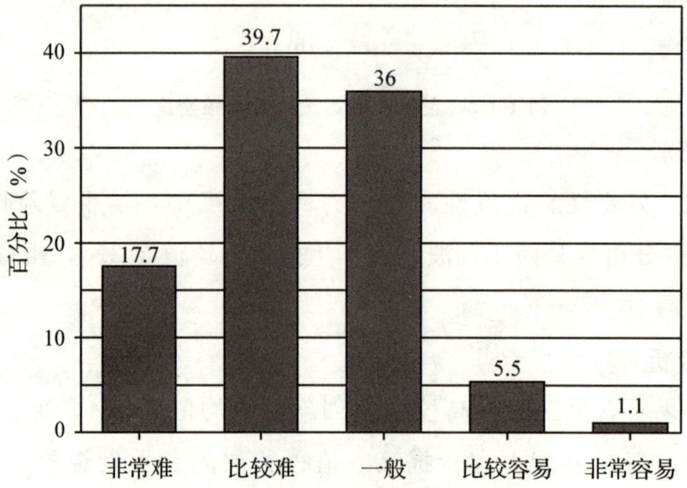

图 1-1-4　创业资金获得难易程度

统计结果还显示，全国民办高校学生有一定创业信心，有信心和很有信心的学生超过了三分之一(其中“有信心”选项占 32.7%，“很有信心”选项占 5.7%)，但大多数学生对创业还不太确定(其中“不清楚”选项占 44.9%)；从学生创业知识技能储备看，绝大多数学生认为自己具备了一定知识技能储备(“一般”选项占 41.8%)，也有超过三分之一的学生认为欠缺或很欠缺(其中“欠缺”选项占 38.1%，“很欠缺”选项占 10.3%)。

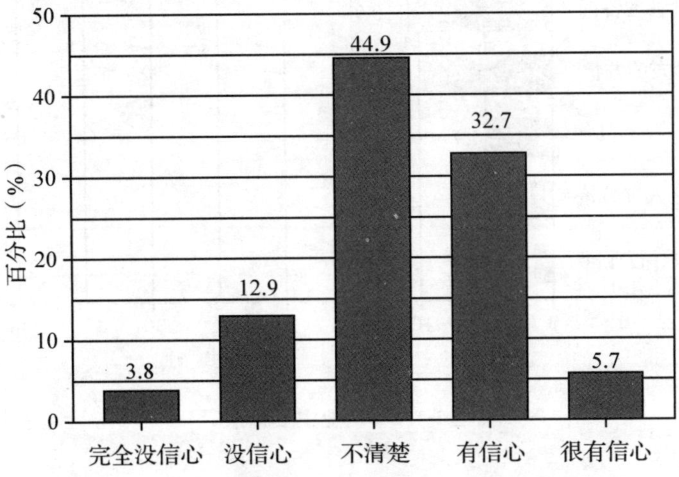

图 1-1-5　创业信心度

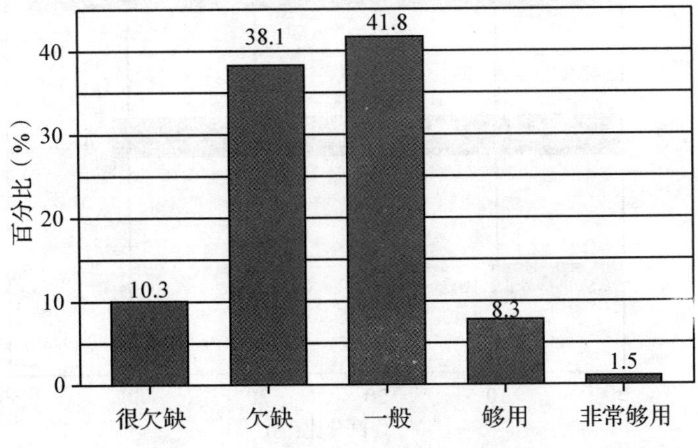

图 1-1-6　创业知识技能储备量

2. 创业需求

统计结果显示，全国民办高校学生在创业方面的主要需求是资金和专业技术(其中“资金”选项占 41%，“专业技术”选项占 30.4%)；接近一半的学生不知道是否有地方扶持政策(“不确定”选项占 48%)，近 2/5 的学生知道有地方扶持政策(“有”选项占 41.3%)。

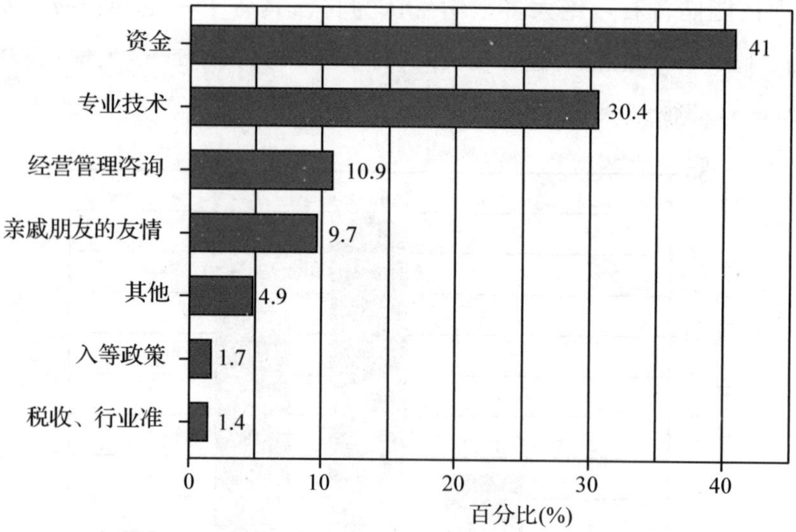

图 1-1-7　创业主要需求

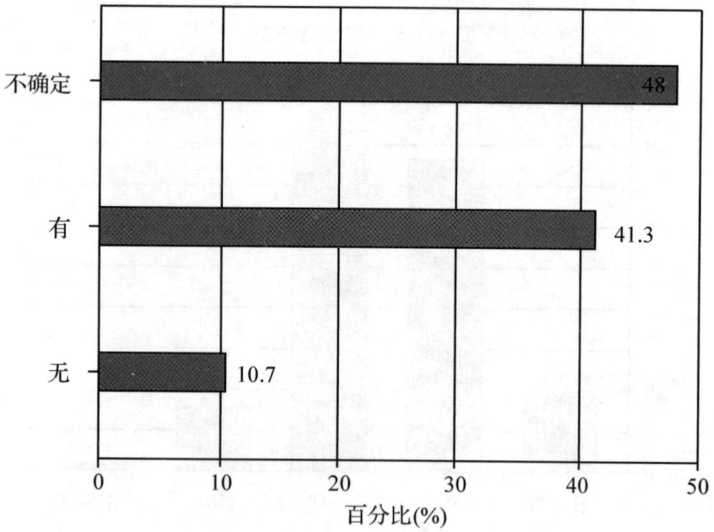

图 1-1-8　地方政策扶持情况

三、学习力

(一)总体情况

本测量指标分为学习动力、学习能力和学习毅力三个维度。全国参与填写问卷的学生在学习力方面均值为 3.470，在五个指标中均值最低。

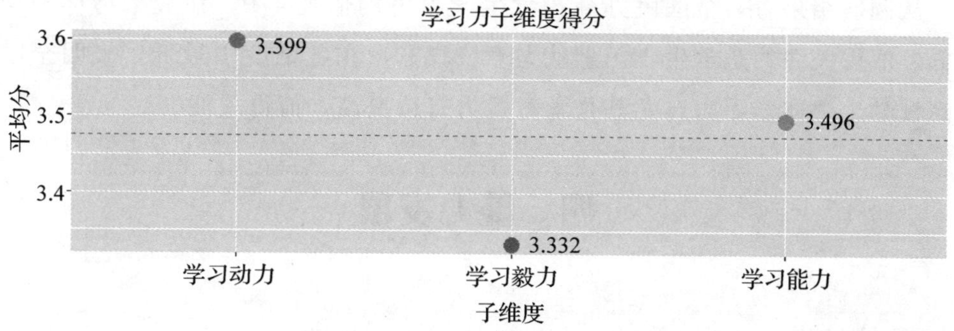

(a)

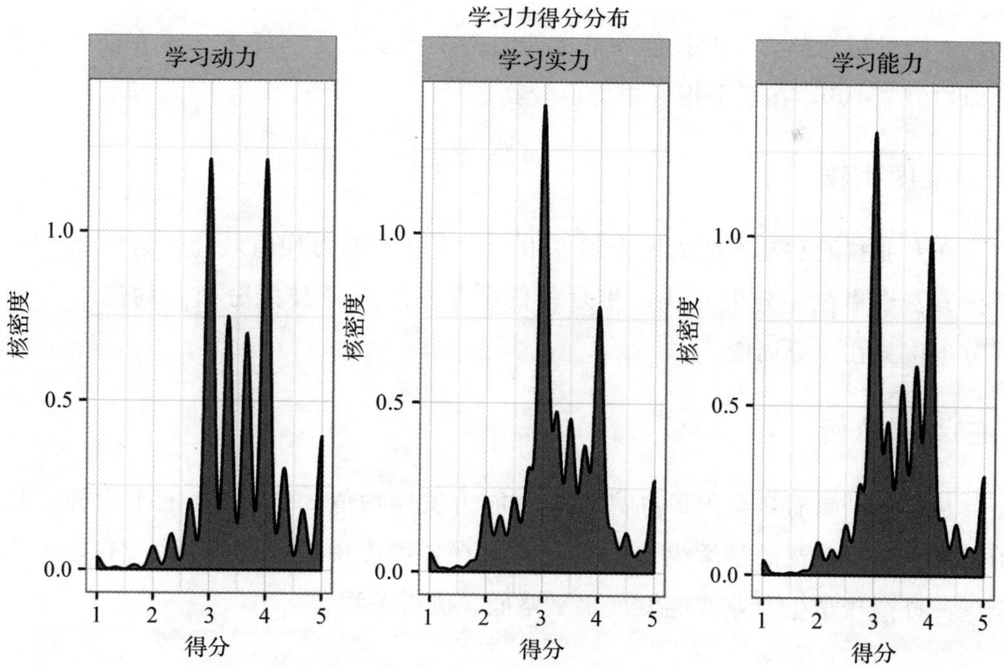

(b)

图 1-1-9 学习力维度均分与核密度

(二)维度比较

在学习动力、学习能力和学习毅力三个维度中，学生学习动力分值最高(均值 3.599)，得分由 3 分向 4 分波动聚集；学生学习毅力均值 3.332，相对较低，得分主要集中在 3 分左右。

(三)结果分析

从调研结果看，全国民办高校学生学习力均值 3.470，在五个指标中均值最低。值得关注的是学生学习毅力均值 3.332，在各维度中最低，表明全国民办高校学生整体学习力，尤其是学习毅力有待提高，值得关注。

四、能力发展

(一)总体情况

本测量指标分为专业技能和基本能力两个维度。全国样本学生在能力发展方面均值 3.765，在五个指标中均值较高。

(二)维度比较

在专业技能和基本能力两个维度中，学生基本能力均值最高，达到 3.793，得分紧密聚集在 4 分中心线；相对较低的是学生专业技能分值，均值 3.744，得分也聚集在 4 分周围。

(三)结果分析

从调研结果看，全国民办高校学生能力发展均值 3.765，在五个指标中均值较高。值得关注的是学生专业技能均值在各维度中最低，均值 3.744，表明全国民办高校学生专业技能发展水平略低，值得关注。

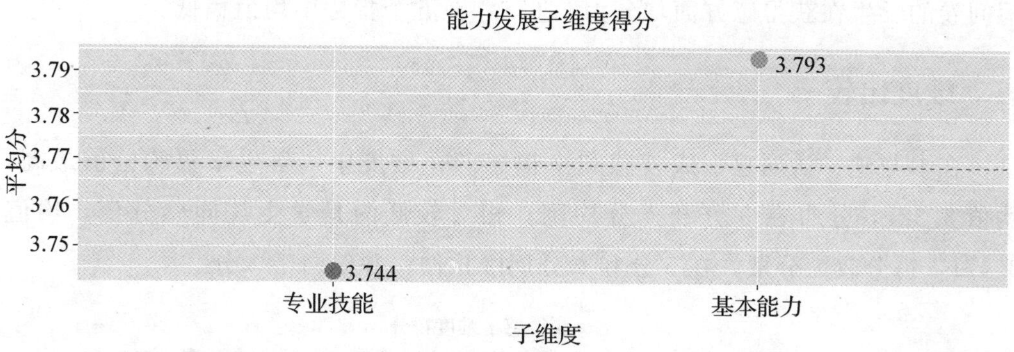

(a)

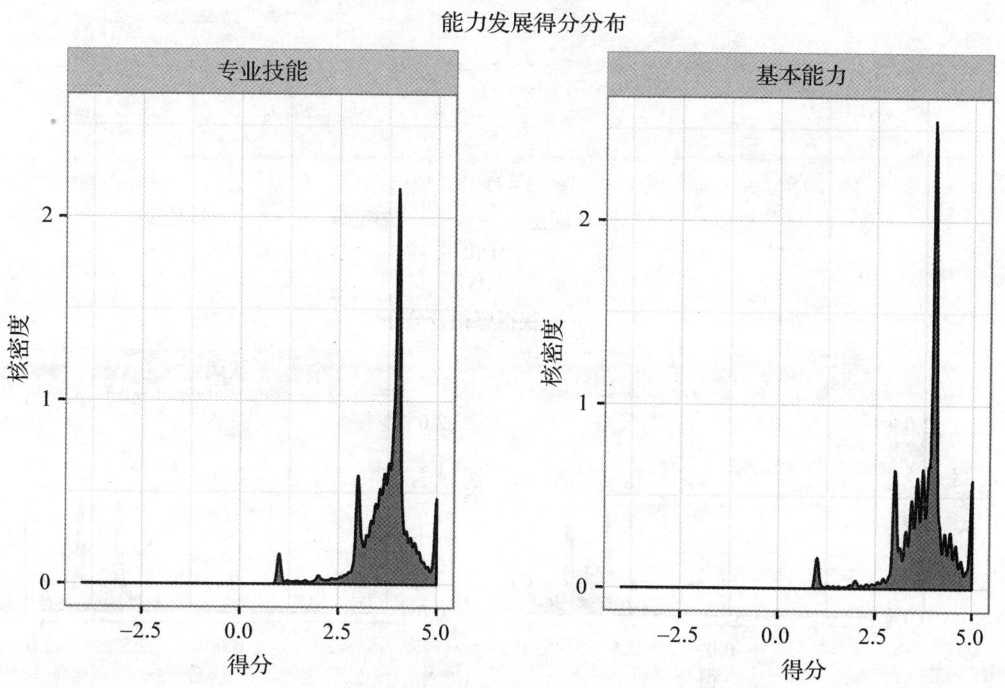

(b)

图 1-1-10　能力发展维度均分与核密度

五、获得感

(一)总体情况

本测量指标分为参与感、认同感、成就感和幸福感四个维度。全国参与填写问卷的学生在获得感方面均分为 3.658，在五个指标中均值稍低。

(二)维度比较

在参与感、认同感、成就感和幸福感四个维度中，学生幸福感分值最高，均值 3.827，分布在 3 分和 4 分周围；相对较低的是学生认同感分值，均值 3.471，得分较为分散，在 3 分和 4 分周围拉伸，并偏向于 3 分。

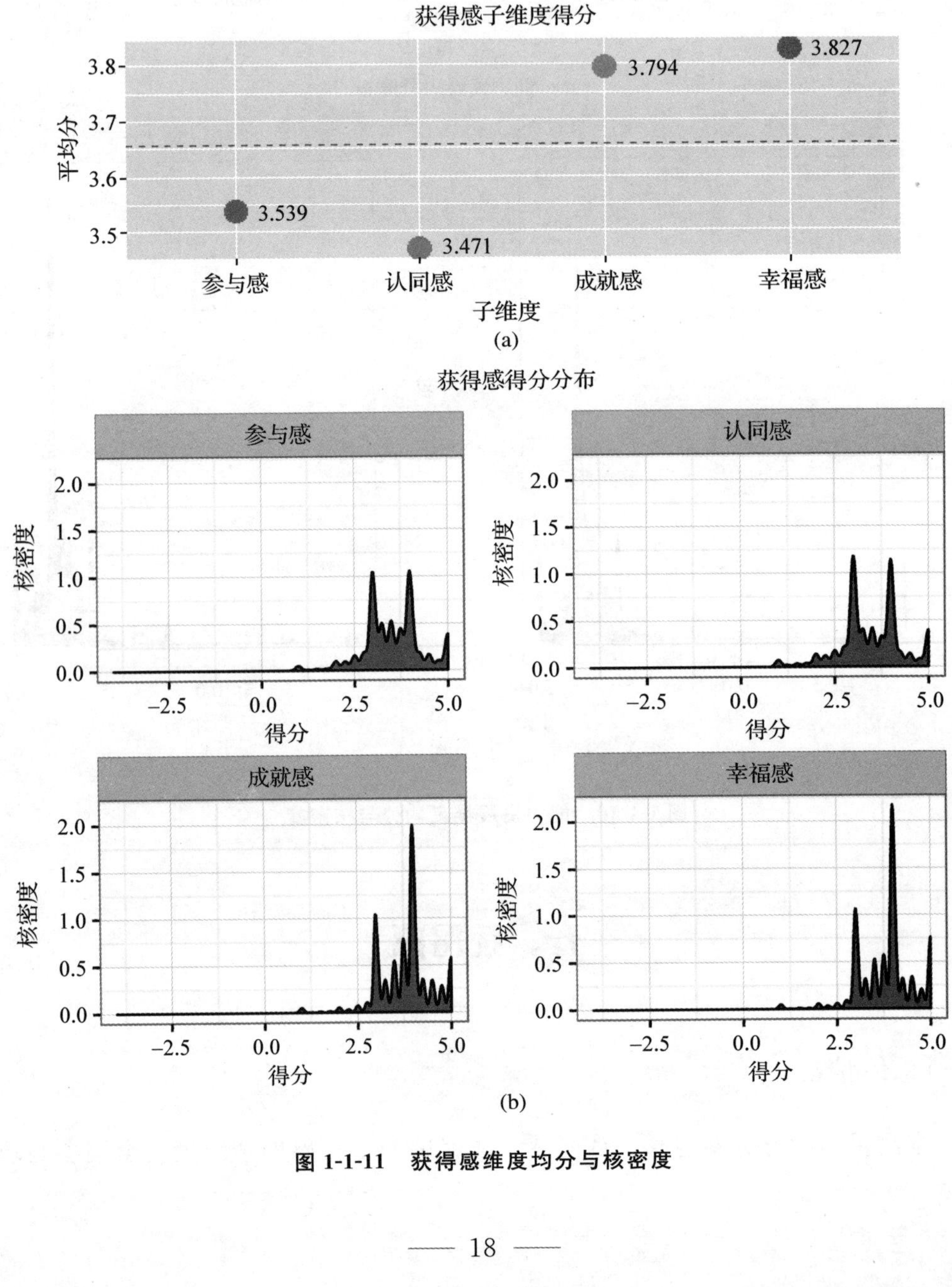

图 1-1-11　获得感维度均分与核密度

(三)结果分析

从调研结果看，全国民办高校学生获得感均值3.658，在五个指标中均值稍低。值得关注的是学生认同感均值在各维度中最低(均值3.471)，表明全国民办高校学生获得感不高，尤其认同感较低，值得关注。

六、小结

总体上，全国民办高校学生发展状况良好。学生情绪管理、学习力、能力发展和获得感均值较高，情况较好，但在以下几个具体方面还有提升空间。

(一)突出问题与原因分析

第一，学生情绪调节能力仍有提升空间。民办高校学生情绪调节能力的水平直接影响学生的学习和生活质量，应引起学校的高度重视。情绪管理是一种对自我情绪认知、监控和驱动的能力，以及对周围情境的识别与适度反应的能力。它具有三个特性，即情绪管理的适应性、情绪管理的功效性、情绪管理的特质性。通过访谈了解到，民办高校学生情绪调节能力不强，既有家庭与社会原因，也有学生自身阅历较少、抗挫折能力偏弱等原因，特别是异地求学，在生活中少了熟悉的人际支持，不适应新环境，甚至与同学室友相处不融洽等原因引起情绪波动，加之欠缺自我管理经验，情绪问题凸显。

第二，学生想象力水平不高。想象力对学生创新素养发展有重要影响，没有想象力带动思维运转，知识则成了一潭死水，创造力更无从谈起。想象力是促使人的心理活动丰富深化的因素，想象与感觉、知觉、记忆等心理活动紧密联系在一起，有助于人们更广阔、更深刻地认识世界。民办高校学生想象力贫乏的原因是多方面的，既有传统教学方式和考核形式导致学生死记硬背不愿思考的原因，也有部分学生安于现状、不愿接受挑战等个人原因；同时人在情绪低落时的想象能力只有平常的1/2，甚至更少，这时在主观上就不愿多思考。

第三，学生学习毅力有待提高。学习毅力是实现学习目标必不可少的内部条件。它是学生在学习过程中根据一定的学习目标，排除干扰并自觉调节控制自己的学习行为，以完成学习任务的心理过程。经了解，学生学习毅力不强，既有学生学习基础较弱、不自信的原因，也有怕吃苦、遇到难题偏向于找捷径绕过去等原因，更多的是缺少必要的引导和鼓励，学生缺乏成就动机。

第四，学生专业技能发展水平略低。大学生专业技能的形成是专业理论知识、技术知识学习与职业实践与调控能力的统一，是衡量大学生专业素质的关键因素。通过调研了解到，民办高校大学生专业技能发展水平不高的原因有两方面：一是学生知识结构相对单一，专业知识掌握得不系统、不扎实，专业技能水平不高，尤其是没有重视科研能力、创新能力和解决实际问题能力的提升；二是部分学校开设的专业课程设计不合理，或重理论轻实践，或针对性不强，吸引力不够，导致学生失去学习专业课的兴趣。

第五，学生认同感不高。幸福感和认同感是获得感测量指标的两个重要衡量因子，以往研究表明：社会支持是影响主观幸福感的重要因素（Weiss，1974）；个体只有在获得各种社会支持时才能获得较高的幸福感；同时人际支持也是影响幸福感的重要指标。民办高校学生，尤其是从农村或小城市到大都市求学的学生认同感普遍不高，主要是因为不同地域文化和生活方式、生活节奏不同产生文化冲突：一方面，学生存在不适应大都市生活的问题；另一方面，学生形成认同感也需要一个过程。

(二)对策建议

第一，发挥心理咨询中心的作用，疏导学生的情绪。情绪的管理不是要去除或压制情绪，而是在觉察情绪后，调整情绪的表达方式。有心理学家认为情绪调节是个体管理和改变自己或他人情绪的过程。在这个过程中，通过一定的策略，使情绪在生理活动、主观体验、表情行为等方面发生一定的变化。学校专业的心理干预可以提高学生的情绪管理能力，使他们主动认识和控制自己的情绪，较客观地认识和归因自己的行为结果，减轻烦躁情绪，纠正认知方面的偏差，增强自我评价能力，从而缓解学习焦虑、自责等心理症状。指导学生调节情绪，合理地控制不良情绪，使自己处于一种积极的状态。

第二，优化教学模式和考核方式，激发学生创新能力。要培养大学生的想象力、创新力，构建能力课堂，教师就需在上课时少讲多议、多练。能力课堂聚焦训练学生自学能力、思考能力、表达能力、创新能力，全方位提升学生的观察力、注意力、记忆力、思维力和想象力，这样的教师才是智慧型教师，这样的课堂才是智慧型的课堂。在活动中，来自不同学科、不同专业背景的大学生，各尽所能，各展所长，优势互补，极大地开发潜能，社团活动中浓郁的民主氛围和新颖自主的活动形式，也有效地促成了大学生想象力、创造力和协作精神的提高。

第三，强化教学的中心地位，重视提高学生学习质量。强化学生的学习力，从教育角度来看，主要依靠学校和授课教师。同时，促进学生协调发展和改进学业管理的关键在于端正学习态度，应积极培养学生良好的学习习惯，使其具备自我学习的能力，同时通过增强学生的学习动机，培养学生的学习毅力，提高学生的学习质量，促进学生的协调发展。

第四，合理设计课程结构，夯实学生专业技能。由于专业与课程设置是影响高校人才培养的重要因素，所以，市场竞争就必然影响到民办高校的人才培养模式创新，影响到人才培养目标与规格的选择。培养应用型人才是大多数民办高校的基本培养目标，这一选择实际上是由民办高校人才培养的价值基础所决定的。

第五，积极增强学生获得感，提高学生社会认同感。民办高校可通过思想上正确引导，生活中积极关心学生适应性和发展程度，增强学生获得感。引导学生对物质条件适度追求，重视自身人格的塑造，积极思考，并培养个人的正确的认识方式和良好的行为习惯，改善和保持良好的人际关系。同时，通过各种实践活动和社团活动，发挥学生的特长，增强学生的认同感。

第二章　教师发展基本状况

教师诊断报告共分为四个测量指标，分别为教学效能感、职业倦怠、环境待遇和职业培训，其中有三个指标是连续变量，分别是教师教学效能感、职业倦怠和环境待遇。三个指标均值整体差异不大，其中样本教师教学效能感均值最高，达到 3.919；职业倦怠总均值居中，为 3.079；环境待遇认知均值最低，仅为 3.015。

一、教学效能感

(一)总体情况

本测量指标分为教学技能、课堂管理和学生投入三个维度。全国样本教师教学效能感均值为 3.919，在各指标中均值最高。

(二)维度比较

在教学技能、课堂管理、学生投入三个维度中，教师教学技能分值最高(均值 3.973)，得分向 4 分聚集；教师的学生投入分值相对较低(均值 3.827)，得分也向 4 分聚集。

(三)结果分析

从结果看，全国民办高校教师教学效能感均值 3.919，在各指标中均值最高，表明全国民办高校教师教学效能感整体水平比较高。值得关注的是教师的学生投入均值 3.827，在各维度中最低，表明全国民办高校教师的学生投入情况不理想，值得关注。

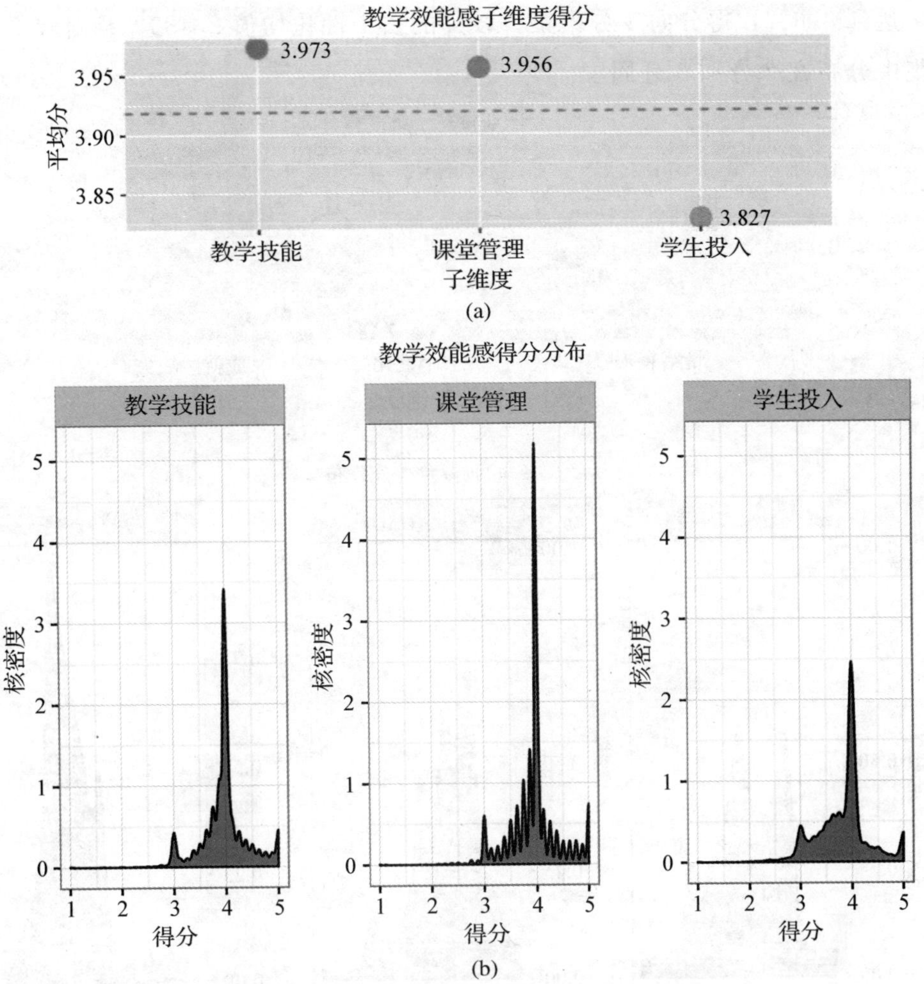

图 1-2-1　教学效能感维度均分与核密度

二、职业倦怠

(一)总体情况

本测量指标分为情绪衰竭、去个性化和成就感缺失三个维度。全国样本教师在职业倦怠方面值为 3.079，在各指标中均值中等。

(二)维度比较

在情绪衰竭、去个性化和成就感缺失三个维度中，教师成就感缺失均值最高，达到 3.627，得分向 4 分聚集；教师的去个性化均值 2.483，相对较低，得分集中分布在 2 分和 3 分周围。

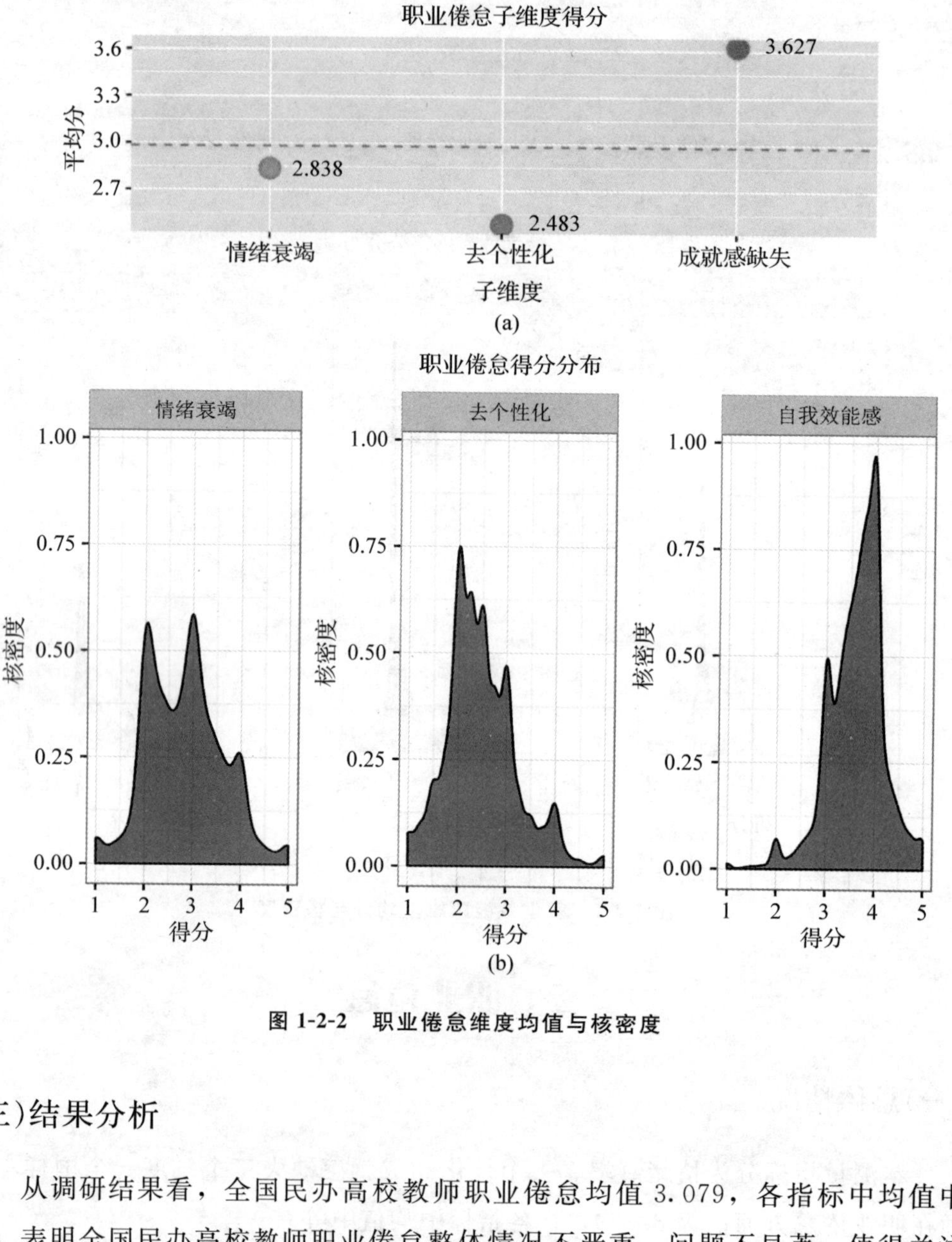

图 1-2-2 职业倦怠维度均值与核密度

(三)结果分析

从调研结果看，全国民办高校教师职业倦怠均值 3.079，各指标中均值中等，表明全国民办高校教师职业倦怠整体情况不严重，问题不显著。值得关注的是教师的成就感缺失和情绪衰竭均值分别为 3.627 和 2.838，在各维度中较高，表明全国民办高校教师的成就感缺失和情绪衰竭情况值得关注。

三、环境待遇

(一)总体情况

本测量指标分为硬件条件、专业发展、教学沟通和职业待遇四个维度。全国样本教师在环境待遇认知方面均值3.015，各指标中均值最低。

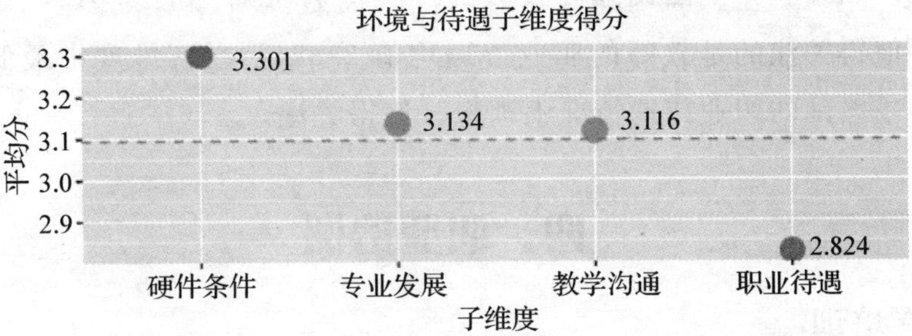

(a)

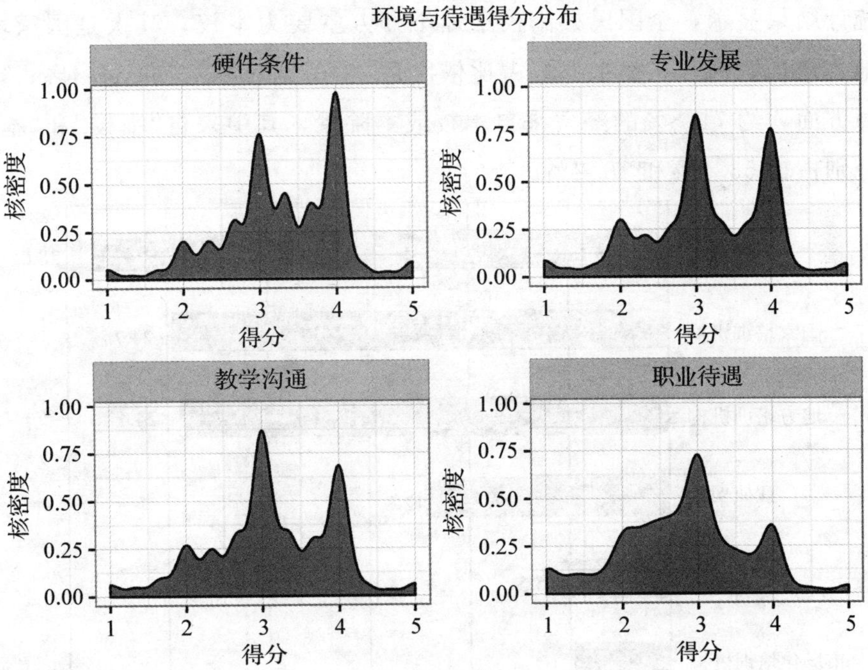

(b)

图 1-2-3　环境与待遇维度均值与核密度

(二)维度比较

在硬件条件、专业发展、教学沟通和职业待遇四个维度中，硬件条件均值最高，达到 3.301，得分向 3 分聚集；职业待遇分值 2.824，相对较低，得分向 3 分聚集。

(三)结果分析

从调研结果看，全国民办高校教师环境待遇认知均值 3.015，各指标中均值稍低。值得关注的是教师的职业待遇均值 2.824，在各维度中最低，表明全国民办高校教师的职业待遇情况不理想，值得关注。

四、职业培训

(一)已有培训

统计结果显示，全国民办高校培训举办方主要为本校，其次是国家培训机构和地方培训机构，三类举办方占比依次是 28.6%、24.7%和 24.4%；培训费用来源方面，约 71.3%的经费来自本校或本院系，其中来自“本校”和“本院系”经费分别占比 53.1%和 18.2%。

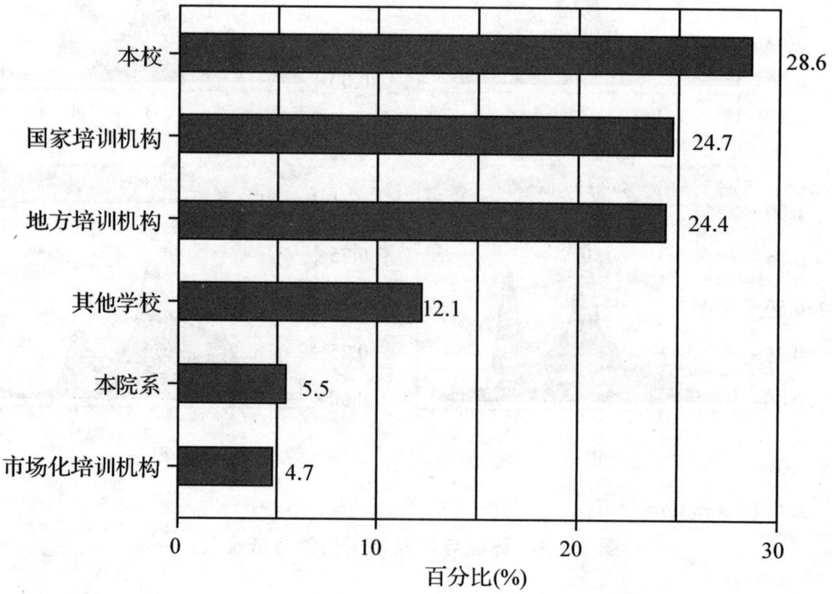

图 1-2-4 培训举办方

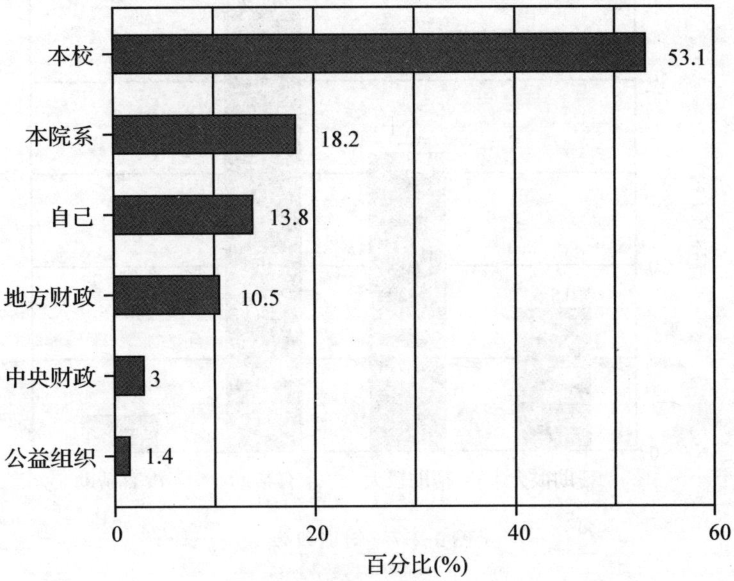

图 1-2-5　培训费用来源

统计结果还显示，全国民办高校培训方式主要为讲授式、研讨式和案例式，前述三种方式依次占比 64.7%、39.5%和 29.9%；培训效果方面，超过是 48.1%的教师认为帮助较大，其中“帮助很大”占比 15.5%，“帮助较大”占比 32.6%。

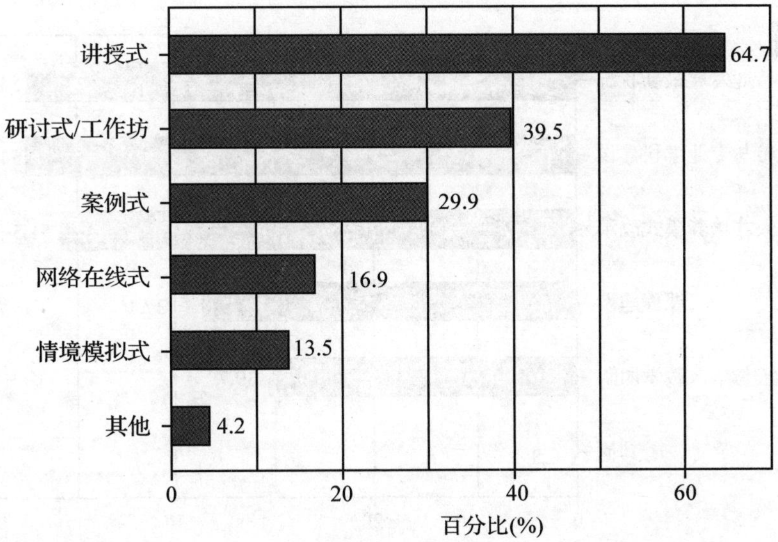

图 1-2-6　培训方式

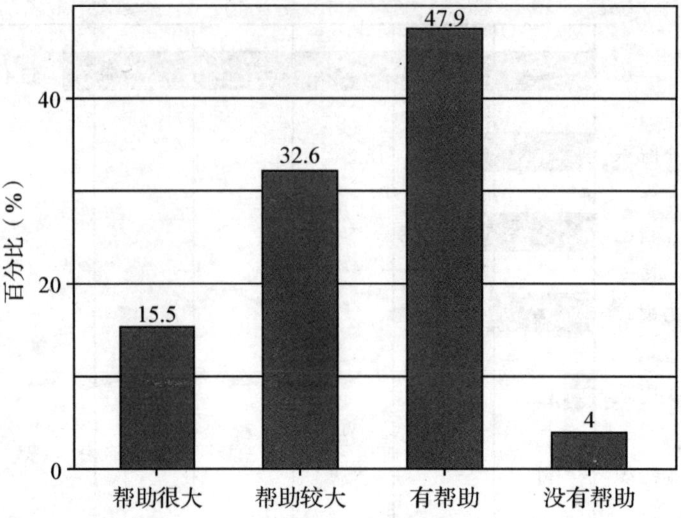

图 1-2-7　培训效果

(二)培训需求

统计结果显示，全国民办高校教师在教学建设与改革培训方面最想得到的帮助分别是了解行业发展最新状况、参与专业学科建设和人才培养模式改革，依次占比 54.9%、54.8%和 51.5%；在课堂教学培训方面最想得到的帮助分别是专业知识进修、教学技能与方法培训、新教学理念，依次占比 64.2%、61.9%和 56.8%。

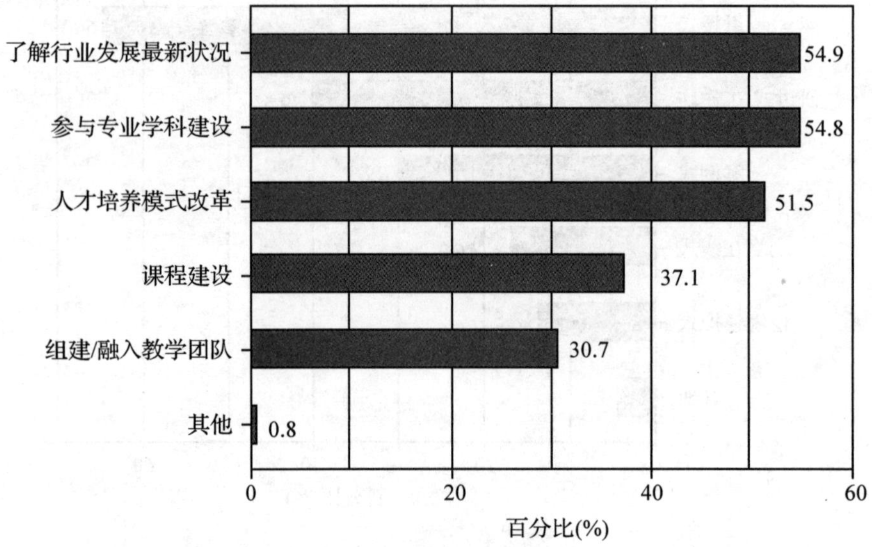

图 1-2-8　教学建设与改革培训需求

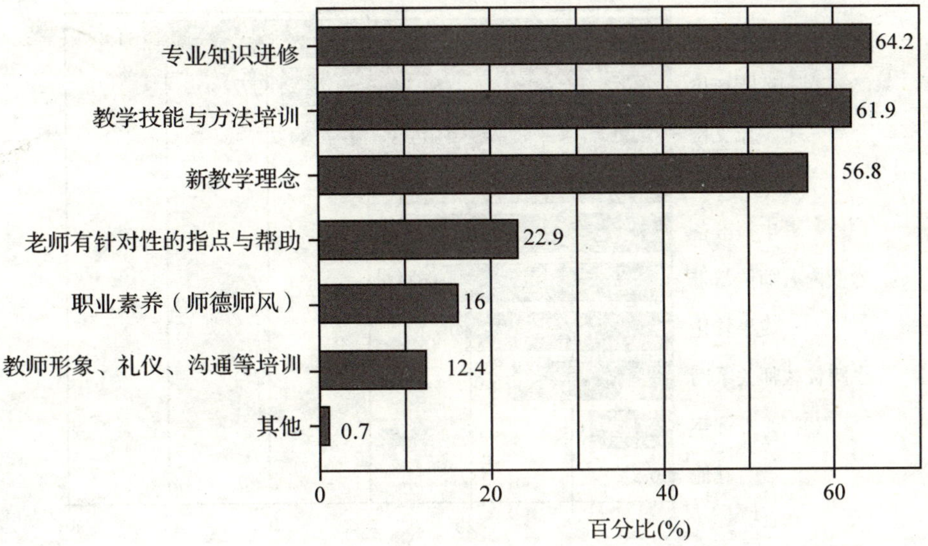

图 1-2-9　课堂教学培训需求

统计结果显示，全国民办高校教师在实践教学培训方面最想得到的帮助分别是参加行业活动的机会、开发实践教学环节和项目、与行业企业开展产学研合作，依次占比 58.5％、51％、49.7％；教师在科学研究培训需求方面最希望获得资金支持，占比 51.4％。

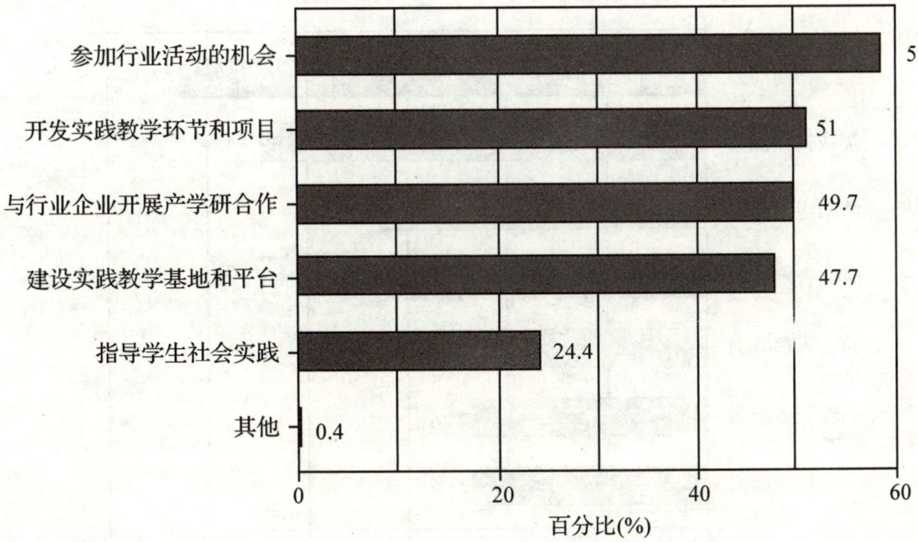

图 1-2-10　实践教学培训需求

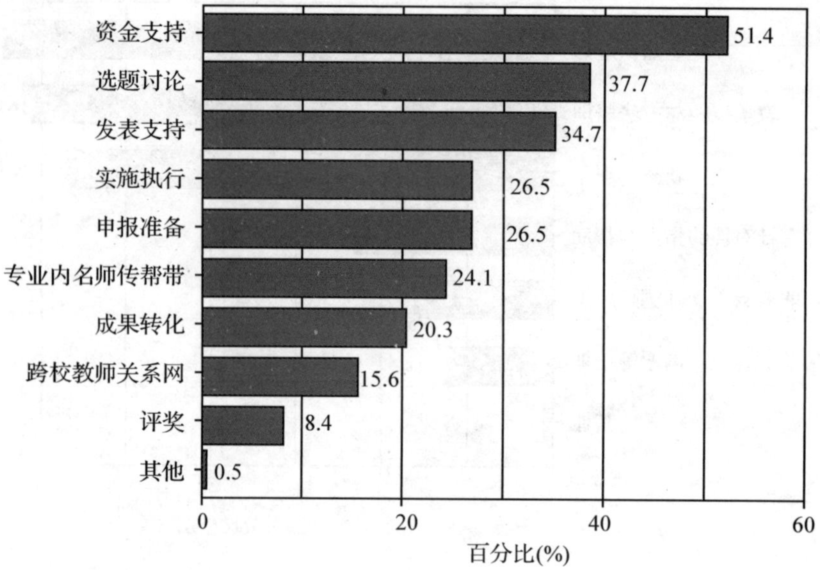

图 1-2-11　科学研究培训需求

统计结果显示，全国民办高校教师在一般能力发展培训需求方面最想得到的帮助是创新能力和实践操作能力，分别占比 52.7%、44.8%；教师在个人职业发展培训需求方面最希望在职称晋升和海外研修方面获得帮助，分别占比 49.9%、36.4%。

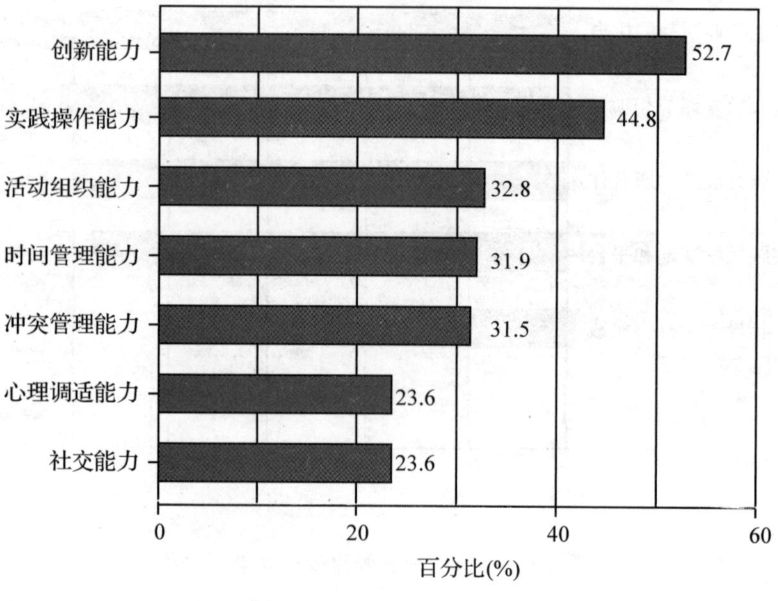

图 1-2-12　一般能力发展培训需求

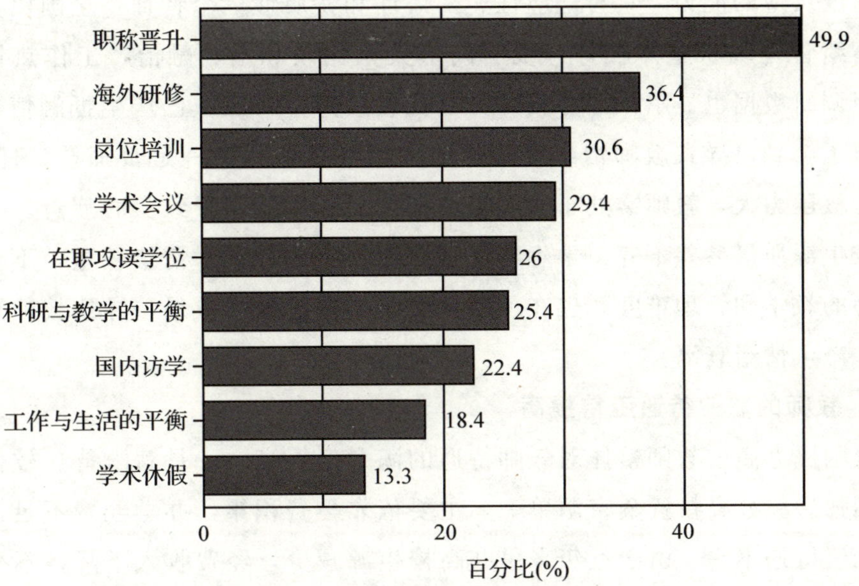

图 1-2-13　个人职业发展培训需求

五、小结

总体上，全国民办高校教师发展状况良好。同时，在以下几个方面也有较大的提升空间。

(一)突出问题与原因分析

1. 教师对学生投入度不够

民办高校师生关系较为和谐，但师生互动有待提高，主要表现在学生群体认为教师主动帮助学生的意愿不强，以及没有空余时间帮助学生。通过调研了解到，导致教师对学生投入度不够的原因主要是观念上和制度上的问题。观念上，民办高校教师缺乏对学校的认同，部分教师认为自己只是被雇用的打工者，难以形成主人公意识，以致缺乏责任心，使得教学质量难以提高。制度上，很多学校没有为师生交流提供必要的制度支持和资源保障，教师与学生的交流时间、空间有限。

2. 教师情绪衰竭情况值得关注

情绪管理是一种对自我情绪认知、监控和驱动的能力以及对周围情境的识别与适度反应的能力，具有适应性、功效性和特质性三个特征。全国民办高校教师情绪管理现状整体较好，说明同事关系比较和谐、融洽，工作热情度较高。但调研数据也显示，部分教师身心比较疲惫，对工作已产生抵触情绪。通过调研了解到，导致教师情绪衰竭的原因主要有两点：一是教师教学任务重，量化考核压力大，教师常处于一种超负荷的工作状态，导致身心疲惫。二是民办学校生源质量参差不齐，学生不良学习习惯突出，厌学情绪较重，不仅增加了教师的教学和管理难度，也在一定程度上影响了教学效果，导致教师缺乏成就感，产生情绪衰竭。

3. 教师的职业待遇亟待提高

全国民办高校教师整体对教师待遇的满意度不高。一是薪酬待遇较低，归属感不强。民办高校资金来源单一，主要依靠学费积累，办学经费不足，致使教师工资待遇不高。由于近年来民办高校生源减少，经费收入下降，不少生源一般、效益一般的学校，教师的薪酬都难以保障。二是民办高校教师社会地位不高，缺乏社会认同。社会各界普遍认为，民办高校教师与公办高校教师相比地位低人一等。在社会地位悬殊观念的影响下，年轻教师不认同自己的身份，致使其业务成熟后纷纷跳槽，民办高校成为公办高校师资储备基地，对民办高校的可持续发展造成很大压力。

(二)对策建议

第一，改革教师管理模式，促进民办高校师生交流制度化。要构建新型和谐的高校师生关系，加强民办高校教师师德修养，培养爱岗敬业精神。同时，学校应建立各类师生交流的平台，充分利用网络平台，建立班级网络日志、留言板等。教师通过多种联系方式，比如手机、电子邮件、即时通信软件的账号等，拉近与学生心灵的距离。第一种方式是面对面交流，学校可以提供场地建设交流区，教师和学生可以在交流区自由交流；第二种方式是书信交流或作业交流；第三种方式是网络交流，学校全面升级和运用“互联网＋”的新理念，为师生建立网络社区，并开发 APP 软件和微信平台，将即时通信技术应用到师生的内部网络圈。

第二，采取相应措施，预防和缓解教师的情绪衰竭。情绪的管理不是要去除或压制情绪，而是在觉察情绪后，调整情绪的表达方式。教育教学工作细致繁杂，学校要关注教师的情绪发展状况，及时疏导教师不良情绪。专业的心理干预可以提高教师的情绪管理能力，使他们主动认识和控制自己的情绪，对自己的行为结果进行客观评价和归因，减轻烦躁情绪，增强自我评价能力，从而改善职业焦虑、自责等心理症状，使自己处于一种积极的状态。

第三，清理各类歧视政策，落实民办高校教师待遇。要切实提高民办高校教师工资待遇，确保民办高校在岗教职工的实际收入、社保、退休后待遇与本地区公办高校同层级的教职工等同。有关部门要制定具体时间表，让民办高校教师在资格认定、职称评审、进修培训、课题申请、评先选优、国际交流等方面与公办高校教师享受同等待遇，在户籍迁移、住房、子女就学等方面享受与当地同级同类公办高校教师同等的人才引进政策。

第二部分

民办高校学生发展报告

第一章　情绪管理

情绪管理量表是测量大学生情绪管理水平的有效工具。情绪管理对大学生综合素质的发展具有重要的意义。提高民办高校大学生的情绪管理能力，有利于保持大学生稳定的心理健康状态。

情绪是指有机体的生理需要是否获得满足而产生的态度和体验，也是短时间内的与生理需要相联系的一种体验，一般具有情境性、不稳定性和冲动性的特征。

情绪管理是指通过研究个体和群体对自身情绪和他人情绪的认识、协调、引导、互动和控制，充分挖掘和培植个体和群体的情绪智商、驾驭情绪的能力，从而确保个体和群体保持良好的情绪状态。

本研究将民办高校学生情绪管理分为自我情绪认知、他人情绪识别、情绪运用和情绪调节四个方面考察。其中自我情绪认知均值最高(均值为 3.834)，他人情绪识别、情绪运用均值依次递减(均值分别为 3.798、3.688)，情绪调节均值最低(均值为 3.655)。

一、自我情绪认知

情商的高低是从自我情绪的觉察开始的。高情商的一个重要标志就是习惯性地觉察自我情绪的变化，同时根据外界环境的变化适时调整自己的心态，判断情绪产生的影响，并做出适当的行为反应。

(一)基本情况

自我情绪认知是指对自己内在情绪状态的推测，它依赖于个体情绪认知线索的知识、情境和情绪表现的关系的知识、预测情绪反应结果的知识、情绪自我控制策略的知识等。

民办高校学生自我情绪认知状况良好，均值3.834，在各维度中均值最高。

(二)差异分析

1. 性别

在不同性别样本学生自我情绪认知水平的比较中，男生(均值3.868)比女生(均值3.806)自我情绪认知水平高。

为严谨求证不同性别学生自我情绪认识水平是否存在显著差异，进行独立样本T检验。由表2-1-1可知，t＝8.76(p＝0.000＜0.001)，男生均值A＝3.868±0.77，女生均值B＝3.806±0.70，表明男生自我情绪认知水平显著高于女生(A＞B)。

表2-1-1　性别差异T检验表①

	自我情绪认知
A男生(n＝19930)	3.868±0.77
B女生(n＝23644)	3.806±0.70
t	8.76***

(注：*p＜0.05，**p＜0.01，***p＜0.001)

① 下文将省略此表，直接报告t值。

2. 年级

在不同年级样本学生自我情绪认知水平的比较中，各年级学生整体自我情绪认知水平随着年级的提高而提升，大一、大二、大三、大四学生的均值分别为3.829、3.84、3.841、3.844，大一学生水平最低，大四学生水平最高。

通过单因素方差分析验证，方差不齐性(p=0.000)，且通过Tamhane法进行事后多重比较未发现显著差异的结果(p值都大于0.05)。从统计学角度看，民办高校不同年级学生自我情绪认知水平不存在显著性差异。

3. 就读专业层次

在不同专业层次样本学生自我情绪认知水平的比较中，专科学生(均值3.84)比本科学生(均值3.821)自我情绪认知水平高。

通过独立样本T检验发现，t=−2.631(p=0.009<0.01)，本科生均值A=3.821±0.73，专科生均值B=3.84±0.73，表明专科生自我情绪认知水平显著高于本科生(B>A)。

4. 家庭所在地

在不同家庭所在地样本学生自我情绪认知水平的比较中，各生源地学生整体自我情绪认知水平差距不大，直辖市、省会城市、地级市、城镇、农村学生的均值分别为3.819、3.797、3.82、3.828、3.866，农村学生水平稍高，省会城市学生水平稍低。

为严谨求证不同家庭所在地学生自我情绪认识水平是否存在显著差异，进行单因素方差分析检验。

表 2-1-2　不同家庭所在地学生情绪认知差值比较

	A直辖市	B省会	C地级市	D城镇	E农村
E农村	0.04765*	0.06971*	0.04626*	0.03814*	—
说明	差异显著(p=0.000<0.05)，方差不齐性(0.000)，采用Tamhane法进行事后多重比较				

*表示在0.05水平上差异显著

由表2-1-2事后多重比较差值表可知，家庭所在地在农村的学生自我情绪认知水平显著高于其他生源地学生(E>A，E>B，E>C，E>D)。

5. 是否独生子女

在独生子女和非独生子女样本学生自我情绪认知水平的比较中，非独生子女学生(均值 3.84)比独生子女学生(均值 3.829)自我情绪认知水平高。

通过独立样本 T 检验验证，得出 t=－1.488(p>0.05)。从统计学角度看，民办高校独生子女与非独生子女学生自我情绪认知水平不存在显著性差异。可见，在民办高校，是否是独生子女并不影响学生自我情绪认知水平。

6. 志愿填报

在不同志愿填报样本学生自我情绪认知水平的比较中，自己选择、父母选择、老师推荐、调剂和其他类的均值分别为 3.874、3.759、3.767、3.751、3.751，自己选择专业的学生自我情绪认知水平最高，调剂和其他类的学生自我情绪认知水平最低。

为严谨求证不同志愿填报类型学生自我情绪认识水平是否存在显著差异，进行单因素方差分析检验。

表 2-1-3　不同志愿填报类型学生自我情绪认知差值比较

	A 自己	B 父母	C 老师	D 调剂	E 其他
A 自己	—	0.11439*	0.10698*	0.12300*	0.12311*
说明	差异显著(p=0.000<0.05)，方差不齐性(0.000)，采用 Tamhane 法进行事后多重比较				

* 表示在 0.05 水平上差异显著

由表 2-1-3 可知，自己选择志愿的学生自我情绪认知水平显著高于其他类型学生(A>B，A>C，A>D，A>E)。

7. 是否担任社团或学生会干部

在社团或学生会干部和非社团或学生会干部自我情绪认知水平的比较中，社团或学生会干部自我情绪认知水平(均值 3.889)高于非社团或学生会干部(均值 3.797)。

为严谨求证社团或学生会干部和非社团或学生会干部自我情绪认识水平是否存在显著差异，通过独立样本 T 检验可知，t=12.974(p=0.000<0.001)，学生干部均值 A=3.889±0.73，非学生干部均值 B=3.797±0.73，表明社团或学生会干部自我情绪认知水平显著高于非社团或学生会干部(A>B)。

8. 就读专业类别

从表 2-1-4 可以看出，在不同专业样本学生自我情绪认知水平的比较中，工学专业学生自我情绪认知水平最高，哲学专业学生自我情绪认知水平最低。

表 2-1-4　不同专业学生自我情绪认知水平均值排序

序号	专业	均值	序号	专业	均值
1	工学	3.8734	7	管理	3.8037
2	法学	3.8598	8	医学	3.7953
3	艺术	3.8468	9	农学	3.7656
4	文学	3.8386	10	教育	3.7481
5	理学	3.8336	11	哲学	3.5758
6	经济	3.8070			

注：学生专业不做进一步显著性检验，得分排序仅供参考。

9. 父母学历

在父母不同学历样本学生自我情绪认知水平的比较中，父母学历为小学、初中、高中、大专、本科、硕士、博士的均值分别为 3.825、3.832、3.83、3.828、3.874、3.757、3.886，父母学历为博士的学生自我情绪认知水平最高，父母学历为硕士的学生自我情绪认知水平最低。

为严谨求证父母不同学历学生自我情绪认识水平是否存在显著差异，进行单因素方差分析检验。

表 2-1-5　父母不同学历学生自我情绪认知差值比较

	A 小学	B 初中	C 高中	D 大专	E 本科	F 硕士	G 博士
C 高中	0.00464	−0.00192	—	0.00168	−0.04394*	0.07271	−0.05616
说明	差异显著(p=0.000<0.05)，方差不齐性(0.000)，采用 Tamhane 法进行事后多重比较						

* 表示在 0.05 水平上差异显著

由表 2-1-5 可知，家长学历为本科的学生自我情绪认知水平显著高于家长学历为高中的学生(E>C)。

10. 家庭经济情况

在不同家庭经济条件样本学生自我情绪认知水平的比较中，很贫困、贫困、中等、富裕、很富裕学生的均值分别为 3.88、3.851、3.811、3.948、4.107，家庭经济很富裕的学生自我情绪认知水平最高，家庭经济中等的学生自我情绪认知水平最低。

为严谨求证不同家庭经济条件学生自我情绪认识水平是否存在显著差异，进行单因素方差分析检验。

表 2-1-6　不同家庭经济条件学生自我情绪认知差值比较

	A 很贫困	B 贫困	C 中等	D 富裕	E 很富裕
C 中等	−0.06957*	−0.04010*	—	−0.13770*	−0.29650*
D 富裕	0.06813	0.09759*	0.13770*	—	−0.15880
E 很富裕	0.22693*	0.25639*	0.29650*	0.15880	—
说明	差异显著(p=0.000<0.05)，方差不齐性(0.000)，采用 Tamhane 法进行事后多重比较				

* 表示在 0.05 水平上差异显著

由表 2-1-6 可知，家庭经济中等水平的学生自我情绪认知水平显著低于其他经济水平的学生(C<A，C<B，C<D，C<E)，家庭经济很富裕和富裕的学生自我情绪认知水平显著高于富裕水平以下的学生(E>A，E>B，E>C，D>A，D>B，D>C)。

11. 高中学校类型

在来自不同高中的样本学生自我情绪认知水平的比较中，重点普通高中、一般普通高中、重点职业高中、一般职业高中学生的均值分别为 3.862、3.816、3.873、3.804，来自重点职业高中的学生自我情绪认知水平最高，来自一般职业高中的学生自我情绪认知水平最低。

为严谨求证来自不同类型高中学生自我情绪认识水平是否存在显著差异，进行单因素方差分析检验。

表 2-1-7　来自不同类型高中学生自我情绪认知差值比较

	A 重点普高	B 一般普高	C 重点职高	D 一般职高
A 重点普高	—	0.04634*	−0.01063	0.05774*
B 一般普高	−0.04634*	—	−0.05697*	0.01140
C 重点职高	0.01063	0.05697*	—	0.06837*
D 一般职高	−0.05774*	−0.01140	−0.06837*	—
说明	差异显著(p=0.000<0.05)，方差不齐性(0.000)，采用 Tamhane 法进行事后多重比较			

* 表示在 0.05 水平上差异显著

由表 2-1-7 可知，来自重点职高和重点普高的学生自我情绪认知水平显著高于来自一般普高和一般职高的学生(C>B，C>D，A>B，A>D)。

(三)结论

经过显著性检验验证发现，存在显著性差异的有：性别、就读专业层次、家庭所在地、志愿填报、是否担任社团或学生会干部、父母学历、家庭经济、高中学校类型；不存在显著性差异的有：年级、是否独生子女。结论仅归纳存在显著差异部分。

第一，男生自我情绪认知水平显著高于女生。

第二，专科生自我情绪认知水平显著高于本科生。

第三，家庭所在地在农村的学生自我情绪认知水平显著高于其他生源地学生。

第四，自己选择志愿的学生自我情绪认知水平显著高于其他类型学生。

第五，社团或学生会干部自我情绪认知水平显著高于非社团学生会干部。

第六，家长学历为本科的学生自我情绪认知水平显著高于家长学历为高中的学生。

第七，家庭经济很富裕和富裕的学生自我情绪认知水平显著高于富裕水平以下的学生，家庭经济中等水平的学生自我情绪认知水平显著低于其他经济水平的学生。

第八，来自重点职高和重点普高的学生自我情绪认知水平显著高于来自一般普高和一般职高的学生。

二、他人情绪识别

在校园学习和生活中不仅要注意控制自己的情绪，还要学会识别他人的情绪。对于大学生来说，学会识别他人情绪，才能更好地适应社会环境，更顺畅地与人打交道，甚至可以说，善于了解他人，识别他人情绪，知道他人的所思、所想、所感是一个人拥有高情商的表现，是人最重要的生存本领之一。善于识别他人情绪的人能够根据对方的行为举止、语言谈吐、心理活动等，识别他们的情绪，并采取相应的对策，适时地调整自己的言行，恰当地处理人际关系，营造和睦融洽的环境氛围，从而维护良好的人际关系，取得较大的成功。

(一)基本情况

他人情绪识别是指对他人的各种感受，能“设身处地”地、快速地进行直觉判断，了解他人的情绪、性情、动机、欲望等，并能做出适度的反应。

民办高校学生他人情绪识别能力良好，均值3.798，在各维度中均值较高。

(二)差异分析

1. 性别

在不同性别样本学生他人情绪识别能力的比较中，男生(均值3.814)比女生(均值3.786)他人情绪识别能力高。

为严谨求证不同性别学生他人情绪识别能力是否存在显著差异，通过独立样本T检验可知，$t=3.941(p=0.000<0.001)$，男生均值$A=3.814\pm0.77$，女生均值$B=3.786\pm0.70$，表明男生的他人情绪识别能力显著高于女生($A>B$)。

2. 年级

在不同年级样本学生他人情绪识别能力的比较中，各年级学生整体的他人情绪识别能力随着年级的提高而提升，大一、大二、大三、大四学生的均值分别为3.793、3.797、3.816、3.839，大一学生水平最低，大四学生水平最高。

通过单因素方差分析验证，方差不齐性($p=0.000$)，且通过Tamhane法进行事后多重比较未发现显著差异的结果(p值都大于0.05)。从统计学角度看，民办高校不同年级学生他人情绪识别能力不存在显著性差异。

3. 专业

在不同专业层次样本学生他人情绪识别能力的比较中，本科学生(均值3.815)比专科学生(均值3.79)他人情绪识别能力高。

通过独立样本T检验发现，$t=3.341(p=0.001<0.01)$，本科生均值$A=3.815\pm0.72$，专科生均值$B=3.79\pm0.74$，表明本科生他人情绪识别能力显著高于专科生($A>B$)。

4. 家庭所在地

在不同家庭所在地样本学生他人情绪识别能力的比较中，各生源地学生整体的他人情绪识别能力差距不大，直辖市、省会城市、地级市、城镇、农村学生的均值分别为 3.814、3.799、3.811、3.792、3.786，直辖市学生水平稍高，农村学生水平稍低。

通过单因素方差分析验证，方差不齐性（$p=0.000$），且通过 Tamhane 法进行事后多重比较未发现显著差异的结果（p 值都大于 0.05）。从统计学角度看，民办高校不同家庭所在地学生他人情绪识别能力不存在显著性差异。

5. 是否独生子女

在独生子女和非独生子女样本学生他人情绪识别能力的比较中，独生子女学生（均值 3.806）比非独生子女学生（均值 3.79）他人情绪识别能力高。

通过独立样本 T 检验发现，$t=3.323$（$p=0.02<0.05$），独生子女学生均值 $A=3.806\pm0.76$，非独生子女学生均值 $B=3.79\pm0.71$，表明独生子女学生他人情绪识别能力显著高于非独生子女学生（A>B）。

6. 志愿填报

在不同志愿填报样本学生他人情绪识别能力的比较中，自己选择、父母选择、老师推荐、调剂和其他类学生的均值分别为 3.824、3.75、3.745、3.77、3.734，自己选择专业的学生他人情绪识别能力最高，老师推荐的和其他类的学生他人情绪识别能力最低。

为严谨求证不同志愿填报类型学生他人情绪识别能力是否存在显著差异，进行单因素方差分析检验。

表 2-1-8　不同志愿填报类型学生他人情绪识别能力差值比较

	A 自己	B 父母	C 老师	D 调剂	E 其他
A 自己	—	0.07374*	0.07892*	0.05348*	0.09020*
说明	差异显著（$p=0.000<0.05$），方差不齐性（0.000），采用 Tamhane 法进行事后多重比较				

* 表示在 0.05 水平上差异显著

由表 2-1-8 可知，自己选择志愿的学生他人情绪识别能力显著高于其他类型学生（A>B，A>C，A>D，A>E）。

7. 是否担任社团或学生会干部

在社团或学生会干部和非社团学生会干部他人情绪识别能力的比较中，社团或学生会干部（均值 3.878）他人情绪识别能力高于非社团学生会干部（均值 3.745）。

为严谨求证社团或学生会干部和非社团学生会干部他人情绪识别能力是否存在显著差异，通过独立样本 T 检验可知，t＝18.691（p＝0.000＜0.001），学生干部均值 A＝3.878±0.73，非学生干部均值 B＝3.745±0.73，表明社团或学生会干部他人情绪识别能力显著高于非社团学生会干部（A＞B）。

8. 就读专业类别

从表 2-1-9 可以看出，在不同专业样本学生他人情绪识别能力的比较中，法学专业学生他人情绪识别能力最高，哲学专业学生他人情绪识别能力最低。

表 2-1-9　不同专业学生他人情绪识别能力均值排序

序号	专业	均值	序号	专业	均值
1	法学	3.8376	7	农学	3.7775
2	文学	3.8318	8	管理	3.7724
3	艺术	3.822	9	医学	3.7683
4	理学	3.8074	10	教育	3.7655
5	工学	3.8064	11	哲学	3.5278
6	经济	3.7775			

注：学生专业不做进一步显著性检验，得分排序仅供参考。

9. 父母学历

在父母不同学历样本学生他人情绪识别能力的比较中，父母学历为小学、初中、高中、大专、本科、硕士、博士的均值分别为 3.747、3.783、3.805、3.835、3.871、3.741、3.871，父母学历为博士或本科的学生他人情绪识别能力最高，父母学历为硕士的学生他人情绪识别能力最低。

为严谨求证父母不同学历学生他人情绪识别能力是否存在显著差异，进行单因素方差分析检验。

表 2-1-10 父母不同学历学生他人情绪识别能力差值比较

	A小学	B初中	C高中	D大专	E本科	F硕士	G博士
A小学	—	—	−0.05881*	−0.08852*	−0.12426*	—	—
D大专	0.08852*	0.05261*	—	—	—	—	—
E本科	0.12426*	0.08834*	0.06544*	—	—	—	—
说明	差异显著(p=0.000<0.05)，方差不齐性(0.000)，采用 Tamhane 法进行事后多重比较						

*表示在 0.05 水平上差异显著

由表 2-1-10 可知，家长学历为小学的学生他人情绪识别能力显著低于家长学历为高中、大专或本科的学生(A<C，A<D，A<E)，家长学历为大专或本科的学生他人情绪识别能力显著高于家长学历为初中的学生(D>B，E>B)，家长学历为本科的学生他人情绪识别能力显著高于家长学历为高中的学生(E>C)，但家长学历为硕士或博士的学生与其他学生并无显著差异。

10. 家庭经济情况

在不同家庭经济条件样本学生他人情绪识别能力的比较中，很贫困、贫困、中等、富裕、很富裕学生的均值分别为 3.873、3.777、3.782、3.968、4.095，家庭经济很富裕的学生他人情绪识别能力最高，家庭经济贫困的学生他人情绪识别能力最低。

为严谨求证不同家庭经济条件学生他人情绪识别能力是否存在显著差异，进行单因素方差分析检验。

表 2-1-11 不同家庭经济条件学生他人情绪识别能力差值比较

	A很贫困	B贫困	C中等	D富裕	E很富裕
A很贫困	—	0.09573*	0.09046*	−0.09582*	−0.22187*
D富裕	0.09582*	0.19155*	0.18627*	—	—
E很富裕	0.22187*	0.31760*	0.31233*	—	—
说明	差异显著(p=0.000<0.05)，方差不齐性(0.000)，采用 Tamhane 法进行事后多重比较				

*表示在 0.05 水平上差异显著

由表 2-1-11 可知，家庭经济很贫困的学生他人情绪识别能力显著低于富裕和很富裕的学生(A<D，A<E)，但高于贫困和中等的学生(A>B，A>C)，家庭经济很富裕和富裕的学生他人情绪识别能力显著高于富裕水平以下的学生(E>A，E>B，E>C，D>A，D>B，D>C)。

11. 高中学校类型

在来自不同高中的样本学生他人情绪识别能力的比较中，重点普通高中、一般普通高中、重点职业高中、一般职业高中学生的均值分别为3.842、3.772、3.849、3.748，来自重点职业高中的学生他人情绪识别能力最高，来自一般职业高中的学生他人情绪识别能力最低。

为严谨求证来自不同类型高中学生他人情绪识别能力是否存在显著差异，进行单因素方差分析检验。

表 2-1-12　不同类型高中学生他人情绪识别能力差值比较

	A重点普高	B一般普高	C重点职高	D一般职高
A重点普高	—	0.07027*	—	0.09414*
C重点职高	—	0.07698*	—	0.10086*
说明	差异显著($p=0.000<0.05$)，方差不齐性(0.000)，采用Tamhane法进行事后多重比较			

*表示在0.05水平上差异显著

由表2-1-12可知，来自重点职高和重点普高的学生他人情绪识别能力显著高于来自一般普高和一般职高的学生(C>B，C>D，A>B，A>D)。

(三)结论

经过显著性检验验证发现，存在显著性差异的有：性别、就读专业层次、是否独生子女、志愿填报、是否担任社团或学生会干部、父母学历、家庭经济、高中学校类型；不存在显著性差异的有：年级、家庭所在地。结论仅归纳存在显著差异部分。

第一，男生的他人情绪识别能力显著高于女生。

第二，本科生他人情绪识别能力显著高于专科生。

第三，独生子女学生他人情绪识别能力显著高于非独生子女学生。

第四，自己选择志愿的学生他人情绪识别能力显著高于其他类型学生。

第五，社团或学生会干部他人情绪识别能力显著高于非社团学生会干部。

第六，家长学历为小学的学生他人情绪识别能力显著低于家长学历为高中、大专或本科的学生，家长学历为大专或本科的学生他人情绪识别能力显著高于家长学历为初中的学生，家长学历为本科的学生他人情绪识别能力显著高于家长学历为高中的学生，但家长学历为硕士或博士的学生与其他学生并无显著差异。

第七，家庭经济很贫困的学生他人情绪识别能力显著低于富裕和很富裕的学生，但高于贫困和中等的学生，家庭经济很富裕和富裕的学生他人情绪识别能力显著高于富裕水平以下的学生。

第八，来自重点职高和重点普高的学生他人情绪识别能力显著高于来自一般普高和一般职高的学生。

三、自我情绪运用

在我们的生活、学习等活动中，我们需要解决各种各样的问题。在解决问题的时候，可能会遇到各种情绪。这些情绪会影响你问题解决的效果，或促进，或阻碍。对于个体而言，情绪本身就是一种推动力。你如何去拓展情绪上的选择空间，实际上就是你情绪运用的能力。

(一)基本情况

自我情绪运用是指个体调整自己情绪使之向有利于建设性行为和个体绩效方向发展的能力。

民办高校学生自我情绪运用能力良好，均值 3.688，在各维度中均值偏低。

(二)差异分析

1. 性别

在不同性别样本学生自我情绪运用能力的比较中，男生(均值 3.76)自我情绪运用能力比女生(均值 3.628)高。

为严谨求证不同性别学生自我情绪运用能力是否存在显著差异，通过独立样本 T 检验可知，$t=18.259$($p=0.000<0.001$)，男生均值 $A=3.76\pm0.79$，女生均值 $B=3.628\pm0.72$，表明男生的自我情绪运用能力显著高于女生($A>B$)。

2. 年级

在不同年级样本学生自我情绪运用能力的比较中，各年级学生整体自我情绪运用能力随着年级的提高而提升，大一、大二、大三、大四学生的均值分别为 3.664、3.702、3.73、3.76，大一学生水平最低，大四学生水平最高。

为严谨求证不同年级学生自我情绪运用能力是否存在显著差异，进行单因素方差分析检验。

表 2-1-13　不同年级学生自我情绪运用能力差值比较

	A大一	B大二	C大三	D大四
A大一	—	−0.03791*	−0.06606*	−0.09573*
B大二	—	—	—	−0.05782*
说明	差异显著(p=0.000<0.05)，方差不齐性(0.000)，采用 Tamhane 法进行事后多重比较			

*表示在 0.05 水平上差异显著

由表 2-1-13 可知，大一学生自我情绪运用能力显著低于其他年级学生(A<B，A<C，A<D)，大四学生自我情绪运用能力显著高于大二学生(D>B)。

3. 就读专业层次

在不同专业层次样本学生自我情绪运用能力的比较中，专科学生(均值 3.69)比本科学生(均值 3.686)自我情绪运用能力高。

为严谨考证，通过独立样本 T 检验验证，得出 $t=-0.545(p>0.05)$。从统计学角度看，民办高校本科生与专科生自我情绪运用能力不存在显著性差异。可见，在民办高校，就读专业层次并不影响学生自我情绪运用能力。

4. 家庭所在地

在不同家庭所在地样本学生自我情绪运用能力的比较中，各生源地学生整体自我情绪运用能力差距不大，直辖市、省会城市、地级市、城镇、农村学生的均值分别为 3.678、3.692、3.706、3.667、3.704，地级市学生水平稍高，城镇学生水平稍低。

为严谨求证不同家庭所在地学生自我情绪运用能力是否存在显著差异，进行单因素方差分析检验。

表 2-1-14　不同家庭所在地学生自我情绪运用能力差值比较

	A直辖市	B省会城市	C地级市	D城镇	E农村
D城镇	—	—	−0.03908*	—	−0.03703*
说明	差异显著(p=0.000<0.05)，方差不齐性(0.000)，采用 Tamhane 法进行事后多重比较				

*表示在 0.05 水平上差异显著

由表 2-1-14 可知，来自城镇的学生自我情绪运用能力显著低于来自地级市或农村学生(D＜C，D＜E)。

5. 是否独生子女

在独生子女和非独生子女样本学生自我情绪运用能力的比较中，非独生子女学生(均值 3.695)自我情绪运用能力比独生子女学生(均值 3.683)强。

为严谨考证，通过独立样本 T 检验验证，得出 t＝－1.709(p＞0.05)。从统计学角度看，民办高校独生子女与非独生子女学生自我情绪运用能力不存在显著性差异。可见，在民办高校，学生是否是独生子女并不影响学生自我情绪运用能力。

6. 志愿填报

在不同志愿填报样本学生自我情绪运用能力的比较中，自己选择、父母选择、老师推荐、调剂和其他学生的均值分别为 3.728、3.603、3.669、3.618、3.581，自己选择专业的学生自我情绪运用能力最高，父母选择的和其他类的学生自我情绪运用能力最低。

为严谨求证不同志愿填报类型学生自我情绪运用能力是否存在显著差异，进行单因素方差分析检验。

表 2-1-15　不同志愿填报类型学生自我情绪运用能力差值比较

	A 自己	B 父母	C 老师	D 调剂	E 其他
A 自己	—	0.12477*	0.05898*	0.11004*	0.14689*
B 父母	－0.12477*	—	－0.06580*	—	—
说明	差异显著(p＝0.000＜0.05)，方差不齐性(0.000)，采用 Tamhane 法进行事后多重比较				

* 表示在 0.05 水平上差异显著

由表 2-1-15 可知，自己选择志愿的学生自我情绪运用能力显著高于其他类型学生(A＞B，A＞C，A＞D，A＞E)，父母选择的学生自我情绪运用能力显著低于老师选择的学生(B＜C)。

7. 是否担任社团或学生会干部

在社团或学生会干部和非社团学生会干部自我情绪运用能力的比较中，社团或学生会干部(均值 3.81)自我情绪运用能力高于非社团学生会干部(均值 3.607)。

为严谨求证社团或学生会干部和非社团学生会干部自我情绪运用能力是否存在显著差异，通过独立样本T检验可知，t=27.906（$p=0.000<0.001$），学生干部均值A=3.81±0.74，非学生干部均值B=3.607±0.75，表明社团或学生会干部自我情绪运用能力显著高于非社团学生会干部（A>B）。

8. 就读专业类别

从表2-1-16可以看出，在不同专业样本学生自我情绪运用能力的比较中，工学专业学生自我情绪运用能力最高，哲学专业学生自我情绪运用能力最低。

表2-1-16　不同专业学生自我情绪运用能力均值排序

序号	专业	均值	序号	专业	均值
1	工学	3.7545	7	经济	3.6556
2	法学	3.7485	8	文学	3.6545
3	农学	3.7473	9	教育	3.6291
4	理学	3.7326	10	医学	3.6173
5	艺术	3.6772	11	哲学	3.4773
6	管理	3.6586			

注：学生专业不做进一步显著性检验，得分排序仅供参考。

9. 父母学历

在父母不同学历样本学生自我情绪运用能力的比较中，父母学历为小学、初中、高中、大专、本科、硕士、博士的均值分别为3.659、3.674、3.69、3.71、3.748、3.663、3.849，父母学历为博士或本科的学生自我情绪运用能力最高，父母学历为小学的学生自我情绪运用能力最低。

为严谨求证父母不同学历学生自我情绪运用能力是否存在显著差异，进行单因素方差分析检验。

表2-1-17　父母不同学历学生自我情绪运用能力差值比较

	A小学	B初中	C高中	D大专	E本科	F硕士	G博士
D大专	0.05153*	—	—	—	—	—	—
E本科	0.08937*	0.07369*	0.05827*	—	—	—	—
说明	差异显著（$p=0.000<0.05$），方差不齐性（0.000），采用Tamhane法进行事后多重比较						

*表示在0.05水平上差异显著

由表 2-1-17 可知，家长学历为本科的学生自我情绪运用能力显著高于家长学历为高中及高中以下的学生（E＞A，E＞B，E＞C），家长学历为大专的学生自我情绪运用能力显著高于家长学历为小学的学生（D＞A），但家长学历为大专以上的学生与其他学生并无显著差异。

10. 家庭经济情况

在不同家庭经济条件本科学生自我情绪运用能力的比较中，很贫困、贫困、中等、富裕、很富裕学生的均值分别为 3.796、3.69、3.656、3.887、4.091，家庭经济很富裕的学生自我情绪运用能力最高，家庭经济中等的学生自我情绪运用能力最低。

为严谨求证不同家庭经济条件学生自我情绪运用能力是否存在显著差异，进行单因素方差分析检验。

表 2-1-18　不同家庭经济条件学生自我情绪运用能力差值比较

	A 很贫困	B 贫困	C 中等	D 富裕	E 很富裕
A 很贫困	—	0.10645*	0.13973*	−0.09055*	−0.29461*
B 贫困	−0.10645*	—	0.03328*	−0.19700*	−0.40106*
C 中等	−0.13973*	−0.03328*	—	−0.23027*	−0.43434*
D 富裕	0.09055*	0.19700*	0.23027*	—	−0.20406*
E 很富裕	0.29461*	0.40106*	0.43434*	0.20406*	—
说明	差异显著（p＝0.000＜0.05），方差不齐性（0.000），采用 Tamhane 法进行事后多重比较				

* 表示在 0.05 水平上差异显著

由表 2-1-18 可知，不同家庭经济条件的学生自我情绪运用能力存在显著差异，能力从高到低依次为家庭条件很富裕、富裕、很贫困、贫困、中等的学生（E＞D＞A＞B＞C）。

11. 高中学校类型

在来自不同高中的学生自我情绪运用能力的比较中，重点普通高中、一般普通高中、重点职业高中、一般职业高中学生的均值分别为 3.733、3.672、3.739、3.582，来自重点职业高中的学生自我情绪运用能力最高，来自一般职业高中的学生自我情绪运用能力最低。

为严谨求证来自不同类型高中学生自我情绪运用能力是否存在显著差异，

进行单因素方差分析检验。

表 2-1-19　不同类型高中学生自我情绪运用能力差值比较

	A 重点普高	B 一般普高	C 重点职高	D 一般职高
A 重点普高	—	0.06082*	—	0.15019*
B 一般普高	−0.06082*	—	−0.06741*	0.08937*
C 重点职高	—	0.06741*	—	0.15679*
D 一般职高	−0.15019*	−0.08937*	−0.15679*	—
说明	差异显著(p=0.000<0.05)，方差不齐性(0.000)，采用 Tamhane 法进行事后多重比较			

* 表示在 0.05 水平上差异显著

由表 2-1-19 可知，来自重点普高和重点职高的学生自我情绪运用能力显著高于来自一般普高和一般职高的学生(C>B，C>D，A>B，A>D)，来自一般普高的学生自我情绪运用能力显著高于来自一般职高的学生(B>D)。

(三)结论

经过显著性检验验证发现，存在显著性差异的有：性别、年级、家庭所在地、志愿填报、是否担任社团或学生会干部、父母学历、家庭经济、高中学校类型；不存在显著性差异的有：就读专业层次、是否独生子女。结论仅归纳存在显著差异部分。

第一，男生的自我情绪运用能力显著高于女生。

第二，大一学生自我情绪运用能力显著低于其他年级学生，大四学生自我情绪运用能力显著高于大二学生。

第三，来自城镇的学生自我情绪运用能力显著低于来自地级市或农村学生。

第四，自己选择志愿的学生自我情绪运用能力显著高于其他类型学生，父母选择的学生情绪运用能力显著低于老师选择的学生。

第五，社团或学生会干部自我情绪运用能力显著高于非社团学生会干部。

第六，家长学历为本科的学生自我情绪运用能力显著高于家长学历为高中及高中以下的学生，家长学历为大专的学生自我情绪运用能力显著高于家长学历为小学的学生，但家长学历为大专以上的学生与其他学生并无显著差异。

第七，不同家庭经济条件的学生自我情绪运用能力存在显著差异，能力从高到低依次为家庭条件很富裕、富裕、很贫困、贫困、中等的学生。

第八，来自重点普高和重点职高的学生自我情绪运用能力显著高于来自一般普高和一般职高的学生，来自一般普高的学生自我情绪运用能力显著高于来自一般职高的学生。

第二章 双创基础

创新素养量表和创业意向问卷是测量大学生双创基础的有效工具。关注双创基础对民办高校提高学生就业力和创业力有重要意义。李克强总理在给清华大学创客的回信中提到:"'大众创业、万众创新',核心在于激发人的创造力,尤其在于激发青年的创造力。"培育大学生创新创业能力是建设创新型国家的需要,创新是一个民族进步的灵魂,是一个国家兴旺发达的不竭动力。如何培养更多的创新者和创业者,是双创教育的核心命题。

创新是指人们为了发展的需要,运用已知的信息,不断突破常规,发现或产生某种新颖、独特的有社会价值或个人价值的新事物、新思想的活动。

创业是指创业者在经济方面的生产经营活动。大学生创业指大学生改变就业观念,在有限的环境中利用自己的知识、才能和技术,以自筹资金、技术入股、寻求合作等方式创立新的就业岗位。

双创基础是指具备创新素养和创业的基本知识、技能和资源。

本研究将民办高校学生双创基础分为创新素养和创业意向两个部分。创业意向分为创业准备和创业需求两部分。创新素养从冒险性、好奇性、想象力和挑战性四个方面考察。其中挑战性均值最高(均值为 3.617),冒险性、好奇性均值依次递减(均值分别为 3.622、3.415),想象力均值最低(均值为 3.32)。

一、创新素养

人类头脑中的创新思维是其一切创新活动的"骨髓、基石"。思维能使我们总结过去,改变现在,创造未来。创新思维是知识经济时代的典型思维。在知识经济条件下,人们从事的劳动大多是创造性活动,仅凭经验和习惯办事远远不够,创新思维就显得特别重要,成为劳动和生存的基本素质。这就大大提升了人的主体性,突出了人的创新意识、创新思维的作用。培养具有良好创新素养的大学生是社会的要求,更是教育的责任。

(一)基本情况

创新素养是指个体调整自己情绪，使之向有利于建设性行为和个体绩效方向发展的能力。

民办高校学生创新素养一般，均值 3.494，其中想象力均值 3.32，在各维度中均值偏低。

(二)差异分析

1. 性别

从图 2-2-1 可以看出，在不同性别样本学生创新素养(冒险性、好奇性、想象力和挑战性)的比较中，男生创新素养水平比女生创新素养水平高。

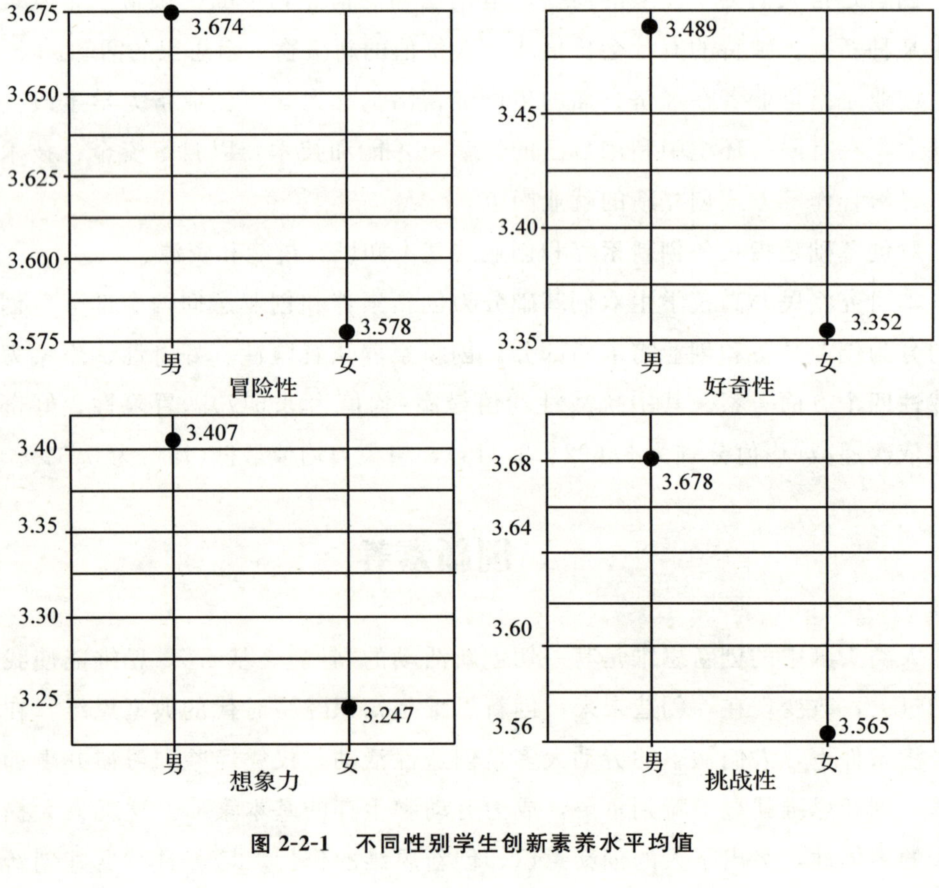

图 2-2-1　不同性别学生创新素养水平均值

通过独立样本 T 检验发现，$t_1=14.427$、$t_2=18.229$、$t_3=19.313$、$t_4=16.014$（$p=0.0000<0.001$），男生均值 $A_1=3.674\pm0.73$、$A_2=3.489\pm0.8$、$A_3=3.407\pm0.88$、$A_4=3.678\pm0.76$，女生均值 $B_1=3.578\pm0.65$、$B_2=3.352\pm0.75$、$B_3=3.247\pm0.84$、$B_4=3.565\pm0.71$，表明男生创新素养水平显著高于女生（A>B）。

2. 年级

从图 2-2-2 可以看出，在不同年级学生创新素养（冒险性、好奇性、想象力和挑战性）的比较中，各年级学生整体创新素养水平随着年级的提高而提升，大三学生水平普遍较高，大一学生水平较低。

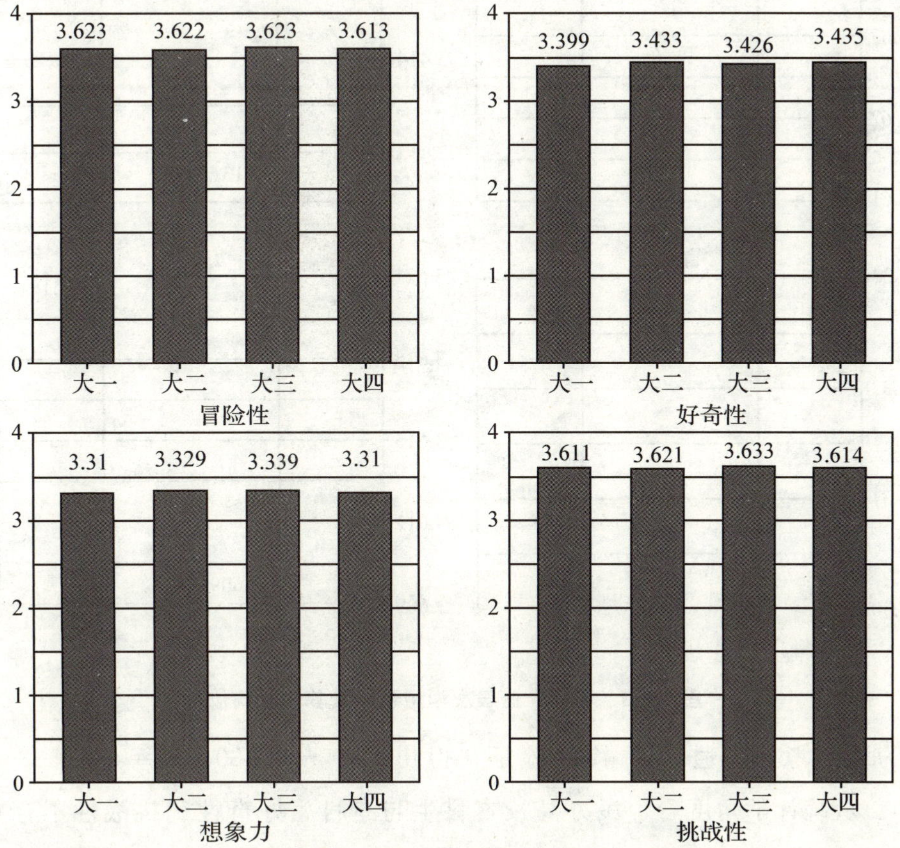

图 2-2-2　不同年级学生创新素养水平均值

为严谨求证不同年级学生创新素养水平是否存在显著差异，通过单因素方差分析检验显示，方差不齐性（$p=0.000$），且通过 Tamhane 法进行事后多重比较发现，冒险性、想象力和挑战性的事后多重比较不存在显著性差异。好奇性的事后比较中，大二学生好奇性水平显著高于大一学生（$B_2>A_2$）。

3. 就读专业层次

从图 2-2-3 可以看出，在不同专业层次样本学生创新素养（冒险性、好奇性、想象力和挑战性）的比较中，专科学生比本科学生好奇性、想象力和挑战性水平高，本科学生比专科学生冒险性水平高。

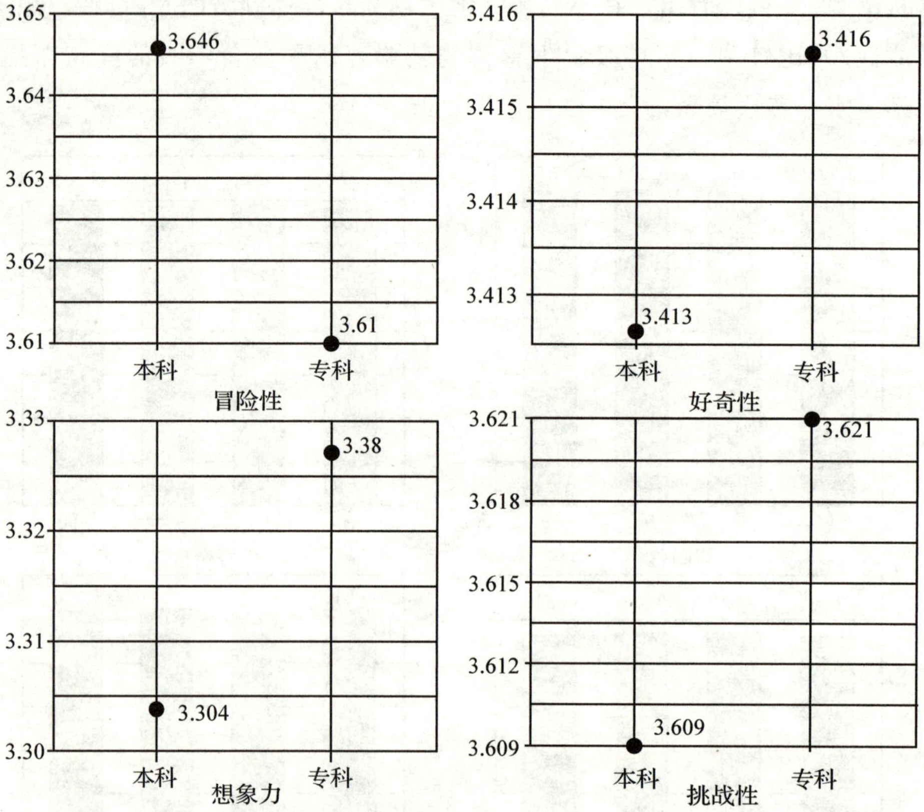

图 2-2-3　不同专业层次学生创新素养水平均值

为严谨考证，通过 T 检验验证，得出 $t_2=-0.380$、$t_4=-1.553$（$p>0.05$）。从统计学角度看，民办高校本科生与专科生好奇性和挑战性不存在显著性差异。$t_1=5.205$、$t_3=-2.703$（$p<0.01$），表明民办高校本科生冒险性水平显著高于专科生（$A_1>B_1$），专科生想象力水平显著高于本科生（$A_3<B_3$）。

4. 家庭所在地

从图 2-2-4 可以看出，在不同家庭所在地样本学生创新素养（冒险性、好奇性、想象力和挑战性）的比较中，各生源地学生整体创新素养水平差距不大，地级市和省会城市学生水平稍高，农村学生水平稍低。

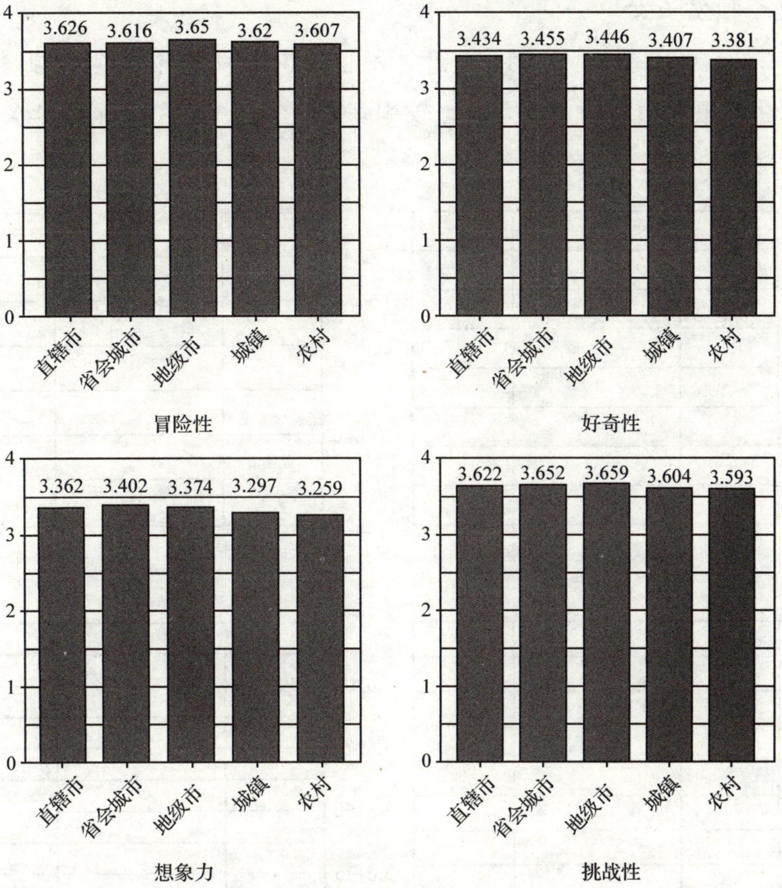

图 2-2-4　不同家庭所在地学生创新素养水平均值

为严谨求证不同家庭所在地学生创新素养水平是否存在显著差异，通过单因素方差分析检验显示，方差不齐性（p＝0.000），通过 Tamhane 法进行事后多重比较发现，冒险性的事后比较中，地级市学生冒险性水平显著高于城镇和农村的学生（$C_1>D_1$，$C_1>E_1$）；好奇性的事后比较中，农村学生好奇性水平显著低于直辖市、省会城市、地级市的学生（$E_2<A_2$，$E_2<B_2$，$E_2<C_2$）；想象力的事后比较中，农村学生低于城镇学生，城镇学生显著低于地级市、省会城市、直辖市的学生（$E_3<D_3<C_3$，$E_3<D_3<B_3$，$E_3<D_3<A_3$）；挑战性的事后比较中，省会城市、地级市学生显著高于城镇、农村学生（$B_4>D_4$，$B_4>E_4$，$C_4>$

D_4，$C_4>E_4$)，地级市学生显著高于直辖市学生，直辖市学生显著高于农村学生($C_4>A_4>E_4$)。

5. 是否独生子女

从图 2-2-5 可以看出，在独生子女和非独生子女样本学生创新素养(冒险性、好奇性、想象力和挑战性)的比较中，独生子女学生创新素养水平比非独生子女学生高。

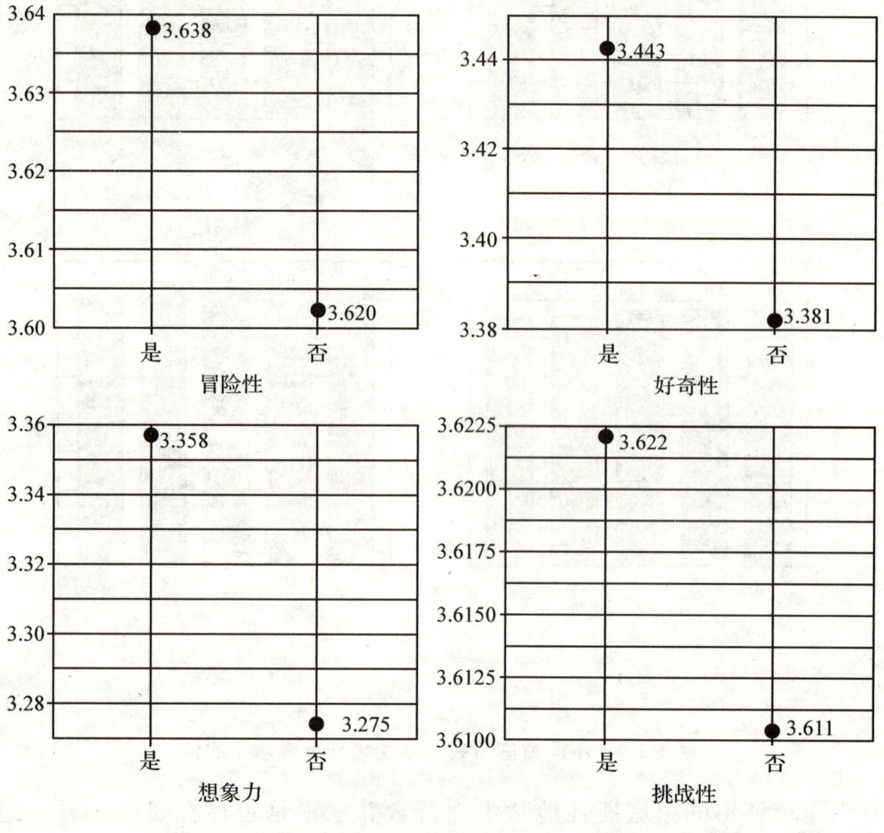

图 2-2-5 独生子女与非独生子女学生创新素养水平均值

为严谨考证，通过 T 检验验证，得出 $t_4=-1.597$($p>0.05$)。从统计学角度看，民办高校独生子女与非独生子女学生挑战性不存在显著性差异。$t_1=5.418$、$t_2=8.2$、$t_3=-10.019$($p<0.001$)，表明民办高校独生子女学生冒险性、好奇性、想象力水平显著高于非独生子女学生($A_1>B_1$，$A_2>B_2$，$A_3>B_3$)。

6. 志愿填报

从图 2-2-6 可以看出，在不同志愿填报类型样本学生创新素养(冒险性、好奇性、想象力和挑战性）的比较中，教师推荐的学生创新素养水平普遍较高，其他类的学生创新素养水平普遍较低。

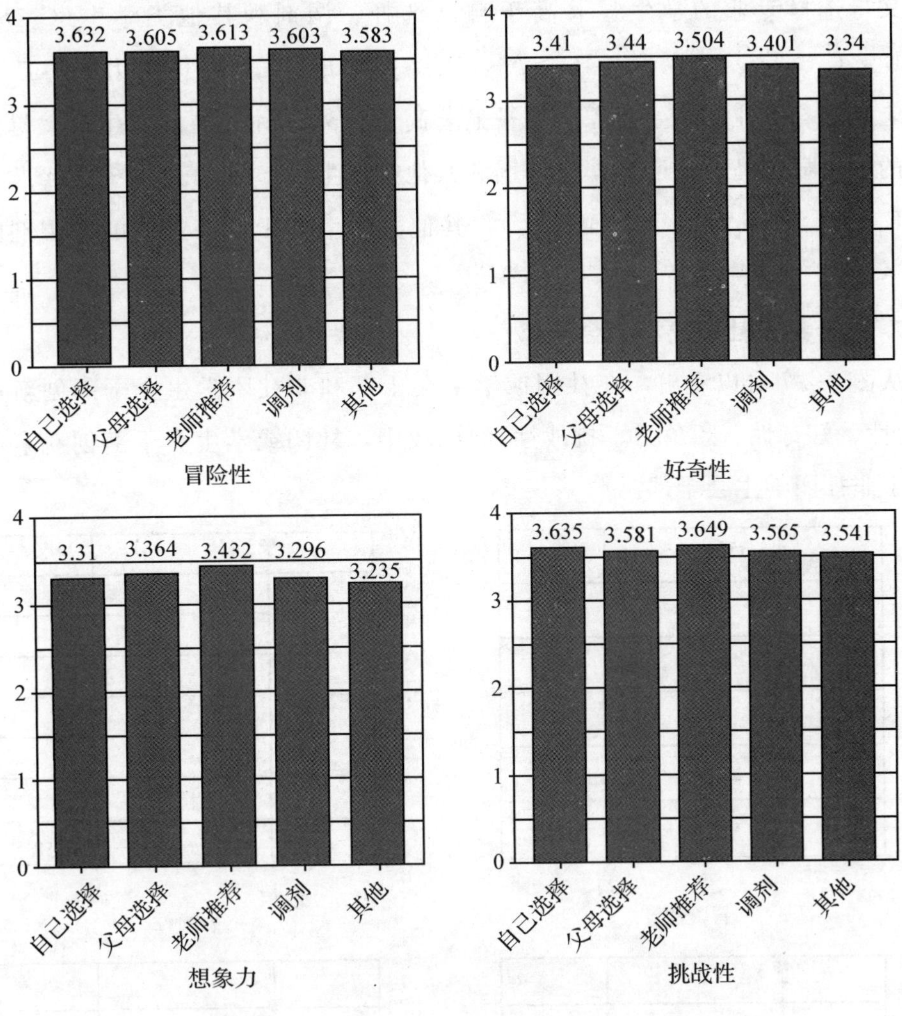

图 2-2-6　不同志愿填报类型学生创新素养水平均值

为严谨求证不同志愿填报类型学生创新素养水平是否存在显著差异，通过单因素方差分析检验显示，冒险性和挑战性方差不齐性（$p_{1、4}=0.000$），通过Tamhane法进行事后多重比较发现，冒险性的事后比较中，自己选择专业的学生冒险性显著高于父母选择的和其他的学生（$A_1>B_1$，$A_1>E_1$）；挑战性的事后比较中，自己选择的学生和老师推荐专业的学生显著高于另外几种类型学生（$A_4>B_4$，$A_4>D_4$，$A_4>E_4$，$C_4>B_4$，$C_4>D_4$，$C_4>E_4$）。好奇性和想象力方差齐性（$p_2=0.185$，$p_3=0.582$），通过LSD法进行事后多重比较发现，好奇性的事后比较中，老师推荐专业的学生好奇性水平显著高于另外几种类型的学生，父母选择专业的学生显著高于自己选择、调剂和其他类学生（$C_3>A_3$，$C_3>B_3$，$C_3>D_2$，$C_3>E_3$，$B_3>A_3$，$B_3>D_3$，$B_3>E_3$）；想象力的事后比较中，老师推荐专业的学生想象力水平显著高于另外几种类型的学生，父母选择专业的学生显著高于自己选择、调剂和其他类学生（$C_4>A_4$，$C_4>B_4$，$C_4>D_4$，$C_4>E_4$，$B_4>A_4$，$B_4>D_4$，$B_4>E_4$），其他类学生低于自己选择的和调剂的学生（$E_4<A_4$，$E_4<D_4$）。

7. 是否担任社团或学生会干部

从图 2-2-7 可以看出，在社团或学生会干部和非社团学生会干部创新素养（冒险性、好奇性、想象力、挑战性）的比较中，社团或学生会干部创新素养水平高于非社团学生会干部。

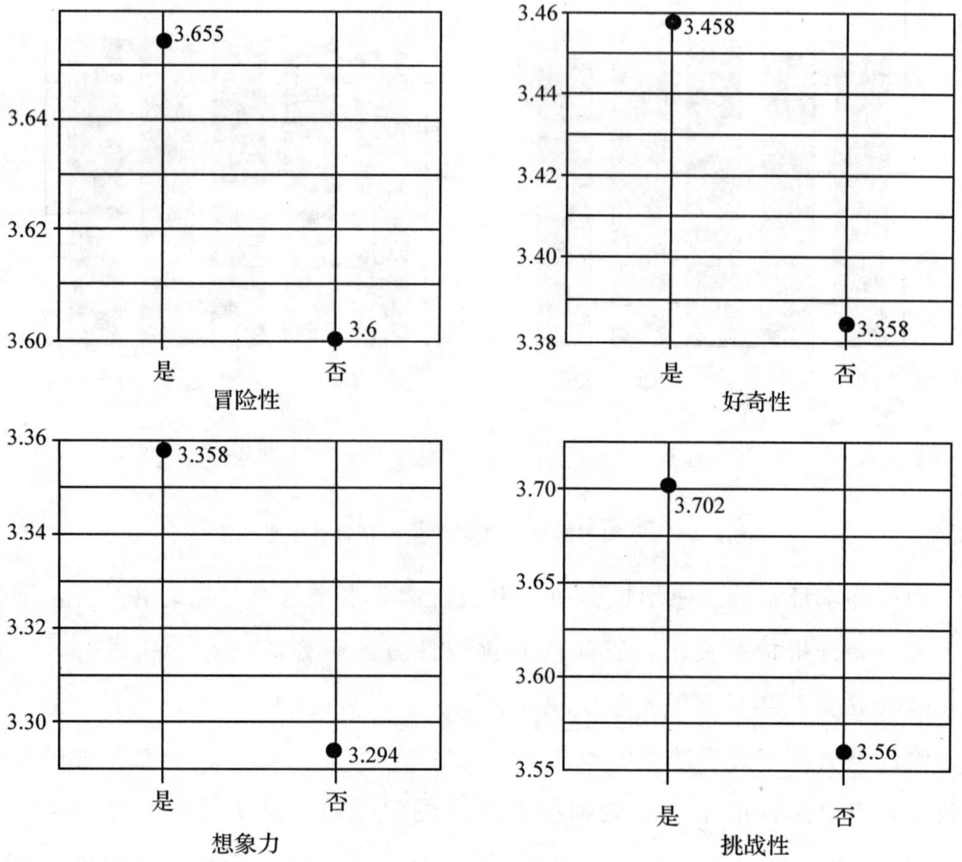

图 2-2-7　学生干部与非学生干部创新素养水平均值

为严谨考证，通过 T 检验验证，得出 $t_1=8.140$、$t_2=9.562$、$t_3=7.568$，$t_4=19.838$($p<0.001$)，表明民办高校学生干部冒险性、好奇性、想象力、挑战性水平显著高于非学生干部($A_1>B_1$，$A_2>B_2$，$A_3>B_3$，$A_4>B_4$)。

8. 就读专业类别

从表 2-2-1 可以看出，在不同专业样本学生冒险性的比较中，工学专业学生冒险性最高，哲学专业学生冒险性最低。

表 2-2-1 不同专业学生冒险性均值排序

序号	专业	均值	序号	专业	均值
1	工学	3.6667	7	管理	3.5784
2	艺术	3.6514	8	医学	3.5445
3	文学	3.6313	9	教育	3.5254
4	理学	3.63	10	农学	3.4835
5	经济	3.593	11	哲学	3.303
6	法学	3.5821			

注：学生专业不做进一步显著性检验，得分排序仅供参考。

从表 2-2-2 可以看出，在不同专业样本学生好奇性的比较中，工学专业学生好奇性最高，哲学专业学生好奇性最低。

表 2-2-2 不同专业学生好奇性均值排序

序号	专业	均值	序号	专业	均值
1	工学	3.4784	7	管理	3.3689
2	艺术	3.4438	8	农学	3.3516
3	法学	3.4137	9	医学	3.3326
4	理学	3.3977	10	教育	3.3316
5	经济	3.3876	11	哲学	3.3064
6	文学	3.3761			

注：学生专业不做进一步显著性检验，得分排序仅供参考。

从表 2-2-3 可以看出，在不同专业样本学生想象力的比较中，工学专业学生想象力最高，教育学专业学生想象力最低。

表 2-2-3 不同专业学生想象力均值排序

序号	专业	均值	序号	专业	均值
1	工学	3.3846	7	农学	3.2711
2	艺术	3.3554	8	管理	3.2634
3	法学	3.3436	9	医学	3.2433
4	理学	3.3282	10	哲学	3.2424
5	文学	3.2955	11	教育	3.2351
6	经济	3.2783			

注：学生专业不做进一步显著性检验，得分排序仅供参考。

从表 2-2-4 可以看出，在不同专业样本学生挑战性的比较中，工学专业学生挑战性最高，哲学专业学生挑战性最低。

表 2-2-4 不同专业学生挑战性均值排序

序号	专业	均值	序号	专业	均值
1	工学	3.6719	7	管理	3.5688
2	艺术	3.6518	8	教育	3.5486
3	法学	3.6385	9	医学	3.513
4	理学	3.6384	10	农学	3.4835
5	文学	3.6031	11	哲学	3.3771
6	经济	3.5802			

注：学生专业不做进一步显著性检验，得分排序仅供参考。

9. 父母学历

从图 2-2-8 可以看出，在父母不同学历样本学生创新素养(冒险性、好奇性、想象力和挑战性)的比较中，父母学历为博士或本科的学生创新素养水平最高，父母学历为小学的学生最低。

为严谨求证父母学历不同的学生创新素养水平是否存在显著差异，通过单因素方差分析检验显示，方差不齐性($p=0.000$)。通过 Tamhane 法进行事后多重比较发现，冒险性的事后比较中，家长学历为本科的学生冒险性水平显著高于家长学历为本科以下的学生($E_1>A_1$，$E_1>B_1$，$E_1>C_1$，$E_1>D_1$)，家长学

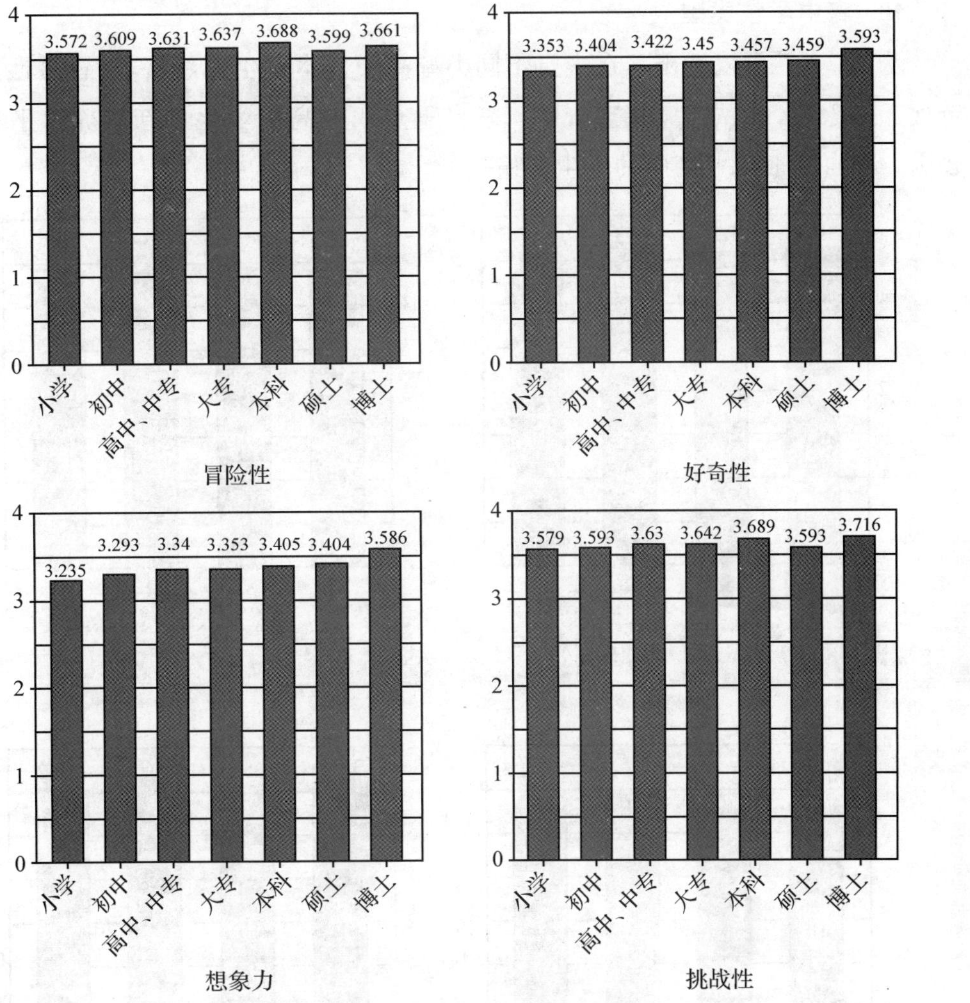

图 2-2-8　父母不同学历学生创新素养水平均值

历为小学的学生显著低于家长为初、高中、大专学历的学生($A_1<B_1$，$A_1<C_1$，$A_1<D_1$)；好奇性的事后比较中，家长学历为小学的学生好奇性水平显著低于除父母学历为硕士的其他类的学生($A_2<B_2$，$A_2<C_2$，$A_2<D_2$，$A_2<E_2$，$A_2<G_2$)，家长学历为初中的学生显著低于家长学历为大专、本科的学生($B_2<D_2$，$B_2<E_2$)；想象力的事后比较中，家长为博士学历的学生想象力显著高于除家长学历为本科、硕士的其他学生($G_3>A_3$，$G_3>B_3$，$G_3>C_3$，$G_3>D_3$)；挑战性的事后比较中，家长学历为高中、大专、本科的学生挑战性显著高于家长学历为小学、初中的学生($C_4>A_4$，$C_4>B_4$，$D_4>A_4$，$D_4>B_4$，$E_4>A_4$，$E_4>B_4$)。

10. 高中学校类型

从图 2-2-9 可以看出，在来自不同类型高中样本学生创新素养(冒险性、好奇性、想象力、挑战性)的比较中，来自重点职业高中学生创新素养水平普遍较高，来自一般职业高中的学生普遍较低。

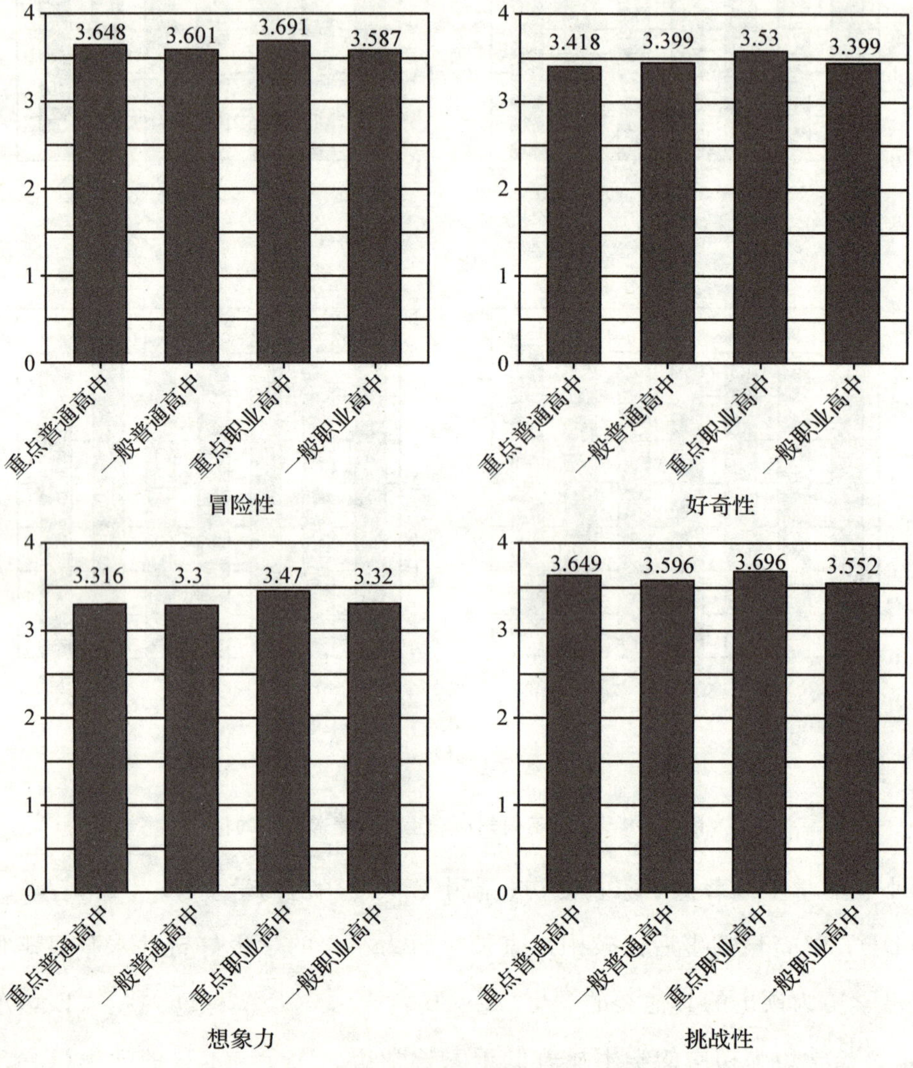

图 2-2-9　来自不同类型高中学生创新素养水平均值

为严谨求证来自不同高中的学生创新素养水平是否存在显著差异，通过单因素方差分析检验显示，方差不齐性(p＝0.000)。通过 Tamhane 法进行事后多重比较发现，冒险性的事后比较中，来自重点职高和重点普高的学生冒险性水平显著高于来自一般职高和一般普高的学生($C_1 > B_1$，$C_1 > D_1$，$A_1 > B_1$，$A_1 >$

D_1）；好奇性的事后比较中，来自重点职高的学生好奇性水平显著高于其他类的学生（$C_2<A_2$，$C_2<B_2$，$C_2<D_2$）；想象力的事后比较中，来自重点职高的学生想象力水平显著高于其他类的学生（$C_3<A_3$，$C_3<B_3$，$C_3<D_3$）；挑战性的事后比较中，来自重点职高和重点普高的学生挑战性水平显著高于来自一般职高和一般普高的学生（$C_4>B_4$，$C_4>D_4$，$A_4>B_4$，$A_4>D_4$）。

(三)结论

经过显著性检验验证发现，存在显著性差异的有：性别、年级、就读专业层次、家庭所在地、是否独生子女、志愿填报、是否担任社团或学生会干部、父母学历、高中学校类型。结论仅归纳存在显著差异部分。

第一，男生创新素养水平显著高于女生。

第二，大二学生好奇性水平显著高于大一学生。

第三，本科生冒险性水平显著高于专科生；专科生想象力水平显著高于本科生。

第四，地级市学生冒险性水平显著高于城镇和农村的学生；农村学生好奇性水平显著低于直辖市、省会城市、地级市的学生；农村学生想象力水平低于城镇学生，城镇学生想象力水平显著低于地级市、省会城市、直辖市的学生；省会城市、地级市学生挑战性水平显著高于城镇、农村学生，地级市学生挑战性水平显著高于直辖市学生，直辖市学生显著高于农村学生。

第五，独生子女学生冒险性、好奇性、想象力水平显著高于非独生子女学生。

第六，自己选择专业的学生冒险性显著高于父母选择的和其他的学生；自己选择的学生和老师推荐专业的学生的挑战性水平显著高于另外几种类型学生；老师推荐专业的学生好奇性水平显著高于另外几种类型的学生，父母选择专业的学生显著高于自己选择、调剂和其他类学生；老师推荐专业的学生想象力水平显著高于另外几种类型的学生，父母选择专业的学生显著高于自己选择、调剂和其他类学生，其他类学生低于自己选择的和调剂的学生。

第七，学生干部冒险性、好奇性、想象力、挑战性水平显著高于非学生干部。

第八，家长学历为本科的学生冒险性水平显著高于家长学历为本科以下的学生，家长学历为小学的学生显著低于家长为初、高中、大专学历的学生；家长学历为小学的学生好奇性水平显著低于除父母学历为硕士的其他类的学生，家长学历为初中的学生显著低于家长学历为大专、本科的学生；家长为博士学历的学生想象力显著高于除家长学历为本科、硕士的其他学生；挑战性的事后比较中，家长学历为高中、大专、本科的学生挑战性显著高于家长学历为小学、初中的学生。

第九，来自重点职高和重点普高的学生冒险性水平显著高于来自一般职高和一般普高的学生；来自重点职高的学生好奇性水平显著高于其他类的学生；来自重点职高的学生想象力水平显著高于其他类的学生；来自重点职高和重点普高的学生挑战性水平显著高于来自一般职高和一般普高的学生。

二、创业准备

创业有益于社会，有益于人民，有利于劳动者自身的发展与完善。创业准备是创业者进入创业实践前所经历的物质力量和精神力量的聚集过程。它为日后的创业实践奠定物质和思想基础，也是创业前的“模拟”演练。大学生创业前应做好充分的准备，创业准备充分与否，对创业者事业的成败起着决定性的作用。

(一)基本情况

创业准备是指创业者在开展创业活动前所进行的一系列相关条件和因素的准备。需要创业者根据自身的背景、经验和知识，决定是否创业，然后思考创业的方向，去发现创业的机会。

创业意向是指大学生要不要创业、想不想创业的一种心理认知，意向主要是停留在思维层面，但确是衡量创业行为是否发生的较好的预测指标，创业行为的发生，总是先有创业意愿，然后产生创业冲动，继而采取行动。

(二)差异分析

1. 性别

从图 2-2-10 可以看出，在对民办高校不同性别样本学生有无创业意向和创业计划投入时间量的差异比较中，男生有创业意向的比例(69.3%)大于女生的比例(57.6%)。男生有较多和很多时间准备创业的比例(70.4%)与女生比例(70.2%)相当。表明民办高校男生和女生都愿意花更多的时间准备创业，但男生比女生选择创业的意向更强。

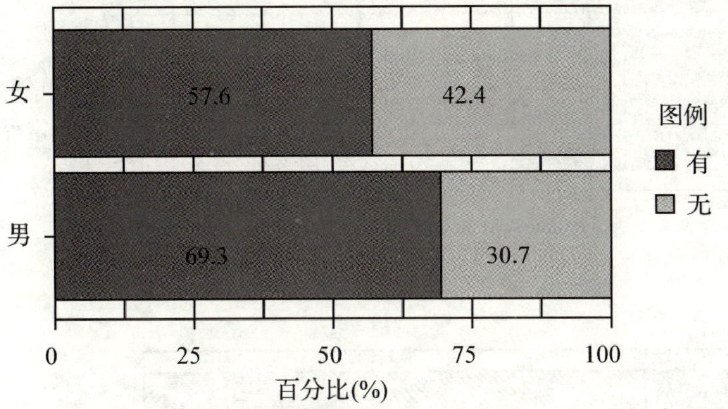

(a)

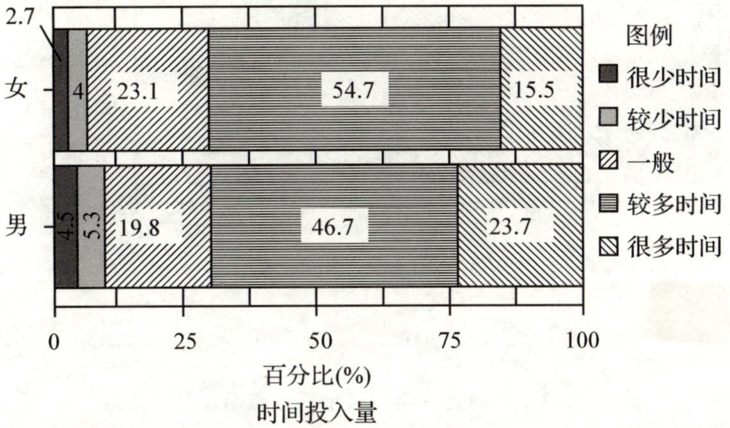

(b)

图 2-2-10　不同性别学生创业意向倾向与时间投入量

从图 2-2-11 可以看出，在对民办高校不同性别样本学生获取资金难易程度和创业信心度的差异比较中，男生认为获取创业资金比较容易与非常容易的比例(6.8%)与女生的比例(6.4%)相当。男生对创业有信心和很有信心的比例(45%)大于女生的比例(32.8%)。表明民办高校男生对创业资金的获取等方面比女生更有信心。

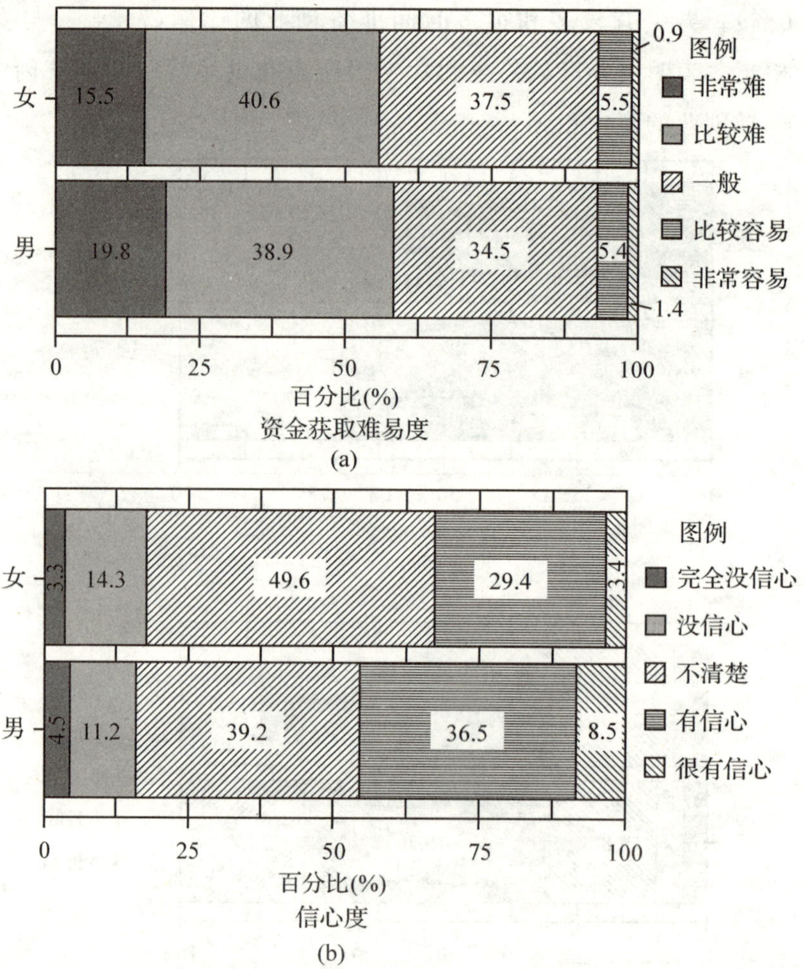

图 2-2-11 不同性别学生资金获取难易度与信心度

从图 2-2-12 可以看出，在对民办高校不同性别样本学生创业知识技能储备量和地方政策惠及情况的差异比较中，男生认为自己创业知识技能储备够用和非常够用的比例(13%)大于女生的比例(7%)。男生认为本地创业政策能惠及到自己的比例(22.6%)大于女生的比例(16%)。表明民办高校男生的创业知识储备和对政策的了解强于女生。

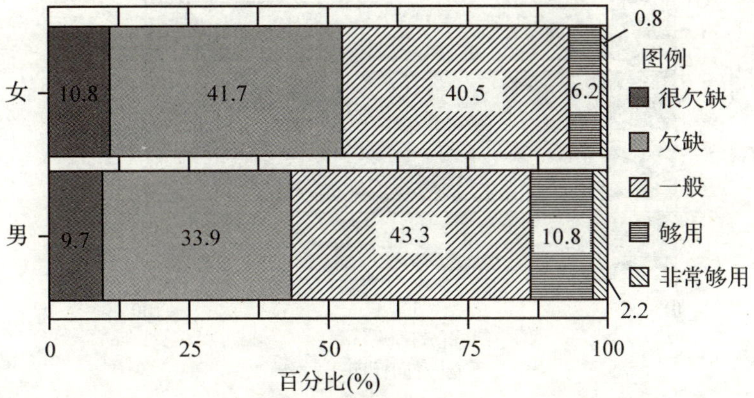

创业知识储备量

(a)

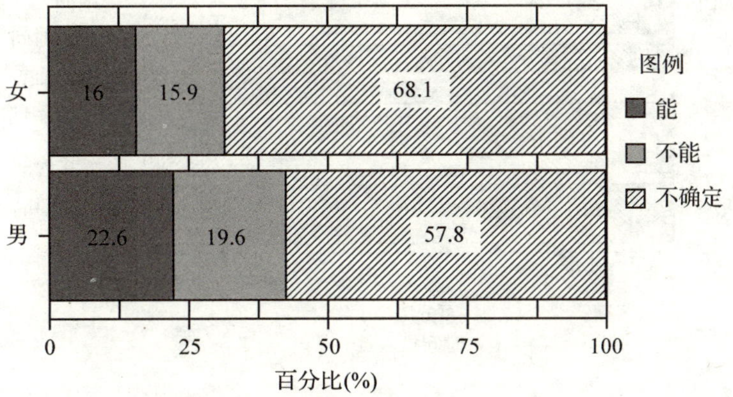

政策惠及度

(b)

图 2-2-12　不同性别学生创业知识储备量与政策惠及度

2. 年级

从图 2-2-13 可以看出，在对民办高校不同年级样本学生有无创业意向和创业计划投入时间量的差异比较中，低年级学生有创业意向的比例(大一 64.4%，大二 62.9%)大于高年级学生的比例(大三 58.8%，大四 59.4%)。大四学生有很多和较多时间准备创业的比例(73.2%)大于大三、大二、大一学生的比例(71.3%，71.3%，69.3%)。表明民办高校低年级学生的创业意愿强于高年级学生，但愿意投入创业准备的时间更少。

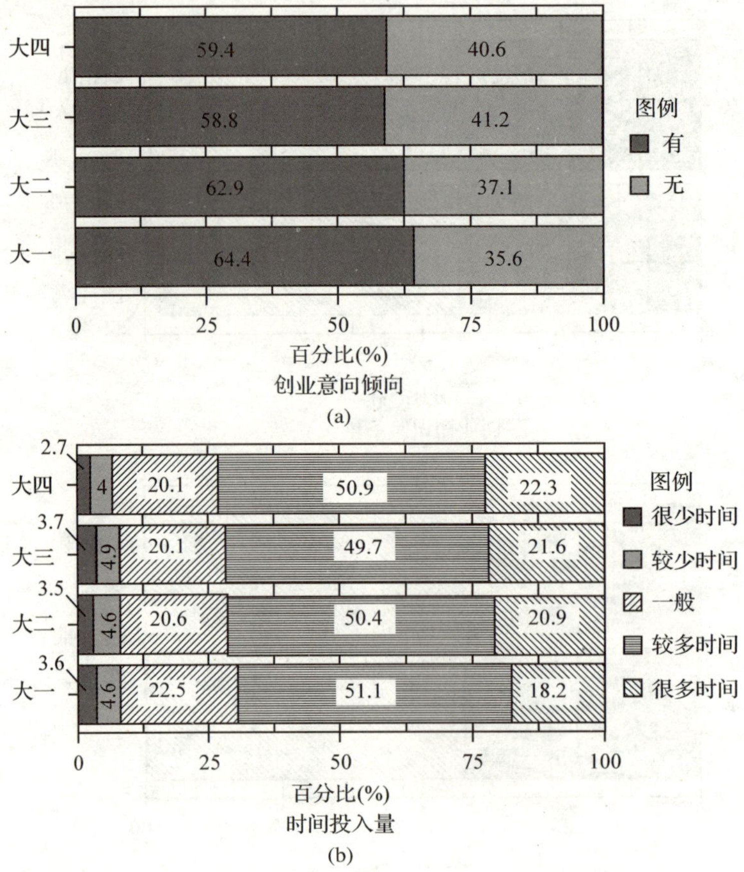

图 2-2-13　不同年级学生创业意向倾向与时间投入量

从图 2-2-14 可以看出，在对民办高校不同年级样本学生获取资金难易程度和创业信心度的差异比较中，大二、大三学生认为获取创业资金比较容易和非常容易的比例(6.8%)大于大一、大四学生的比例(大一 6.3%，大四 6.4%)。大一、大二学生对创业有信心和很多信心的比例(大一 39.1%，大二 38.4%)大于大三、大四学生的比例(36.5%)。表明，在民办高校，随着年级升高，学生创业信心逐渐减弱，学生对获取资金由自信变为不自信。

从图 2-2-15 可以看出，在对民办高校不同年级样本学生创业知识技能储备量和地方政策惠及情况的差异比较中，大四学生认为自己创业知识技能储备够用和非常够用的比例(10.5%)大于低年级学生的比例(大三 10%，大二 10.3%，大一 9.2%)。高年级学生认为本地创业政策能惠及到自己的比例(大四 21%，大三 20%)大于低年级学生的比例(大二 18.9%，大一 18.6%)。表明民办高校学生随着年级的升高，创业知识技能储备逐渐增加，并对政策了解得更多。

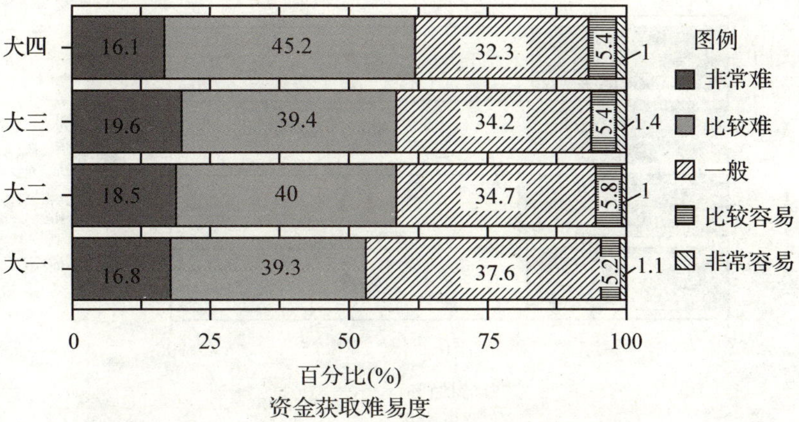

(a)

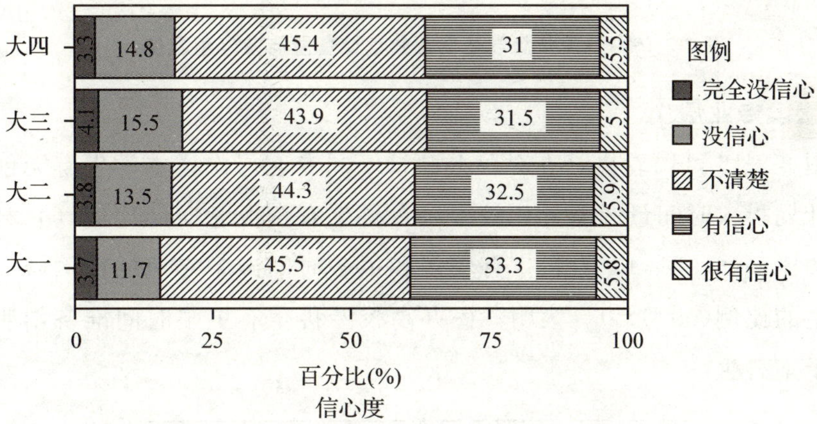

(b)

图 2-2-14　不同年级学生资金获取难易度与信心度

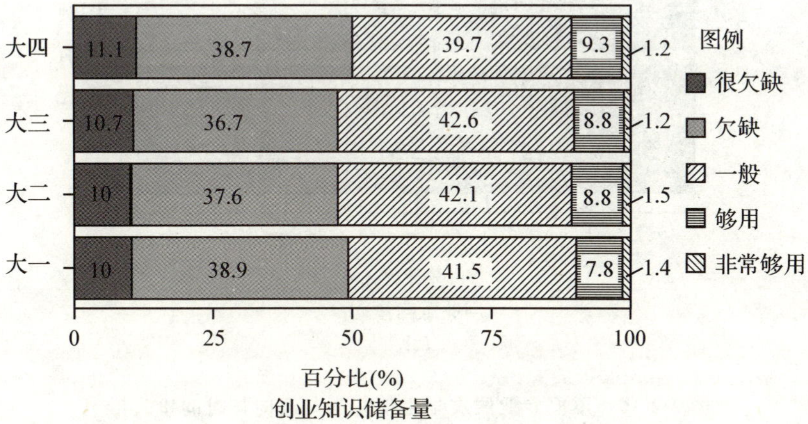

(a)

图 2-2-15　不同年级学生创业知识储备量与政策惠及度

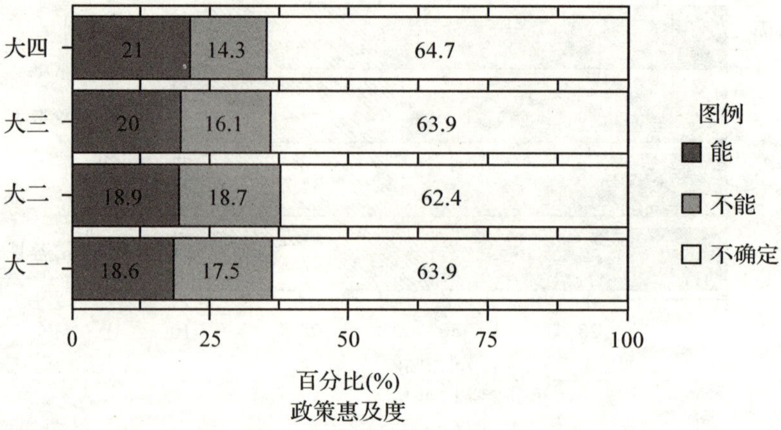

(b)

图 2-2-15 不同年级学生创业知识储备量与政策惠及度(续)

3. 就读专业层次

从图 2-2-16 可以看出，在对民办高校不同专业层次样本学生有无创业意向和创业计划投入时间量的差异比较中，专科生有创业意向的比例(64.2%)大于本科生的比例(60.5%)；专科生有较多和很多时间准备专业的比例(70.7%)大于本科生的比例(69.3%)。表明，民办高校专科生有更多时间准备创业，创业意向强于本科生。

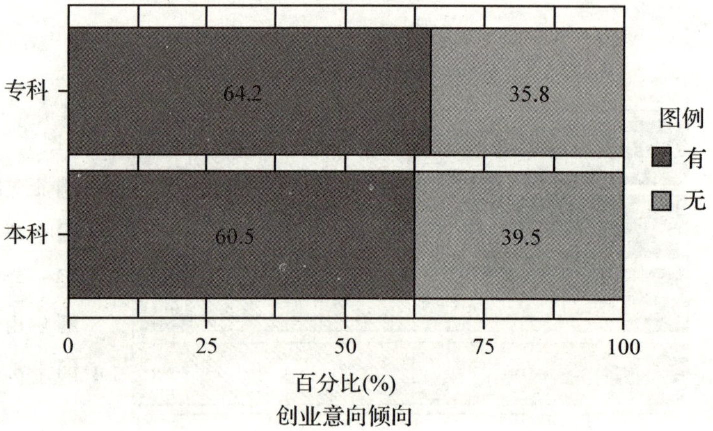

(a)

图 2-2-16 不同专业层次学生创业意向倾向与时间投入量

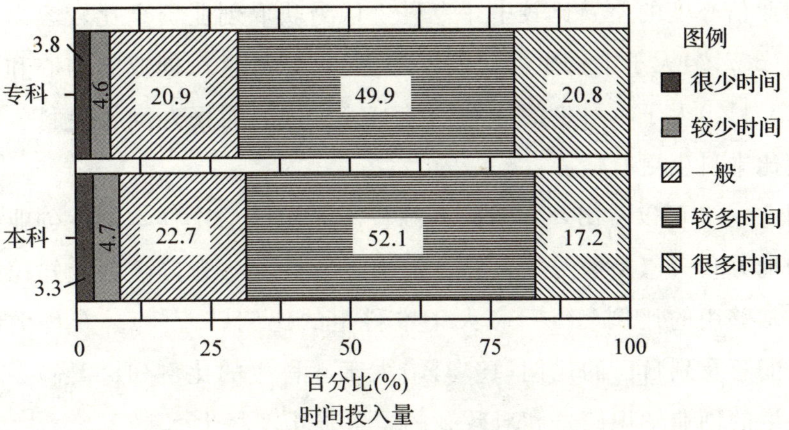

(b)

图 2-2-16　不同专业层次学生创业意向倾向与时间投入量(续)

从图 2-2-17 可以看出，在对民办高校不同专业层次样本学生获取资金难易

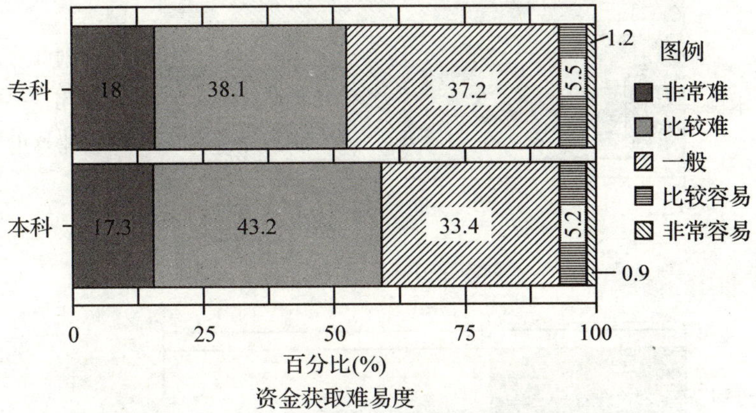

(a)

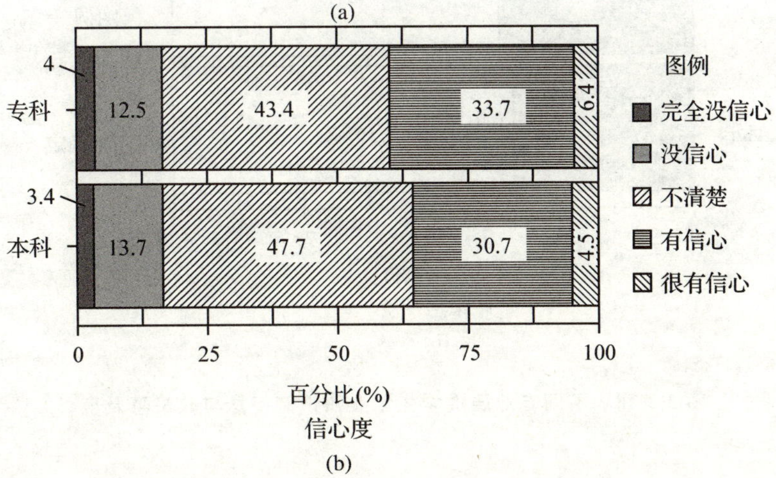

(b)

图 2-2-17　不同专业层次学生资金获取难易度与信心度

程度和创业信心度的差异比较中，专科生认为获取创业资金比较容易与非常容易的比例(6.7%)大于本科生的比例(6.1%)；专科生对创业有信心和很有信心的比例(40.1%)大于本科生的比例(35.2%)。这表明民办高校专科生对获取资金等方面比本科生更有信心。

从图 2-2-18 可以看出，在对民办高校不同专业层次样本学生创业知识技能储备量和地方政策惠及情况的差异比较中，专科生认为自己创业知识技能储备够用和非常够用的比例(10.7%)大于本科生的比例(7.7%)。专科生认为本地创业政策能惠及到自己的比例(19.3%)大于本科生的比例(18.2%)。表明民办高校专科生的创业知识储备和对政策的了解强于本科生。

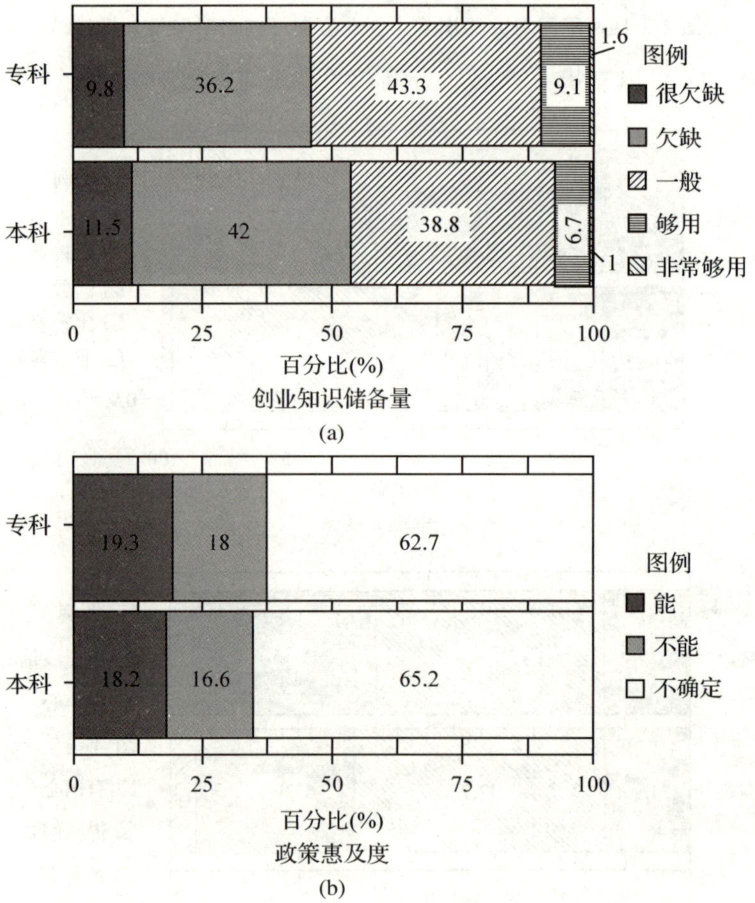

图 2-2-18　不同专业层次学生创业知识储备量与政策惠及度

4. 家庭所在地

从图 2-2-19 可以看出，在对不同家庭所在地样本学生有无创业意向和创业计划投入时间量的差异比较中，农村学生和城镇学生有创业意向的比例(农村 68.3%，城镇 64%)大于地级市、省会城市和直辖市学生的比例(地级市 61.2%，省会城市 57.9%，直辖市 57.4%)。农村学生和城镇学生有较多和很多时间准备创业的比例(农村 73.9%，城镇 71.4%)大于地级市、直辖市和省会城市学生的比例(地级市 68.7%，直辖市 67.4%，省会城市 61.1%)。表明，在民办高校，来自农村、乡镇的学生比来自大城市的学生愿意花更多时间准备创业，创业意向更强。

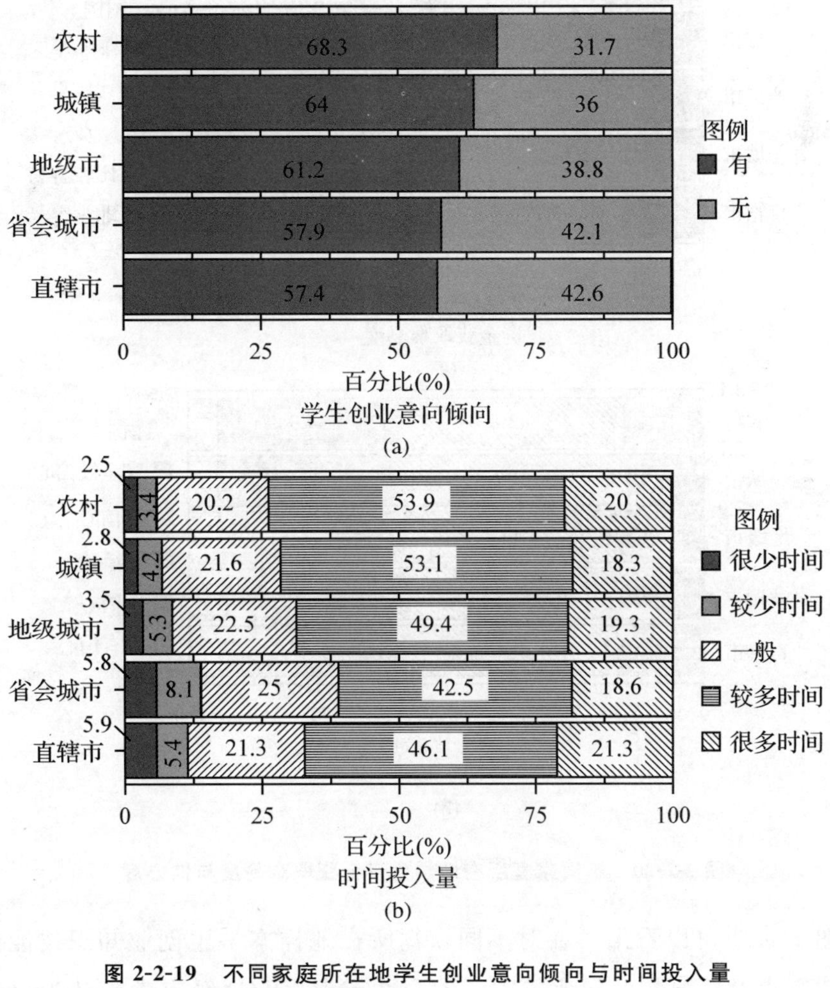

图 2-2-19　不同家庭所在地学生创业意向倾向与时间投入量

从图 2-2-20 可以看出，在对不同家庭所在地样本学生获取资金难易程度和创业信心度的差异比较中，省会城市、地级市和直辖市学生认为获取创业资金比较容易和非常容易的比例(省会城市 12.5%，地级市 9.8%，直辖市 9.8%)大于城镇和农村学生的比例(城镇 5.6%，农村 2.4%)。农村学生和城镇对创业有信心和很多信心的比例(农村 40.7%，城镇 39%)大于地级市、省会城市和直辖市学生的比例(地级市 38.4%，省会城市 36.4%，直辖市 35.3%)。表明，在民办高校，来自大城市的学生比来自农村和乡镇的学生更容易获取资金，但信心却相对较弱。

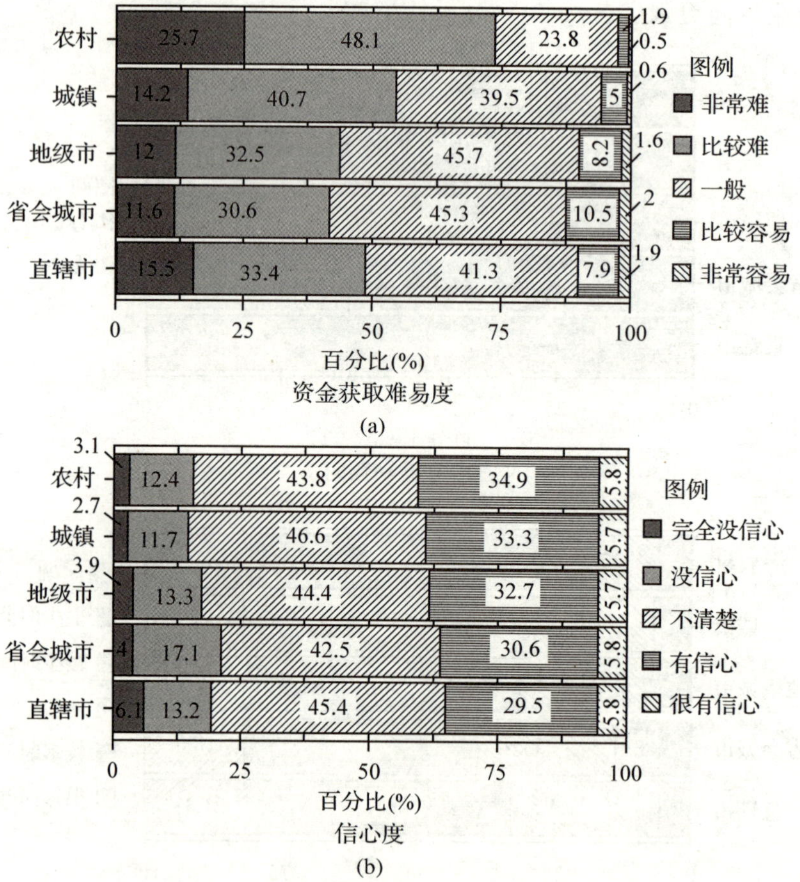

图 2-2-20　不同家庭所在地学生资金获取难易度与信心度

从图 2-2-21 可以看出，在对不同家庭所在地样本学生创业知识技能储备量和地方政策惠及情况的差异比较中，省会城市学生和地级市学生认为自己创业知识技能储备够用、非常够用的比例（省会城市12.6%，地级市12.1%）大于直辖市学生、城镇学生和农村学生的比例（直辖市10.2%，城镇9.2%，农村7.9%）。直辖市、省会城市和地级市学生认为本地创业政策能惠及到自己的比例（直辖市23%，省会城市20.1%，地级市19.8%）大于城镇和农村学生的比例（城镇17.6%，农村16.5%）。表明，在民办高校，来自大城市的学生创业知识储备和对政策的了解强于来自农村和乡镇的学生。

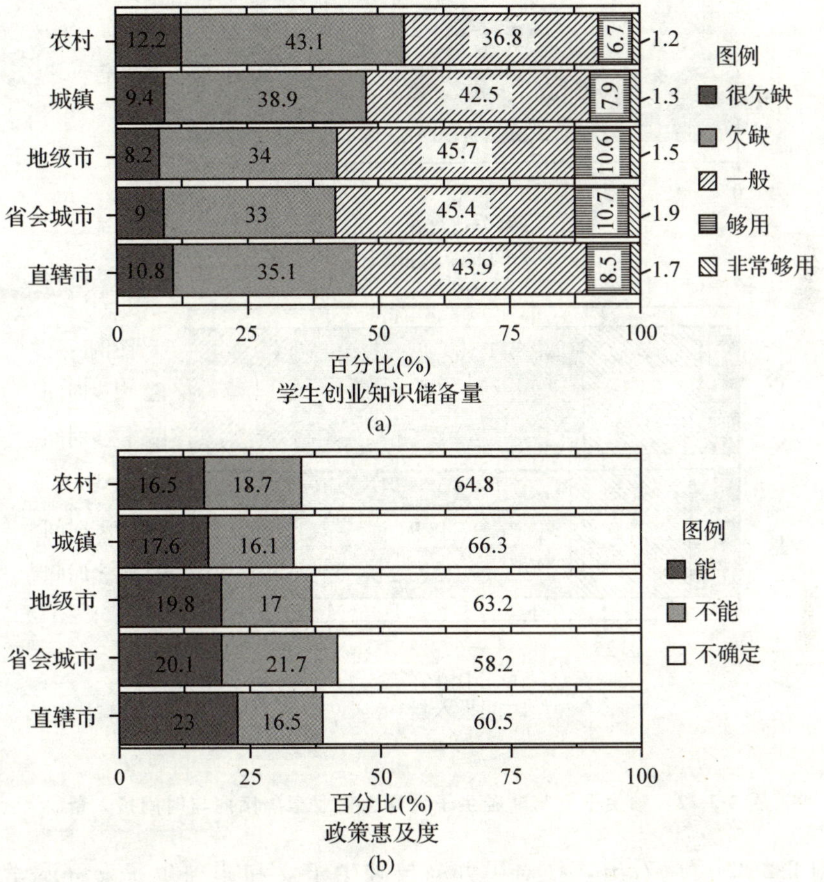

图 2-2-21　不同家庭所在地学生创业知识储备量与政策惠及度

5. 是否独生子女

从图2-2-22可以看出，在对民办高校独生子女和非独生子女样本学生有无创业意向和创业计划投入时间量的差异比较中，非独生子女学生有创业意向的比例（67.5%）大于独生子女学生的比例（59.1%）。非独生子女学生有较多和很多时间准备专业的比例(71.6%)大于独生子女学生的比例(69%)。表明，民办高校非独生子女学生愿意花更多时间准备创业，比独生子女学生创业意向更强。

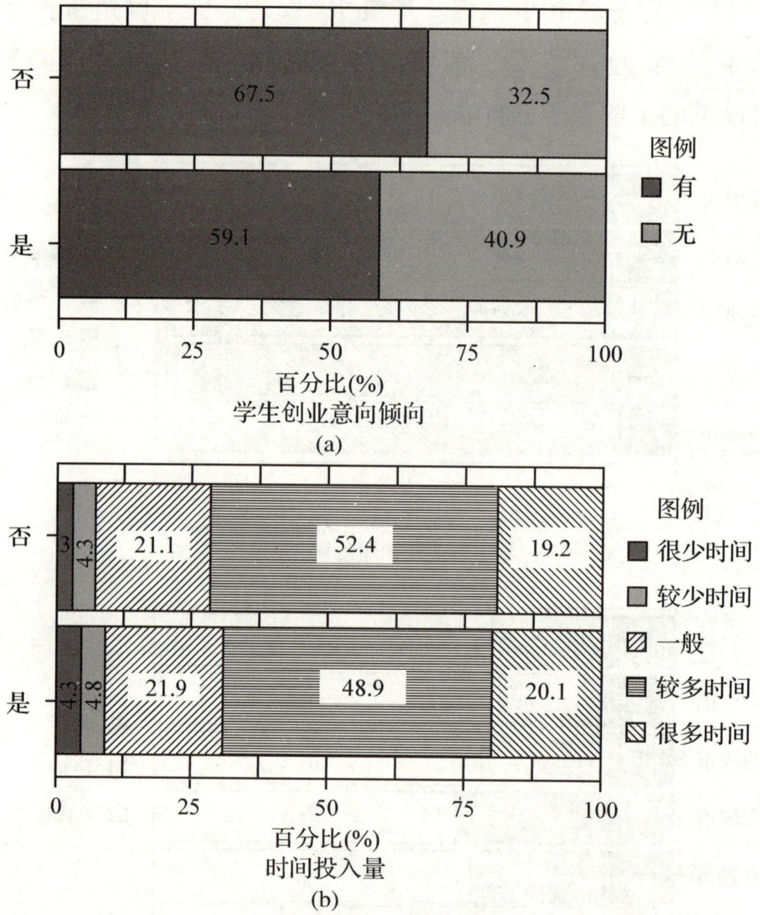

图 2-2-22　独生子女与非独生子女学生创业意向倾向与时间投入量

从图 2-2-23 可以看出，在对民办高校独生子女和非独生子女样本学生获取资金难易程度和创业信心度的差异比较中，独生子女学生认为获取创业资金比较容易与非常容易的比例(8.2%)大于非独生子女学生的比例(4.8%)。非独生子女学生对创业有信心和很有信心的比例(40.6%)大于独生子女学生的比例(36.6%)。表明民办高校独生子女学生获得创业资金比非独生子女学生更容易，但创业信心却不如非独生子女学生。

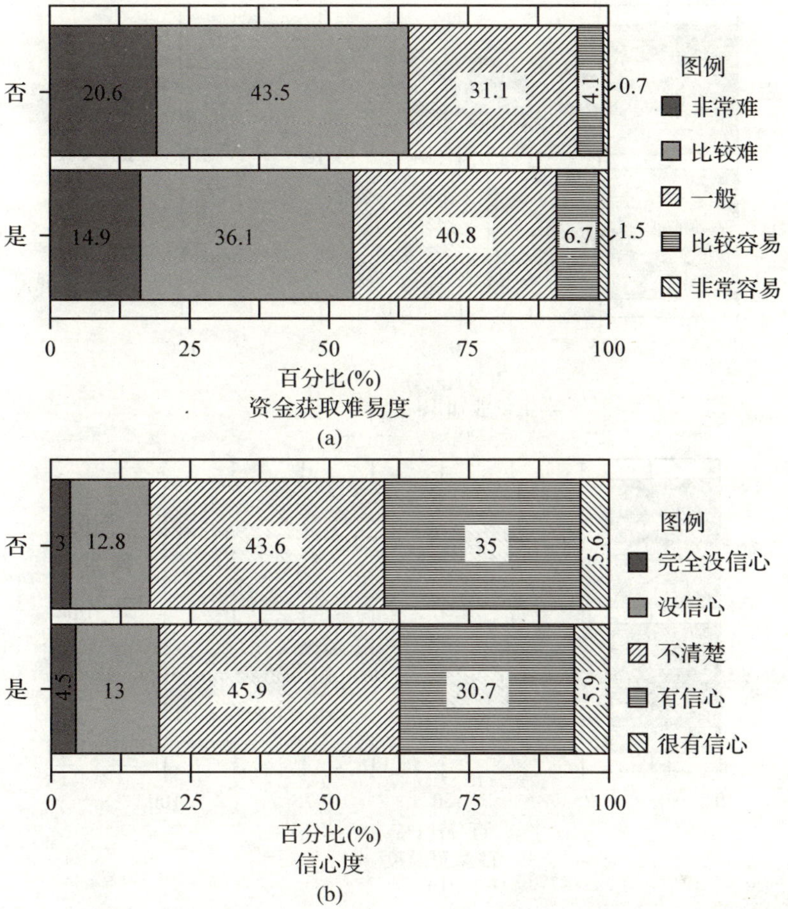

图 2-2-23　独生子女与非独生子女学生资金获取难易度与信心度

从图 2-2-24 可以看出，在对民办高校独生子女和非独生子女样本学生创业知识技能储备量和地方政策惠及情况的差异比较中，独生子女学生认为自己创业知识技能储备够用和非常够用的比例(10.6%)大于非独生子女学生的比例(8.8%)。独生子女学生认为本地创业政策能惠及到自己的比例(20.7%)大于非独生子女学生的比例(17%)。表明民办高校独生子女学生创业知识储备和对政策的了解强于非独生子女学生。

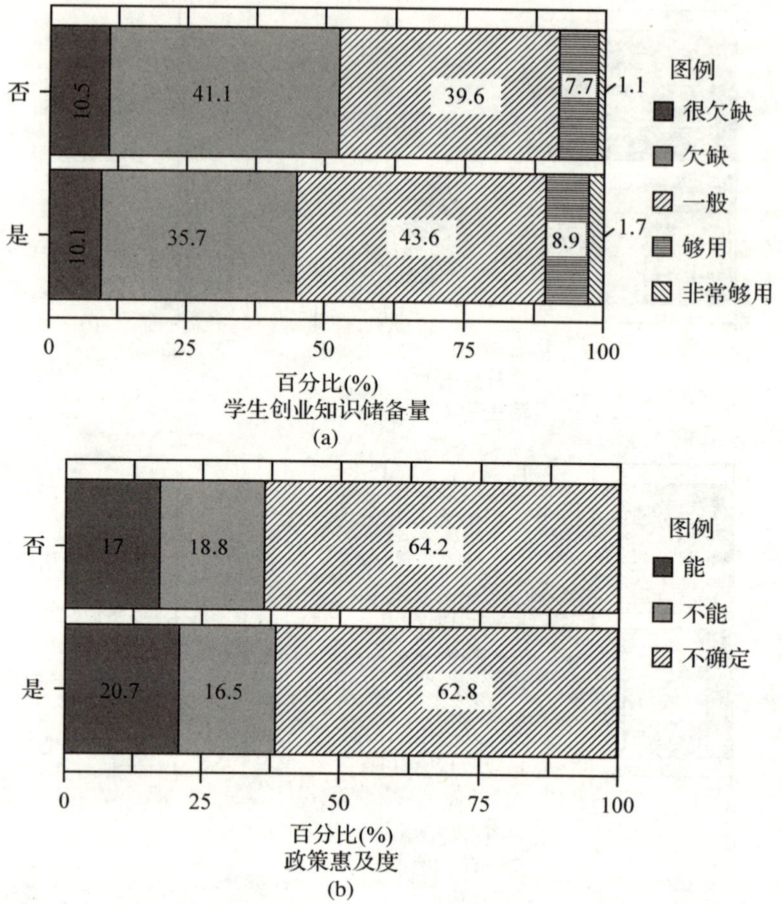

图 2-2-24　独生子女与非独生子女学生创业知识储备量与政策惠及度

6. 志愿填报

从图 2-2-25 可以看出，在对不同志愿填报类型样本学生有无创业意向和创业计划投入时间量的差异比较中，自己选择专业的学生和其他学生有创业意向的比例(自己选择 65.2%，其他 64.6%)大于调剂、父母选择和老师推荐专业学生的比例(调剂 60.1%，父母选择 56.5%，老师推荐 56%)。自己选择专业的学生和调剂的学生有较多和很多时间准备专业的比例(自己选择 72.1%，调剂 70.1%)大于其他学生、父母选择、老师推荐的学生的比例(其他 69.4%，父母选择 64.7%，老师推荐 62.8%)。表明，在民办高校，自己选择报考专业的学生愿意花更多时间准备创业，比其他学生更愿意创业。

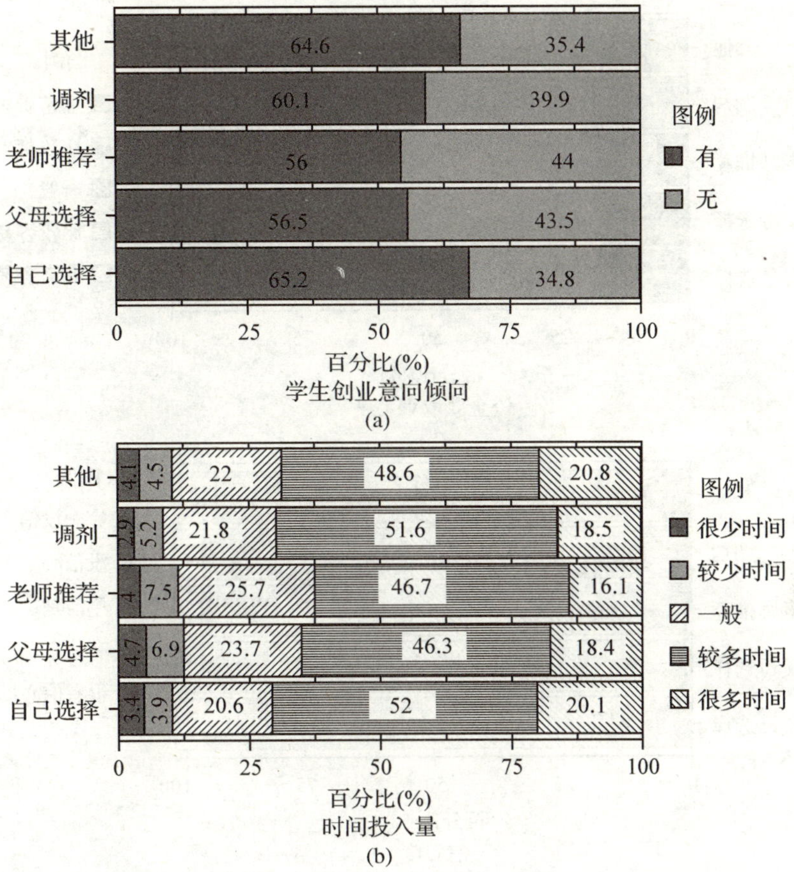

图 2-2-25　不同志愿填报类别学生创业意向倾向与时间投入量

从图 2-2-26 可以看出，在对不同志愿填报类型样本学生获取资金难易程度和创业信心度的差异比较中，老师推荐专业和父母选择专业的学生认为获取创业资金比较容易和非常容易的比例(老师推荐 9.4%，父母选择 8.2%)大于调剂、其他学生和自己选择专业的学生的比例(调剂 7.7%，其他 7%，自己选择 5.9%)。自己选择专业的学生对创业有信心和很多信心的比例(41.2%)大于其他学生的比例(其他 35.6%，老师推荐 33.3%，调剂 32.9%，父母选择 31.8%)。表明，在民办高校，依靠老师推荐和家长选择专业的学生认为获取创业资金更容易，但却没有自己选择专业的学生更有信心创业。

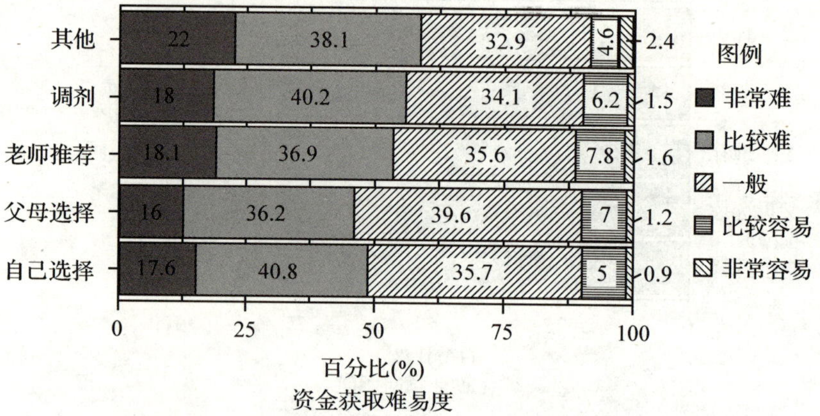

(b)

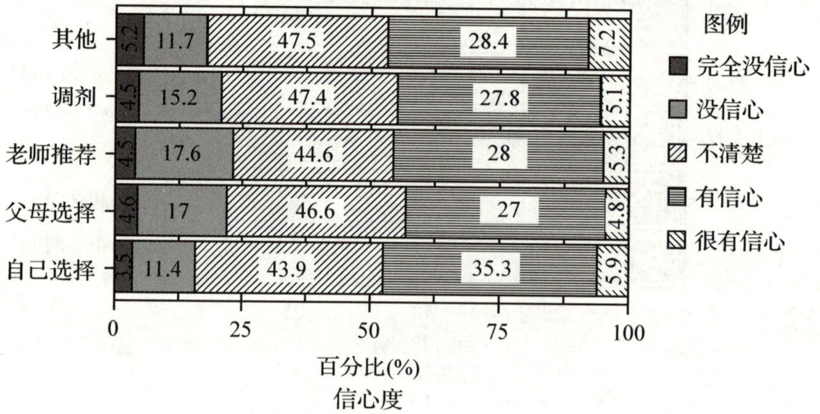

(b)

图 2-2-26 不同志愿填报类型学生资金获取难易度与信心度

从图 2-2-27 可以看出，在对不同志愿填报类型样本学生创业知识技能储备量和地方政策惠及情况的差异比较中，老师推荐专业的学生和自己选择专业的学生认为自己创业知识技能储备够用和非常够用的比例(老师推荐 11.8%，自己选择 10%)大于调剂、父母选择专业的学生和其他学生的比例(调剂 8.5%，父母选择 8.8%，其他 8.9%)。自己选择专业和老师推荐专业的学生认为本地创业政策能惠及自己的比例(自己选择 20.4%，老师推荐 17.5%)大于调剂、父母选择专业的学生和其他学生的比例(调剂 16.6%，父母选择 16.3%，其他 14.4%)。表明，在民办高校，自己选择专业和靠老师推荐专业的学生创业知识储备和对政策的了解强于其他学生。

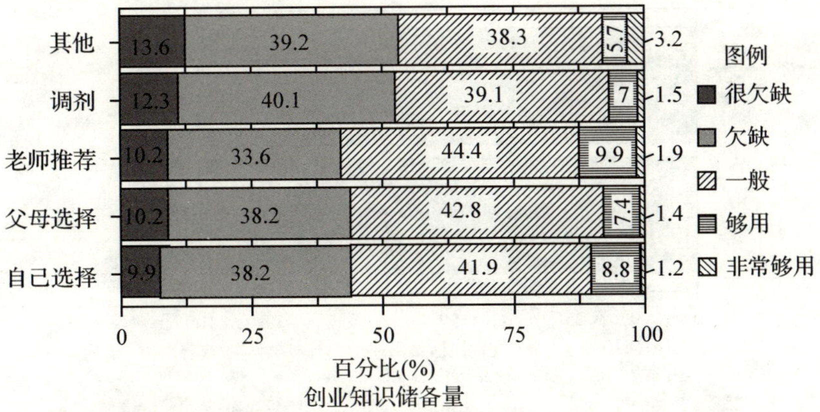

(a)

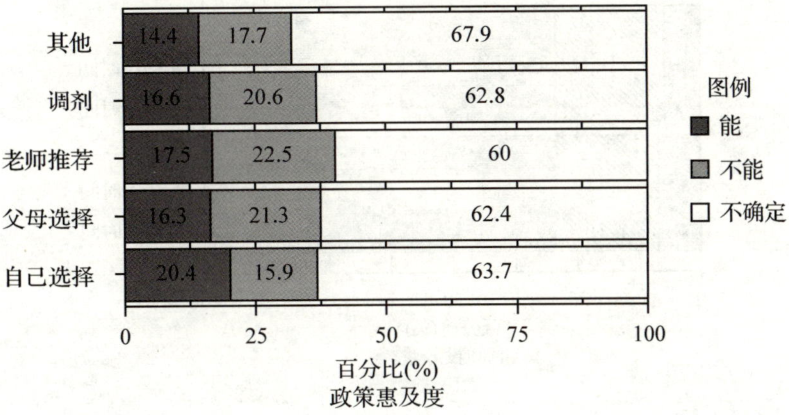

(b)

图 2-2-27　不同志愿填报类型学生创业知识储备量与政策惠及度

7. 是否担任社团或学生会干部

从图 2-2-28 可以看出，在对学生干部与非学生干部有无创业意向和创业计划投入时间量的差异比较中，学生干部有创业意向的比例(67.7%)大于非学生干部的比例(59.8%)。学生干部有较多和很多时间准备专业的比例(70.2%)与非学生干部的比例(70.3%)相当。表明民办高校学生干部和非学生干部都愿意花较多的时间准备创业，但学生干部的创业意向更强。

从图 2-2-29 可以看出，在对学生干部与非学生干部获取资金难易程度和创业信心度的差异比较中，学生干部认为获取创业资金比较容易与非常容易的比例(7.5%)大于非学生干部的比例(5.9%)。学生干部对创业有信心和很有信心的比例(44%)大于非学生干部的比例(34.6%)。表明民办高校学生干部对获取

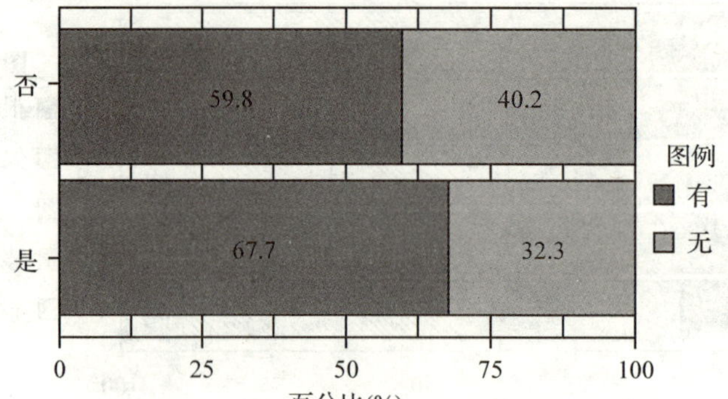

(a)

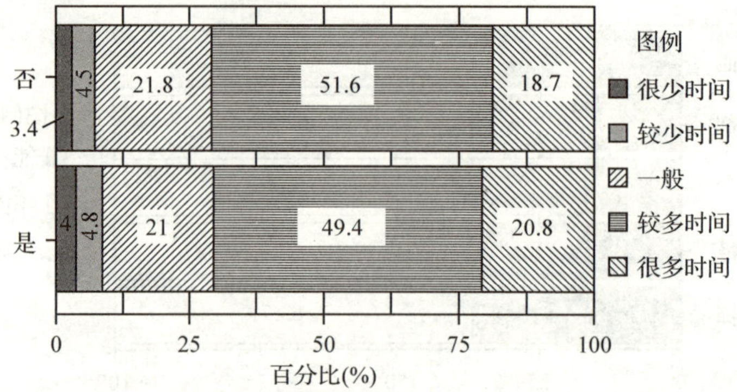

(b)

图 2-2-28　学生干部与非学生干部创业意向倾向与时间投入量

创业资金等方面比非学生干部更有信心。

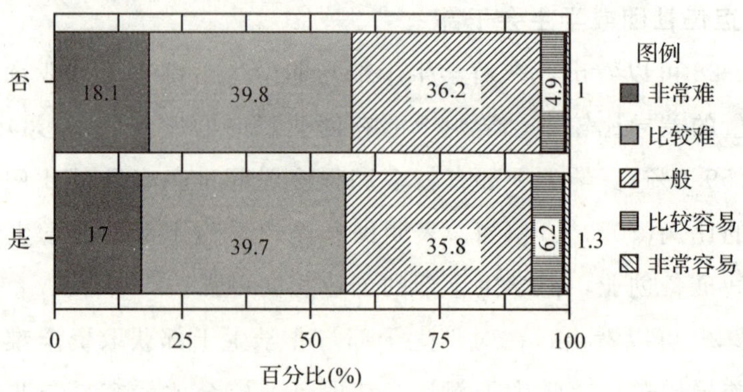

(a)

图 2-2-29　学生干部与非学生干部资金获取难易度与信心度

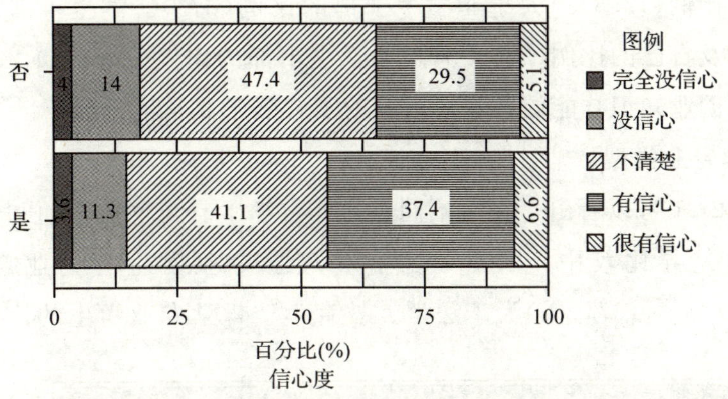

(b)

图 2-2-29　学生干部与非学生干部资金获取难易度与信心度(续)

从图 2-2-30 可以看出，在对学生干部与非学生干部创业知识技能储备量和地方政策惠及情况的差异比较中，学生干部认为自己创业知识技能储备够用和

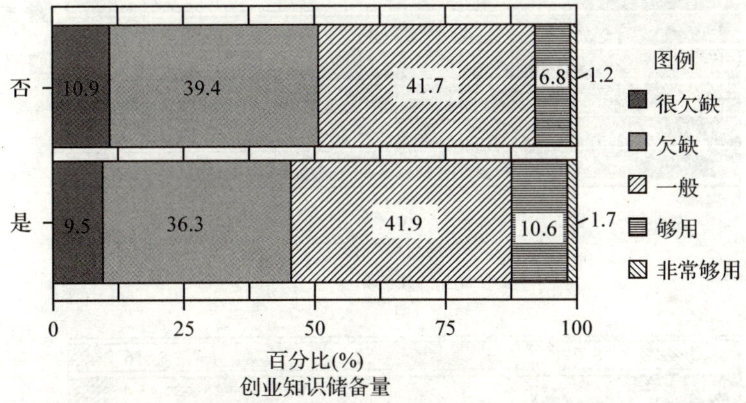

(a)

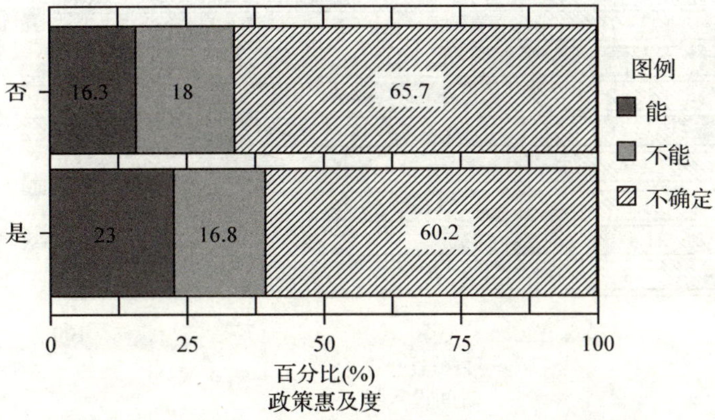

(b)

图 2-2-30　学生干部与非学生干部创业知识储备量与政策惠及度

非常够用的比例(12.3%)大于非学生干部的比例(8%)。学生干部认为本地创业政策能惠及自己的比例(23%)大于非学生干部的比例(16.3%)。表明民办高校学生干部创业知识技能储备和对政策的了解强于非学生干部。

8. 就读专业类型

从图 2-2-31 可以看出，在对不同专业样本学生有无创业意向和创业计划投入时间量的差异比较中，农学、工学和理学专业学生有创业意向的比例(69.2%，67.8%，67.1%)大于法学、教育学、哲学专业学生的比例(52.8%，

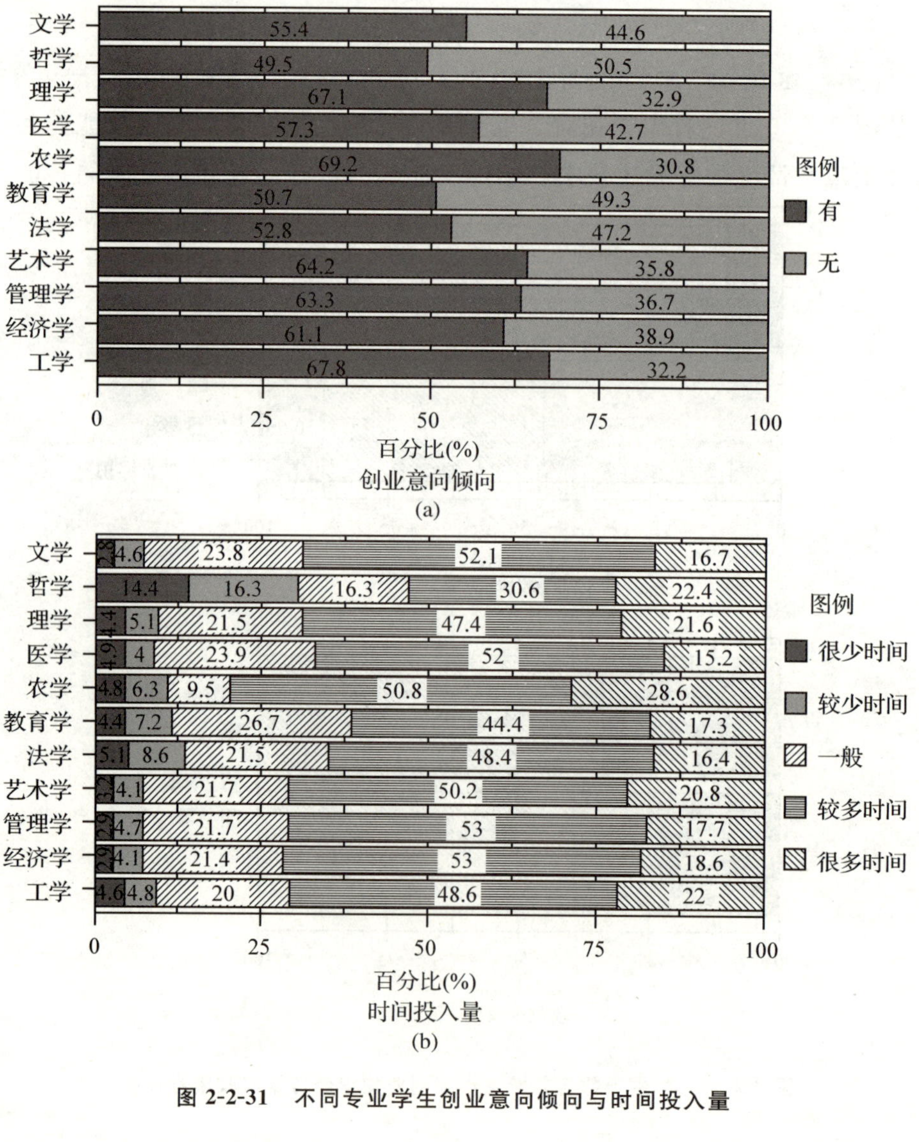

图 2-2-31　不同专业学生创业意向倾向与时间投入量

50.7%，49.5%）。农学、经济学、艺术学专业学生有较多和很多时间准备专业的比例（79.4%，71.6%，71%）大于法学、教育学、哲学专业学生的比例（64.8%，61.7%，53%）。表明民办高校理工科的学生比文科学生创业意向更强，农经艺术类学生比文科学生愿意花更多时间准备创业。

从图 2-2-32 可以看出，在对不同专业样本学生获取资金难易程度和创业信心度的差异比较中，农学、艺术学、哲学专业的学生认为获取创业资金比较容易和非常容易的比例（9.6%，9.1%，8.2%）大于理学、医学、法学专业的学

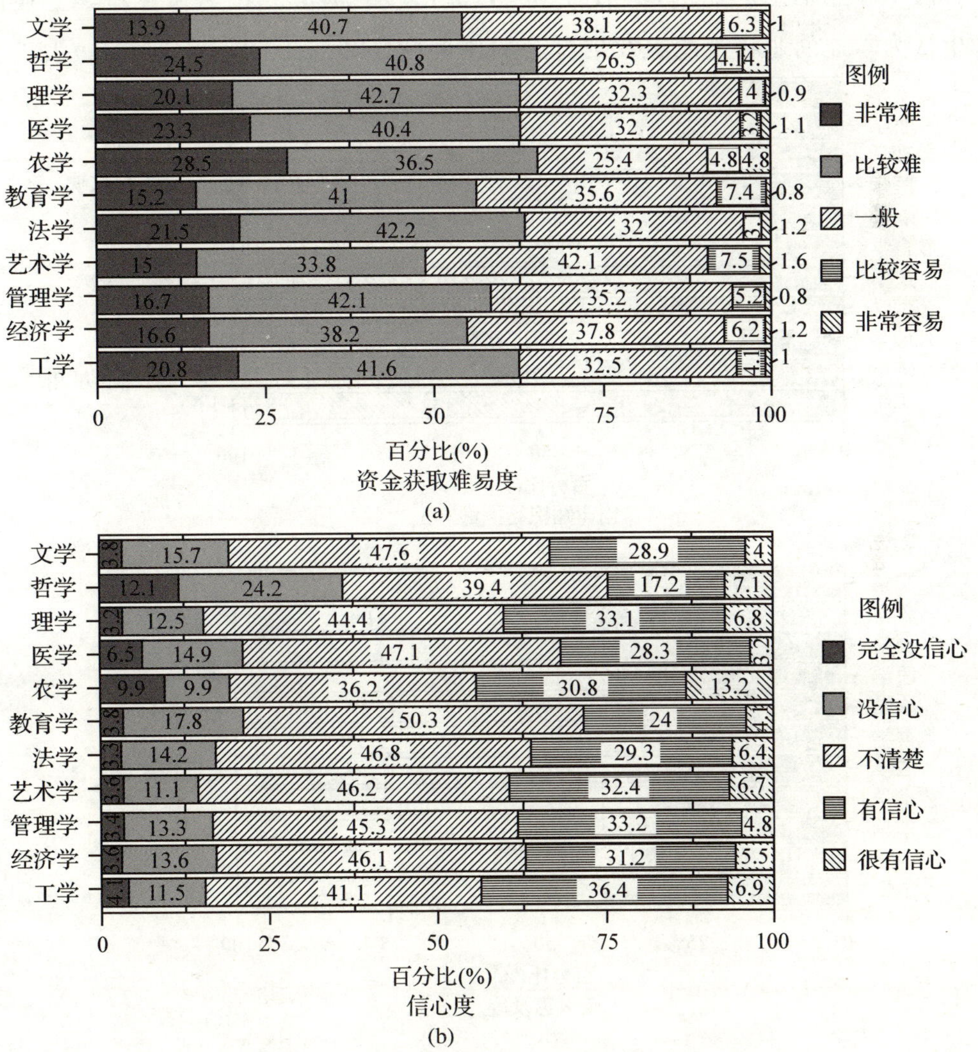

图 2-2-32　不同专业学生资金获取难易度与信心度

生的比例(4.9%，4.3%，4.3%)。农学、工学、理学专业的学生对创业有信心和很多信心的比例(44%，43.3%，39.9%)大于医学、教育学、哲学专业学生的比例(31.5%，28.1%，24.3%)。表明民办高校农艺哲类学生认为获取资金比理法医类学生更容易，理工科学生比文科学生创业信心更强。

从图 2-2-33 可以看出，在对不同专业样本学生创业知识技能储备量和地方政策惠及情况的差异比较中，农学、艺术学和工学专业的学生认为自己创业知识技能储备够用和非常够用的比例(12.1%，11.7%，11.4%)大于管理学、文学、医学专业学生的比例(8%，7.9%，5.7%)。工学、农学和管理学专业的学生认为本地创业政策能惠及到自己的比例(21.2%，20.9%，19.5%)大于教

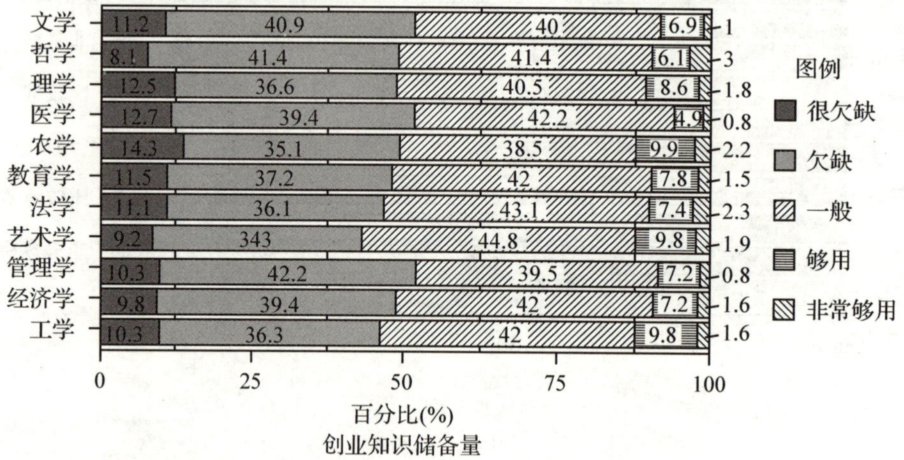

(a)

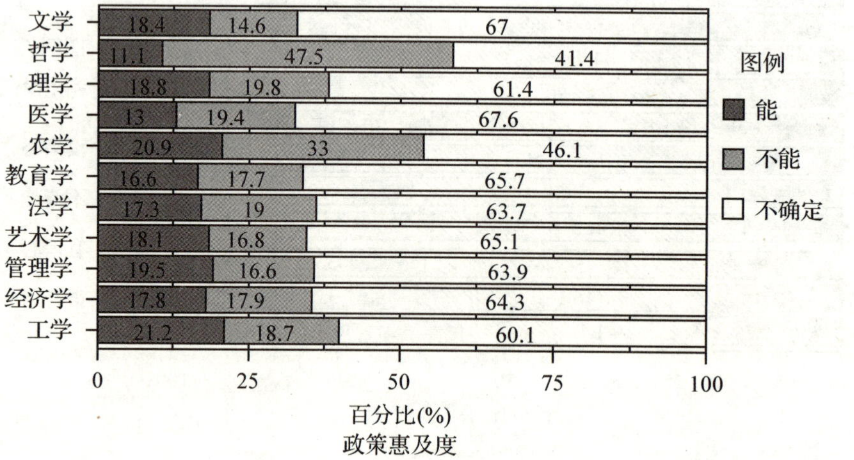

(b)

图 2-2-33　不同专业学生创业知识储备量与政策惠及度

育学、医学和哲学专业学生的比例(16.6%，13%，11.1%)。表明民办高校农艺工科学生创业知识储备多于文管医科学生，工农管科学生对政策的了解强于教医哲科学生。

9. 父母学历

从图 2-2-34 可以看出，在对父母不同学历样本学生有无创业意向和创业计划投入时间量的差异比较中，父母学历为小学、博士的学生有创业意向的比例(67.2%，65.6%)大于父母学历为大专、硕士的学生的比例(58.1%，52.9%)。家长学历为初中的学生有较多和很多时间准备专业的比例(72%)大于父母学历为博士、硕士的学生的比例(58.6%，52.5%)。表明，在民办高校，父母学历最高和最低的学生创业意向最强，但父母学历中等的学生更愿意花时间准备创业。

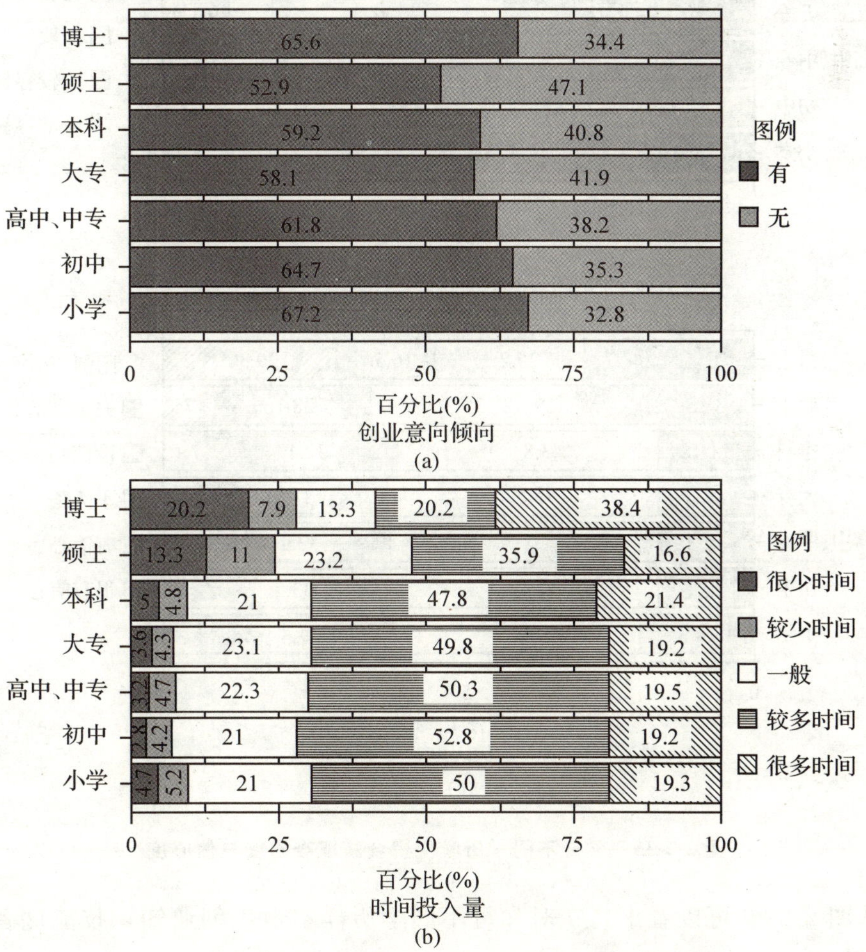

图 2-2-34　父母不同学历学生创业意向倾向与时间投入量

从图 2-2-35 可以看出，在对父母不同学历的样本学生获取资金难易程度和创业信心度的差异比较中，父母学历为博士、硕士的学生认为获取创业资金比较容易和非常容易的比例(28.1%，25.4%)大于父母学历为初中和小学的学生的比例(3.7%，2.6%)。父母学历为博士的学生对创业有信心和很多信心的比例(45.8%)大于父母学历为硕士、大专学生的比例(35.1%，37.9%)。表明，在民办高校，父母学历为博士的学生对获取资金等方面的信心强于父母学历较低的学生。

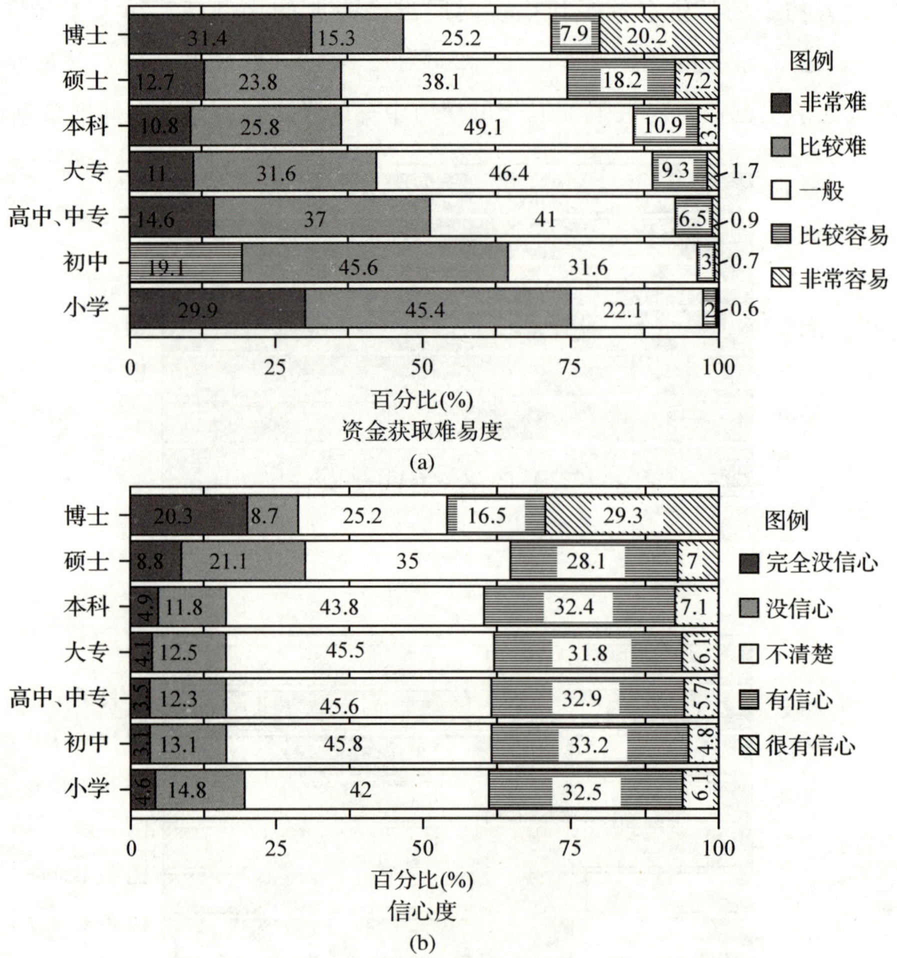

图 2-2-35　父母不同学历学生资金获取难易度与信心度

从图 2-2-36 可以看出，在对父母不同学历样本学生创业知识技能储备量和地方政策惠及情况的差异比较中，父母学历为博士、硕士学生认为自己创业知识技能储备够用和非常够用的比例(29.9%，20.2%)大于父母学历为初中、小学的学生的比例(7.9%，7.4%)。父母学历为博士的学生认为本地创业政策能惠及自己的比例(30.6%)大于父母学历为初中、小学的学生的比例(17.5%，16.7%)。表明，在民办高校，父母学历越高的学生创业知识储备和对政策的了解越充分。

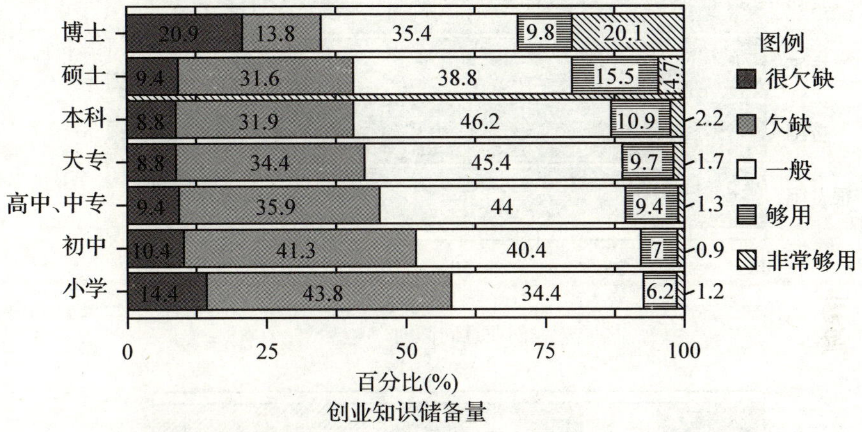

(a)

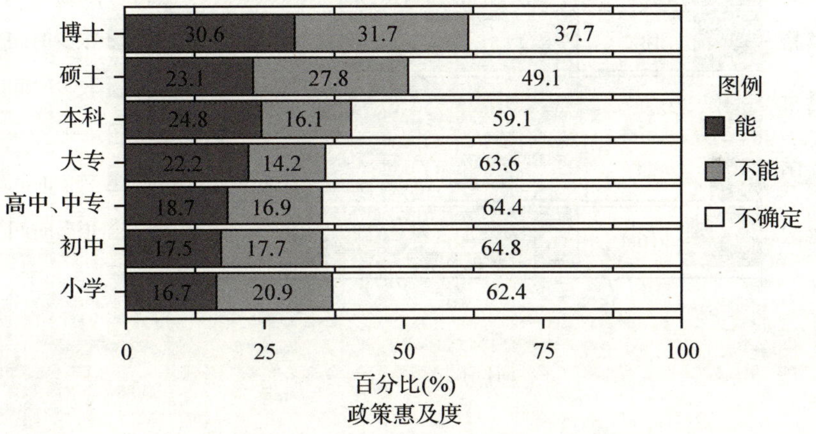

(b)

图 2-2-36　父母不同学历学生创业知识储备量与政策惠及度

10. 家庭经济情况

从图 2-2-37 可以看出，在对家庭经济水平不同样本学生有无创业意向和创业计划投入时间量的差异比较中，家庭很贫困的学生有创业意向的比例(73.5%)大于中等和富裕的学生的比例(60.5%，61.9%)。家庭贫困的学生有较多和很多时间准备专业的比例(70.9%)大于家庭很富裕的学生的比例(69.6%)。表明，在民办高校，家庭贫困的学生愿意花更多的时间准备创业，创业意向比家庭富裕的学生更强。

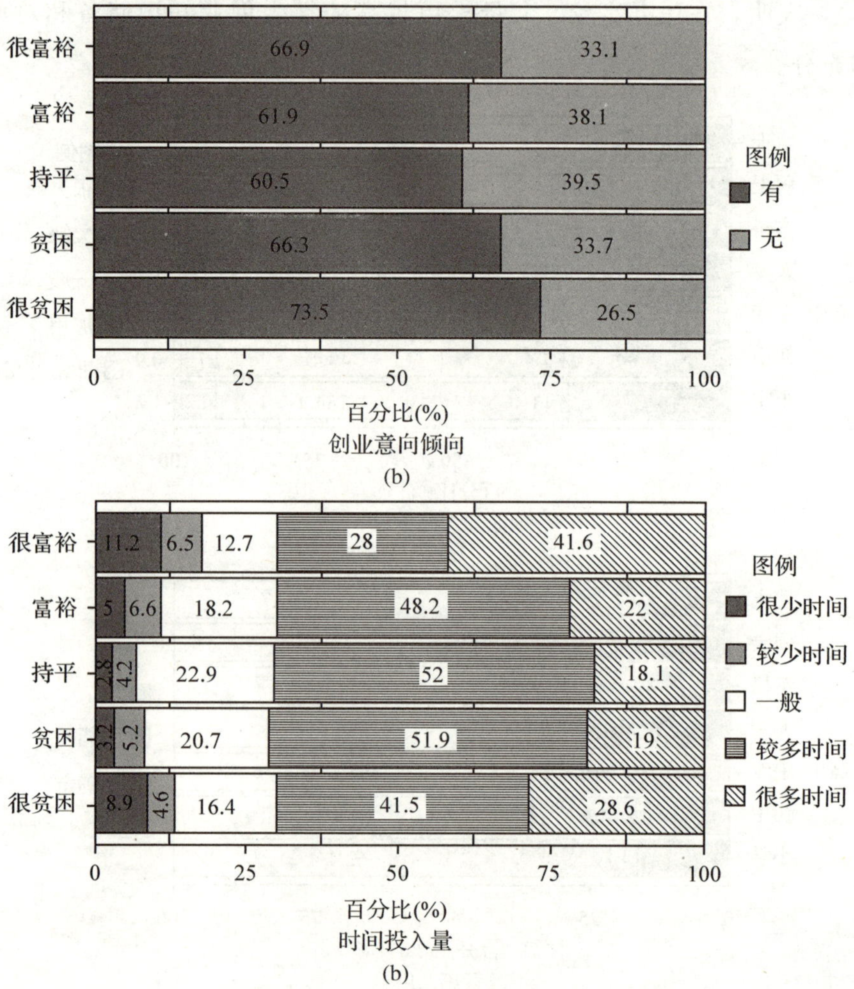

图 2-2-37　不同家庭经济水平学生创业意向倾向与时间投入量

从图 2-2-38 可以看出，在对家庭经济水平不同样本学生获取资金难易程度和创业信心度的差异比较中，家庭经济水平很富裕和富裕的学生认为获取创业资金比较容易和非常容易的比例(56.1%，40.6%)大于家庭经济水平很贫困和贫困的学生的比例(3.4%，1.6%)。家庭经济水平很富裕和富裕学生对创业有信心和很多信心的比例(58.2%，49.4%)大于中等和贫困的学生的比例

(36.5%，38.4%)。表明，在民办高校，家庭经济水平富裕的学生在获取资金等方面比家庭贫困的学生更有信心。

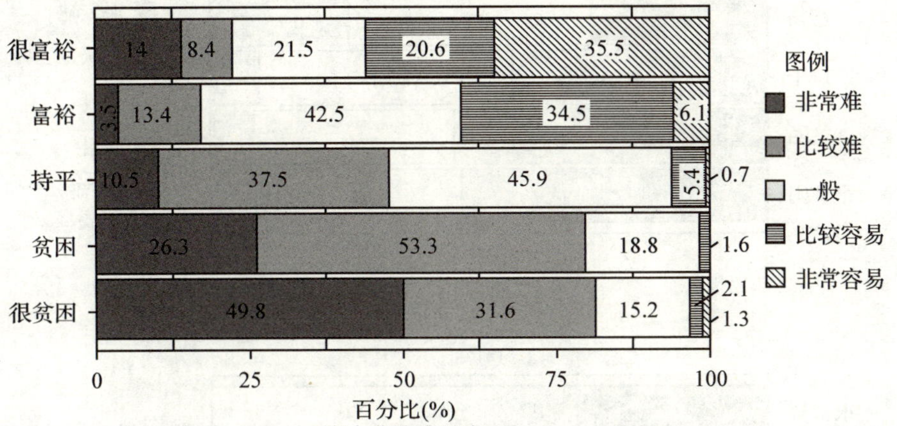

(a)

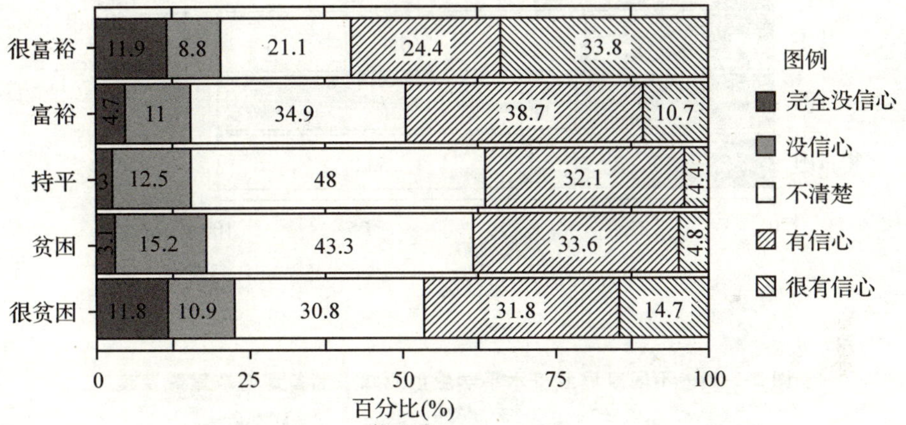

(b)

图 2-2-38 不同家庭经济水平学生资金获取难易度与信心度

从图 2-2-39 可以看出，在对家庭经济水平不同学生创业知识技能储备量和地方政策惠及情况的差异比较中，家庭很富裕、富裕的学生认为自己创业知识技能储备够用和非常够用的比例(43.4%，24.6%)大于家庭贫困、中等的学生的比例(7.7%，8.8%)。家庭很富裕和富裕的学生认为本地创业政策能惠及自己的比例(31.9%，30.6%)大于家庭贫困和很贫困的学生的比例(15.6%，18.5%)。表明，在民办高校，家庭经济富裕的学生创业知识储备和对政策的了解比家庭经济贫困的学生更充分。

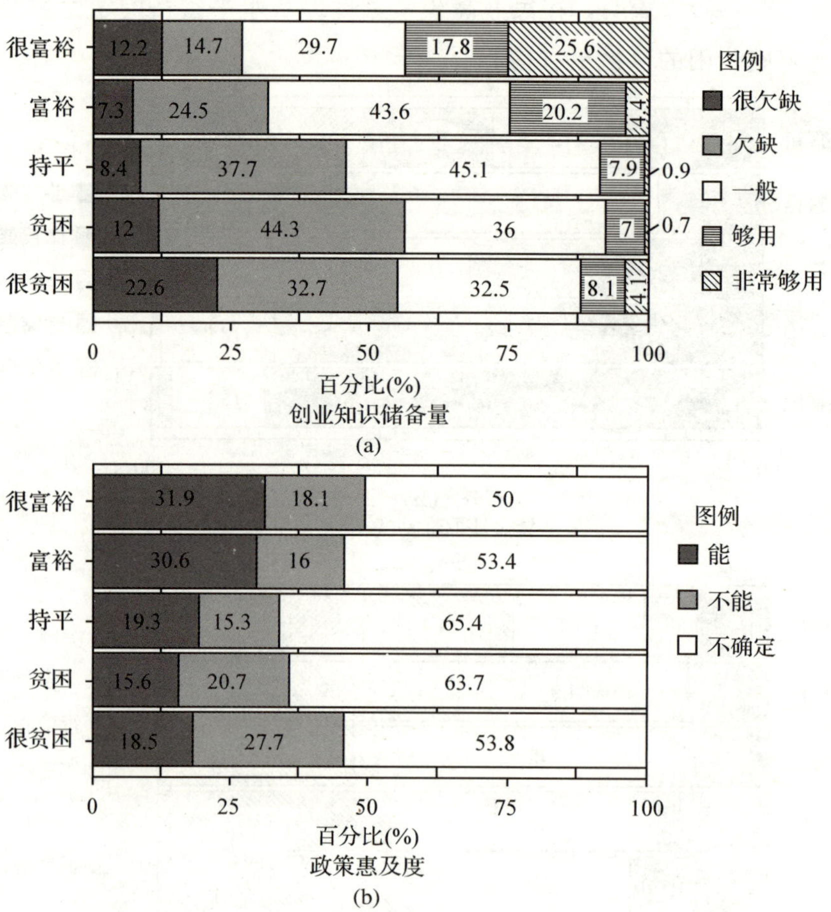

图 2-2-39　不同家庭经济水平学生创业知识储备量与政策惠及度

11. 高中学校类型

从图 2-2-40 可以看出，在对来自不同类型高中的样本学生有无创业意向和创业计划投入时间量的差异比较中，来自重点普高和一般普高的学生有创业意向的比例(67.5%，62.8%)大于重点职高和一般职高的学生的比例(55%，53.8%)。来自重点普高和一般职高学生有较多和很多时间准备专业的比例(71.7%，71.6%)大于重点职高的学生的比例(66.3%)。表明，在民办高校，来自重点普高的学生愿意花更多时间准备创业，比来自重点职高的学生创业意向更强。

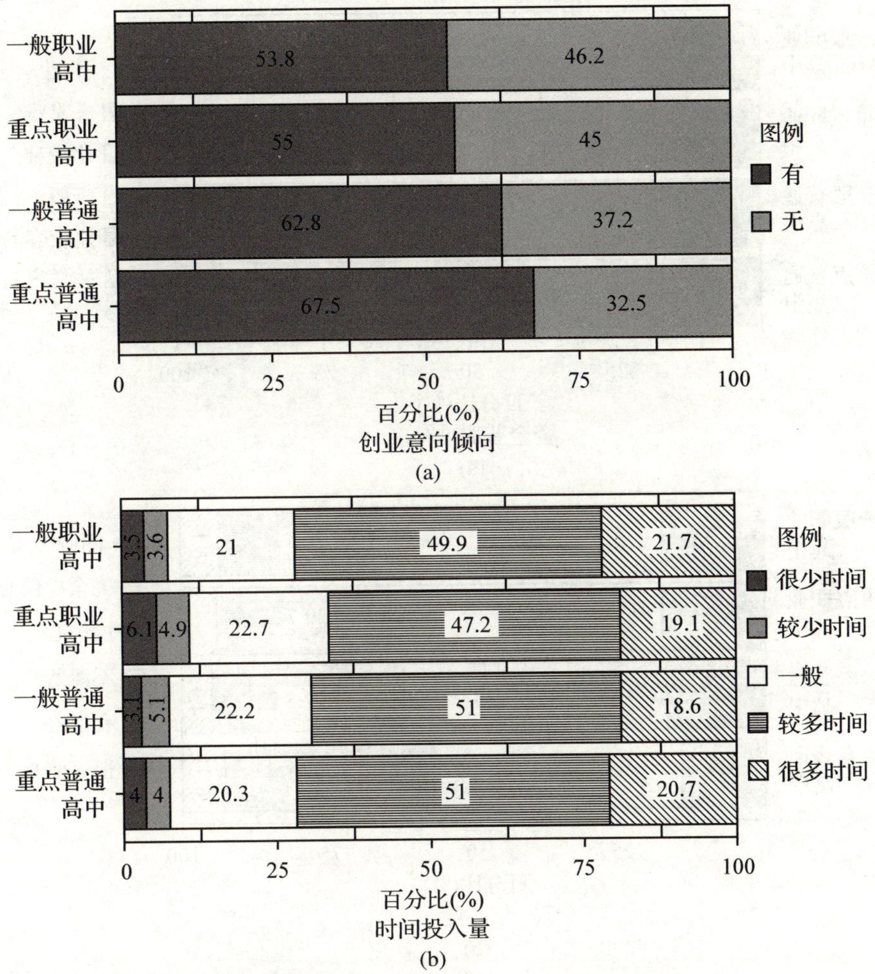

图 2-2-40　来自不同高中类型学生创业意向倾向与时间投入量

从图 2-2-41 可以看出，在对来自不同类型高中样本学生获取资金难易程度和创业信心度的差异比较中，来自重点职高的学生认为获取创业资金比较容易和非常容易的比例(11.5%)大于来自一般普通高中的学生的比例(5.1%)。来自重点普高和一般普高的学生对创业有信心和很多信心的比例(42.5%，37.2%)大于来自重点职高和一般职高的学生的比例(35.6%，32.6%)。表明，在民办高校，来自重点职高的学生认为获取资金更容易，但不如重点普高和一般普高的学生创业信心强。

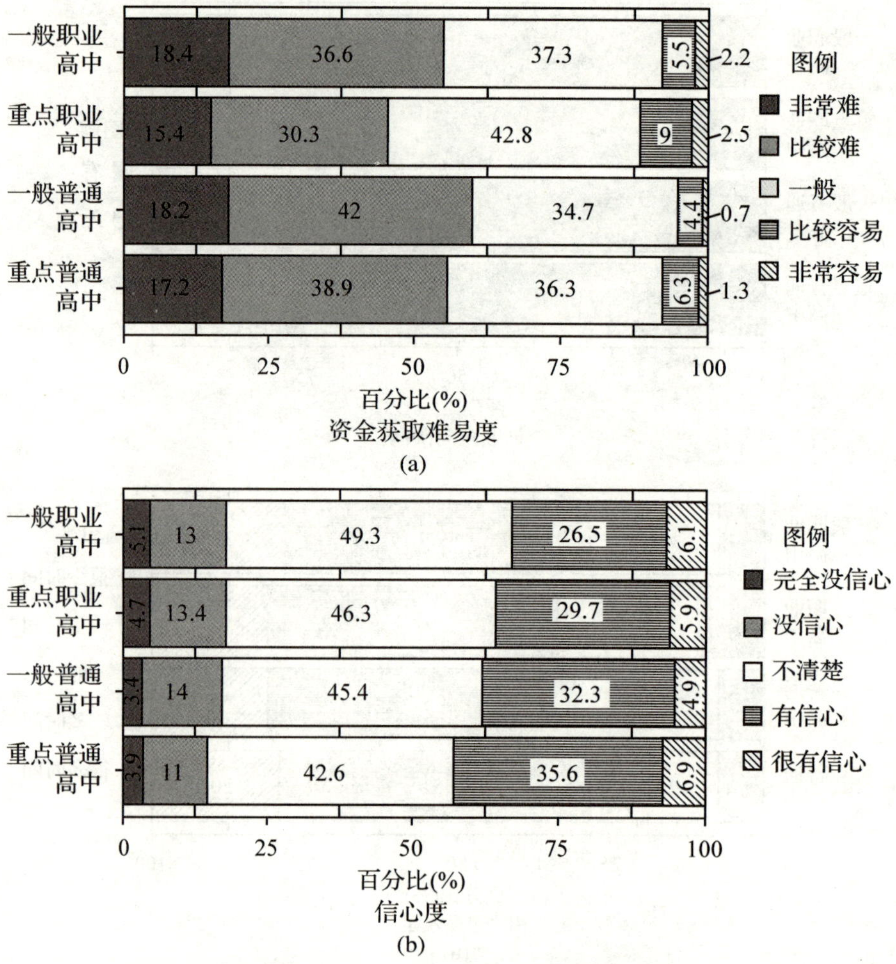

图 2-2-41　来自不同高中类型学生资金获取难易度与信心度

从图 2-2-42 可以看出，在对来自不同类型高中样本学生创业知识技能储备量和地方政策惠及情况的差异比较中，来自重点职高的学生认为自己创业知识技能储备够用和非常够用的比例(14.7%)大于来自一般普高的学生的比例(8.9%)。来自重点普高的学生认为本地创业政策能惠及自己的比例(20.7%)大于来自一般职高的学生的比例(16.9%)。表明，在民办高校，来自重点高中的学生创业知识储备和对政策的了解强于来自一般高中的学生。

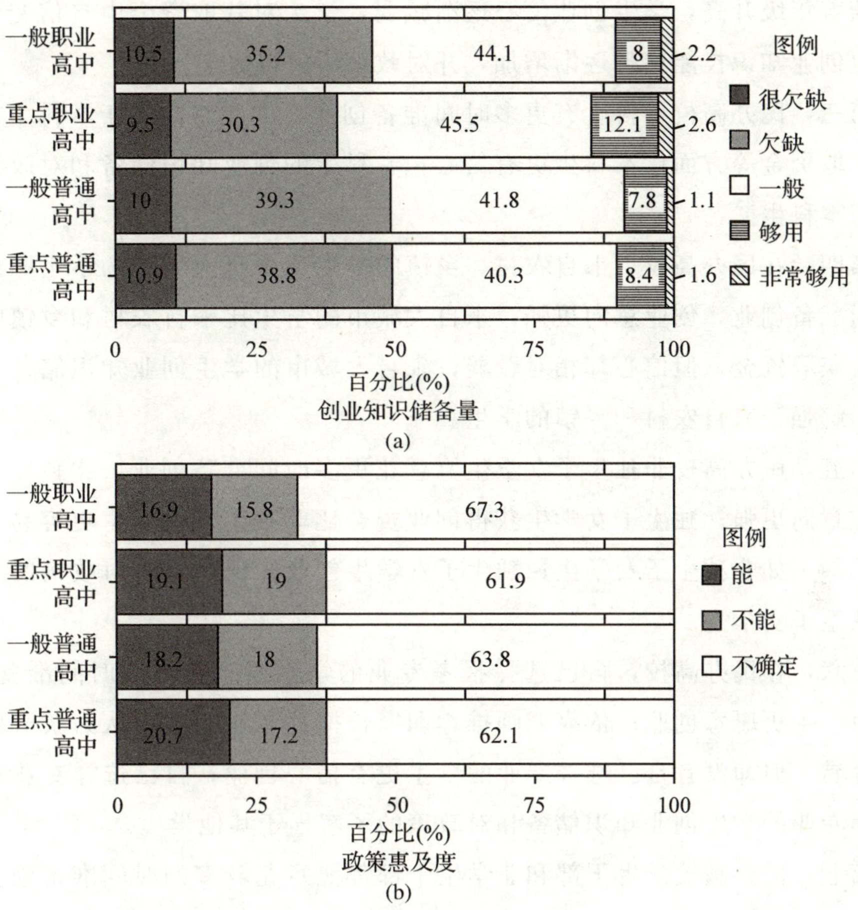

图 2-2-42 来自不同高中类型学生创业知识储备量与政策惠及度

(三)结论

根据不同性别、年级、就读专业层次、家庭所在地、是否独生子女、志愿填报类型、是否担任学生干部、就读专业类型、父母学历、家庭经济水平和高中类型等人口统计学变量的百分比差异比较，初步掌握民办高校学生创业准备的不同状况和心态，结论如下。

第一，民办高校男生和女生都愿意花更多的时间准备创业，但男生比女生选择创业的意向更强；男生对创业资金的获取等方面比女生更有信心；男生的创业知识储备和对政策的了解强于女生。

第二，民办高校低年级学生有更多时间准备创业，创业意向强于高年级学生；随着年级升高，学生创业信心逐渐减弱，学生对获取资金由自信变为不自信，但创业知识技能储备逐渐增加，并对政策了解得更多。

第三，民办高校专科生有更多时间准备创业，创业意向强于本科生；专科生对获取资金等方面比本科生更有信心；专科生的创业知识储备和对政策的了解强于本科生。

第四，在民办高校，来自农村、乡镇的学生比来自大城市的学生愿意花更多时间准备创业，创业意向更强；来自大城市的学生比来自农村和乡镇的学生更容易获取资金，但信心却相对较弱；来自大城市的学生创业知识储备和对政策的了解强于来自农村和乡镇的学生。

第五，民办高校非独生子女学生愿意花更多时间准备创业，比独生子女学生创业意向更强；独生子女学生获得创业资金比非独生子女学生更容易，但创业信心却不如非独生子女学生；独生子女学生创业知识储备和对政策的了解强于非独生子女学生。

第六，在民办高校，自己选择报考专业的学生愿意花更多时间准备创业，比其他学生更愿意创业；依靠老师推荐和家长推荐专业的学生认为获取创业资金更容易，但却没有自己选择专业的学生更有信心创业；自己选择专业和靠老师推荐专业的学生创业知识储备和对政策的了解强于其他学生。

第七，民办高校学生干部和非学生干部都愿意花较多的时间准备创业，但学生干部的创业意向更强；学生干部对获取创业资金等方面比非学生干部更有信心；学生干部创业知识技能储备和对政策的了解强于非学生干部。

第八，民办高校理工科的学生比文科学生创业意向更强，农经艺术类学生比文科学生愿意花更多时间准备创业；农艺哲类学生认为获取资金比理法医类学生更容易，理工科学生比文科学生创业信心更强；农艺工科学生创业知识储备多于文管医科学生，工农管科学生对政策的了解强于教医哲科学生。

第九，在民办高校，父母学历最高和最低的学生创业意向最强，但父母学历中等的学生更愿意花时间准备创业；父母学历为博士的学生对获取资金等方面的信心强于父母学历较低的学生；父母学历越高的学生创业知识储备和对政策的了解越充分。

第十，在民办高校，家庭贫困的学生愿意花更多的时间准备创业，创业意向比家庭富裕的学生更强；家庭经济水平富裕的学生在获取资金等方面比家庭贫困的学生更有信心；家庭经济富裕的学生创业知识储备和对政策的了解比家庭经济贫困的学生更充分。

第十一，在民办高校，来自重点普高的学生愿意花更多时间准备创业，比来自重点职高的学生创业意向更强；来自重点职高的学生认为获取资金更容易，但不如重点普高和一般普高的学生创业信心强；来自重点高中的学生创业知识储备和对政策的了解强于来自一般高中的学生。

第三章 学习力

学习力量表是测量大学生学习动力、毅力、能力的有效工具。在日趋激烈的社会竞争面前，要想取得个人的成功，唯有通过学习，全面提高学习力。谁的学习力强，学习速度快，谁就能跟上时代的步伐，否则就会被社会淘汰。学习力贯穿于大学生整个学习和生活的始终，良好的学习力是大学生获得成功的基本条件，是其快乐成长的源泉，同时也是今后步入社会的大学毕业生最重要的能力。

广义的学习是指人和动物在生活过程中，凭借经验而产生的行为或行为潜能的相对持久的变化。狭义的学习是指长时记忆和行为在内容或结构上的变化，学习是信息处理的结果。

学习力是指接受新的知识、思想或技能的能力，是一个人、一个企业或一个组织学习的动力、毅力和能力的综合体现。

本研究将民办高校学生学习力分为学习动力、学习毅力和学习能力三个方面考察。其中，学习动力均值最高(均值为 3.599)，学习能力均值居中(均值为 3.496)，学习毅力均值最低(均值为 3.332)。

一、学习动力

在高等教育大众化的今天，在校大学生的数量越来越多，而教育质量却面临下滑的危险，其重要的原因之一就是大学生的学习缺乏一定的动力。激发学生学习的动力，有利于调动学生的学习热情和开发学生的潜能，促进学生全面发展，推动学校人才培养质量不断提升。

(一)基本情况

学习动力是指在非智力因素推动下，引导和维持学生进行学习活动的一种内部力量或内部机制。具体来说，是学生个体身上表现在学习中的对认知操作起调控作用的一种内部力量，是在学习需要的基础上产生的激发学习的各种能量，是制约学习效果的基本心理变量，更是学生在学习活动中发挥主体作用的关键所在。

民办高校学生学习动力状况一般，均值3.599，但在各维度中均值最高。

(二)差异分析

1. 性别

在不同性别样本学生学习动力的比较中，男生(均值3.662)比女生(均值3.546)学习动力高。

通过独立样本T检验发现，t＝16.682(p＝0.000＜0.001)，男生均值A＝3.662±0.75，女生均值B＝3.546±0.69，表明男生学习动力显著高于女生(A＞B)。

2. 年级

在不同年级学生学习动力的比较中，各年级学生整体学习动力随着年级的提高而提升，大一、大二、大三、大四学生的均值分别为3.58、3.603、3.643、3.661，大一学生动力最低，大四学生动力最高。

为严谨求证不同年级学生学习动力是否存在显著差异，进行单因素方差分析检验。

表2-3-1　不同年级学生学习动力差值比较

	A大一	B大二	C大三	D大四
A大一	—	－0.02285*	－0.06346*	－0.08078*
B大二	0.02285*	—	－0.04061*	－0.05792*
说明	差异显著(p＝0.000＜0.05)，方差不齐性(0.000)，采用Tamhane法进行事后多重比较			

*表示在0.05水平上差异显著

由表2-3-1可知，大一、大二学生学习动力显著低于高年级学生(A＜B，A＜C，A＜D，B＜C，B＜D)。

3. 就读专业层次

在不同专业层次样本学生学习动力的比较中，专科学生(均值3.606)比本科学生(均值3.584)学习动力高。

通过独立样本 T 检验发现，t＝－3.133（p＝0.002＜0.01），本科生均值 A＝3.584±0.71，专科生均值 B＝3.606±0.73，表明专科生学习动力显著高于本科生（B＞A）。

4. 家庭所在地

在不同家庭所在地样本学生学习动力的比较中，各生源地学生整体学习动力差距不大，直辖市、省会城市、地级市、城镇、农村学生的均值分别为 3.557、3.61、3.601、3.565、3.651，农村学生学习动力稍高，直辖市学生学习动力稍低。

为严谨求证不同家庭所在地学生学习动力是否存在显著差异，进行单因素方差分析检验。

表 2-3-2 不同家庭所在地学生学习动力差值比较

	A 直辖市	B 省会	C 地级市	D 城镇	E 农村
E 农村	0.09371*	0.04044*	0.05004*	0.08565*	—
说明	差异显著（p＝0.000＜0.05），方差不齐性（0.000），采用 Tamhane 法进行事后多重比较				

* 表示在 0.05 水平上差异显著

由表 2-3-2 可知，家庭所在地在农村的学生学习动力显著高于其他生源地学生（E＞A，E＞B，E＞C，E＞D）。

5. 是否独生子女

在独生子女和非独生子女样本学生学习动力的比较中，非独生子女学生（均值 3.626）的学习动力比独生子女学生（均值 3.576）高。

通过独立样本 T 检验发现，t＝－7.246（p＝0.000＜0.001），独生子女学生均值 A＝3.576±0.74，非独生子女学生均值 B＝3.626±0.69，表明非独生子女学生学习动力显著高于独生子女学生（B＞A）。

6. 志愿填报

在不同志愿填报样本学生学习动力的比较中，自己选择、父母选择、老师推荐、调剂和其他类学生的均值分别为 3.641、3.507、3.621、3.504、3.467，自己选择专业的学生学习动力最高，调剂和其他类的学生学习动力最低。

为严谨求证不同志愿填报情况学生学习动力是否存在显著差异，进行单因素方差分析检验。

表 2-3-3 不同志愿填报情况学生学习动力差值比较

	A 自己选择	B 父母选择	C 老师推荐	D 调剂	E 其他
A 自己选择	—	0.13367*	—	0.13731*	0.17437*
C 老师推荐	—	0.11389*	—	0.11752*	0.15458*
说明	差异显著(p＝0.000＜0.05)，方差不齐性(0.000)，采用 Tamhane 法进行事后多重比较				

* 表示在 0.05 水平上差异显著

由表 2-3-3 可知，自己选择专业的学生和老师推荐专业的学生学习动力显著高于父母选择、调剂和其他类学生（A＞B，A＞D，A＞E，C＞B，C＞D，C＞E）。

7. 是否担任社团或学生会干部

在社团或学生会干部和非社团学生会干部学习动力的比较中，社团或学生会干部(均值 3.694)学习动力高于非社团学生会干部(均值 3.535)。

通过独立样本 T 检验发现，t＝22.848(p＝0.000＜0.001)，学生干部均值 A＝3.694±0.73，非学生干部均值 B＝3.535±0.71，表明学生干部学习动力显著高于非学生干部(A＞ B)。

8. 就读专业类别

从表 2-3-4 可以看出，在不同专业样本学生学习动力比较中，工学专业学生学习动力最高，哲学专业学生学习动力最低。

表 2-3-4 不同专业学生学习动力均值排序

序号	专业	均值	序号	专业	均值
1	工学	3.6748	7	经济	3.5581
2	法学	3.6598	8	管理	3.5378
3	理学	3.6267	9	教育	3.5318
4	艺术	3.6128	10	医学	3.5072
5	文学	3.5778	11	哲学	3.4074
6	农学	3.5604			

注：学生专业不做进一步显著性检验，得分排序仅供参考。

9. 父母学历

在父母不同学历样本学生学习动力的比较中，父母学历为小学、初中、高中、大专、本科、硕士、博士的均值分别为 3.636、3.599、3.586、3.568、3.611、3.619、3.732，父母学历为博士或小学的学生学习动力最高，父母学历为高中或大专的学生学习动力最低。

为严谨求证父母不同学历的学生学习动力是否存在显著差异，进行单因素方差分析检验。

表 2-3-5　父母不同学历的学生学习动力差值比较

	A 小学	B 初中	C 高中	D 大专	E 本科	F 硕士	G 博士
A 小学	—	0.03695*	0.05022*	0.06802*	—	—	—
说明	差异显著(p=0.000＜0.05)，方差不齐性(0.000)，采用 Tamhane 法进行事后多重比较						

*表示在 0.05 水平上差异显著

由表 2-3-5 可知，父母学历为小学的学生学习动力显著高于父母学历为初中、高中、大专的学生(A＞B，A＞C，A＞D)。

10. 家庭经济情况

在家庭经济情况不同样本学生学习动力的比较中，很贫困、贫困、中等、富裕、很富裕学生的均值分别为 3.675、3.647、3.558、3.741、3.91，很富裕家庭学生学习动力最高，中等家庭学生学习动力最低。

为严谨求证不同家庭经济水平学生学习动力是否存在显著差异，进行单因素方差分析检验。

表 2-3-6　不同家庭经济水平学生学习动力差值比较

	A 很贫困	B 贫困	C 中等	D 富裕	E 很富裕
B 贫困	—	—	0.08980*	−0.09314*	−0.26299*
C 中等	−0.11697*	−0.08980*	—	−0.18294*	−0.35279*
E 很富裕	0.23582*	0.26299*	0.35279*	0.16985*	—
说明	差异显著(p=0.000＜0.05)，方差不齐性(0.000)，采用 Tamhane 法进行事后多重比较				

*表示在 0.05 水平上差异显著

由表 2-3-6 可知，家庭经济水平中等的学生学习动力显著低于其他经济水平学生(C＜A，C＜B，C＜D，C＜E)，家庭很富裕的学生学习动力显著高于其他经济水平学生(E＞A，E＞B，E＞C，E＞D)，贫困家庭学生学习动力显著低于家庭富裕学生(B＜D)。

11. 高中学校类型

来自不同高中的样本学生学习动力的比较中，重点普通高中、一般普通高中、重点职业高中、一般职业高中学生的均值分别为 3.624、3.596、3.627、3.499，来自重点职业高中的学生学习动力最高，来自一般职业高中的学生学习动力最低。

为严谨求证来自不同类型高中学生学习动力是否存在显著差异，进行单因素方差分析检验。

表 2-3-7　不同类型高中学生学习动力差值比较

	A 重点普高	B 一般普高	C 重点职高	D 一般职高
A 重点普高	—	0.02780*	—	0.12497*
D 一般职高	−0.12497*	−0.09717*	−0.12829*	—
说明	差异显著(p=0.000＜0.05)，方差不齐性(0.000)，采用 Tamhane 法进行事后多重比较			

* 表示在 0.05 水平上差异显著

由表 2-3-7 可知，来自一般职高的学生学习动力显著低于来自重点普高、一般普高和重点职高的学生(D＜A，D＜B，D＜C)，来自重点普高的学生学习动力显著高于来自一般普高的学生(A＞B)。

(三)结论

经过显著性检验验证发现，存在显著性差异的有：性别、年级、就读专业层次、家庭所在地、是否独生子女、志愿填报、是否担任社团或学生会干部、父母学历、家庭经济、高中学校类型。结论仅归纳存在显著差异部分。

第一，男生学习动力显著高于女生。

第二，大一、大二学生学习动力显著低于高年级学生。

第三，专科生学习动力显著高于本科生。

第四，家庭所在地在农村的学生学习动力显著高于其他生源地学生。

第五，非独生子女学生学习动力显著高于独生子女学生。

第六，自己选择专业的学生和老师推荐专业的学生学习动力显著高于父母选择、调剂和其他类学生。

第七，学生干部学习动力显著高于非学生干部。

第八，父母学历为小学的学生学习动力显著高于父母学历为初中、高中、大专的学生。

第九，家庭经济水平中等的学生学习动力显著低于其他经济水平学生，家庭很富裕的学生学习动力显著高于其他经济水平学生，贫困家庭学生学习动力显著低于家庭富裕学生。

第十，来自一般职高的学生学习动力显著低于来自重点普高、一般普高和重点职高的学生，来自重点普高的学生学习动力显著高于来自一般普高的学生。

二、学习毅力

学习的毅力反映了学习者的意志，是增强学习力的保障，属于学习情意系统。人的意志品质具体来说可分为自觉性、果断性、坚持性和自制力四个方面。毅力是一个人在行动中坚持决定，百折不挠地克服困难和障碍，完成既定目的的意志品质。人要完成任何一项任务，总是会遇到一定的困难，没有克服困难的毅力，人就无法完成活动的任务。了解和增强大学生学习毅力有利于促进学生整体学习力的提高。

(一)基本情况

学习毅力是指学习者愿意花在学习上的精力，具体而言，是学习者自觉地确定学习目标并支配其行为克服困难实现预定学习目标的状态。学习毅力来源于学习精神、心理素质、智力、意志和价值观等，认识有多深，毅力有多强，学习就会有多持久。

民办高校学生学习毅力状况一般，均值 3.332，在各维度中均值最低。

(二)差异分析

1. 性别

在不同性别样本学生学习毅力的比较中，男生(均值3.424)的学习毅力比女生(均值3.255)高。

通过独立样本T检验发现，t=22.515(p=0.000<0.001)，男生均值A=3.424±0.81，女生均值B=3.255±0.74，表明男生学习毅力显著高于女生(A>B)。

2. 年级

在不同年级样本学生学习毅力的比较中，各年级学生整体学习毅力随着年级的提高而提升，大一、大二、大三、大四学生的均值分别为3.294、3.355、3.402、3.402，大一学生学习毅力最低，大三、大四学生学习毅力最高。

为严谨求证不同年级学生学习毅力是否存在显著差异，进行单因素方差分析检验。

表2-3-8　不同年级学生学习毅力差值比较

	A大一	B大二	C大三	D大四
A大一	—	−0.06162*	−0.10827*	−0.10818*
B大二	0.06162*	—	−0.04666*	—
说明	差异显著(p=0.000<0.05)，方差不齐性(0.000)，采用Tamhane法进行事后多重比较			

*表示在0.05水平上差异显著

由表2-3-8可知，大一学生学习毅力显著低于高年级学生，大三学生学习毅力显著高于大二学生(A<B，A<C，A<D，C>B)。

3. 就读专业层次

在不同专业层次样本学生学习毅力的比较中，专科学生(均值3.355)的学习毅力比本科学生(均值3.288)高。

通过独立样本T检验发现，t=−8.534(p=0.000<0.001)，本科生均值A=3.288±0.77，专科生均值B=3.355±0.78，表明专科生学习毅力显著高于本科生(B>A)。

4. 家庭所在地

在不同家庭所在地样本学生学习毅力的比较中，各生源地学生整体学习毅力差距不大，直辖市、省会城市、地级市、城镇、农村学生的均值分别为 3.328、3.403、3.361、3.294、3.333，省会城市学生学习毅力稍高，城镇学生学习毅力稍低。

为严谨求证不同家庭所在地学生学习毅力是否存在显著差异，进行单因素方差分析检验。

表 2-3-9　不同家庭所在地学生学习毅力差值比较

	A 直辖市	B 省会	C 地级市	D 城镇	E 农村
B 省会	0.07449*	—	—	0.10916*	0.06998*
D 城镇	−0.03467*	−0.10916*	−0.06762*	—	−0.03917*
说明	差异显著(p=0.000＜0.05)，方差不齐性(0.000)，采用 Tamhane 法进行事后多重比较				

* 表示在 0.05 水平上差异显著

由表 2-3-9 可知，家庭所在地为城镇的学生学习毅力显著低于其他生源地学生，家庭所在地为省会城市的学生学习毅力显著高于直辖市、城镇和农村的学生(D＜A，D＜B，D＜C，D＜E，B＞A，B＞D，B＞E)。

5. 是否独生子女

在独生子女和非独生子女样本学生学习毅力的比较中，独生子女学生(均值 3.338)的学习毅力比非独生子女学生(均值 3.325)高。

为严谨考证，通过 T 检验验证，得出 $t=-1.787(p>0.05)$。从统计学角度看，民办高校独生子女与非独生子女学生学习毅力不存在显著性差异。可见，在民办高校，是否是独生子女学生并不影响学生学习毅力。

6. 志愿填报

在不同志愿填报样本学生学习毅力的比较中，自主选择、父母选择、老师推荐、调剂和其他类学生的均值分别为 3.353、3.288、3.436、3.252、3.22，老师推荐专业的学生学习毅力最高，调剂的和其他类的学生学习毅力最低。

为严谨求证不同志愿填报情况学生学习毅力是否存在显著差异，进行单因素方差分析检验。

表 2-3-10　不同志愿填报情况学生学习毅力差值比较

	A 自己选择	B 父母选择	C 老师推荐	D 调剂	E 其他
A 自己选择	—	0.06561*	−0.08265*	0.10155*	0.13351*
C 老师推荐	0.08265*	0.14826*	—	0.18420*	0.21616*
说明	差异显著(p=0.000<0.05)，方差不齐性(0.000)，采用 Tamhane 法进行事后多重比较				

*表示在 0.05 水平上差异显著

由表 2-3-10 可知，自己选择专业的学生和老师推荐专业的学生学习毅力显著高于父母选择、调剂和其他类学生（A>B，A>D，A>E，C>B，C>D，C>E）。

7. 是否担任社团或学生会干部

在社团或学生会干部和非社团学生会干部学习毅力的比较中，社团或学生会干部(均值 3.424)学习毅力高于非社团学生会干部(均值 3.271)。

通过独立样本 T 检验发现，t=20.135(p=0.000<0.001)，学生干部均值 A=3.424±0.79，非学生干部均值 B=3.271±0.76，表明学生干部学习毅力显著高于非学生干部(A> B)。

8. 就读专业类别

从表 2-3-11 可以看出，在不同专业样本学生学习毅力比较中，法学专业学生学习毅力最高，哲学专业学生学习毅力最低。

表 2-3-11　不同专业学生学习毅力均值排序

序号	专业	均值	序号	专业	均值
1	法学	3.4464	7	医学	3.2627
2	工学	3.436	8	文学	3.2591
3	理学	3.3652	9	教育	3.2543
4	艺术	3.3288	10	农学	3.228
5	经济	3.2935	11	哲学	3.2247
6	管理	3.2691			

注：学生专业不做进一步显著性检验，得分排序仅供参考。

9. 父母学历

在父母不同学历样本学生学习毅力的比较中，父母学历为小学、初中、高中、大专、本科、硕士、博士的均值分别为 3.326、3.315、3.336、3.329、3.367、3.48、3.633，父母学历为博士或硕士的学生学习毅力最高，父母学历为初中或小学的学生学习毅力最低。

为严谨求证父母不同学历的学生学习毅力是否存在显著差异，进行单因素方差分析检验。

表 2-3-12　父母不同学历的学生学习毅力差值比较

	A 小学	B 初中	C 高中	D 大专	E 本科	F 硕士	G 博士
B 初中	—	—	—	—	−0.05227*	−0.16569*	−0.31822*
G 博士	0.30661*	0.31822*	0.29721*	0.30423*	0.26595*	—	—
说明	差异显著(p=0.000<0.05)，方差不齐性(0.000)，采用 Tamhane 法进行事后多重比较						

* 表示在 0.05 水平上差异显著

由表 2-3-12 可知，父母学历为博士的学生学习毅力显著高于父母学历为硕士以下的学生(G>A，G>B，G>C，G>D，G>E)，父母学历为初中的学生学习毅力显著低于父母学历为本科及本科以上的学生(B<E，B<F，B<G)。

10. 家庭经济情况

在家庭经济情况不同样本学生学习毅力的比较中，很贫困、贫困、中等、富裕、很富裕学生的均值分别为 3.458、3.33、3.297、3.561、3.802，很富裕家庭学生学习毅力最高，中等家庭学生学习毅力最低。

为严谨求证不同家庭经济水平学生学习毅力是否存在显著差异，进行单因素方差分析检验。

表 2-3-13　不同家庭经济水平学生学习毅力差值比较

	A 很贫困	B 贫困	C 中等	D 富裕	E 很富裕
B 贫困	−0.12774*	—	0.03346*	−0.23128*	−0.47160*
C 中等	−0.16119*	−0.03346*	—	−0.26473*	−0.50506*
E 很富裕	0.34386*	0.47160*	0.50506*	0.24032*	—
说明	差异显著(p=0.000<0.05)，方差不齐性(0.000)，采用 Tamhane 法进行事后多重比较				

* 表示在 0.05 水平上差异显著

由表 2-3-13 可知，家庭经济水平中等的学生学习毅力显著低于其他经济水平学生(C＜A，C＜B，C＜D，C＜E)，家庭很富裕的学生学习毅力显著高于其他经济水平学生(E＞A，E＞B，E＞C，E＞D)，贫困家庭学生学习毅力显著低于家庭富裕学生(B＜D)，但很贫困家庭学生学习毅力显著高于贫困家庭学生(A＞B)。

11. 高中学校类型

在来自不同高中的样本学生学习毅力的比较中，重点普通高中、一般普通高中、重点职业高中、一般职业高中学生的均值分别为 3.34、3.334、3.408、3.237，来自重点职业高中的学生学习毅力最高，来自一般职业高中的学生学习毅力最低。

为严谨求证来自不同类型高中学生学习毅力是否存在显著差异，进行单因素方差分析检验。

表 2-3-14　来自不同类型高中学生学习毅力差值比较

	A 重点普高	B 一般普高	C 重点职高	D 一般职高
A 重点普高	—	0.02780*	—	0.12497*
D 一般职高	−0.12497*	−0.09717*	−0.12829*	—
说明	差异显著(p=0.000＜0.05)，方差不齐性(0.000)，采用 Tamhane 法进行事后多重比较			

* 表示在 0.05 水平上差异显著

由表 2-3-14 可知，来自一般职高的学生学习毅力显著低于来自重点普高、一般普高和重点职高的学生(D＜A，D＜B，D＜C)，来自重点普高的学生学习毅力显著高于来自一般普高的学生(A＞B)。

(三)结论

经过显著性检验验证发现，存在显著性差异的有：性别、年级、就读专业层次、家庭所在地、志愿填报、是否担任社团或学生会干部、父母学历、家庭经济、高中学校类型；不存在显著性差异的有：是否独生子女。结论仅归纳存在显著差异部分。

第一，男生学习毅力显著高于女生。

第二，大一学生学习毅力显著低于高年级学生，大三学生学习毅力显著高于大二学生。

第三，专科生学习毅力显著高于本科生。

第四，家庭所在地为城镇的学生学习毅力显著低于其他生源地学生，家庭所在地为省会城市的学生学习毅力显著高于直辖市、城镇和农村的学生。

第五，自己选择专业的学生和老师推荐专业的学生学习毅力显著高于父母选择、调剂和其他类学生。

第六，学生干部学习毅力显著高于非学生干部。

第七，父母学历为博士的学生学习毅力显著高于父母学历为硕士以下的学生，父母学历为初中的学生学习毅力显著低于父母学历为本科及本科以上的学生。

第八，家庭经济水平中等的学生学习毅力显著低于其他经济水平学生，家庭很富裕的学生学习毅力显著高于其他经济水平学生，贫困家庭学生学习毅力显著低于家庭富裕学生，但很贫困家庭学生学习毅力显著高于贫困家庭学生。

第九，来自一般职高的学生学习毅力显著低于来自重点普高、一般普高和重点职高的学生，来自重点普高的学生学习毅力显著高于来自一般普高的学生。

三、学习能力

学习能力是大学生的成长基础，是形成可持续生存能力的前提。随着经济发展的速度加快，知识信息的几何级增长，知识更新的速度也更快，今天接受的新知识到明天就可能被淘汰更新，教育将呈现终身化趋势。学生要有能力在自己的一生中抓住和利用各种机会，去更新、深化和进一步充实先前获得的知识，以适应不断变革的世界。因此，培养大学生的学习能力是现代大学的重要职责。

(一)基本情况

学习能力是指一个人主动地获取新知识，不断地弥补完善自身知识结构的能力。它包括记忆能力、观察能力和注意能力，其核心是逻辑思维能力。

民办高校学生学习能力状况一般，均值 3.496，在各维度中均值中等。

(二)差异分析

1. 性别

在不同性别样本学生学习能力的比较中，男生(均值3.577)的学习能力比女生(均值3.427)高。

通过独立样本T检验发现，t＝21.736(p＝0.000＜0.001)，男生均值A＝3.577±0.75，女生均值B＝3.427±0.67，表明男生学习能力显著高于女生(A＞B)。

2. 年级

在不同年级样本学生学习能力的比较中，各年级学生整体学习能力随着年级的提高而提升，大一、大二、大三、大四学生的均值分别为3.46、3.509、3.565、3.619，大一学生学习能力最低，大四学生学习能力最高。

为严谨求证不同年级学生学习能力是否存在显著差异，进行单因素方差分析检验。

表 2-3-15　不同年级学生学习能力差值比较

	A大一	B大二	C大三	D大四
A大一	—	－0.04872*	－0.10488*	－0.15868*
B大二	0.04872*	—	－0.05616*	－0.10996*
说明	差异显著(p＝0.000＜0.05)，方差不齐性(0.000)，采用Tamhane法进行事后多重比较			

*表示在0.05水平上差异显著

由表2-3-15可知，大一、大二学生学习能力显著低于高年级学生(A＜B，A＜C，A＜D，B＜C，B＜D)。

3. 就读专业层次

在不同专业层次样本学生学习能力的比较中，本科学生(均值3.504)的学习能力比专科学生(均值3.493)高。

为严谨考证，通过T检验验证，得出t＝－1.162(p＞0.05)。从统计学角度看，民办高校本科生与专科生学习能力不存在显著性差异。可见，在民办高校，读本科与读专科并不影响学生学习能力。

4. 家庭所在地

在不同家庭所在地样本学生学习能力的比较中，各生源地学生整体学习能力差距不大，直辖市、省会城市、地级市、城镇、农村学生的均值分别为3.48、3.531、3.529、3.462、3.508，省会城市学生学习能力稍高，城镇学生学习能力稍低。

为严谨求证不同家庭所在地学生学习能力是否存在显著差异，进行单因素方差分析检验。

表 2-3-16　不同家庭所在地学生学习能力差值比较

	A 直辖市	B 省会	C 地级市	D 城镇	E 农村
A 直辖市	—	−0.05175*	−0.04936*	—	−0.02791*
D 城镇	—	−0.06901*	−0.06662*	—	−0.04517*
说明	差异显著(p=0.000<0.05)，方差不齐性(0.000)，采用 Tamhane 法进行事后多重比较				

*表示在 0.05 水平上差异显著

由表 2-3-16 可知，家庭所在地为直辖市或城镇的学生学习能力显著低于其他生源地学生(A<B，A<C，A<E，D<B，D<C，D<E)。

5. 是否独生子女

在独生子女和非独生子女样本学生学习能力的比较中，非独生子女学生(均值 3.501)的学习能力比独生子女学生(均值 3.491)高。

为严谨考证，通过 T 检验验证，得出 $t=-1.398(p>0.05)$。从统计学角度看，民办高校独生子女与非独生子女学生学习能力不存在显著性差异。可见，在民办高校，学生是否是独生子女并不影响学生学习能力。

6. 志愿填报

在不同志愿填报样本学生学习能力的比较中，自己选择、父母选择、老师推荐、调剂和其他类学生的均值分别为 3.523、3.429、3.543、3.45、3.388，老师推荐专业的学生和自己选择专业的学生学习能力最高，父母选择专业和其它类学生学习能力最低。

为严谨求证不同志愿选择方式学生学习能力是否存在显著差异，进行单因素方差分析检验。

表 2-3-17　不同志愿填报类型学生学习能力差值比较

	A自己选择	B父母选择	C老师推荐	D调剂	E其他
A自己选择	—	0.09473*	—	0.07321*	0.13507*
C老师推荐	—	0.11472*	—	0.09320*	0.15506*
说明	差异显著(p=0.000<0.05)，方差不齐性(0.000)，采用 Tamhane 法进行事后多重比较				

* 表示在 0.05 水平上差异显著

由表 2-3-17 可知，自己选择专业的学生和老师推荐专业的学生学习能力显著高于父母选择、调剂和其他类学生(A>B，A>D，A>E，C>B，C>D，C>E)。

7. 是否担任社团或学生会干部

在社团或学生会干部和非社团或学生会干部学习能力的比较中，社团或学生会干部(均值 3.606)学习能力高于非社团或学生会干部(均值 3.422)。

通过独立样本 T 检验发现，t=26.621(p=0.000<0.001)，学生干部均值 A=3.606±0.70，非学生干部均值 B=3.422±0.71，表明学生干部学习能力显著高于非学生干部(A> B)。

8. 就读专业类别

从表 2-3-18 可以看出，在不同专业样本学生学习能力比较中，法学专业学生学习能力最高，哲学专业学生学习能力最低。

表 2-3-18　不同专业学生学习能力均值排序

序号	专业	均值	序号	专业	均值
1	法学	3.5985	7	农学	3.4533
2	工学	3.5817	8	管理	3.4453
3	理学	3.527	9	经济	3.4447
4	艺术	3.4837	10	医学	3.4101
5	文学	3.4754	11	哲学	3.3359
6	教育	3.4573			

注：学生专业不做进一步显著性检验，得分排序仅供参考。

9. 父母学历

在父母不同学历样本学生学习能力的比较中，父母学历为小学、初中、高中、大专、本科、硕士、博士的均值分别为 3.485、3.485、3.493、3.488、3.54、3.614、3.721，父母学历为博士或硕士的学生学习能力最高，父母学历为小学或初中的学生学习能力最低。

为严谨求证父母不同学历的学生学习能力是否存在显著差异，进行单因素方差分析检验。

表 2-3-19　父母不同学历学生学习能力差值比较

	A 小学	B 初中	C 高中	D 大专	E 本科	F 硕士	G 博士
E 本科	0.05426*	0.05473*	0.04667*	0.05213*	—	—	—
G 博士	0.23541*	0.23588*	0.22782*	0.23329*	—	—	—
说明	差异显著(p=0.000<0.05)，方差不齐性(0.000)，采用 Tamhane 法进行事后多重比较						

* 表示在 0.05 水平上差异显著

由表 2-3-19 可知，父母学历为本科或博士的学生学习能力显著高于父母学历为小学、初中、高中、大专的学生(E>A，E>B，E>C，E>D，G>A，G>B，G>C，G>D)。

10. 家庭经济情况

在家庭经济情况不同样本学生学习能力的比较中，很贫困、贫困、中等、富裕、很富裕学生的均值分别为 3.571、3.508、3.463、3.702、3.852，很富裕家庭学生学习能力最高，中等家庭学生学习能力最低。

为严谨求证不同家庭经济水平学生学习能力是否存在显著差异，进行单因素方差分析检验。

表 2-3-20　不同家庭经济水平学生学习能力差值比较

	A 很贫困	B 贫困	C 中等	D 富裕	E 很富裕
A 很贫困	—	0.06312*	0.10808*	−0.13031*	−0.28098*
C 中等	−0.10808*	−0.04495*	—	−0.23839*	−0.38906*
E 很富裕	0.28098*	0.34410*	0.38906*	—	—
说明	差异显著(p=0.000<0.05)，方差不齐性(0.000)，采用 Tamhane 法进行事后多重比较				

* 表示在 0.05 水平上差异显著

由表 2-3-20 可知，家庭经济水平中等的学生学习能力显著低于其他经济水平学生(C＜A，C＜B，C＜D，C＜E)，家庭很富裕的学生学习能力显著高于家庭很贫困、贫困学生(E＞A，E＞B)，很贫困家庭学生学习能力显著低于家庭富裕学生(A＜D)，但显著高于贫困家庭学生(A＞B)。

11. 高中学校类型

在来自不同高中的样本学生学习能力的比较中，重点普通高中、一般普通高中、重点职业高中、一般职业高中学生的均值分别为3.54、3.484、3.545、3.361，来自重点职业高中的学生学习能力最高，来自一般职业高中的学生学习能力最低。

为严谨求证来自不同类型高中学生学习能力是否存在显著差异，进行单因素方差分析检验。

表 2-3-21　来自不同类型高中学生学习能力差值比较

	A重点普高	B一般普高	C重点职高	D一般职高
B一般普高	−0.05554*	—	−0.06112*	0.12292*
D一般职高	−0.17846*	−0.12292*	−0.18404*	—
说明	差异显著(p=0.000＜0.05)，方差不齐性(0.000)，采用Tamhane法进行事后多重比较			

*表示在0.05水平上差异显著

由表2-3-21可知，来自一般职高和一般普高的学生学习能力显著低于来自重点普高和重点职高的学生(D＜A，D＜C，B＜A，B＜C)，来自一般普高的学生学习能力显著高于来自一般职高的学生(B＞D)。

(三)结论

经过显著性检验验证发现，存在显著性差异的有：性别、年级、家庭所在地、志愿填报、是否担任社团或学生会干部、父母学历、家庭经济、高中学校类型；不存在显著性差异的有：就读专业层次、是否独生子女。结论仅归纳存在显著差异部分。

第一，男生学习能力显著高于女生。

第二，大一、大二学生学习能力显著低于高年级学生。

第三，家庭所在地为直辖市或城镇的学生学习能力显著低于其他生源地学生。

第四，自己选择专业的学生和老师推荐专业的学生学习能力显著高于父母选择、调剂和其他类学生。

第五，学生干部学习能力显著高于非学生干部。

第六，父母学历为本科或博士的学生学习能力显著高于父母学历为小学、初中、高中、大专的学生。

第七，家庭经济水平中等的学生学习能力显著低于其他经济水平学生，家庭很富裕的学生学习能力显著高于家庭很贫困、贫困学生，很贫困家庭学生学习能力显著低于家庭富裕学生，但显著高于贫困家庭学生。

第八，来自一般职高和一般普高的学生学习能力显著低于来自重点普高和重点职高的学生，来自一般普高的学生学习能力显著高于来自一般职高的学生。

第四章　能力发展

能力发展量表是测量大学生基本能力和专业技能的有效工具。大学生能力的发展，是学习、接受和掌握人类社会历史发展成就的结果。同时，高等教育对大学生能力提升具有促进作用，推动大学生能力的发展，促进大学生自觉意识的提高。大学生的能力发展事关他们生涯发展的可持续性，事关职业生涯中的胜任力、竞争力的问题，应引起民办高校的高度重视。

能力是指人们完成某项活动必需的个性心理特征。具体可分为一般能力和特殊能力。一般能力是指人顺利完成各种活动所必备的基本能力，如观察力、记忆力、想象力和思维能力等。特殊能力也可称为专业能力，是指人顺利完成某种特殊活动所必备的能力。

能力发展是指个体能力在社会生活条件和教育的影响下，随年龄的增长而发生的有规律的变化。能力发展和一切事物的发展一样，是一个不断对立统一、量变质变的过程，在发展过程的各个阶段表现出质的特征。

本研究将民办高校学生能力发展分为基本能力和专业技能两个方面考查。在基本能力和专业技能两个方面均值的比较中，基本能力均值最高(均值3.793)，专业技能均值最低(均值3.744)。

一、基本能力

大学的教育环境更加宽松，教育方式更加自由，没有高考的压力，学生有很多自主选择、自主控制的机会，可以更加自由地发展。但由于受到传统教育模式的长期影响，理论知识成为重中之重，能力素质的培养一直被忽视，许多学生到了大学阶段仍缺乏基本的能力素质，不能很好地适应大学生活。掌握大学生基本能力现状有利于高校进一步因材施教，有效提高教学质量。

(一)基本情况

基本能力一般是指某些单因素能力，即主要通过大脑某一种功能完成的心理活动中表现出来的能力。就学生而言，基本能力是能使学习者顺利地完成学习任务的能力，如观察、记忆、思维、想象、语言能力、判断力、联想力、模仿能力、创造能力、认知能力、操作能力和社交能力等。

民办高校学生基本能力发展水平较高，均值 3.793，在各维度中最高。

(二)差异分析

1. 性别

在不同性别样本学生基本能力发展水平的比较中，男生(均值 3.838)的基本能力发展水平比女生(均值 3.755)高。

通过独立样本 T 检验发现，t＝11.882(p＝0.000＜0.001)，男生均值 A＝3.838±0.75，女生均值 B＝3.755±0.68，表明男生基本能力发展水平显著高于女生(A＞ B)。

2. 年级

在不同年级样本学生基本能力发展水平的比较中，各年级学生整体基本能力随着年级的提高而提升，大一、大二、大三、大四学生的均值分别为 3.78、3.793、3.844、3.787，大一学生基本能力发展水平最低，大三学生基本能力发展水平最高，大四略有回落。

为严谨求证不同年级学生基本能力发展水平是否存在显著差异，进行单因素方差分析检验。

表 2-4-1　不同年级学生基本能力差值比较

	A 大一	B 大二	C 大三	D 大四
C 大三	0.06373*	0.05027*	—	—
说明	差异显著(p＝0.000＜0.05)，方差不齐性(0.000)，采用 Tamhane 法进行事后多重比较			

* 表示在 0.05 水平上差异显著

由表 2-4-1 可知，大三学生基本能力发展水平显著高于大一、大二年级学生(C>A，C>B)。

3. 就读专业层次

在不同专业层次样本学生基本能力发展水平的比较中，专科学生(均值3.804)比本科学生(均值3.77)基本能力发展水平高。

通过独立样本T检验发现，t=－4.778(p=0.000<0.001)，本科生均值A=3.77±0.69，专科生均值B=3.804±0.73，表明专科生基本能力发展水平显著高于本科生(B>A)。

4. 家庭所在地

在不同家庭所在地样本学生基本能力发展水平的比较中，各生源地学生整体基本能力发展水平差距不大，直辖市、省会城市、地级市、城镇、农村学生的均值分别为3.747、3.824、3.825、3.799、3.797，地级市和省会城市学生基本能力发展水平稍高，直辖市学生基本能力发展水平稍低。

为严谨求证不同家庭所在地学生基本能力发展水平是否存在显著差异，进行单因素方差分析检验。

表2-4-2 不同家庭所在地学生基本能力差值比较

	A直辖市	B省会	C地级市	D城镇	E农村
A直辖市	—	－0.07735*	－0.07788*	－0.05275*	－0.05052*
说明	差异显著(p=0.000<0.05)，方差不齐性(0.000)，采用Tamhane法进行事后多重比较				

*表示在0.05水平上差异显著

由表2-4-2可知，家庭所在地为直辖市的学生基本能力发展水平显著低于其他生源地学生(A<B，A<C，A<D，A<E)。

5. 是否独生子女

在独生子女和非独生子女样本学生基本能力发展水平的比较中，非独生子女学生(均值3.799)的基本能力发展水平比独生子女学生(均值3.788)高。

为严谨考证，通过T检验验证，得出t=－1.614(p>0.05)。从统计学角度看，民办高校独生子女与非独生子女学生基本能力发展水平不存在显著性差异。可见，在民办高校，是否是独生子女学生并不影响学生基本能力发展水平。

6. 志愿填报

在不同志愿填报样本学生基本能力发展水平的比较中，自己选择、父母选择、老师推荐、调剂和其他类学生的均值分别为 3.817、3.746、3.834、3.711、3.711，老师推荐专业的学生和自己选择专业的学生基本能力发展水平最高，调剂和其他类的学生基本能力发展水平最低。

为严谨求证不同志愿选择方式学生基本能力发展水平是否存在显著差异，进行单因素方差分析检验。

表 2-4-3　不同志愿选择方式学生基本能力差值比较

	A 自己选择	B 父母选择	C 老师推荐	D 调剂	E 其他
A 自己选择	—	0.07099*	—	0.10633*	0.10630*
C 老师推荐	—	0.10630*	—	0.12276*	0.12273*
说明	差异显著（p=0.000<0.05），方差不齐性（0.000），采用 Tamhane 法进行事后多重比较				

* 表示在 0.05 水平上差异显著

由表 2-4-3 可知，自己选择专业的学生和老师推荐专业的学生基本能力发展水平显著高于父母选择、调剂和其他类学生（A>B，A>D，A>E，C>B，C>D，C>E）。

7. 是否担任社团或学生会干部

在社团或学生会干部和非社团或学生会干部基本能力发展水平的比较中，社团或学生会干部（均值 3.875）基本能力发展水平高于非社团或学生会干部（均值 3.738）。

通过独立样本 T 检验发现，t=19.574（p=0.000<0.001），学生干部均值 A=3.875±0.74，非学生干部均值 B=3.738±0.70，表明学生干部基本能力发展水平显著高于非学生干部（A> B）。

8. 就读专业类别

从表 2-4-4 可以看出，在不同专业样本学生基本能力发展水平比较中，工学专业学生基本能力发展水平最高，哲学专业学生基本能力发展水平最低。

表 2-4-4 不同专业学生基本能力均值排序

序号	专业	均值	序号	专业	均值
1	工学	3.8391	7	教育	3.7612
2	理学	3.8102	8	文学	3.7599
3	艺术	3.8085	9	农学	3.7394
4	法学	3.795	10	医学	3.716
5	经济	3.7786	11	哲学	3.4214
6	管理	3.7624			

注：学生专业不做进一步显著性检验，得分排序仅供参考。

9. 父母学历

在父母不同学历样本学生基本能力发展水平的比较中，父母学历为小学、初中、高中、大专、本科、硕士、博士的均值分别为 3.754、3.788、3.798、3.802、3.84、3.8、3.76，父母学历为本科或大专的学生基本能力发展水平最高，父母学历为博士或小学的学生基本能力发展水平最低。

为严谨求证父母不同学历的学生基本能力发展水平是否存在显著差异，进行单因素方差分析检验。

表 2-4-5 父母不同学历的学生基本能力差值比较

	A 小学	B 初中	C 高中	D 大专	E 本科	F 硕士	G 博士
A 小学	—	—	−0.04456*	—	−0.08656*	—	—
E 本科	0.08656*	0.05212*	0.04200*	—	—	—	—
说明	差异显著(p=0.000<0.05)，方差不齐性(0.000)，采用 Tamhane 法进行事后多重比较						

* 表示在 0.05 水平上差异显著

由表 2-4-5 可知，父母学历为本科的学生基本能力发展水平显著高于父母学历为高中及高中以下的学生(E>A，E>B，E>C)，父母学历为高中的学生基本能力发展水平显著高于父母学历为小学的学生(C>A)。

10. 家庭经济情况

在家庭经济情况不同样本学生基本能力发展水平的比较中，很贫困、贫困、中等、富裕、很富裕学生的均值分别为 3.75、3.782、3.789、3.947、4.019，很富裕家庭学生基本能力发展水平最高，很贫困家庭学生基本能力发展水平最低。

为严谨求证不同家庭经济水平学生基本能力发展水平是否存在显著差异，进行单因素方差分析检验。

表 2-4-6　不同家庭经济水平学生基本能力差值比较

	A 很贫困	B 贫困	C 中等	D 富裕	E 很富裕
D 富裕	0.19691*	0.16417*	0.15756*	—	—
E 很富裕	0.26948*	0.23674*	0.23013*	—	—
说明	差异显著(p=0.000<0.05)，方差不齐性(0.000)，采用 Tamhane 法进行事后多重比较				

* 表示在 0.05 水平上差异显著

由表 2-4-6 可知，家庭很富裕和富裕的学生基本能力发展水平显著高于其他经济水平学生(E>A，E>B，E>C，D>A，D>B，D>C)。

11. 高中学校类型

在来自不同高中的样本学生基本能力发展水平的比较中，重点普通高中、一般普通高中、重点职业高中、一般职业高中学生的均值分别为 3.805、3.794、3.821、3.725，来自重点职业高中的学生基本能力发展水平最高，来自一般职业高中的学生基本能力发展水平最低。

为严谨求证来自不同类型高中学生基本能力发展水平是否存在显著差异，进行单因素方差分析检验。

表 2-4-7　来自不同类型高中学生基本能力差值比较

	A 重点普高	B 一般普高	C 重点职高	D 一般职高
D 一般职高	−0.08008*	−0.06822*	−0.09548*	—
说明	差异显著(p=0.000<0.05)，方差不齐性(0.000)，采用 Tamhane 法进行事后多重比较			

* 表示在 0.05 水平上差异显著

由表 2-4-7 可知，来自一般职高的学生基本能力发展水平显著低于来自重点普高、一般普高和重点职高的学生(D<A，D<B，D<C)。

(三)结论

经过显著性检验验证发现，存在显著性差异的有：性别、年级、就读专业层次、家庭所在地、志愿填报、是否担任社团或学生会干部、父母学历、家庭经济、高中学校类型；不存在显著性差异的有：是否独生子女。结论仅归纳存在显著差异部分。

第一，男生基本能力发展水平显著高于女生。

第二，大三学生基本能力发展水平显著高于大一、大二学生。

第三，专科生基本能力发展水平显著高于本科生。

第四，家庭所在地为直辖市的学生基本能力发展水平显著低于其他生源地学生。

第五，自己选择专业的学生和老师推荐专业的学生基本能力发展水平显著高于父母选择、调剂和其他类学生。

第六，学生干部基本能力发展水平显著高于非学生干部。

第七，父母学历为本科的学生基本能力发展水平显著高于父母学历为高中及高中以下的学生，父母学历为高中的学生基本能力发展水平显著高于父母学历为小学的学生。

第八，家庭很富裕和富裕的学生基本能力发展水平显著高于其他经济水平学生。

第九，来自一般职高的学生基本能力发展水平显著低于来自重点普高、一般普高和重点职高的学生。

二、专业技能

拓展学生专业技能，是引导学生正确择业的保证。随着经济的发展，社会对培养专门人才的要求越来越高，既需要有专业理论知识，又需要有基本技能。积极创造条件培养大学生专业技能，是提高大学生就业能力的重要内容，也是民办高校培养应用型、创新型人才的必然要求。

(一)基本情况

专业技能是指学生通过实践练习获得的顺利完成本专业某项任务的能力。就大学生而言，是指大学生经过严格的专业训练、全面系统地掌握了本学科、本专业的基本理论和方法，将其运用到实践中分析解决问题，结合实际创造性开展工作，并不断结合新情况学习新知识、新技能，提高解决新问题的能力。

民办高校学生专业技能水平不低，均值3.744，在各维度中最低。

(二)差异分析

1. 性别

在不同性别样本学生专业技能的比较中，男生(均值 3.783)的专业技能比女生(均值 3.711)高。

通过独立样本 T 检验发现，t＝10.28(p＝0.000＜0.001)，男生均值 A＝3.783±0.75，女生均值 B＝3.711±0.68，表明男生专业技能水平显著高于女生(A＞B)。

3. 年级

在不同年级样本学生专业技能水平的比较中，各年级学生整体专业技能水平随着年级的提高而提升，大一、大二、大三、大四学生的均值分别为 3.726、3.741、3.815、3.764，大一学生专业技能水平最低，大三学生专业技能水平最高，大四略有回落。

为严谨求证不同年级学生专业技能水平是否存在显著差异，进行单因素方差分析检验。

表 2-4-8　不同年级学生专业技能差值比较

	A 大一	B 大二	C 大三	D 大四
C 大三	0.08941*	0.07413*	—	—
说明	差异显著(p＝0.000＜0.05)，方差不齐性(0.000)，采用 Tamhane 法进行事后多重比较			

*表示在 0.05 水平上差异显著

由表 2-4-8 可知，大三学生专业技能水平显著高于一、二年级学生(C＞A，C＞B)。

3. 就读专业层次

在不同专业层次样本学生专业技能水平的比较中，专科学生(均值 3.757)的专业技能水平比本科学生(均值 3.718)高。

通过独立样本 T 检验发现，t＝－5.37(p＝0.000＜0.001)，本科生均值 A＝3.718±0.69，专科生均值 B＝3.757±0.73，表明专科生专业技能水平显著高于本科生(B＞A)。

4. 家庭所在地

在不同家庭所在地样本学生专业技能水平的比较中，各生源地学生整体专业技能水平差距不大，直辖市、省会城市、地级市、城镇、农村学生的均值分别为3.691、3.769、3.788、3.748、3.749，地级市学生专业技能水平稍高，直辖市学生专业技能水平稍低。

为严谨求证不同家庭所在地学生专业技能水平是否存在显著差异，进行单因素方差分析检验。

表 2-4-9 不同家庭所在地学生专业技能差值比较

	A直辖市	B省会	C地级市	D城镇	E农村
A直辖市	—	−0.07752*	−0.09689*	−0.05648*	−0.05765*
C地级市	0.09689*	—	—	0.04040*	0.03923*
说明	差异显著(p＝0.000＜0.05)，方差不齐性(0.000)，采用Tamhane法进行事后多重比较				

*表示在0.05水平上差异显著

由表2-4-9可知，家庭所在地为直辖市的学生专业技能水平显著低于其他生源地学生(A＜B，A＜C，A＜D，A＜E)家庭所在地为地级市的学生专业技能水平显著高于直辖市、城镇、农村的学生(C＞A，C＞D，C＞E)。

5. 是否独生子女

在独生子女和非独生子女样本学生专业技能水平的比较中，非独生子女学生(均值3.746)专业技能水平比独生子女学生(均值3.742)高。

为严谨考证，通过T检验验证，得出t＝−0.583(p＞0.05)。从统计学角度看，民办高校独生子女与非独生子女学生专业技能水平不存在显著性差异。可见，在民办高校，学生是否是独生子女并不影响学生专业技能水平。

6. 志愿填报

在不同志愿填报样本学生专业技能的比较中，自主选择、父母选择、老师推荐、调剂和其他类学生的均值分别为3.772、3.695、3.794、3.656、3.628，老师推荐专业的学生和自己选择专业的学生专业技能水平最高，调剂和其他类的学生专业技能水平最低。

为严谨求证不同志愿选择方式学生专业技能水平是否存在显著差异，进行单因素方差分析检验。

表 2-4-10　不同志愿选择方式学生专业技能差值比较

	A 自己选择	B 父母选择	C 老师推荐	D 调剂	E 其他
A 自己选择	—	0.07696*	—	0.11545*	0.14381*
B 父母选择	−0.07696*	—	−0.09968*	—	0.06685*
C 老师推荐	—	0.09968*	—	0.13818*	0.16654*
说明	差异显著（p=0.000＜0.05），方差不齐性（0.001），采用 Tamhane 法进行事后多重比较				

* 表示在 0.05 水平上差异显著

由表 2-4-10 可知，自己选择专业的学生和老师推荐专业的学生专业技能水平显著高于父母选择、调剂和其他类学生(A>B，A>D，A>E，C>B，C>D，C>E)，父母选择的学生专业技能水平显著高于选择其他选项的学生(B>E)。

7. 是否担任社团或学生会干部

在社团或学生会干部和非社团或学生会干部专业技能水平的比较中，社团或学生会干部（均值 3.838）专业技能水平高于非社团或学生会干部（均值 3.681）。

通过独立样本 T 检验发现，t=22.714（p=0.000＜0.001），学生干部均值 A=3.838±0.74，非学生干部均值 B=3.681±0.69，表明学生干部专业技能水平显著高于非学生干部(A> B)。

8. 就读专业类别

从表 2-4-11 可以看出，在不同专业样本学生专业技能水平的比较中，工学专业学生专业技能水平最高，哲学专业学生专业技能水平最低。

表 2-4-11 不同专业学生专业技能均值排序

序号	专业	均值	序号	专业	均值
1	工学	3.7915	7	经济	3.7255
2	理学	3.7564	8	管理	3.709
3	文学	3.7482	9	农学	3.6935

续表

序号	专业	均值	序号	专业	均值
4	法学	3.7468	10	医学	3.6749
5	艺术	3.738	11	哲学	3.3232
6	教育	3.7275			

注：学生专业不做进一步显著性检验，得分排序仅供参考。

9. 父母学历

在父母不同学历样本学生专业技能水平的比较中，父母学历为小学、初中、高中、大专、本科、硕士、博士的均值分别为3.703、3.739、3.749、3.75、3.794、3.738、3.719，父母学历为本科或大专的学生专业技能水平最高，父母学历为小学或博士的学生专业技能水平最低。

为严谨求证父母不同学历的学生专业技能水平是否存在显著差异，进行单因素方差分析检验。

表 2-4-12　父母不同学历学生专业技能差值比较

	A小学	B初中	C高中	D大专	E本科	F硕士	G博士
A小学	—	−0.03655*	−0.04684*	—	−0.09129*	—	—
E本科	0.09129*	0.05474*	0.04445*	—	—	—	—
说明	差异显著(p=0.000<0.05)，方差不齐性(0.000)，采用Tamhane法进行事后多重比较						

*表示在0.05水平上差异显著

由表2-4-12可知，父母学历为小学的学生专业技能水平显著低于父母学历为初中、高中、本科的学生(A<B，A<C，A<D)，父母学历为本科的学生专业技能水平显著高于父母学历为高中及高中以下学生(E>A，E>B，E>C)。

10. 家庭经济情况

在家庭经济情况不同样本学生专业技能水平的比较中，很贫困、贫困、中等、富裕、很富裕学生的均值分别为3.666、3.731、3.744、3.915、3.993，很富裕家庭学生专业技能水平最高，很贫困家庭学生专业技能水平最低。

为严谨求证不同家庭经济水平学生专业技能水平是否存在显著差异，进行单因素方差分析检验。

表 2-4-13 不同家庭经济水平学生专业技能差值比较

	A 很贫困	B 贫困	C 中等	D 富裕	E 很富裕
A 很贫困	—	−0.06427*	−0.07738*	−0.24866*	−0.32717*
D 富裕	0.24866*	0.18440*	0.17128*	—	—
E 很富裕	0.32717*	0.26290*	0.24979*	—	—
说明	差异显著(p=0.000<0.05)，方差不齐性(0.000)，采用 Tamhane 法进行事后多重比较				

* 表示在 0.05 水平上差异显著

由表 2-4-13 可知，家庭很富裕和富裕的学生专业技能水平显著高于其他经济水平学生(E>A，E>B，E>C，D>A，D>B，D>C)，很贫困家庭学生专业技能水平显著低于家庭贫困和中等家庭学生(A<B，A<C)。

11. 高中学校类型

在来自不同高中的样本学生专业技能水平的比较中，重点普通高中、一般普通高中、重点职业高中、一般职业高中学生的均值分别为 3.751、3.75、3.768、3.669，来自重点职业高中的学生专业技能水平最高，来自一般职业高中的学生专业技能水平最低。

为严谨求证来自不同类型高中学生专业技能水平是否存在显著差异，进行单因素方差分析检验。

表 2-4-14 来自不同类型高中学生专业技能差值比较

	A 重点普高	B 一般普高	C 重点职高	D 一般职高
D 一般职高	−0.08273*	−0.08100*	−0.09906*	—
说明	差异显著(p=0.000<0.05)，方差不齐性(0.000)，采用 Tamhane 法进行事后多重比较			

* 表示在 0.05 水平上差异显著

由表 2-4-14 可知，来自一般职高的学生专业技能水平显著低于来自重点普高、一般普高和重点职高的学生(D<A，D<B，D<C)。

(三)结论

经过显著性检验验证发现，存在显著性差异的有：性别、年级、就读专业层次、家庭所在地、志愿填报、是否担任社团或学生会干部、父母学历、家庭经济、高中学校类型；不存在显著性差异的有：是否独生子女。结论仅归纳存在显著差异部分。

第一，男生专业技能水平显著高于女生。

第二，大三学生专业技能水平显著高于大一、大二学生。

第三，专科生专业技能水平显著高于本科生。

第四，家庭所在地为直辖市的学生专业技能水平显著低于其他生源地学生，家庭所在地为地级市的学生专业技能水平显著高于直辖市、城镇、农村的学生。

第五，自己选择专业的学生和老师推荐专业的学生专业技能水平显著高于父母选择、调剂和其他类学生，父母选择的学生专业技能水平显著高于选择其他选项的学生。

第六，学生干部专业技能水平显著高于非学生干部。

第七，父母学历为小学的学生专业技能水平显著低于父母学历为初中、高中、本科的学生，父母学历为本科的学生专业技能水平显著高于父母学历为高中及高中以下学生。

第八，家庭很富裕和富裕的学生专业技能显著高于其他经济水平学生，很贫困家庭学生专业技能显著低于家庭贫困和中等家庭学生。

第九，来自一般职高的学生专业技能水平显著低于来自重点普高、一般普高和重点职高的学生。

第五章　获得感

获得感量表是测量大学生参与、被认同、成就和幸福指数水平的有效工具。让人民群众有更多获得感是中央全面深化改革的着力点。“获得感”激发了共鸣，一时间网上网下都在讨论“获得感”。民办高校学生获得感高低影响着学生的就读质量和体验。提高民办高校学生获得感，有利于提升学校声誉，增强招生吸引力。

获得是指得到、取得的意思。物质上的获得是人们生活、社会成长的基础；精神上的获得是一种有着更高境界、有着更深生命体验的深度快乐。

获得感是人们对获得的主观感受和体验，是一种有收获的感觉。“获得感”不仅是物质层面的，也有精神层面的，既有看得见的，也有看不见的。“获得感”一方面是要感受到改革带来的物质生活水平的提高；另一方面，就是使人活得更有尊严、更体面，能够享受公平公正的同等权利，从而赢得出彩人生。学生的获得感主要体现在能否平等参与学校活动、被学校认同、有成就感以及感到幸福。

本研究将民办高校学生获得感分为参与感、认同感、成就感和幸福感四个方面考察。其中，幸福感均值最高(均值为 3.827)，成就感、参与感均值依次递减(均值分别为 3.794、3.539)，认同感均值最低(均值为 3.471)。

一、参与感

大学生一般都有很强的表现欲和成就欲，希望得到他人的认可和支持。当学生被视为真正的“参与者”和“当事者”，而不是“客体”和“旁观者”时，他们参与的热情自然而然就会迸发出来。增加学生参与机会有助于学生自愿、主动、直接地参与到校内外各种活动、事务的决策和管理以及执行当中，促使学生不断提高参与意识、参与责任感和其他各方面的品性与素质。

(一)基本情况

参与感是指对一切生活事件的高度投入以及因此萌生的内心充盈的积极情感。学生的参与感是指在学校的各项活动中，作为主体有着高度的自觉，并愿意获得更多的参与机会。

民办高校学生参与感水平不高，均值 3.539，在各维度中较低。

(二)差异分析

1. 性别

在不同性别样本学生参与感的比较中，男生(均值 3.62)的参与感比女生(均值 3.471)高。

通过独立样本 T 检验发现，t＝20.022(p＝0.000＜0.001)，男生均值 A＝3.62±0.8，女生均值 B＝3.471±0.74，表明男生参与感显著高于女生(A＞B)。

2. 年级

在不同年级样本学生参与感的比较中，各年级学生整体参与感基本随着年级的提高而提升，大一、大二、大三、大四学生的均值分别为 3.528、3.523、3.592、3.647，大二学生参与感最低，大四学生参与感最高。

为严谨求证不同年级学生参与感是否存在显著差异，进行单因素方差分析检验。

表 2-5-1　不同年级学生参与感差值比较

	A 大一	B 大二	C 大三	D 大四
C 大三	0.06384*	0.06939*	—	—
D 大四	11889*	0.12443*	—	—
说明	差异显著(p＝0.000＜0.05)，方差不齐性(0.000)，采用 Tamhane 法进行事后多重比较			

* 表示在 0.05 水平上差异显著

由表 2-5-1 可知，大三、大四学生参与感显著高于低年级学生(C＞A，C＞B，D＞A，D＞B)。

3. 就读专业层次

在不同专业层次样本学生参与感的比较中，本科学生(均值3.547)的参与感比专科学生(均值3.535)高。

为严谨考证，通过T检验验证，得出t＝1.47(p＞0.05)。从统计学角度看，民办高校本科生与专科生参与感不存在显著性差异。可见，在民办高校，读本科与读专科并不影响学生参与感。

4. 家庭所在地

在不同家庭所在地样本学生参与感的比较中，各生源地学生整体参与感差距不大，直辖市、省会城市、地级市、城镇、农村学生的均值分别为3.501、3.569、3.583、3.583、3.528、3.546，地级市学生参与感稍高，直辖市学生参与感稍低。

为严谨求证不同家庭所在地学生参与感是否存在显著差异，进行单因素方差分析检验。

表 2-5-2　不同家庭所在地学生参与感差值比较

	A 直辖市	B 省会	C 地级市	D 城镇	E 农村
A 直辖市		－0.06788*	－0.08129*		－0.04441*
C 地级市	0.08129*			0.05480*	0.03688*
说明	差异显著(p＝0.000＜0.05)，方差不齐性(0.000)，采用 Tamhane 法进行事后多重比较				

*表示在0.05水平上差异显著

由表2-5-2可知，家庭所在地为地级市的学生参与感显著高于直辖市、城镇和农村的学生(C＞A，C＞D，C＞E)，家庭所在地为直辖市的学生参与感显著低于省会、地级市和农村的学生(A＜B，A＜C，A＜E)。

5. 是否独生子女

在独生子女和非独生子女的样本学生参与感比较中，独生子女学生(均值3.539)的参与感比非独生子女学生(均值3.538)高。

为严谨考证，通过T检验验证，得出t＝0.035(p＞0.05)。从统计学角度看，民办高校独生子女与非独生子女学生参与感不存在显著性差异。可见，在民办高校，学生是否是独生子女并不影响学生参与感。

6. 志愿填报

在不同志愿填报样本学生参与感的比较中，自己选择、父母选择、老师推荐、调剂和其他类学生的均值分别为 3.586、3.454、3.586、3.439、3.337，自己选择专业的学生和老师推荐专业的学生参与感最高，调剂和其他类的学生参与感最低。

为严谨求证不同志愿选择方式学生参与感是否存在显著差异，进行单因素方差分析检验。

表 2-5-3　不同志愿选择方式学生参与感差值比较

	A 自己选择	B 父母选择	C 老师推荐	D 调剂	E 其他
A 自己选择	—	0.13132*	—	0.14627*	0.24904*
C 老师推荐	—	0.13199*	—	0.14693*	0.24971*
说明	差异显著(p=0.000<0.05)，方差不齐性(0.000)，采用 Tamhane 法进行事后多重比较				

* 表示在 0.05 水平上差异显著

由表 2-5-3 可知，自己选择专业的学生和老师推荐专业的学生参与感显著高于父母选择、调剂和其他类学生(A>B，A>D，A>E，C>B，C>D，C>E)。

7. 是否担任社团或学生会干部

在社团或学生会干部和非社团学生会干部参与感的比较中，社团或学生会干部(均值 3.755)参与感高于非社团学生会干部(均值 3.395)。

通过独立样本 T 检验发现，$t=49.061$($p=0.000<0.001$)，学生干部均值 $A=3.755\pm0.75$，非学生干部均值 $B=3.395\pm0.75$，表明学生干部参与感显著高于非学生干部(A> B)。

8. 就读专业类别

从表 2-5-4 可以看出，在不同专业样本学生参与感的比较中，工学专业学生参与感最高，哲学专业学生参与感最低。

表 2-5-4　不同专业学生参与感均值排序

序号	专业	均值	序号	专业	均值
1	工学	3.627	7	经济	3.4978
2	法学	3.5701	8	管理	3.4921

续表

序号	专业	均值	序号	专业	均值
3	理学	3.57	9	农学	3.478
4	教育	3.5595	10	医学	3.4328
5	文学	3.5426	11	哲学	3.0707
6	艺术	3.5008			

注：学生专业不做进一步显著性检验，得分排序仅供参考。

9. 父母学历

在父母不同学历样本学生参与感的比较中，父母学历为小学、初中、高中、大专、本科、硕士、博士的均值分别为3.496、3.526、3.552、3.555、3.586、3.547、3.584，父母学历为本科或博士的学生参与感最高，父母学历为小学或初中的学生参与感最低。

为严谨求证父母不同学历的学生参与感是否存在显著差异，进行单因素方差分析检验。

表2-5-5 父母不同学历学生参与感差值比较

	A小学	B初中	C高中	D大专	E本科	F硕士	G博士
A小学	—	—	−0.05558*	−0.05931*	−0.09048*	—	—
B初中	—	—	—	—	−0.06083*	—	—
说明	差异显著(p=0.000<0.05)，方差不齐性(0.000)，采用Tamhane法进行事后多重比较						

*表示在0.05水平上差异显著

由表2-5-5可知，父母学历为小学的学生参与感显著低于父母学历为高中、大专和本科的学生(A<C，A<D，A<E)，父母学历为初中的学生参与感显著低于父母学历为本科的学生(B<E)。

10. 家庭经济情况

在家庭经济情况不同的样本学生参与感比较中，很贫困、贫困、中等、富裕、很富裕学生的均值分别为3.503、3.523、3.529、3.771、3.898，很富裕家庭学生参与感最高，很贫困家庭学生参与感最低。

为严谨求证不同家庭经济水平学生参与感是否存在显著差异，进行单因素方差分析检验。

表 2-5-6　不同家庭经济水平学生参与感差值比较

	A很贫困	B贫困	C中等	D富裕	E很富裕
D富裕	0.26746*	0.24779*	0.24156*	—	—
E很富裕	0.39431*	0.37464*	0.36841*	—	—
说明	差异显著(p=0.000<0.05)，方差不齐性(0.000)，采用 Tamhane 法进行事后多重比较				

*表示在 0.05 水平上差异显著

由表 2-5-6 可知，家庭很富裕和富裕的学生参与感显著高于其他经济水平学生(E>A，E>B，E>C，D>A，D>B，D>C)。

11. 高中学校类型

在来自不同高中的样本学生参与感比较中，重点普通高中、一般普通高中、重点职业高中、一般职业高中学生的均值分别为 3.573、3.536、3.553、3.425，来自重点普通高中的学生参与感最高，来自一般职业高中的学生参与感最低。

为严谨求证来自不同类型高中学参与感是否存在显著差异，进行单因素方差分析检验。

表 2-5-7　来自不同类型高中学生参与感差值比较

	A重点普高	B一般普高	C重点职高	D一般职高
A重点普高	—	0.03661*	—	0.14750*
D一般职高	−0.14750*	−0.11089*	−0.12738*	—
说明	差异显著(p=0.000<0.05)，方差不齐性(0.000)，采用 Tamhane 法进行事后多重比较			

*表示在 0.05 水平上差异显著

由表 2-5-7 可知，来自一般职高的学生参与感显著低于来自重点普高、一般普高和重点职高的学生(D<A，D<B，D<C)，来自重点普高的学生参与感显著高于来自一般普高的学生(A>B)。

(三)结论

经过显著性检验验证发现，存在显著性差异的有：性别、年级、家庭所在地、志愿填报、是否担任社团或学生会干部、父母学历、家庭经济、高中学校类型；不存在显著性差异的有：就读专业层次、是否独生子女。结论仅归纳存在显著差异部分。

第一，男生参与感显著高于女生。

第二，大三、大四学生参与感显著高于低年级学生。

第三，家庭所在地为地级市的学生参与感显著高于直辖市、城镇和农村的学生，家庭所在地为直辖市的学生参与感显著低于省会、地级市和农村的学生。

第四，自己选择专业的学生和老师推荐专业的学生参与感显著高于父母选择、调剂和其他类学生。

第五，学生干部参与感显著高于非学生干部。

第六，父母学历为小学的学生参与感显著低于父母学历为高中、大专和本科的学生，父母学历为初中的学生参与感显著低于父母学历为本科的学生。

第七，家庭很富裕和富裕的学生参与感显著高于其他经济水平学生。

第八，来自一般职高的学生参与感显著低于来自重点普高、一般普高和重点职高的学生，来自重点普高的学生参与感显著高于来自一般普高的学生。

二、认同感

心理学研究发现，人们倾向于与群体其他人的观点保持一致，这可能是源于人们有希望被认同和被喜欢的需求。认同和赞美的力量是强大的。能够得到足够赞赏的学生，更愿意为自己设定较高的目标。大学生渴望被认同的感觉强烈。处于青年期的大学生、思想活跃、精力充沛，兴趣广泛，人际交往的需要极为强烈。他们力图通过人际交往去认识世界，获得友谊，满足自己物质上和精神上的各种需要。因此，大学生希望被人接受、理解的心情尤为迫切。

(一)基本情况

认同感是指人对自我及周围环境有用或有价值的判断和评估，也是个体在认知评价上与群体保持一致的一种情感倾向。这里主要考查学生对学校的认可，以及学生在学校被重视和认同两个方面。

民办高校学生认同感水平较低，均值 3.471，在各维度中最低。

(二)差异分析

1. 性别

在不同性别样本学生认同感比较中，男生(均值3.559)的认同感比女生(均值3.396)高。

通过独立样本T检验发现，t=20.29(p=0.000<0.001)，男生均值A=3.559±0.86，女生均值B=3.396±0.8，表明男生认同感显著高于女生(A> B)。

2. 年级

在不同年级样本学生认同感比较中，各年级学生整体认同感波动提升，大一、大二、大三、大四学生的均值分别为3.468、3.453、3.519、3.483，大二学生认同感最低，大三学生认同感最高。

为严谨求证不同年级学生认同感是否存在显著差异，进行单因素方差分析检验。

表2-5-8 不同年级学生认同感差值比较

	A大一	B大二	C大三	D大四
C大三	0.05057*	0.06523*	—	—
说明	差异显著(p=0.000<0.05)，方差不齐性(0.000)，采用Tamhane法进行事后多重比较			

*表示在0.05水平上差异显著

由表2-5-8可知，大三学生认同感显著高于低年级学生(C>A，C>B)。

3. 就读专业层次

在不同专业层次样本学生认同感比较中，专科学生(均值3.501)的认同感比本科学生(均值3.410)高。

通过独立样本T检验发现，t=-10.851(p=0.000<0.001)，专科生均值A=3.501±0.82，本科生均值B=3.410±0.83，表明专科生认同感显著高于本科生(B>A)。

4. 家庭所在地

在不同家庭所在地样本学生认同感的比较中，各生源地学生整体认同感差距不大，直辖市、省会城市、地级市、城镇、农村学生的均值分别为3.431、

3.520、3.502、3.471、3.471，省会城市学生认同感稍高，直辖市学生认同感稍低。

为严谨求证不同家庭所在地学生认同感是否存在显著差异，进行单因素方差分析检验。

表 2-5-9　不同家庭所在地学生认同感差值比较

	A 直辖市	B 省会	C 地级市	D 城镇	E 农村
A 直辖市	—	−0.08940*	−0.07106*	−0.03998*	−0.04010*
B 省会	0.08940*	—	—	0.04942*	0.04929*
说明	差异显著（p=0.000<0.05），方差不齐性（0.000），采用 Tamhane 法进行事后多重比较				

* 表示在 0.05 水平上差异显著

由表 2-5-9 可知，家庭所在地为直辖市的学生认同感显著低于其他生源地学生（A<B，A<C，A<D，A<E），家庭所在地为省会城市的学生认同感显著高于直辖市、城镇和农村的学生（B>A，B>D，B>E）。

5. 是否独生子女

在独生子女和非独生子女样本学生认同感的比较中，独生子女学生（均值 3.477）的认同感比非独生子女学生（均值 3.463）高。

为严谨考证，通过 T 检验验证，得出 $t=1.785(p>0.05)$。从统计学角度看，民办高校独生子女与非独生子女学生的认同感不存在显著性差异。可见，在民办高校，学生是否是独生子女并不影响学生认同感。

6. 志愿填报

在不同志愿填报的样本学生认同感比较中，自己选择、父母选择、老师推荐、调剂和其他类学生的均值分别为 3.524、3.395、3.540、3.306、3.216，老师推荐和自己选择专业的学生认同感最高，调剂和其他类的学生认同感最低。

为严谨求证不同志愿选择方式学生认同感是否存在显著差异，进行单因素方差分析检验。

表 2-5-10　不同志愿选择方式学生认同感差值比较

	A 自己选择	B 父母选择	C 老师推荐	D 调剂	E 其他
A 自己选择	—	0.12927*	—	0.21829*	0.30762*
B 父母选择	−0.12927*	—	−0.14546*	0.08902*	0.17835*

续表

	A自己选择	B父母选择	C老师推荐	D调剂	E其他
C老师推荐	—	0.14546*	—	0.23449*	0.32381*
说明	差异显著(p=0.000<0.05)，方差不齐性(0.000)，采用Tamhane法进行事后多重比较				

*表示在0.05水平上差异显著

由表2-5-10可知，自己选择专业的学生和老师推荐专业的学生认同感显著高于父母选择、调剂和其他类学生(A>B，A>D，A>E，C>B，C>D，C>E)，父母选择专业的学生认同感显著高于调剂和其他类学生(B>D，B>E)。

7. 是否担任社团或学生会干部

在社团或学生会干部和非社团学生会干部认同感的比较中，社团或学生会干部(均值3.599)认同感高于非社团学生会干部(均值3.385)。

通过独立样本T检验发现，t=26.408(p=0.000<0.001)，学生干部均值A=3.599±0.84，非学生干部均值B=3.385±0.81，表明学生干部认同感显著高于非学生干部(A> B)。

8. 就读专业类别

从表2-5-11可以看出，在不同专业的样本学生认同感比较中，工学专业学生认同感最高，农学专业学生认同感最低。

表2-5-11　不同专业学生认同感均值排序

序号	专业	均值	序号	专业	均值
1	工学	3.5809	7	经济	3.4214
2	理学	3.5297	8	医学	3.4113
3	法学	3.4557	9	管理	3.4011
4	艺术	3.4541	10	哲学	3.2399
5	教育	3.4376	11	农学	3.2005
6	文学	3.424			

注：学生专业不做进一步显著性检验，得分排序仅供参考。

9. 父母学历

在父母不同学历的样本学生认同感比较中，父母学历为小学、初中、高中、大专、本科、硕士、博士的均值分别为 3.432、3.459、3.486、3.482、3.492、3.512、3.576，父母学历为博士或硕士的学生认同感最高，父母学历为小学或初中的学生认同感最低。

为严谨求证父母不同学历的学生认同感是否存在显著差异，进行单因素方差分析检验。

表 2-5-12　父母不同学历学生认同感差值比较

	A 小学	B 初中	C 高中	D 大专	E 本科	F 硕士	G 博士
A 小学	—	—	−0.05327*	—	−0.05985*	—	—
说明	差异显著($p=0.000<0.05$)，方差不齐性(0.000)，采用 Tamhane 法进行事后多重比较						

* 表示在 0.05 水平上差异显著

由表 2-5-12 可知，父母学历为小学的学生认同感显著低于父母学历为高中、本科的学生（A<C，A<E）。

10. 家庭经济情况

在家庭经济情况不同的样本学生认同感的比较中，很贫困、贫困、中等、富裕、很富裕学生的均值分别为 3.398、3.444、3.469、3.691、3.875，很富裕家庭学生认同感最高，很贫困家庭学生认同感最低。

为严谨求证不同家庭经济水平学生认同感是否存在显著差异，进行单因素方差分析检验。

表 2-5-13　不同家庭经济水平学生认同感差值比较

	A 很贫困	B 贫困	C 中等	D 富裕	E 很富裕
C 中等	0.07106*	—	—	−0.22241*	−0.40594*
D 富裕	0.29347*	0.24705*	0.22241*	—	−0.18353*
E 很富裕	0.47699*	0.43057*	0.40594*	0.18353*	—
说明	差异显著($p=0.000<0.05$)，方差不齐性(0.000)，采用 Tamhane 法进行事后多重比较				

* 表示在 0.05 水平上差异显著

由表 2-5-13 可知，家庭很富裕和富裕的学生认同感显著高于其他经济水平学生（E>A，E>B，E>C，D>A，D>B，D>C），家庭很富裕学生认同感显著高于家庭富裕学生(E＞D)，中等家庭学生认同感显著高于家庭很贫困学生(C＜A)。

11. 高中学校类型

在来自不同高中的样本学生认同感比较中，重点普通高中、一般普通高中、重点职业高中、一般职业高中学生的均值分别为 3.456、3.482、3.533、3.409，来自重点职业高中的学生认同感最高，来自一般职业高中的学生认同感最低。

为严谨求证来自不同类型高中学生认同感是否存在显著差异，进行单因素方差分析检验。

表 2-5-14　不同类型高中学生认同感差值比较

	A 重点普高	B 一般普高	C 重点职高	D 一般职高
A 重点普高	—	−0.02662*	−0.07688*	0.04663*
B 一般普高	0.02662*	—	−0.05026*	0.07326*
C 重点职高	0.07688*	0.05026*	—	0.12352*
D 一般职高	−0.04663*	−0.07326*	−0.12352*	—
说明	差异显著($p=0.000<0.05$)，方差不齐性(0.000)，采用 Tamhane 法进行事后多重比较			

* 表示在 0.05 水平上差异显著

由表 2-5-14 可知，来自一般职高的学生认同感显著低于来自重点普高、一般普高和重点职高的学生(D＜A，D＜B，D＜C)，来自重点职高的学生认同感显著高于来自其他类型高中的学生(C＞A，C＞B，C＞D)，来自一般普高的学生认同感显著高于来自重点普高的学生(B＞A)。

(三)结论

经过显著性检验验证发现，存在显著性差异的有：性别、年级、就读专业层次、家庭所在地、志愿填报、是否担任社团或学生会干部、父母学历、家庭经济、高中学校类型；不存在显著性差异的有：是否独生子女。结论仅归纳存在显著差异部分。

第一，男生认同感显著高于女生。

第二，大三学生认同感显著高于低年级学生。

第三，专科生认同感显著高于本科生。

第四，家庭所在地为直辖市的学生认同感显著低于其他生源地学生，家庭所在地为省会城市的学生认同感显著高于直辖市、城镇和农村的学生。

第五，自己选择专业的学生和老师推荐专业的学生认同感显著高于父母选择、调剂和其他类学生，父母选择专业的学生认同感显著高于调剂和其他类学生。

第六，学生干部认同感显著高于非学生干部。

第七，父母学历为小学的学生认同感显著低于父母学历为高中、本科的学生。

第八，家庭很富裕和富裕的学生认同感显著高于其他经济水平学生，家庭很富裕学生认同感显著高于家庭富裕学生，中等家庭学生认同感显著高于家庭很贫困学生。

第九，来自一般职高的学生认同感显著低于来自重点普高、一般普高和重点职高的学生，来自重点职高的学生认同感显著高于来自其他类型高中的学生，来自一般普高的学生认同感显著高于来自重点普高的学生。

三、成就感

所有人都需要成就感，根据美国心理学家马斯洛的需要层次理论，成就感属于“自我实现需要”，是人的一种最高层次的需要。一些心理学家发现，金钱在达到某种程度之后就不再吸引人了。人们学习和工作不仅仅为了满足生存需要，还有更高层次的需求，有更高层次的动力驱使。其中，自我实现的需要层次最高，动力最强。大学生作为一个特殊的群体，在校园的环境下及自身的追求的影响下，学习是大学生最关注的，也是自己成就感的最主要来源。

(一)基本情况

成就感是指一个人做完一件事情或者做一件事情时，为自己所做的事情产生愉快或成功的感觉，是实现个人理想、抱负，最大限度地发挥个人的能力，达到自我实现的境界。它属于精神上的高级需求，通过心理认知对个体起到作用，是衡量获得感的一个重要指标。

民办高校学生成就感水平较高，均值3.794，在各维度中较高。

(二)差异分析

1. 性别

在不同性别的样本学生成就感比较中，男生(均值3.803)的成就感比女生(均值3.786)高。

通过独立样本T检验发现，t＝2.614(p＝0.009＜0.01)，男生均值A＝3.803±0.74，女生均值B＝3.786±0.67，表明男生成就感显著高于女生(A＞B)。

2. 年级

在不同年级的样本学生成就感比较中，各年级学生整体成就感波动提升，大一、大二、大三、大四学生的均值分别为3.788、3.776、3.85、3.831，大二学生成就感最低，大三学生成就感最高。

为严谨求证不同年级学生成就感是否存在显著差异，进行单因素方差分析检验。

表2-5-15　不同年级学生成就感差值比较

	A大一	B大二	C大三	D大四
C大三	0.06221*	0.07363*	—	—
D大四	—	0.05444*	—	—
说明	差异显著(p＝0.000＜0.05)，方差不齐性(0.000)，采用Tamhane法进行事后多重比较			

*表示在0.05水平上差异显著

由表2-5-15可知，大三学生成就感显著高于低年级学生(C＞A，C＞B)，大四学生成就感显著高于大二学生(D＞B)。

3. 就读专业层次

在不同专业层次的样本学生成就感比较中，本科学生(均值3.829)的成就感比专科学生(均值3.776)高。

通过独立样本T检验发现，t＝7.507(p＝0.000＜0.001)，本科生均值A＝3.829±0.67，专科生均值B＝3.776±0.72，表明本科生成就感显著高于专科生(A＞B)。

4. 家庭所在地

在不同家庭所在地的样本学生成就感的比较中，各生源地学生整体成就感差距不大，直辖市、省会城市、地级市、城镇、农村学生的均值分别为 3.713、3.755、3.790、3.794、3.863，农村学生成就感稍高，直辖市学生成就感稍低。

为严谨求证不同家庭所在地学生成就感是否存在显著差异，进行单因素方差分析检验。

表 2-5-16　不同家庭所在地学生成就感差值比较

	A 直辖市	B 省会	C 地级市	D 城镇	E 农村
A 直辖市	—	—	−0.07745*	−0.08132*	−0.15000*
E 农村	0.15000*	0.10814*	0.07254*	0.06868*	—
说明	差异显著(p＝0.000＜0.05)，方差不齐性(0.000)，采用 Tamhane 法进行事后多重比较				

* 表示在 0.05 水平上差异显著

由表 2-5-16 可知，家庭所在地为直辖市的学生成就感显著低于地级市、城镇、农村学生(A＜C，A＜D，A＜E)，家庭所在地为农村的学生成就感显著高于其他地区的学生(E＞A，E＞B，E＞C，E＞D)。

5. 是否独生子女

在独生子女和非独生子女样本学生成就感比较中，非独生子女学生(均值 3.835)的成就感比独生子女学生(均值 3.759)高。

通过独立样本 T 检验发现，t＝－11.266(p＝0.000＜0.001)，独生子女学生均值 A＝3.759±0.73，非独生子女学生均值 B＝3.835±0.68，表明非独生子女学生成就感显著高于独生子女学生(B＞A)。

6. 志愿填报

在不同志愿填报的样本学生成就感比较中，自己选择、父母选择、老师推荐、调剂和其他类学生的均值分别为 3.859、3.669、3.774、3.667、3.581，自己选择专业的学生成就感最高，调剂和其他类的学生成就感最低。

为严谨求证不同志愿选择方式学生成就感是否存在显著差异，进行单因素方差分析检验。

表 2-5-17　不同志愿选择方式学生成就感差值比较

	A 自己选择	B 父母选择	C 老师推荐	D 调剂	E 其他
A 自己选择	—	0.19052*	0.08553*	0.19179*	0.27866*
B 父母选择	−0.19052*	—	−0.10499*	—	0.08814*
C 老师推荐	−0.08553*	0.10499*	—	0.10627*	0.19313*
E 其他	−0.27866*	−0.08814*	−0.19313*	−0.08687*	—
说明	差异显著(p=0.000<0.05)，方差不齐性(0.000)，采用 Tamhane 法进行事后多重比较				

* 表示在 0.05 水平上差异显著

由表 2-5-17 可知，自己选择专业的学生和老师推荐专业的学生成就感显著高于父母选择、调剂和其他类学生(A>B，A>D，A>E，C>B，C>D，C>E)，自己选择专业的学生成就感显著高于老师推荐专业的学生(A>C)，调剂的学生显著高于选择其他类的学生(D>E)。

7. 是否担任社团或学生会干部

在社团或学生会干部和非社团学生会干部成就感的比较中，社团或学生会干部(均值 3.914)成就感高于非社团学生会干部(均值 3.713)。

通过独立样本 T 检验发现，t=29.613(p=0.000<0.001)，学生干部均值 A=3.914±0.69，非学生干部均值 B=3.713±0.70，表明学生干部成就感显著高于非学生干部(A> B)。

8. 就读专业类别

从表 2-5-18 可以看出，在不同专业的样本学生成就感的比较中，文学专业学生成就感最高，哲学专业学生成就感最低。

表 2-5-18　不同专业学生成就感均值排序

序号	专业	均值	序号	专业	均值
1	文学	3.84	7	经济	3.7676
2	法学	3.8356	8	管理	3.7454
3	工学	3.8346	9	医学	3.7364
4	理学	3.8264	10	农学	3.6786
5	艺术	3.7843	11	哲学	3.3687
6	教育	3.7807			

注：学生专业不做进一步显著性检验，得分排序仅供参考。

9. 父母学历

在父母不同学历的样本学生成就感的比较中，父母学历为小学、初中、高中、大专、本科、硕士、博士的均值分别为 3.819、3.816、3.777、3.766、3.776、3.689、3.663，父母学历为小学或初中的学生成就感最高，父母学历为博士或硕士的学生成就感最低。

为严谨求证父母不同学历的学生成就感是否存在显著差异，进行单因素方差分析检验。

表 2-5-19　父母不同学历学生成就感差值比较

	A 小学	B 初中	C 高中	D 大专	E 本科	F 硕士	G 博士
A 小学	—	—	0.04251*	0.05283*	—	—	—
B 初中	—	—	0.03920*	0.04953*	—	—	—
说明	差异显著(p=0.000<0.05)，方差不齐性(0.000)，采用 Tamhane 法进行事后多重比较						

* 表示在 0.05 水平上差异显著

由表 2-5-19 可知，父母学历为小学和初中的学生成就感显著高于父母学历为高中、大专的学生(A>C，A>D，B>C，B>D)。

10. 家庭经济情况

在家庭经济情况不同的样本学生成就感比较中，很贫困、贫困、中等，富裕、很富裕学生的均值分别为 3.711、3.828、3.782、3.903、3.891，富裕家庭学生成就感最高，很贫困家庭学生成就感最低。

为严谨求证不同家庭经济水平学生成就感是否存在显著差异，进行单因素方差分析检验。

表 2-5-20　不同家庭经济水平学生成就感差值比较

	A 很贫困	B 贫困	C 中等	D 富裕	E 很富裕
A 很贫困	—	−0.11733*	−0.07151*	−0.19248*	−0.17988*
C 中等	0.07151*	−0.04582*	—	−0.12097*	—
D 富裕	0.19248*	0.07515*	0.12097*	—	—
说明	差异显著(p=0.000<0.05)，方差不齐性(0.000)，采用 Tamhane 法进行事后多重比较				

* 表示在 0.05 水平上差异显著

由表 2-5-20 可知，家庭富裕的学生成就感显著高于家庭很贫困、贫困和中等的学生(D>A，D>B，D>C)，很贫困家庭学生成就感显著低于家庭贫困和中等的学生(A<B，A<C)。

11. 高中学校类型

在来自不同高中的样本学生成就感的比较中，重点普通高中、一般普通高中、重点职业高中、一般职业高中学生的均值分别为了 3.826、3.798、3.771、3.673，来自重点普通高中的学生成就感最高，来自一般职业高中的学生成就感最低。

为严谨求证来自不同类型高中学生成就感是否存在显著差异，进行单因素方差分析检验。

表 2-5-21　不同类型高中学生成就感差值比较

	A 重点普高	B 一般普高	C 重点职高	D 一般职高
A 重点普高	—	0.02726*	0.05418*	0.15207*
D 一般职高	−0.15207*	−0.12482*	−0.09789*	—
说明	差异显著(p=0.000<0.05)，方差不齐性(0.000)，采用 Tamhane 法进行事后多重比较			

* 表示在 0.05 水平上差异显著

由表 2-5-21 可知，来自一般职高的学生成就感显著低于来自重点普高、一般普高和重点职高的学生(D<A，D<B，D<C)，来自重点普高的学生成就感显著高于其他高中的学生(A>B，A>C，A>D)。

(三)结论

经过显著性检验验证发现，存在显著性差异的有：性别、年级、就读专业层次、家庭所在地、是否独生子女、志愿填报、是否担任社团或学生会干部、父母学历、家庭经济、高中学校类型。结论仅归纳存在显著差异部分。

第一，男生成就感显著高于女生。

第二，大三学生成就感显著高于低年级学生，大四学生成就感显著高于大二学生。

第三，本科生成就感显著高于专科生。

第四，家庭所在地为直辖市的学生成就感显著低于地级市、城镇、农村学生，家庭所在地为农村的学生成就感显著高于其他地区的学生。

第五，非独生子女学生成就感显著高于独生子女学生。

第六，自己选择专业的学生和老师推荐专业的学生成就感显著高于父母选择、调剂和其他类学生，自己选择专业的学生成就感显著高于老师推荐专业的学生，调剂的学生显著高于选择其他类的学生。

第七，学生干部成就感显著高于非学生干部。

第八，父母学历为小学和初中的学生成就感显著高于父母学历为高中、大专的学生。

第九，家庭富裕的学生成就感显著高于家庭很贫困、贫困和中等的学生，很贫困家庭学生成就感显著低于家庭贫困和中等的学生。

第十，来自一般职高的学生成就感显著低于来自重点普高、一般普高和重点职高的学生，来自重点普高的学生成就感显著高于其他高中的学生。

四、幸福感

犹他州立大学教授阿斯平沃尔收集的许多证据显示，有幸福感的人比没有幸福感的人能更好地做出重要的决策。有幸福感的人学习效率更高，高效率的学习又提升人的幸福感。有幸福感的人，生活更有积极主动性，做事大多能量力而行，客观看待自己的一切。另一方面，只有内心有幸福感的人才有可能给别人带来幸福。增强幸福感有助于促进大学生心理健康发展，提高就读体验。

(一)基本情况

幸福感是指人们对自身生活满意程度的认知评价。具体而言，是人们对其生活的看法和感受，是评价自身生存所作出的认知和情感的结论。它是衡量个人生活质量的综合性心理指标，反映主体的社会功能和适应状态。幸福感的关键是一个人的价值观和目标如何在外部事件与生活质量之间进行协调。

民办高校学生幸福感水平很高，均值 3.827，在各维度中最高。

(二)差异分析

1. 性别

在不同性别样本学生幸福感比较中，男生(均值3.843)的幸福感比女生(均值3.812)高。

通过独立样本T检验发现，t=4.415(p=0.000<0.001)，男生均值A=3.843±0.75，女生均值B=3.812±0.69，表明男生幸福感显著高于女生(A>B)。

2. 年级

在不同年级样本学生幸福感比较中，各年级学生整体幸福感随着年级的提高而提升，大一、大二、大三、大四学生的均值分别为3.813、3.809、3.901、3.902，大二学生幸福感最低，大四学生幸福感最高。

为严谨求证不同年级学生幸福感是否存在显著差异，进行单因素方差分析检验。

表2-5-22　不同年级学生幸福感差值比较

	A大一	B大二	C大三	D大四
C大三	0.08778*	0.09227*	—	—
D大四	0.08938*	0.09387*	—	—
说明	差异显著(p=0.000<0.05)，方差不齐性(0.000)，采用Tamhane法进行事后多重比较			

*表示在0.05水平上差异显著

由表2-5-22可知，大三、大四学生幸福感显著高于低年级学生(C>A，C>B，D>A，D>B)。

3. 就读专业层次

在不同专业层次的样本学生幸福感比较中，本科学生(均值3.872)比专科学生(均值3.804)幸福感高。

通过独立样本T检验发现，t=9.61(p=0.000<0.001)，本科生均值A=3.872±0.68，专科生均值B=3.804±0.74，表明本科生幸福感显著高于专科生(A> B)。

4. 家庭所在地

在不同家庭所在地样本学生幸福感的比较中，各生源地学生整体幸福感差距不大，直辖市、省会城市、地级市、城镇、农村学生的均值，分别为 3.744、3.781、3.818、3.827、3.901，农村学生幸福感稍高，直辖市学生幸福感稍低。

为严谨求证不同家庭所在地学生幸福感是否存在显著差异，进行单因素方差分析检验。

表 2-5-23 不同家庭所在地学生幸福感差值比较

	A 直辖市	B 省会	C 地级市	D 城镇	E 农村
A 直辖市	—	—	−0.07379*	−0.08257*	−0.15661*
E 农村	0.15661*	0.11951*	0.08282*	0.07405*	—
说明	差异显著（p=0.000<0.05），方差不齐性（0.000），采用 Tamhane 法进行事后多重比较				

* 表示在 0.05 水平上差异显著

由表 2-5-23 可知，家庭所在地在农村的学生幸福感显著高于其他生源地学生（E>A，E>B，E>C，E>D），家庭所在地为直辖市的学生幸福感显著低于地级市、城镇和农村的学生（A<C，A<D，A<E）。

5. 是否独生子女

在独生子女和非独生子女样本学生幸福感比较中，非独生子女学生（均值 3.869）的幸福感比独生子女学生（均值 3.79）高。

通过独立样本 T 检验发现，t=−11.511（p=0.000<0.001），独生子女学生均值 A=3.79±0.74，非独生子女学生均值 B=3.869±0.70，表明非独生子女学生幸福感显著高于独生子女学生（B>A）。

6. 志愿填报

在不同志愿填报的样本学生幸福感比较中，自己选择、父母选择、老师推荐、调剂和其他类学生的均值分别为 3.885、3.715、3.797、3.720、3.644，自己选择专业的学生幸福感最高，父母选择的和其他类的学生幸福感最低。

为严谨求证不同志愿选择方式学生幸福感是否存在显著差异，进行单因素方差分析检验。

表 2-5-24　不同志愿填报类型学生幸福感差值比较

	A 自己选择	B 父母选择	C 老师推荐	D 调剂	E 其他
A 自己选择		0.16957*	0.08777*	0.16448*	0.24043*
C 老师推荐	−0.08777*	0.08180*		0.07671*	0.15266*
E 其他	−0.24043*	−0.07086*	−0.15266*	−0.07594*	
说明	差异显著(p=0.000<0.05)，方差不齐性(0.000)，采用 Tamhane 法进行事后多重比较				

* 表示在 0.05 水平上差异显著

由表 2-5-24 可知，自己选择专业的学生和老师推荐专业的学生幸福感显著高于父母选择、调剂和其他类学生(A>B，A>D，A>E，C>B，C>D，C>E)，自己选择专业的学生幸福感显著高于老师推荐专业的学生(A>C)，选择其他类的学生显著低于自己选择、父母选择、老师推荐专业和调剂的学生(E<A，E<B，E<C，E<D)。

7. 是否担任社团或学生会干部

在社团或学生会干部和非社团学生会干部幸福感比较中，社团或学生会干部(均值 3.966)幸福感高于非社团学生会干部(均值 3.733)。

通过独立样本 T 检验发现，t=33.737(p=0.000<0.001)，学生干部均值 A=3.966±0.70，非学生干部均值 B=3.733±0.72，表明学生干部幸福感显著高于非学生干部(A> B)。

8. 就读专业类别

从表 2-5-25 可以看出，在不同专业样本学生幸福感比较中，工学专业学生幸福感最高，哲学专业学生幸福感最低。

表 2-5-25　不同专业学生幸福感均值排序

序号	专业	均值	序号	专业	均值
1	工学	3.6748	7	艺术	3.5581
2	文学	3.6598	8	经济	3.5378
3	理学	3.6267	9	医学	3.5318
4	法学	3.6128	10	农学	3.5072
5	管理	3.5778	11	哲学	3.4074
6	教育	3.5604			

注：学生专业不做进一步显著性检验，得分排序仅供参考。

9. 父母学历

在父母不同学历的样本学生幸福感比较中，父母学历为小学、初中、高中、大专、本科、硕士、博士的均值分别为 3.852、3.849、3.811、3.796、3.805、3.685、3.68，父母学历为小学或初中的学生幸福感最高，父母学历为硕士或博士的学生幸福感最低。

为严谨求证父母不同学历的学生幸福感是否存在显著差异，进行单因素方差分析检验。

表 2-5-26　父母不同学历学生幸福感差值比较

	A 小学	B 初中	C 高中	D 大专	E 本科	F 硕士	G 博士
A 小学	—	—	0.04109*	0.05602*	—	0.16745*	—
B 初中	—	—	0.03788*	0.05281*	0.04424*	0.16425*	—
说明	差异显著(p=0.000<0.05)，方差不齐性(0.000)，采用 Tamhane 法进行事后多重比较						

* 表示在 0.05 水平上差异显著

由表 2-5-26 可知，父母学历为小学的学生幸福感显著高于父母学历为高中、大专、硕士的学生(A>C，A>D，A>F)，父母学历为初中的学生幸福感显著高于父母学历为高中、大专、本科和硕士的学生(B>C，B>D，B>E，B>F)。

10. 家庭经济情况

在家庭经济情况不同的样本学生幸福感比较中，很贫困、贫困、中等、富裕、很富裕学生的均值分别为 3.757、3.867、3.811、3.942、3.907，富裕家庭学生幸福感最高，很贫困家庭学生幸福感最低。

为严谨求证不同家庭经济水平学生幸福感是否存在显著差异，进行单因素方差分析检验。

表 2-5-27　不同家庭经济水平学生幸福感差值比较

	A 很贫困	B 贫困	C 中等	D 富裕	E 很富裕
B 贫困	0.10993*	—	0.05667*	−0.07496*	—
D 富裕	0.18489*	0.07496*	0.13163*	—	—
说明	差异显著(p=0.000<0.05)，方差不齐性(0.000)，采用 Tamhane 法进行事后多重比较				

* 表示在 0.05 水平上差异显著

由表 2-5-27 可知，家庭经济富裕的学生幸福感显著高于家庭很贫困、贫困和中等的学生(D>A，D>B，D>C)，贫困家庭学生幸福感显著高于家庭很贫困和中等的学生(B>A，B>C)。

11. 高中学校类型

在来自不同高中的样本学生幸福感比较中，重点普通高中、一般普通高中、重点职业高中、一般职业高中学生的均值分别为 3.864、3.83、3.797、3.699，来自重点普通高中的学生幸福感最高，来自一般职业高中的学生幸福感最低。

为严谨求证来自不同类型高中学生幸福感是否存在显著差异，进行单因素方差分析检验。

表 2-5-28　来自不同类型高中学生幸福感差值比较

	A 重点普高	B 一般普高	C 重点职高	D 一般职高
A 重点普高	—	0.03399*	0.06623*	0.16466*
D 一般职高	−0.16466*	−0.13068*	−0.09843*	
说明	差异显著(p=0.000<0.05)，方差不齐性(0.000)，采用 Tamhane 法进行事后多重比较			

* 表示在 0.05 水平上差异显著

由表 2-5-28 可知，来自一般职高的学生幸福感显著低于来自重点普高、一般普高和重点职高的学生(D<A，D<B，D<C)，来自重点普高的学生幸福感显著高于来自一般普高、重点职高和一般职高的学生(A>B，A>C，A>D)。

(三)结论

经过显著性检验验证发现，存在显著性差异的有：性别、年级、就读专业层次、家庭所在地、是否独生子女、志愿填报、是否担任社团或学生会干部、父母学历、家庭经济、高中学校类型。结论仅归纳存在显著差异部分。

第一，男生幸福感显著高于女生。

第二，大三、大四学生幸福感显著高于低年级学生。

第三，本科生幸福感显著高于专科生。

第四，家庭所在地在农村的学生幸福感显著高于其他生源地学生，家庭所在地为直辖市的学生幸福感显著低于地级市、城镇和农村的学生。

第五，非独生子女学生幸福感显著高于独生子女学生。

第六，自己选择专业的学生和老师推荐专业的学生幸福感显著高于父母选择、调剂和其他类学生，自己选择专业的学生幸福感显著高于老师推荐专业的学生，选择其他类的学生显著低于自己选择、父母选择、老师推荐专业和调剂的学生。

第七，学生干部幸福感显著高于非学生干部。

第八，父母学历为小学的学生幸福感显著高于父母学历为高中、大专、硕士的学生，父母学历为初中的学生幸福感显著高于父母学历为高中、大专、本科和硕士的学生。

第九，家庭经济富裕的学生幸福感显著高于家庭很贫困、贫困和中等的学生，贫困家庭学生幸福感显著高于家庭很贫困和中等的学生。

第十，来自一般职高的学生幸福感显著低于来自重点普高、一般普高和重点职高的学生，来自重点普高的学生幸福感显著高于来自一般普高、重点职高和一般职高的学生。

第三部分

民办高校教师发展报告

第一章　教学效能感

教学效能感量表是测量教师教学技能、课堂管理、学生投入效能感的有效工具。教师教学效能感与教师发展之间相互影响、相互促进、相互作用。提高教师的教学效能感有助于教师在自己的教学领域做出更大的努力，为学生创设一个积极的学习环境。教师专业发展水平的提高有助于增强教师信心，提升教师的教学效能感。

教学效能感是教师在从事教育教学活动之前对自己能够在何种程度上完成何种任务所具有的信念、判断或把握的感受能力，即教师对自己的教学能力、教学水平以及有效影响学生学习行为和成绩的能力方面的主观判断。[①] 也是指教师在教学活动中，对其能有效完成教学工作、实现教学目标的一种能力和信念，包括教师对教学执行、班级管理、学习评价、师生沟通、教学革新和环境转化等层面的效能信念。

本研究将民办高校教师教学效能分为教学技能、课堂管理和学生投入三个

① Newman FM. Organizational that effect school sense of Efficacy，Community and Expectations[J]. Sociology of Education，1989(62).

方面。其中，教学技能均值最高(均值 3.973)，其次为课堂管理(均值 3.956)，学生投入均值最低(均值 3.827)。

一、教学技能

教学技能是教师教学活动必备的技巧，也是有效开展教学活动的前提和基础。对教师而言，教学技能是最基本的职业技能和职业素养。

(一)基本情况

教学技能是指教师在教学过程中，运用所学的专业知识帮助学生习得相关知识的技巧和能力。即包括教学设计、教学活动的组织与实施、教学评价及教学反思的能力。

民办高校教师教学技能水平良好，均值 3.973，在各维度中最高。

(二)差异分析

1. 性别

在不同性别样本教师教学技能水平比较中，男教师(均值 3.989)的教学技能水平比女教师(均值 3.963)高。

为严谨求证不同性别教师教学技能水平是否存在显著差异，通过独立样本 T 检验发现，$t=2.313(p=0.021<0.05)$，男教师均值 $A=3.989\pm0.50$，女教师均值 $B=3.963\pm0.45$，表明男教师教学技能水平显著高于女教师($A>B$)。

2. 教龄

在不同教龄样本教师教学技能水平比较中，教师整体教学技能居中上等水平。教龄 1～5 年、6～10 年、11～20 年、21～30 年、30 年及以上教师的均值分别为 3.928、3.991、4.034、3.978、4.03，相比较，教龄为 1～5 年的教师教学技能水平最低，教龄为 11～20 年的教师教学技能水平最高。

为严谨求证不同教龄教师教学技能水平是否存在显著差异，进行单因素方差分析检验。

表 3-1-1 不同教龄教师教学技能水平差值比较

	A 1～5 年	B 6～10 年	C 11～20 年	D 21～30 年	E 30 年以上
A 1～5 年	—	−0.06264*	−0.10634*	−0.05032	−0.10159*
说明	差异显著(p=0.000<0.05)，方差不齐性(0.038)，采用 Tamhane 法进行事后多重比较				

*表示在 0.05 水平上差异显著

由表 3-1-1 可知，教龄在 1～5 年的教师教学技能水平显著低于除 21～30 年教龄的其他教龄段教师(A<B，A<C，A<E)。

3. 专兼职身份

在不同教学身份样本教师教学技能水平比较中，全职、双肩挑、校外兼职教师的均值分别为 3.977、3.966、3.916，全职教师教学技能水平最高，校外兼职教师教学技能水平最低。

通过单因素方差分析验证，方差不齐性(p=0.000)，且通过 Tamhane 法进行事后多重比较未发现显著差异的结果。从统计学角度看，民办高校不同身份的教师在教学技能水平方面不存在显著性差异。

4. 学校层次

在不同办学层次学校的样本教师教学技能水平的比较中，专科学校教师(均值 3.989)教学技能水平比本科学校教师(均值 3.959)高。

通过独立样本 T 检验发现，t=−2.699(p=0.007<0.01)本科学校教师均值 A=3.959±0.47，专科学校教师均值 B=3.989±0.47，表明专科学校教师教学技能水平显著高于本科学校教师(B>A)。

5. 学历

在不同学历的样本教师教学技能水平比较中，学历为专科及以下、学士、硕士、博士、其他学历教师的均值分别为 3.739、3.954、3.994、4.02、3.928 博士学历教师教学技能水平最高，专科及以下学历教师教学技能水平最低。

为严谨求证不同学历教师教学技能水平是否存在显著差异，进行单因素方差分析。

表 3-1-2 不同学历教师教学技能差值比较

	A 专科及以下	B 学士	C 硕士	D 博士	E 其他
A 专科及以下	—	−0.21565*	−0.25559*	−0.28144*	−0.24315*
说明	差异显著(p=0.000<0.05)，方差不齐性(0.000)，采用 Tamhane 法进行事后多重比较				

* 表示在 0.05 水平上差异显著

由表 3-1-2 可知，专科及以下学历教师教学技能水平显著低于学士及学士以上学历教师(A<B，A<C，A<D，A<E)。

6. 职称

在不同职称的样本教师教学技能水平比较中，职称为正高级、副高级、中级、初级、无职称教师的均值分别为 4、4.018、3.997、3.949、3.88，副高级职称教师教学技能水平最高，其次为正高级职称教师，无职称教师教学技能水平最低。

为严谨求证不同职称教师教学技能水平是否存在显著差异，进行单因素方差分析检验。

表 3-1-3 不同职称教师教学技能差值比较

	A 正高级	B 副高级	C 中级	D 初级	E 无
E 无	−0.12078*	−0.13877*	−0.11734*	−0.06906*	—
说明	差异显著(p=0.000<0.05)，方差不齐性(0.000)，采用 Tamhane 法进行事后多重比较				

* 表示在 0.05 水平上差异显著

由表 3-1-3 可知，无职称的教师教学技能水平显著低于其他职称教师(E>A，E>B，E>C，E>D)。

7. 学科

从表 3-1-4 可以看出，在不同学科的样本教师教学技能水平比较中，文学学科教师教学技能水平最高，农学学科教师教学技能水平最低。

表 3-1-4 不同学科教师教学技能均值排序

序号	专业	均值	序号	专业	均值
1	文学	4.0253	7	哲学	3.9556

续表

序号	专业	均值	序号	专业	均值
2	艺术	3.991	8	经济	3.9506
3	医学	3.9871	9	管理	3.9394
4	教育	3.9742	10	法学	3.9372
5	工学	3.9659	11	农学	3.75
6	理学	3.9583			

注：教师学科不做进一步显著性检验，得分排序仅供参考。

8. 承担课程门数

在承担不同课程门数的样本教师教学技能水平比较中，承担0门课程、1门课程、2门课程、3门课程、4门课程、5门及以上课程教师的均值分别为3.818、3.973、3.977、4.02、4、3.976，承担三门课程的教师教学技能水平最高，同一学期未承担课程的教师教学技能水平最低。

为严谨求证承担不同课程门数的教师教学技能水平是否存在显著差异，进行单因素方差分析检验。

表 3-1-5 不同课程承担量教师教学技能差值比较

	A0门	B1门	C2门	D3门	E4门	F5门以上
A0门	—	−0.15440*	−0.15911*	−0.20842*	−0.18162*	−0.15803*
D3门	0.20842*	0.05402*	0.04931*	—	0.02680	0.05039
说明	差异显著(p=0.000<0.05)，方差不齐性(0.000)，采用 Tamhane 法进行事后多重比较					

* 表示在0.05水平上差异显著

由表3-1-5可知，本学期不承担课程的教师教学技能水平显著低于承担课程的教师(A<B，A<C，A<D，A<E，A<F)，同一学期承担3门课程的教师教学技能水平显著高于承担0～2门课程的教师(D>A，D>B，D>C)。

9. 每周授课学时

在每周授课学时数不同的样本教师教学技能水平的比较中，授课学时为0学时、10学时以下、10～15学时、16～20学时、21～25学时、26～30学时、30学时以上教师的均值分别为3.823、3.958、3.991、3.99、4.033、3.948、

3.983，同一学期每周授课学时为 0 的教师教学技能水平最低，每周授课 21～25 学时的教师教学技能水平最高。

为严谨求证每周授课学时数不同的教师教学技能水平是否存在显著差异，进行单因素方差分析检验。

表 3-1-6　不同学时完成量教师教学技能差值比较

	A0 学时	B10 学时以下	C10～15 学时	D16～20 学时	E21～25 学时	F26～30 学时	G30 学时以上
A0 学时	—	−0.13441*	−0.16747*	−0.16677*	−0.20996*	−0.12493*	−0.15937*
E21～25 学时	0.20996*	0.07555*	0.04249	0.04319	—	0.08503	0.05059
说明	差异显著(p=0.000<0.05)，方差不齐性(0.000)，采用 Tamhane 法进行事后多重比较						

* 表示在 0.05 水平上差异显著

由表 3-1-6 可知，每周授课学时数为 0 的教师教学技能水平显著低于承担授课任务的教师(A<B，A<C，A<D，A<E，A<F，A<G)，每周授课 21～25 学时的教师教学技能水平显著高于 10 学时以下的教师(E>A，E>B)。

10. 月收入

在不同月收入水平的样本教师教学技能水平比较中，月收入为 2000 元以下、2001～3500 元、3501～5000 元、5001～6500 元、6501 元以上教师的均值分别为 3.83、3.946、3.985、3.98、4.059，月收入在 6501 元以上的教师教学技能水平最高，月收入在 2000 元以下的教师教学技能水平最低。

为严谨求证不同月收入水平的教师教学技能水平是否存在显著差异，进行单因素方差分析检验。

表 3-1-7　不同月收入水平教师教学技能差值比较

	A2000 元以下	B2001～3500 元	C3501～5000 元	D5001～6500 元	E6501 元以上
A2000 元以下	—	−0.11560	−0.15438*	−0.14942*	−0.22850*
E6501 元以上	0.22850*	0.11290*	0.07412*	0.07908*	—
说明	差异显著(p=0.000<0.05)，方差不齐性(0.000)，采用 Tamhane 法进行事后多重比较				

* 表示在 0.05 水平上差异显著

由表 3-1-7 可知，月收入在 2000 元以下的教师教学技能水平显著低于月收入在 3501 元以上的教师(A<C，A<D，A<E)。月收入在 6501 元以上的教师教学技能水平显著高于其他收入水平教师(E>A，E>B，E>C，E>D)。

11. 年收入相对于支出

在年收入相对于支出情况不同的样本教师教学技能水平比较中，年收入相对于支出很不足、不足、持平、略有富余、很富余教师的均值分别为 3.983、3.959、3.963、4.008、4.06，年收入相对于支出很富裕的教师教学技能水平最高，年收入相对于支出不足的教师教学技能水平最低。

为严谨求证年收入相对于支出情况不同的教师教学技能水平是否存在显著差异，进行单因素方差分析检验。

表 3-1-8　不同收支状况教师教学技能差值比较

	A 很不足	B 不足	C 持平	D 略有富余	E 很富余
B 不足	−0.02471	—	−0.00422	−0.04962*	−0.10179
说明	差异显著(p=0.000<0.05)，方差不齐性(0.000)，采用 Tamhane 法进行事后多重比较				

* 表示在 0.05 水平上差异显著

由表 3-1-8 可知，年收入相对于支出不足的教师教学技能水平显著低于年收入相对于支出略有富余的教师(B<D)。

12. 工作满意度

在工作满意度不同的样本教师教学技能水平比较中，对工作非常不满意、不满意、一般、满意、非常满意教师的均值分别为 3.913、3.896、3.933、4.042、4.285，对工作非常满意的教师教学技能水平最高，对工作不满意的教师教学技能水平最低。

为严谨求证不同工作满意度教师教学技能水平是否存在显著差异，进行单因素方差分析检验。

表 3-1-9　不同满意程度教师教学技能差值比较

	A 非常不满意	B 不满意	C 一般	D 满意	E 非常满意
A 非常不满意	—	0.01654	−0.02073	−0.12886*	−0.37222*
B 不满意	−0.01654	—	−0.03727	−0.14540*	−0.38875*

续表

	A 非常不满意	B 不满意	C 一般	D 满意	E 非常满意
C 一般	0.02073	0.03727	—	−0.10813*	−0.35149*
D 满意	0.12886*	0.14540*	0.10813*	—	−0.24335*
E 非常满意	0.37222*	0.38875*	0.35149*	0.24335*	—
说明	差异显著(p=0.000<0.05)，方差不齐性(0.000)，采用 Tamhane 法进行事后多重比较				

* 表示在 0.05 水平上差异显著

由表 3-1-9 可知，对工作非常不满意和不满意的教师教学技能水平显著低于对工作满意和非常满意的教师(A<D，A<E，B<D，B<E)，对工作非常满意的教师教学技能水平显著高于其他教师(E>A，E>B，E>C，E>D)。

(三)结论

经过显著性检验验证发现，存在显著性差异的有：性别、教龄、学校层次、学历、职称、承担课程门数、每周授课学时、月收入、工作满意度、年收入相对于支出水平；不存在显著性差异的有：专兼职身份。结论仅归纳存在显著差异部分。

第一，男教师教学技能水平显著高于女教师。

第二，教龄在 1～5 年的教师教学技能水平显著低于除 21～30 年教龄的其他教龄段教师。

第三，专科学校教师教学技能水平显著高于本科学校教师。

第四，专科及以下学历教师教学技能水平显著低于学士及学士以上学历教师。

第五，无职称的教师教学技能水平显著低于其他职称教师。

第六，本学期不承担课程的教师教学技能水平显著低于承担课程的教师，本学期承担 3 门课程的教师教学技能水平显著高于承担 0～2 门课程的教师。

第七，每周授课学时数为 0 的教师教学技能水平显著低于承担授课任务的教师，每周授课 21～25 学时的教师教学技能水平显著高于 10 学时以下的教师。

第八，月收入在 2000 元以下的教师教学技能水平显著低于月收入在 3501 元以上的教师。月收入在 6501 元以上的教师教学技能水平显著高于其他收入水平教师。

第九，年收入相对于支出不足的教师教学技能水平显著低于年收入相对于支出略有富余的教师。

第十，对工作非常不满意和不满意的教师教学技能水平显著低于对工作满意和非常满意的教师，对工作非常满意的教师教学技能水平显著高于其他教师。

二、课堂管理

课堂是联系教师与学生的纽带，是教师传授知识、培养人才的主要阵地，也是学生获取知识的重要场所。课堂管理能力的高低很大程度上决定着课堂教学质量的高低。良好的课堂管理能力有助于提高教师的教学效果与学生的学习效果。

(一)基本情况

课堂管理是以教师为主导的一种有目的、有组织的学生群体活动。教师作为课堂的管理者，其理念的科学性与管理的先进性决定着课堂教学目标能否有效实现。

民办高校教师课堂管理水平较好，均值 3.956，在三个维度中处于居中位置。

(二)差异分析

1. 性别

在不同性别的样本教师课堂管理水平比较中，男教师(均值 3.977)课堂管理水平比女教师(均值 3.941)高。

为严谨求证不同性别教师课堂管理水平是否存在显著差异，进行独立样本 T 检验。$t=3.082(p=0.002<0.01)$，男教师均值 $A=3.977\pm0.51$，女教师均值 $B=3.941\pm0.46$，表明男教师课堂管理水平显著高于女教师($A>B$)。

2. 教龄

在不同教龄的样本教师课堂管理水平比较中，教龄 1～5 年、6～10 年、11～20 年、21～30 年、31 年及以上教师的均值分别为 3.922、3.964、4.006、3.951、4.018，教龄为 31 年及以上的教师课堂管理水平最高，教龄为 1～5 年的教师课堂管理水平最低。

为严谨求证不同教龄教师课堂管理水平是否存在显著差异，进行单因素方差分析检验。

表 3-1-10 不同教龄教师课堂管理差值比较

	A 1～5 年	B 6～10 年	C 11～20 年	D 21～30 年	E 31 年及以上
A 1～5 年		−0.04275*	−0.08465*	−0.02899	−0.09598*
说明	差异显著(p=0.000<0.05)，方差齐性(0.198)，采用 LSD 法进行事后多重比较				

*表示在 0.05 水平上差异显著

由表 3-1-10 可知，教龄为 1～5 年的教师课堂管理水平除教龄为 21～30 年的教师外显著低于其他教龄的教师(A<B，A<C，A<E)。

3. 专兼职身份

在不同教学身份的样本教师课堂管理水平比较中，全职、双肩挑、校外兼职教师的均值分别为 3.958、3.974、3.89，双肩挑教师课堂管理水平最高，校外兼职教师课堂管理水平最低。

通过单因素方差分析验证，方差不齐性(p=0.000)，且通过 Tamhane 法进行事后多重比较未发现显著差异的结果(p 值都大于 0.05)。从统计学角度看，民办高校不同身份的教师课堂管理水平不存在显著性差异。

4. 学校层次

在不同学校层次的样本教师课堂管理水平的比较中，本科学校教师(均值 3.958)课堂管理水平较高，专科学校教师(均值 3.953)课堂管理水平较低。

通过独立样本 T 检验发现，t=0.498(p=0.619>0.05)，本科学校均值 A=3.958±0.48，专科学校均值 B=3.953±0.49，表明不同学校层次的教师课堂管理水平不存在显著性差异。

5. 学历

在不同学历的样本教师课堂管理水平的比较中，学历为专科及以下、学士、硕士、博士、其他学历教师的均值分别为 3.763、3.953、3.965、3.992、3.994，学历层次越高教师课堂管理水平越高，其中，其他学历教师课堂管理水平最高，专科及以下教师课堂管理水平最低。

为严谨求证不同学历教师课堂管理水平是否存在显著差异，进行单因素方差分析检验。

表 3-1-11 不同学历教师课堂管理差值分析

	A 专科及以下	B 学士	C 硕士	D 博士	E 其他
A 专科及以下	—	−0.18929*	−0.20120*	−0.22868*	−0.23062*
说明	差异显著(p=0.000<0.05)，方差不齐性(0.000)，采用 Tamhane 法进行事后多重比较				

* 表示在 0.05 水平上差异显著

由表 3-1-11 可知，学历为专科及以下教师课堂管理水平显著低于学士及学士以上学历教师(A<B，A<C，A<C，A<E)。

6. 职称

在不同职称的样本教师课堂管理水平的比较中，职称为正同级、副高级、中级、初级、无职称教师的均值分别为 4.009、3.975、3.967、3.949、3.894，教师的职称越高课堂管理水平越高，其中，正高级教师课堂管理水平最高，无职称教师课堂管理水平最低。

为严谨求证不同职称教师课堂管理水平是否存在显著差异，进行单因素方差分析检验。

表 3-1-12 不同职称教师课堂管理差值分析

	A 正高级	B 副高级	C 中级	D 初级	E 无
E 无	−0.11519*	−0.08021*	−0.07339*	−0.05517*	—
说明	差异显著(p=0.000<0.05)，方差不齐性(0.007)，采用 Tamhane 法进行事后多重比较				

* 表示在 0.05 水平上差异显著

由表 3-1-12 可知，无职称的教师课堂管理水平显著低于其他职称教师(E<A，E<B，E<C，E<D)。

7. 学科

从表 3-1-13 可以看出，在不同学科的样本教师课堂管理水平的比较中，医学学科教师课堂管理水平最高，农学学科教师课堂管理水平最低。

表 3-1-13　不同学科教师课堂管理均值排序

序号	专业	均值	序号	专业	均值
1	医学	4.0257	7	管理	3.9322
2	文学	4.0022	8	理学	3.9207
3	教育	3.9877	9	哲学	3.913
4	艺术	3.9779	10	经济	3.9096
5	法学	3.9729	11	农学	3.7917
6	工学	3.9375			

注：教师学科不做进一步显著性检验，得分排序仅供参考。

8. 承担课程门数

在承担不同课程门数的样本教师课堂管理水平的比较中，承担 0 门课程、1 门课程、2 门课程、3 门课程、4 门课程、5 门及以上课程教师的均值分别为 3.846、3.970、3.953、3.985、3.964、3.931，本学期承担 0 门课程的教师课堂管理水平最低，承担 3 门课程的教师课堂管理水平最高。

为严谨求证承担不同课程门数的教师课堂管理水平是否存在显著差异，进行单因素方差分析检验。

表 3-1-14　不同课程承担量教师课堂管理差值比较

	A 0 门	B 1 门	C 2 门	D 3 门	E 4 门	F 5 门以上
A 0 门	—	−0.12405*	−0.10638*	−0.13891*	−0.11739*	−0.08477
说明	差异显著（$p=0.000<0.05$），方差不齐性（0.000），采用 Tamhane 法进行事后多重比较					

*表示在 0.05 水平上差异显著

由表 3-1-14 可知，本学期不承担课程的教师课堂管理水平显著低于承担课程的教师（A<B，A<C，A<D，A<E）。

9. 每周授课学时

在每周承担不同授课学时数的样本教师课堂管理水平的比较中，授课学时为 0 学时，10 学时以下、10～15 学时、16～20 学时、21～25 学时、26～30 学时、30 学时以上教师的均值分别为 3.853、3.964、3.961、3.948、4.014、3.968、3.98，每周授课学时数为 0 的教师课堂管理水平最低，每周授课学时在 21～25 学时的任课教师课堂管理水平最高。

为严谨求证每周授课学时数不同的教师课堂管理水平是否存在显著差异，进行单因素方差分析检验。

表 3-1-15　不同学时完成量教师课堂管理差值比较

	A 0 学时	B 10 学时以下	C 10～15 学时	D 16～20 学时	E 21～25 学时	F 26～30 学时	G 30 学时以上
A 0 学时	—	−0.11100*	−0.10760*	−0.09530*	−0.16099*	−0.11546	−0.12699*
说明	差异显著(p=0.000<0.05)，方差不齐性(0.005)，采用 Tamhane 法进行事后多重比较						

* 表示在 0.05 水平上差异显著

由表 3-1-15 可知，每周授课学时为 0 的教师课堂管理水平显著低于承担授课学时的教师(A<B，A<C，A<D，A<E，A<G)。

10. 月收入

在不同月收入水平的样本教师课堂管理水平的比较中，月收入水平越高教师的课堂管理水平也越高。月收入为 2000 元以下、2001～3500 元、3501～5000 元、5001～6500 元、6501 元以上教师的均值分别为 3.835、3.946、3.952、3.961、4.052，其中，月收入在 2000 元以下的教师课堂管理水平最低，月收入在 6501 元以上的教师课堂管理水平最高。

为严谨求证不同月收入水平的教师课堂管理水平是否存在显著差异，进行单因素方差分析检验。

表 3-1-16　不同月收入水平教师课堂管理差值比较

	A 2000 元以下	B 2001～3500 元	C 3501～5000 元	D 5001～6500 元	E 6501 元以上
E 6501 元以上	0.21710*	0.10549*	0.10008*	0.09059*	—
说明	差异显著(p=0.000<0.05)，方差不齐性(0.000)，采用 Tamhane 法进行事后多重比较				

* 表示在 0.05 水平上差异显著

由表 3-1-16 可知，月收入在 6501 元以上的教师课堂管理水平显著高于其他月收入水平教师(E>A，E>B，E>C，E>D)。

11. 年收入相对于支出

在年收入相对于支出情况不同的样本教师课堂管理水平的比较中，年收入相对于支出很不足、不足、持平、略有富余、很富余教师的均值分别为 3.959、

3.94、3.945、4.001、4.104，年收入相对支出不足的教师课堂管理水平最低，年收入相对支出很富余的教师课堂管理水平最高。

为严谨求证年收入相对于支出情况不同的教师课堂管理水平是否存在显著差异，进行单因素方差分析检验。

表 3-1-17　不同收支状况教师课堂管理差值比较

	A 很不足	B 不足	C 持平	D 略有富余	E 很富余
D 略有富余	0.04115	0.06103*	0.05550*	—	−0.10295
说明	差异显著(p=0.001<0.05)，方差不齐性(0.000)，采用 Tamhane 法进行事后多重比较				

* 表示在 0.05 水平上差异显著

由表 3-1-17 可知，年收入相对于支出略有富余的教师课堂管理水平显著高于年收入相对于支出不足和持平的教师(D>B，D>C)。

12. 工作满意度

在工作满意度不同的样本教师课堂管理水平的比较中，对工作满意度越高教师的课堂管理水平越高。对工作非常不满意、不满意、一般、满意、非常满意教师的均值分别为 3.868、3.873、3.916、4.028、4.265，其中，对工作非常满意的教师课堂管理水平最高，对工作非常不满意的教师课堂管理水平最低。

为严谨求证工作满意度不同的教师课堂管理水平是否存在显著差异，进行单因素方差分析检验。

表 3-1-18　不同满意程度教师课堂管理差值比较

	A 非常不满意	B 不满意	C 一般	D 满意	E 非常满意
D 满意	0.15994*	0.15574*	0.11197*	—	−0.23622*
E 非常满意	0.39616*	0.39195*	0.34819*	0.23622*	—
说明	差异显著(p=0.000<0.05)，方差不齐性(0.000)，采用 Tamhane 法进行事后多重比较				

* 表示在 0.05 水平上差异显著

由表 3-1-18 可知，对工作满意和非常满意的教师课堂管理水平显著高于其他教师(D>A，D>B，D>C，E>A，E>B，E>C，E>D)，对工作满意的教师课堂管理水平显著低于对工作非常满意的教师(D<E)。

(三)结论

经过显著性检验验证发现，存在显著性差异的有：性别、教龄、学历、职称、承担课程门数、每周授课学时、月收入、年收入相对于支出、工作满意度；不存在显著性差异的有：专兼职身份、学校层次。结论仅归纳存在显著差异部分。

第一，男教师课堂管理水平显著高于女教师。

第二，教龄为1～5年的教师课堂管理水平除教龄为21～30年的教师外显著低于其他教龄的教师。

第三，学历为专科及以下教师课堂管理水平显著低于学士及学士以上学历教师。

第四，无职称的教师课堂管理水平显著低于其他职称教师。

第五，本学期不承担课程的任课教师课堂管理水平显著低于承担课程的任课教师。

第六，本学期授课学时为0的教师课堂管理水平显著低于承担授课学时的教师。

第七，月收入在6501元以上的教师课堂管理水平显著高于其他月收入水平教师。

第八，年收入相对于支出略有富余的教师课堂管理水平显著高于年收入相对于支出不足和持平的教师。

第九，对工作满意和非常满意的教师课堂管理水平显著高于其他教师，对工作满意的教师课堂管理水平显著低于对工作非常满意的教师。

三、学生投入

环境对学生整体或个体变化、成长会产生影响，教师作为学生就读环境不可或缺的一部分必然对学生的学业产生一定作用。教师通过教学活动的开展，帮助学生花费时间和精力用于学业并对学生学业产生影响。

(一)基本情况

学生投入是指教师通过有效组织教学活动帮助学生对学业投入更多努力的程度。包括两个有益于帮助学生获得学业成功的关键内容。一是学生投入学习的时间和精力；二是教师组织和引导学生参与学习的方式方法。

民办高校教师对学生的投入均值 3.827，在各维度中最低，还有进一步提升的空间。

(二)差异分析

1. 性别

在不同性别的样本教师学生投入的比较中，男教师(均值 3.868)的学生投入水平比女教师(均值 3.799)高。

为严谨求证不同性别教师学生投入水平是否存在显著差异，进行独立样本 T 检验。$t=5.569(p=0.000<0.001)$，男教师均值 $A=3.868\pm0.55$，女教师均值 $B=3.799\pm0.52$，表明男教师的学生投入水平显著高于女教师($A>B$)。

2. 教龄

在不同教龄的样本教师学生投入水平的比较中，教龄 1～5 年、6～10 年、11～20 年、21～30 年、31 年及以上教师的均值分别为 3.823、3.810、3.850、3.829、3.878，6～10 年教龄的教师学生投入水平最低，31 年及以上教龄的教师学生投入水平最高。

通过单因素方差分析验证，不同教龄的教师在学生投入方面不存在显著性差异($p=0.077$)。

3. 专兼职身份

在不同教学身份的样本教师学生投入水平的比较中，全职、双肩挑、校外兼职教师的均值分别为 3.826、3.837、3.830，全职教师对学生的投入最低，双肩挑教师对学生的投入最高。

通过单因素方差分析验证，不同身份的教师在学生投入方面不存在显著性差异($p=0.926$)。

4. 学校层次

在不同办学层次的样本教师学生投入水平的比较中，本科学校教师学生投入水平(均值3.828)较高，专科学校教师学生投入水平(均值3.826)较低。

通过独立样本T检验发现t=0.120(p=0.905>0.05)，本科学校均值A=3.828±0.52，专科学校均值B=3.826±0.54，表明不同办学层次的教师学生投入水平方面不存在显著性差异。

5. 学历

在不同学历的样本教师学生投入水平的比较中，学历为专科及以下、学士、硕士、博士、其他学历教师的均值分别为3.707、3.84、3.821、3.906、3.843，专科及以下学历的教师学生投入最低，博士学历的教师学生投入最高。

为严谨求证不同学历教师学生投入是否存在显著差异，进行单因素方差分析检验。

表3-1-19 不同学历教师学生投入差值比较

	A专科及以下	B学士	C硕士	D博士	E其他
A专科及以下	—	−0.13359*	−0.11369	−0.19837*	−0.13536
说明	差异显著(p=0.001<0.05)，方差不齐性(0.001)，采用Tamhane法进行事后多重比较				

*表示在0.05水平上差异显著

由表3-1-19可知，专科及以下学历的教师学生投入水平显著低于学士学历教师和博士学历教师(A<B，A<D)。

6. 职称

在不同职称的样本教师学生投入水平的比较中，职称为正高级、副高级、中级、初级、无职称教师的均值分别为3.932、3.852、3.814、3.845、3.791，正高级职称教师学生投入水平最高，无职称教师学生投入水平最低。

为严谨求证不同职称教师学生投入水平是否存在显著差异，进行单因素方差分析检验。

表3-1-20 不同职称教师学生投入差值比较

	A正高级	B副高级	C中级	D初级	E无
A正高级	—	0.07999*	0.11768*	0.08664*	0.14010*
C中级	−0.11768*	−0.03769*	—	−0.03103*	0.02242
说明	差异显著(p=0.000<0.05)，方差齐性(0.295)，采用LSD法进行事后多重比较				

*表示在0.05水平上差异显著

由表 3-1-20 可知，正高级职称的教师学生投入水平显著高于其他职称教师（A>B，A>C，A>D，A>E），中级职称的教师学生投入水平显著低于正高级职称、副高级职称和初级职称教师（C<A，C<B，C<D）。

7. 学科

从表 3-1-21 可以看出，在不同学科的样本教师学生投入水平的比较中，艺术学科教师学生投入水平最高，农学学科教师学生投入水平最低。

表 3-1-21　不同学科教师学生投入均值排序

序号	专业	均值	序号	专业	均值
1	艺术	3.9087	7	经济	3.8036
2	法学	3.8606	8	管理	3.7978
3	文学	3.8345	9	理学	3.7868
4	教育	3.8304	10	哲学	3.7418
5	医学	3.829	11	农学	3.6944
6	工学	3.8138			

注：教师学科不做进一步显著性检验，得分排序仅供参考。

8. 承担课程门数

在承担不同课程门数的样本教师学生投入水平的比较中，承担 0 门课程、1 门课程、2 门课程、3 门课程、4 门课程、5 门及以上课程教师的均值分别为 3.755、3.818、3.83、3.868、3.842、3.813，承担课程门数为 0 的教师学生投入水平最低，承担课程门数为 3 门的教师学生投入水平最高。

为严谨求证承担不同课程门数的教师学生投入水平是否存在显著差异，进行单因素方差分析检验。

表 3-1-22　不同课程承担量教师学生投入差值比较

	A 0 门	B 1 门	C 2 门	D 3 门	E 4 门	F 5 门以上
A 0 门	—	−0.06351	−0.07534*	−0.11347*	−0.08676	−0.05785
说明	差异显著（p=0.002<0.05），方差不齐性（0.000），采用 Tamhane 法进行事后多重比较					

* 表示在 0.05 水平上差异显著

由表 3-1-22 可知，本学期不承担课程的教师学生投入水平显著低于承担 2～3 门课程的教师（A<C，A<D）。

9. 每周授课学时

在每周授课学时数不同的样本教师学生投入水平的比较中，授课学时为 0

学时，10 学时以下、10～15 学时、16～20 学时、21～25 学时、26～30 学时、30 学时以上教师的均值分别为 3.761、3.818、3.836、3.808、3.876、3.905、3.881，每周授课学时数为 0 的教师学生投入水平最低，每周授课学时数为26～30 学时的教师学生投入水平最高。

为严谨求证每周授课学时数不同的教师学生投入水平是否存在显著差异，进行单因素方差分析检验。

表 3-1-23　不同学时完成量教师学生投入差值比较

	A 0	B 10 学时以下	C 10～15 学时	D 16～20 学时	E 21～25 学时	F 26～30 学时	G 30 学时以上
A 0	—	−0.05732*	−0.07502*	−0.04764	−0.11586*	−0.14397*	−0.12011*
B 10 学时以下	0.05732*	—	−0.01771	0.00968	−0.05854*	−0.08666*	−0.06279*
D 16～20 学时	0.04764	−0.00968	−0.02738	—	−0.06822*	−0.09633*	−0.07247*
说明	差异显著(p=0.000<0.05)，方差齐性(0.054)，采用 LSD 法进行事后多重比较						

* 表示在 0.05 水平上差异显著

由表 3-1-23 可知，每周授课 10 学时以下的教师学生投入显著低于授课 21 学时以上的教师(B<E，B<F，B<G)，每周授课 16～20 学时的教师学生投入显著低于授课 21 学时以上的教师(D<E，D<F，D<G)。

10. 月收入

在不同月收入的样本教师学生投入水平的比较中，月收入为 2000 元以下、2001～3500 元、3501～5000 元、5001 元～6500 元、6501 元以上教师的均值分别为 3.812、3.843、3.809、3.812、3.915，月收入在 3501～5000 元的教师学生投入水平最低，月收入在 6501 元以上的教师学生投入水平最高。

为严谨求证不同月收入水平的教师学生投入水平是否存在显著差异，进行单因素方差分析检验。

表 3-1-24　不同月收入水平教师学生投入差值比较

	A 2000 元以下	B 2001～3500 元	C 3501～5000 元	D 5001～6500 元	E 6501 元以上
E 6501 元以上	0.10273	0.07195	0.10632*	0.10318*	—
说明	差异显著(p=0.000<0.05)，方差不齐性(0.000)，采用 Tamhane 法进行事后多重比较				

* 表示在 0.05 水平上差异显著

由表 3-1-24 可知，月收入在 6501 元以上的教师学生投入水平显著高于月收入在 3501～5000 元和 5001～6500 元的教师(E>C，E>D)。

11. 年收入相对于支出

在年收支情况不同的样本教师学生投入水平的比较中，年收入相对于支出很不足、不足、持平、略有富余、很富余教师的均值分别为 3.812、3.811、3.83、3.866、4.01，年收入相对于支出不足的教师学生投入水平最低，年收入相对于支出很富余的教师学生投入水平最高。

为严谨求证年收入相对于支出情况不同的教师学生投入水平是否存在显著差异，进行单因素方差分析检验。

表 3-1-25　不同收支状况教师学生投入差值比较

	A 很不足	B 不足	C 持平	D 略有富余	E 很富余
B 不足	－0.00095	—	－0.01838	－0.05463*	－0.19834
说明	差异显著(p＝0.002＜0.05)，方差不齐性(0.000)，采用 Tamhane 法进行事后多重比较				

* 表示在 0.05 水平上差异显著

由表 3-1-25 可知，年收入相对于支出不足的教师在学生投入水平方面显著低于年收入相对于支出略有富余的教师(B<D)。

12. 工作满意度

在工作满意度不同的样本教师学生投入水平的比较中，对工作非常不满意、不满意、一般、满意、非常满意教师的均值分别为 3.706、3.707、3.782、3.916、4.238，对工作非常不满意的教师学生投入水平最低，对工作非常满意的教师学生投入水平最高。

为严谨求证工作满意度不同的教师学生投入水平是否存在显著差异，进行单因素方差分析检验。

表 3-1-26　不同满意程度教师学生投入差值比较

	A 非常不满意	B 不满意	C 一般	D 满意	E 非常满意
D 满意	0.21036*	0.20913*	0.13447*	—	－0.32230*
E 非常满意	0.53266*	0.53144*	0.45678*	0.32230*	—
说明	差异显著(p＝0.000＜0.05)，方差不齐性(0.000)，采用 Tamhane 法进行事后多重比较				

* 表示在 0.05 水平上差异显著

由表3-1-26可知，对工作满意和非常满意的教师学生投入水平显著高于其他教师(D>A，D>B，D>C，E>A，E>B，E>C，E>D)，对工作满意的教师学生投入水平显著低于对工作非常满意的教师(D<E)。

(三)结论

经过显著性检验验证发现，存在显著性差异的有：性别、学历、职称、承担课程门数、每周授课学时数、月收入、年收入相对于支出、工作满意度；不存在显著性差异的有：教龄、专兼职身份、学校层次。结论仅归纳存在显著差异部分。

第一，男教师的学生投入水平显著高于女教师。

第二，专科及以下学历的教师学生投入水平显著低于学士学历教师和博士学历教师。

第三，正高级职称的教师学生投入水平显著高于其他职称教师，中级职称的教师学生投入水平显著低于正高级职称、副高级职称和初级职称教师。

第四，本学期不承担课程的教师学生投入水平显著低于承担2～3门课程的教师。

第五，每周授课10学时以下的教师学生投入显著低于授课21学时以上的教师，每周授课16～20学时的教师学生投入显著低于授课21学时以上的教师。

第六，月收入在6501元以上的教师学生投入水平显著高于月收入在3501～5000元和5001～6500元的教师。

第七，年收入相对于支出不足的教师在学生投入水平方面显著低于年收入相对于支出略有富余的教师。

第八，对工作满意和非常满意的教师学生投入水平显著高于其他教师，对工作满意的教师学生投入水平显著低于对工作非常满意的教师。

第二章 职业倦怠

职业倦怠量表是测量教师情绪衰竭、去个性化、成就感缺失问题的有效工具。高校教师作为一种高压职业是职业倦怠的易感群体，与公办高校教师相比，民办高校教师不仅面临繁重的教学任务、科研任务、职称晋升压力，而且还面临着职业发展空间有限、生源状况不佳、教师权益保障不足、社会地位不高等问题。因此，关注民办高校教师职业倦怠状况，有利于促进民办高校教师发展，改进民办高校办学水平。

职业倦怠是指在从事为人服务的工作中，个人的一种情感耗竭、人格解体和成就感降低的症状。

本研究将民办高校教师职业倦怠分为情绪衰竭、去个性化和成就感缺失三个方面进行考察。去个性化分值最低(均值 2.483)，其次为情绪衰竭(均值 2.838)，成就感缺失分值较高(均值 3.627)。

一、情绪衰竭

情绪衰竭是职业倦怠的重要症状，情绪衰竭现象主要表现为教师在工作中精神没有寄托、萎靡不振、个人情绪无法得到有效控制。这将降低教师工作的驱动力，不利于教师的身心健康发展。

(一)基本情况

情绪衰竭主要是指情绪处于极度的疲劳状态当中，对于一切内容失去兴趣与热情，对待人和事都没有良好的积极情绪反应体验。它是职业倦怠产生的重要原因。

民办高校教师存在情绪衰竭现象，均值 2.838，在各维度中处于中等水平。

(二)差异分析

1. 性别

在不同性别的样本教师情绪衰竭水平的比较中，男教师(均值 2.845)情绪衰竭水平高于女教师(均值 2.833)。

为严谨求证不同性别教师情绪衰竭水平是否存在显著差异，进行独立样本T检验。t=0.651(p>0.05)，表明在情绪衰竭方面，男教师和女教师不存在显著性差异。

2. 教龄

在不同教龄的样本教师情绪衰竭水平的比较中，教龄为1～5年、6～10年、11～20年、21～30年、31年及以上教师的均值分别为2.824、2.908、2.856、2.751、2.478，教龄为6～10年的教师情绪衰竭分值最高，教龄为31年以上的教师分值最低。

为严谨求证不同教龄教师情绪衰竭水平是否存在显著差异，进行单因素方差分析检验。

表 3-2-1　不同教龄教师情绪衰竭差值比较

	A 1～5年	B 6～10年	C 11～20年	D 21～30年	E 30年以上
B 6～10年	0.08346*	—	0.05153	0.15699*	0.42944*
E 30年以上	−0.34598*	−0.42944*	−0.37791*	−0.27246*	—
说明	差异显著(p=0.000<0.05)，方差不齐性(0.018)，采用 Tamhane 法进行事后多重比较				

* 表示在 0.05 水平上差异显著

由表3-2-1可知，教龄在6～10年的教师情绪衰竭水平显著高于除教龄为11～20年的教师外的其他教龄教师(B>A，B>D，B>E)；教龄在31年以上的教师情绪衰竭水平显著低于其他教龄教师(E<A，E<B，E<C，E<D)。

3. 专兼职身份

在不同教学身份的样本教师情绪衰竭水平的比较中，全职、双肩挑、校外兼职教师的均值分别为2.832、2.936、2.839，双肩挑教师情绪衰竭水平最高，全职教师情绪衰竭水平最低。

为严谨求证专兼职教师情绪衰竭水平是否存在显著差异，进行单因素方差分析检验。

表 3-2-2 不同身份教师情绪衰竭差值比较

	A 全职	B 双肩挑	C 校外兼职
B 双肩挑	0.10403*	—	0.09720
说明	差异显著(p=0.037＜0.05)，方差不齐性(0.046)，采用 Tamhane 法进行事后多重比较		

* 表示在 0.05 水平上差异显著

由表 3-2-2 可知，双肩挑教师情绪衰竭水平显著高于全职教师(B＞A)。

4. 学校层次

在不同办学层次学校的样本教师情绪衰竭水平的比较中，专科学校教师(均值 2.84)情绪衰竭水平比本科学校教师(均值 2.836)高。

为严谨求证不同性别教师情绪衰竭水平是否存在显著差异，进行独立样本 T 检验。t=－0.233(p＞0.05)，表明在情绪衰竭方面，不同办学层次学校的教师不存在显著性差异。

5. 学历

在不同学历的样本教师情绪衰竭水平的比较中，学历为专科及以下、学士、硕士、博士、其他学历教师的均值分别为 2.913、2.856、2.829、2.705、2.837，专科及以下学历的教师情绪衰竭水平最高，博士学历教师情绪衰竭水平最低。

为严谨求证不同学历教师情绪衰竭水平是否存在显著差异，进行单因素方差分析。

表 3-2-3 不同学历教师情绪衰竭差值比较

	A 专科及以下	B 学士	C 硕士	D 博士	E 其他
D 博士	－0.20792*	－0.15119*	－0.12432*	—	－0.13245
说明	差异显著(p=0.045＜0.05)，方差齐性(0.083)，采用 LSD 法进行事后多重比较				

* 表示在 0.05 水平上差异显著

由表 3-2-3 可知，博士学历的教师情绪衰竭水平显著低于专科及以下、学士和硕士学历的教师(D＜A，D＜B，D＜C)。

6. 职称

在不同职称的样本教师情绪衰竭水平的比较中，职称为正高级、副高级、中级、初级、无职称教师的均值分别为2.664、2.762、2.876、2.862、2.789，中级职称教师情绪衰竭水平最高，其次为初级职称教师，正高级职称的教师情绪衰竭水平最低。

为严谨求证不同职称教师情绪衰竭水平是否存在显著差异，进行单因素方差分析检验。

表3-2-4　不同职称教师情绪衰竭差值比较

	A正高级	B副高级	C中级	D初级	E无
C中级	0.21135*	0.11364*		0.01385	0.08613*
D初级	0.19750*	0.09979*	−0.01385		0.07228
说明	差异显著(p＝0.000＜0.05)，方差不齐性(0.000)，采用Tamhane法进行事后多重比较				

*表示在0.05水平上差异显著

由表3-2-4可知，中级和初级职称的教师情绪衰竭水平显著高于正高级和副高级职称教师(C＞A，C＞B，D＞A，D＞B)。

7. 学科

从表3-2-5可以看出，在不同学科的样本教师情绪衰竭水平的比较中，农学学科教师情绪衰竭水平最高，医学学科教师情绪衰竭水平最低。

表3-2-5　不同学科教师情绪衰竭水平均值排序

序号	专业	均值	序号	专业	均值
1	农学	2.9630	7	文学	2.8291
2	法学	2.9362	8	哲学	2.8290
3	理学	2.8710	9	管理	2.8241
4	教育	2.8467	10	经济	2.8065
5	工学	2.8453	11	医学	2.7265
6	艺术	2.8308			

注：教师学科不做进一步显著性检验，得分排序仅供参考。

8. 一学期承担课程门数

在承担不同课程门数的样本教师情绪衰竭水平的比较中，承担0门课程、1门课程、2门课程、3门课程、4门课程、5门及以上课程教师的均值分别为2.944、2.831、2.79、2.838、2.922、3.022，承担5门及以上课程的教师情绪衰竭水平最高，承担2门课程的教师情绪衰竭水平最低。

为严谨求证承担不同课程门数的教师情绪衰竭水平是否存在显著差异，进行单因素方差分析检验。

表 3-2-6　承担不同课程门数教师情绪衰竭差值比较

	A 0 门	B 1 门	C 2 门	D 3 门	E 4 门	F 5 门及以上
A 0 门	—	0.11300*	0.15342*	0.10538*	0.02148	−0.07837
B 1 门	−0.11300*	—	0.04042	−0.00762	−0.09153*	−0.19137*
C 2 门	−0.15342*	−0.04042	—	−0.04804	−0.13194*	−0.23179*
F5 门以上	0.07837	0.19137*	0.23179*	0.18375*	0.09985	—
说明	差异显著(p=0.000<0.05)，方差齐性(0.127)，采用 LSD 法进行事后多重比较					

* 表示在 0.05 水平上差异显著

由表 3-2-6 可知，本学期不承担课程的教师情绪衰竭水平显著高于承担 1～3 门课程的教师(A>B，A>C，A>D)；承担 1～2 门课程的教师情绪衰竭水平显著低于承担 4～5 门课程的教师(B<E，B<F，C<E，C<F)；承担 5 门及以上课程的教师情绪衰竭水平显著高于承担 1～3 门课程的教师(F>B，F>C，F>D)。

9. 每周授课学时

在每周授课学时不同的样本教师情绪衰竭水平的比较中，授课学时为 0 学时、10 学时以下、10～15 学时、16～20 学时、21～25 学时、26～30 学时、30 学时以上教师的均值分别为 2.934、2.897、2.773、2.891、2.896、3.015、2.767，每周授课 26～30 学时的教师情绪衰竭水平最高，授课 30 学时以上的教师情绪衰竭水平最低。

为严谨求证每周承担不同授课学时的教师情绪衰竭水平是否存在显著差异，进行单因素方差分析检验。

表 3-2-7　每周承担不同授课学时性别教师情绪衰竭差值比较

	A 0	B 10 学时以下	C 10～15 学时	D 16～20 学时	E 21～25 学时	F 26～30 学时	G 30 学时以上
F 26～30 学时	0.08124	0.11812*	0.24168*	0.19593*	0.13932*	—	0.24765*
说明	差异显著(p=0.000<0.05)，方差齐性(0.265)，采用 LSD 法进行事后多重比较						

* 表示在 0.05 水平上差异显著

由表 3-2-7 可知，每周授课 26～30 学时的教师情绪衰竭水平显著高于其他教师(F>B，F>C，F>D，F>E，F>G)。

10. 月收入

在不同月收入水平的样本教师情绪衰竭水平的比较中，月收入为 2000 元以下、2001～3000 元、3501～5000 元、5000～6500 元、6501 元以上教师的均值分别为 3.141、2.932、2.824、2.767、2.579，随着月收入的增加，教师情绪衰竭水平呈下降趋势。其中，2000 元以下的教师情绪衰竭水平最高，6501 元以上的教师情绪衰竭水平最低。

为严谨求证不同月收入水平的教师情绪衰竭水平是否存在显著差异，进行单因素方差分析检验。

表 3-2-8　不同月收入水平教师情绪衰竭差值比较

	A 2000 元以下	B 2001～3500 元	C 3501～5000 元	D 5001～6500 元	E 6501 元以上
A 2000 元以下	—	0.20956*	0.31767*	0.37400*	0.56284*
B 2001～3500 元	−0.20956*	—	0.10811*	0.16443*	0.35327*
E 6501 元以上	−0.56284*	−0.35327*	−0.24516*	−0.18884*	—
说明	差异显著(p=0.000<0.05)，方差不齐性(0.044)，采用 Tamhane 法进行事后多重比较				

* 表示在 0.05 水平上差异显著

由表 3-2-8 可知，月收入在 3500 元以下的教师情绪衰竭水平显著高于其他收入水平的教师。月收入在 6501 元以上的教师情绪衰竭水平显著低于其他收入水平的教师。

11. 年收入相对于支出

在年收支情况不同的样本教师情绪衰竭水平的比较中，随着年收入相对于支出的增加，教师情绪衰竭水平呈下降趋势。年收入相对于支出很不足、不足、持平、略有富余、很富余教师的均值分别为 3.145、2.899、2.715、2.552、2.284，年收入相对于支出很不足的教师情绪衰竭水平最高，年收入相对于支出水平很富余的教师情绪衰竭水平最低。

为严谨求证年收入相对于支出情况不同的教师情绪衰竭水平是否存在显著

差异，进行单因素方差分析检验。

表 3-2-9　不同收支情况教师情绪衰竭差值比较

	A很不足	B不足	C持平	D略有富余	E很富余
D略有富余	-0.59295*	-0.34644*	-0.16261*	—	0.26780*
E很富裕	-0.86075*	-0.61424*	-0.43041*	-0.26780*	—
说明	差异显著（p＝0.000＜0.05），方差齐性（0.138），采用 LSD 法进行事后多重比较				

*表示在 0.05 水平上差异显著

由表 3-2-9 可知，年收入相对于支出略有富余和很富余的教师情绪衰竭水平显著低于其他教师（D＜A，D＜B，D＜C，D＞E，E＜A，E＜B，E＜C，E＜D）。

12. 工作满意度

在工作满意度不同的样本教师情绪衰竭水平的比较中，随着对工作满意度的提升，教师情绪衰竭水平呈下降趋势。对工作非常不满意、不满意、一般、满意、非常满意教师的均值分别为 3.632、3.336、2.907、2.512、2.269，其中，对工作非常不满意的教师情绪衰竭水平最高，对工作非常满意的教师情绪衰竭水平最低。

为严谨求证不同工作满意度教师情绪衰竭水平是否存在显著差异，进行单因素方差分析检验。

表 3-2-10　不同工作满意度教师情绪衰竭差值比较

	A非常不满意	B不满意	C一般	D满意	E非常满意
A非常不满意	—	0.26559*	0.72522*	1.11938*	1.36295*
B不满意	-0.26559*	—	0.45963*	0.85378*	1.09736*
D满意	-1.11938*	-0.85378*	-0.39415*	—	0.24358*
E非常满意	-1.36295*	-1.09736*	-0.63773*	-0.24358*	—
说明	差异显著（p＝0.000＜0.05），方差不齐性（0.000），采用 Tamhane 法进行事后多重比较				

*表示在 0.05 水平上差异显著

由表 3-2-10 可知，对工作非常不满意和不满意的教师情绪衰竭水平显著高于其他教师（A＞B，A＞C，A＞D，A＞E，B＞C，B＞D，B＞E），对工作满意和非常满意的教师情绪衰竭水平显著低于其他教师（D＜A，D＜B，D＜C，E＜A，E＜B，E＜C，E＜D）。

(三)结论

经过显著性检验验证发现，存在显著性差异的有：教龄、专兼职身份、学历、职称、承担课程门数、每周授课学时、月收入、年收入相对于支出、工作满意度；不存在显著性差异的有：性别、学校层次。结论仅归纳存在显著差异部分。

第一，教龄在6～10年的教师情绪衰竭水平显著高于除教龄为11～20年的教师外的其他教龄教师；教龄在31年以上的教师情绪衰竭水平显著低于其他教龄教师。

第二，双肩挑教师情绪衰竭水平显著高于全职教师。

第三，博士学历的教师情绪衰竭水平显著低于专科及以下、学士和硕士学历的教师。

第四，中级和初级职称的教师情绪衰竭水平显著高于正高级和副高级职称教师。

第五，本学期不承担课程的教师情绪衰竭水平显著高于承担1～3门课程的教师；承担1～2门课程的教师情绪衰竭水平显著低于承担4～5门课程的教师；承担5门及以上课程的教师情绪衰竭水平显著高于承担1～3门课程的教师。

第六，每周授课26～30学时的教师情绪衰竭水平显著高于其他教师。

第七，月收入在3500元以下的教师情绪衰竭水平显著高于其他收入水平的教师。月收入在6501元以上的教师情绪衰竭水平显著低于其他收入水平的教师。

第八，年收入相对于支出略有富余和很富余的教师情绪衰竭水平显著低于其他教师。

第九，对工作非常不满意和不满意的教师情绪衰竭水平显著高于其他教师，对工作满意和非常满意的教师情绪衰竭水平显著低于其他教师。

二、去个性化

民办高校教师不仅要面对繁重的教学任务和科研任务，还要承担管理学生、提升自身专业水平的重任，往往因为不能及时缓解工作压力而产生疲惫感和挫败感，其中一个重要的倾向是去个性化，表现为因缺乏工作热情、安于现状、对学生缺乏关爱等产生的不良情绪。

(一)基本情况

去个性化是指个人在工作压力影响下，会导致自我导向功能的削弱或责任感的丧失，产生一些通常不会有的行为。是一种个人自我意识的下降。

民办高校教师存在去个性化问题，但不严重，均值 2.483，在三个维度中最低。

(二)差异分析

1. 性别

在不同性别的样本教师去个性化水平的比较中，男教师(均值 2.564)去个性化水平高于女教师(均值 2.428)。

为严谨求证不同性别教师去个性化水平是否存在显著差异，进行独立样本 T 检验。$t=7.982(p=0.000<0.01)$，男教师均值 $A=2.564\pm0.77$，女教师均值 $B=2.428\pm0.67$，表明男教师去个性化水平显著高于女教师(A>B)。

2. 教龄

在不同教龄的样本教师去个性化水平的比较中，随着教龄的增加，教师的去个性化水平呈下降趋势。教龄为 1～5 年、6～10 年、11～20 年、21～30 年、31 年及以上教师的均值分别为 2.509、2.494、2.471、2.441、2.254，其中，教龄 1～5 年的教师去个性化水平最高，教龄在 31 年及以上的教师去个性化水平最低。

为严谨求证不同教龄教师课堂管理水平是否存在显著差异，进行单因素方差分析检验。

表 3-2-11 不同教龄教师去个性化差值比较

	A 1～5 年	B 6～10 年	C 11～20 年	D 21～30 年	E 31 年及以上
E 31 年及以上	-0.25433*	-0.23939*	-0.21610*	-0.18638*	—
说明	差异显著(p=0.000<0.05)，方差不齐性(0.001)，采用 Tamhane 法进行事后多重比较				

* 表示在 0.05 水平上差异显著

由表 3-2-11 可知，教龄在 31 年及以上的教师去个性化水平显著低于其他教龄的教师(E<A，E<B，E<C，E<D)。

3. 专兼职身份

在不同教学身份的样本教师去个性化水平的比较中，全职、双肩挑、校外兼职教师的均值分别为2.469、2.507、2.725，全职教师去个性化水平最低，校外兼职教师去个性化水平最高。

为严谨求证不同身份教师去个性化水平是否存在显著差异，进行单因素方差分析检验。

表 3-2-12　不同身份教师去个性化差值比较

	A 全职	B 双肩挑	C 校外兼职
C 校外兼职	0.25611*	0.21763*	—
说明	差异显著(p=0.000<0.05)，方差不齐性(0.000)，采用 Tamhane 法进行事后多重比较		

* 表示在 0.05 水平上差异显著

由表3-2-12可知，校外兼职教师去个性化水平显著高于全职教师和双肩挑教师(C>A，C>B)。

4. 学校层次

在不同学校层次学校的样本教师去个性化水平的比较中，本科学校教师去个性化水平(均值2.508)较高，专科学校教师去个性化水平(均值2.456)较低。

通过独立样本T检验发现，t=3.121(p=0.002<0.05)，本科学校均值A=2.508±0.73，专科学校均值B=2.456±0.71，表明本科学校教师的去个性化水平显著高于专科学校的教师(A>B)。

5. 学历

在不同学历的样本教师去个性化水平的比较中，学历为专科及以下、学士、硕士、博士、其他学历教师的均值分别为2.707、2.524、2.452、2.469、2.392，专科及以下教师去个性化水平最高，填写其他学历的教师去个性化水平最低。

为严谨求证不同学历教师去个性化水平是否存在显著差异，进行单因素方差分析检验。

表 3-2-13　不同学历教师去个性化差值比较

	A 专科及以下	B 学士	C 硕士	D 博士	E 其他
A 专科及以下	—	0.18354*	0.25572*	0.23790*	0.31570*
B 学士	−0.18354*	—	0.07218*	0.05436	0.13216
说明	差异显著(p=0.000＜0.05)，方差不齐性(0.001)，采用 Tamhane 法进行事后多重比较				

* 表示在 0.05 水平上差异显著

由表 3-2-13 可知，专科及以下学历教师去个性化水平显著高于填写其他学历教师(A＞B，A＞C，A＞D，A＞E)，学士学历教师去个性化水平显著高于硕士学历教师(B＞C)。

6. 职称

在不同职称的样本教师去个性化水平的比较中，职称为正高级、副高级、中级、初级、无职称教师的均值分别为 2.549、2.459、2.481、2.495、2.476，正高级职称教师去个性化水平最高，副高级职称教师去个性化水平最低。

为严谨求证不同职称教师去个性化水平是否存在显著差异，进行单因素方差分析检验。

通过单因素方差分析验证，方差不齐性(p=0.000)，p＞0.05。从统计学角度看，不同职称的教师去个性化水平不存在显著性差异。

7. 学科

从表 3-2-14 可以看出，在不同学科的样本教师课堂管理水平的比较中，理学学科的教师去个性化水平最高，文学学科教师去个性化水平最低。

表 3-2-14　不同学科教师课堂管理水平均值排序

序号	专业	均值	序号	专业	均值
1	理学	2.5990	7	管理	2.4564
2	经济	2.5397	8	教育	2.4532
3	农学	2.5278	9	哲学	2.4221
4	工学	2.5151	10	医学	2.4118
5	艺术	2.5038	11	文学	2.4006
6	法学	2.4989			

注：教师学科不做进一步显著性检验，得分排序仅供参考。

8. 一学期承担课程门数

在承担不同课程门数的样本教师去个性化水平的比较中，承担 0 门课程、1 门课程、2 门课程、3 门课程、4 门课程、5 门课程及以上课程教师的均值分别为 2.54、2.472、2.477、2.446、2.543、2.597，承担 5 门及以上课程的教师去个性化水平最高，承担 3 门课程的教师去个性化水平最低。

通过单因素方差分析验证，方差不齐性(p=0.000)，且通过 Tamhane 法进行事后多重比较未发现显著差异的结果(p 值都大于 0.05)。从统计学角度看，承担不同课程门数的教师去个性化水平不存在显著性差异。

9. 每周授课学时

在每周承担不同授课学时数的样本教师去个性化水平的比较中，授课学时为 0 学时、10 学时以下、10～15 学时、16～20 学时、21～25 学时、26～30 学时、30 学时以上教师的均值分别为 2.532、2.504、2.448、2.452、2.488、2.748、2.529，每周承担 26～30 学时的教师去个性化水平最高，每周承担10～15 学时的教师去个性化水平最低。

为严谨求证每周授课学时数不同的教师去个性化水平是否存在显著差异，进行单因素方差分析检验。

表 3-2-15　每周承担不同授课学时教师去个性化差值比较

	A 0	B 10 学时以下	C 10～15 学时	D 16～20 学时	E 21～25 学时	F 26～30 学时	G 30 学时以上
F 26～30 学时	0.21466*	0.24275*	0.29896*	0.29503*	0.25933*	—	0.21807*
说明	差异显著(p=0.000<0.05)，方差不齐性(0.000)，采用 Tamhane 法进行事后多重比较						

*表示在 0.05 水平上差异显著

由表 3-2-15 可知，每周授课 26～30 学时的教师去个性化水平显著高于其他教师(F>A，F>B，F>C，F>D，F>E，F>G)。

10. 月收入

在不同月收入水平的样本教师去个性化水平的比较中，随着教师月收入的增加，教师的去个性化水平呈下降趋势。月收入为 2000 元以下、2001～3500 元、3501～5000 元、5001～6500 元、6501 元以上教师的均值分别为 2.856、2.525、2.474、2.445、2.322，其中，月收入在 2000 元以下的教师去个性化水平最高，月收入 6501 元以上的教师去个性化水平最低。

为严谨求证不同月收入水平的教师去个性化水平是否存在显著差异，进行单因素方差分析检验。

表 3-2-16　不同月收入水平教师去个性化差值比较

	A 2000 元以下	B 2001～3500 元	C 3501～5000 元	D 5001～6500 元	E 6501 元以上
A 2000 元以下	—	0.33131*	0.38246*	0.41122*	0.53395*
E6501 元以上	−0.53395*	−0.20264*	−0.15149*	−0.12273*	—
说明	差异显著(p=0.000<0.05)，方差不齐性(0.000)，采用 Tamhane 法进行事后多重比较				

* 表示在 0.05 水平上差异显著

由表 3-2-16 可知，月收入在 2000 元以下的教师去个性化水平显著高于其他月收入教师(A>B，A>C，A>D，A>E)。月收入在 6501 元以上的教师去个性化水平显著低于其他月收入水平教师(E<A，E<B，E<C，E<D)。

11. 年收入相对于支出

在年收支情况不同的样本教师去个性化水平的比较中，随着年收入相对于支出的增加，教师的去个性化水平呈下降趋势。年收入相对支出很不足、不足、持平、略有富余、很富余教师的均值分别为 2.58、2.497、2.476、2.346、2.168，其中，年收入相对于支出很不足的教师去个性化水平最高，年收入相对于支出很富余的教师去个性化水平最低。

为严谨求证年收入相对于支出情况不同的教师去个性化水平是否存在显著差异，进行单因素方差分析检验。

表 3-2-17　不同收支情况教师去个性化差值比较

	A 很不足	B 不足	C 持平	D 略有富余	E 很富余
A 很不足	—	0.08297*	0.10370*	0.23337*	0.41164*
D 略有富余	−0.23337*	−0.15039*	−0.12967*	—	0.17827
E 很富裕	−0.41164*	−0.32867*	−0.30794	−0.17827	—
说明	差异显著(p=0.000<0.05)，方差不齐性(0.000)，采用 Tamhane 法进行事后多重比较				

* 表示在 0.05 水平上差异显著

由表 3-2-17 可知，年收入相对于支出很不足的教师去个性化水平显著高于其他教师（A>B，A>C，A>D，A>E）。年收入相对于支出略有富余和很富余的教师去个性化水平显著低于其他教师（D<A，D<B，D<C，E<A，E<B）。

12. 工作满意度

在工作满意度不同的样本教师去个性化水平的比较中，对工作非常不满意、不满意、一般、满意、非常满意教师的均值分别为 2.88、2.739、2.515、3.327、2.194，教师的工作满意度越高，去个性化水平越低。

为严谨求证工作满意度不同的教师去个性化水平是否存在显著差异，进行单因素方差分析检验。

表 3-2-18　不同工作满意度教师去个性化差值比较

	A 非常不满意	B 不满意	C 一般	D 满意	E 非常满意
A 非常不满意	—	0.14126	0.36478*	0.55264*	0.68578*
B 不满意	−0.14126	—	0.22352*	0.41138*	0.54452*
D 满意	−0.55264*	−0.41138*	−0.18786*	—	0.13314
E 非常满意	−0.68578*	−0.54452*	−0.32100*	−0.13314	—
说明	差异显著（p=0.000<0.05），方差不齐性（0.000），采用 Tamhane 法进行事后多重比较				

* 表示在 0.05 水平上差异显著

由表 3-2-18 可知，对工作非常不满意和不满意的教师去个性化水平显著高于其他教师（A>B，A>C，A>D，A>E；B>C，B>D，B>E）。对工作满意和非常满意的教师去个性化水平显著低于其他教师（D<A，D<B，D<C，E<A，E<B，E<C）。

（三）结论

经过显著性检验验证发现，存在显著性差异的有：性别、教龄、专兼职身份、学校层次、学历、每周授课学时、月收入、年收入相对于支出、工作满意度；不存在显著性差异的有：职称、承担课程门数。结论仅归纳存在显著差异部分。

第一，男教师去个性化水平显著高于女教师。

第二，教龄在 31 年及以上的教师去个性化水平显著低于其他教龄的教师。

第三，校外兼职教师去个性化水平显著高于全职教师和双肩挑教师。

第四，本科学校教师的去个性化水平显著高于专科学校的教师。

第五，专科及以下学历教师去个性化水平显著高于填写其他学历的教师，学士学历教师去个性化水平显著高于硕士学历教师。

第六，每周授课 26～30 学时的教师去个性化水平显著高于其他教师。

第七，月收入在 2000 元以下的教师去个性化水平显著高于其他月收入教师。月收入在 6501 元以上的教师去个性化水平显著低于其他月收入水平教师。

第八，年收入相对于支出很不足的教师去个性化水平显著高于其他教师。年收入相对于支出略有富余和很富余的教师去个性化水平显著低于其他教师。

第九，对工作非常不满意和不满意的教师去个性化水平显著高于其他教师。对工作满意和非常满意的教师去个性化水平显著低于其他教师。

三、成就感缺失

民办高校教师是职业倦怠的高发人群，民办高校教师工作任务繁重，工作压力长期积压，容易对自身及工作产生怀疑并转为负面评价，认为自己没有能力胜任教育教学工作，成就感缺失，导致教师发展的信心不足。

(一)基本情况

成就感缺失是指缺少职业效能感，欠缺工作成功的体验，认为工作没有意义，缺乏自我实现的价值。

民办高校教师成就感缺失不严重，成就感均值 3.627，均值较高。

(二)差异分析

1. 性别

在不同性别的样本教师自我成就感水平的比较中，男教师(均值 3.620)的自我成就感低于女教师(均值 3.631)。

为严谨求证不同性别教师自我成就感是否存在显著差异，通过独立样本 T 检验发现，$t=-0.853(p>0.05)$，表明民办高校教师在自我成就感方面不存在性别差异。

2. 教龄

在不同教龄的样本教师自我成就感水平的比较中，教龄 1～5 年、6～10

年、11～20 年、21～30 年、31 年及以上教师的均值分别为 3.622、3.620、3.646、3.593、3.671，教龄为 31 年及以上的教师自我成就感水平较高，教龄为 21～30 年的教师自我成就感水平较低。

通过单因素方差分析验证，方差齐性（p＝0.515），p＞0.05。从统计学角度看，不同教龄的民办高校教师在自我成就感水平上不存在显著性差异。

3. 专兼职身份

在不同教学身份的样本教师自我成就感水平的比较中，全职、双肩挑、校外兼职教师的均值分别为 3.629、3.622、3.589，全职教师自我成就感水平最高，校外兼职教师自我成就感水平最低。

通过单因素方差分析验证，方差不齐性（p＝0.001），p＞0.05。从统计学角度看，不同身份的民办高校教师在自我成就感水平上不存在显著性差异。

4. 学校层次

在不同办学层次学校的样本教师自我成就感水平的比较中，本科学校教师（均值 3.631）自我成就感水平高于专科学校的教师（均值 3.622）。

为严谨求证不同层次学校教师自我成就感水平是否存在显著差异，通过独立样本 T 检验发现，t＝0.747（p＞0.05），表明不同层次学校的教师在自我成就感水平上不存在显著性差异。

5. 学历

在不同学历的样本教师自我成就感水平的比较中，学历为专科及以下、学士、硕士、博士、其他学历教师的均值分别为 3.516、3.616、3.637、3.605、3.696，填写其他学历的教师自我成就感水平最高，专科及以下学历的教师自我成就感水平最低。

为严谨求证不同学历教师自我成就感水平是否存在显著差异，进行单因素方差分析。

表 3-2-19 不同学历教师成就感差值比较

	A 专科及以下	B 学士	C 硕士	D 博士	E 其他
A 专科及以下	—	−0.09991	−0.12127*	−0.08937	−0.17976*
说明	差异显著（p＝0.008＜0.05），方差不齐性（0.002），采用 Tamhane 法进行事后多重比较				

*表示在 0.05 水平上差异显著

由表 3-2-19 可知，专科及以下学历教师自我成就感水平显著低于硕士学历教师和填写其他学历教师（A＜C，A＜E）。

6. 职称

在不同职称的样本教师自我成就感水平的比较中，职称为正高级、副高级、中级、初级、无职称教师的均值分别为 3.655、3.602、3.625、3.658、3.601，初级职称的教师自我成就感水平最高，无职称的教师自我成就感水平最低。

通过单因素方差分析验证，方差不齐性（p＝0.000），且通过 Tamhane 法进行事后多重比较未发现显著差异的结果。从统计学角度看，不同职称的教师在自我成就感水平上不存在显著性差异。

7. 学科

从表 3-2-20 可以看出，在不同学科的样本教师自我成就感水平的比较中，哲学学科教师自我成就感水平最高，农学学科教师自我成就感水平最低。

表 3-2-20　不同学科教师自我成就感均值排序

序号	专业	均值	序号	专业	均值
1	哲学	3.7310	7	理学	3.6036
2	医学	3.7151	8	管理	3.5912
3	教育	3.6937	9	工学	3.5891
4	法学	3.6830	10	经济	3.5825
5	文学	3.6773	11	农学	3.5417
6	艺术	3.6338			

注：教师学科不做进一步显著性检验，得分排序仅供参考。

8. 承担课程门数

在一学期承担不同课程门数的样本教师自我成就感水平的比较中，承担 0 课程、1 门课程、2 门课程、3 门课程、4 门课程、5 门及以上课程教师的均值分别为 3.590、3.644、3.603、3.647、3.655、3.642，承担 4 门课程的教师自我成就感水平最高，没有承担课程的教师自我成就感水平最低。

为严谨求证承担不同课程门数的教师自我成就感水平是否存在显著差异，进行单因素方差分析检验。

表 3-2-21　承担不同课程门数教师成就感差值比较

	A 0门	B 1门	C 2门	D 3门	E 4门	F 5门以上
C 2门	0.01251	−0.04151*	—	−0.04371*	−0.05200	−0.03911
说明	差异显著(p=0.035<0.05)，方差齐性(0.269)，采用LSD法进行事后多重比较					

*表示在0.05水平上差异显著

由表3-2-21可知，一学期承担2门课程的教师自我成就感水平显著低于承担1门课程和3门课程的教师(C<B，C<D)。

9. 每周授课学时

在每周授课学时数不同的样本教师自我成就感水平的比较中，授课学时为0学时、10学时以下、10～15学时、16～20学时、21～25学时、26～30学时、30学时以上教师的均值分别为3.591、3.633、3.633、3.629、3.634、3.677、3.56，每周授课26～30学时的教师自我成就感水平最高，每周授课30学时以上的教师自我成就感水平最低。

通过单因素方差分析验证，方差不齐性(p=0.000)，p>0.05。从统计学角度看，每周授课学时数不同的教师在自我成就感水平上不存在显著性差异。

10. 月收入

在不同月收入水平的样本教师自我成就感水平的比较中，月收入为2000元以下、2001～3500元、3501～5000元、5001～6500元、6501元以上教师的均值分别为3.624、3.641、3.618、3.607、3.673，月收入在6501元以上的教师自我成就感水平最高，月收入在5001～6500元的教师自我成就感水平最低。

通过单因素方差分析验证，方差不齐性(p=0.004)，p>0.05。从统计学角度看，不同月收入水平的教师在自我成就感水平上不存在显著性差异。

11. 年收入相对于支出

在年收支情况不同的样本教师自我成就感水平的比较中，年收入相对于支出很不足、不足、持平、略有富余、很富余教师的均值分别为3.634、3.63、3.605、3.655、3.676，年收入相对于支出很富余的教师自我成就感水平最高，年收入相对于支出持平的教师自我成就感水平最低。

通过单因素方差分析验证，方差不齐性(p=0.000)，p>0.05。从统计学角度看，年收入相对于支出情况不同的教师在自我成就感水平上不存在显著性差异。

12. 工作满意度

在工作满意度不同的样本教师成就感缺失程度的比较中，对工作非常满意、不满意、一般、满意、非常满意教师的均值分别为 3.563、3.56、3.573、3.717、3.906，对工作非常满意的教师自我成就感水平最高，对工作不满意的教师自我成就感水平最低。

为严谨求证不同工作满意度教师自我成就感是否存在显著差异，进行单因素方差分析检验。

表 3-2-22　不同工作满意度教师成就感差值比较

	A 非常不满意	B 不满意	C 一般	D 满意	E 非常满意
D 满意	0.15380*	0.15639*	0.14381*	—	−0.18968*
E 非常满意	0.34348*	0.34607*	0.33349*	0.18968*	—
说明	差异显著(p＝0.000＜0.05)，方差不齐性(0.000)，采用 Tamhane 法进行事后多重比较				

* 表示在 0.05 水平上差异显著

由表 3-2-22 可知，对工作满意和非常满意的教师自我成就感水平显著高于其他教师(D＞A，D＞B，D＞C；E＞A，E＞B，E＞C，E＞D)。

(三)结论

经过显著性检验验证发现，存在显著性差异的有：学历、承担课程门数、工作满意度；不存在显著性差异的有：性别、教龄、专兼职身份、学校层次、职称、每周授课学时、月收入、年收入相对于支出。结论仅归纳存在显著差异部分。

第一，专科及以下学历教师自我成就感水平显著低于硕士学历教师和填写其他学历的教师。

第二，一学期承担 2 门课程的教师自我成就感水平显著低于承担 1 门课程和 3 门课程的教师。

第三，对工作满意和非常满意的教师自我成就感水平显著高于其他教师。

第三章　环境待遇

环境待遇量表是测量教师对学校硬件条件、专业发展支持、教学沟通、职业待遇满意度的有效工具。教师的工作环境与工资待遇水平对教师能否安心工作，并积极投身教育教学有较大的影响。

环境待遇是指教师发展的外部支持动力，主要是物质与非物质的奖惩和待遇，对教师发展起着积极的促进作用。应当通过塑造和改进外部环境待遇，促进民办高校教师持续健康发展。

本研究将民办高校环境待遇分为硬件条件、专业发展和教学沟通和职业待遇四个维度。其中，硬件条件均值最高(均值为 3.301)，其次为专业发展和数学沟通(均值分别为 3.134、3.116)，职业待遇均值最低(均值为 2.824)。

一、硬件条件

教学硬件条件是开展教育教学活动的基础，也是吸引优质生源和师资的重要保障。为了确保人才培养的质量以及教师的专业发展，民办高校的教学硬件条件应该是充足、先进的。

(一)基本情况

硬件条件是指保障民办高校教师开展教育教学活动所必需的教学条件，包括教学仪器设备、图书资料、教学行政用房等方面。

民办高校教师对硬件条件满意度水平较高，均值 3.301，在各维度中最高。

(二)差异分析

1. 性别

在不同性别的样本教师对学校硬件条件满意度的比较中，男教师(均值 3.311)对学校硬件条件的满意度高于女教师(均值 3.294)。

为严谨求证不同性别教师对学校硬件条件的满意度是否存在显著差异，进行独立样本 T 检验。t＝0.898(p＞0.05)，表明在学校硬件条件的满意度方面，男教师和女教师不存在显著性差异。

2. 教龄

在不同教龄的样本教师对学校硬件条件满意度的比较中，教龄 1～5 年、6～10 年、11～20 年、21～30 年、31 年及以上教师的均值分别为 3.313、3.263、3.295、3.357、3.419，教龄为 31 年及以上的教师对学校硬件条件的满意度最高，教龄为 6～10 年的教师满意度最低。

为严谨求证不同教龄教师对学校硬件条件的满意度是否存在显著差异，进行单因素方差分析检验。

表 3-3-1　不同教龄教师对硬件条件满意度差值比较

	A 1～5 年	B 6～10 年	C 11～20 年	D 21～30 年	E 31 年及以上
E 31 年及以上	0.10592	0.15598*	0.12383*	0.06188	—
说明	差异显著(p＝0.003＜0.05)，方差不齐性(0.002)，采用 Tamhane 法进行事后多重比较				

*表示在 0.05 水平上差异显著

由表 3-3-1 可知，31 年教龄以上的教师对学校硬件条件的满意度高于 6～20 年教龄的教师(E＞B，E＞C)。

3. 专兼职身份

在不同教学身份的样本教师对学校硬件条件满意度的比较中，全职、双肩挑、校外兼职教师的均值分别为 3.292、3.272、3.512，校外兼职教师对学校硬件条件满意度最高，双肩挑教师对学校硬件条件满意度最低。

为严谨求证专兼职教师对学校硬件条件的满意度是否存在显著差异，进行单因素方差分析检验。

表 3-3-2　不同身份教师对硬件条件满意度差值比较

	A 全职	B 双肩挑	C 校外兼职
C 校外兼职	0.21994*	0.23942*	—
说明	差异显著(p＝0.000＜0.05)，方差齐性(0.250)，采用 LSD 法进行事后多重比较		

*表示在 0.05 水平上差异显著

由表 3-3-2 可知，校外兼职对学校硬件条件的满意度显著高于全职教师和双肩挑教师（C＞A，C＞B）。

4. 学校层次

在不同办学层次学校的样本教师对学校硬件条件满意度的比较中，专科学校教师（均值 3.416）对学校硬件条件的满意度高于本科学校教师（均值 3.197）。

为严谨求证不同办学层次学校的教师对学校硬件条件的满意度是否存在显著差异，进行独立样本 T 检验。t＝－12.607（p＜0.05），本科学校均值 A＝3.197±0.80，专科学校均值 B＝3.416±0.72，表明本科学校的教师对学校硬件条件的满意度显著低于专科学校的教师（A＜B）。

5. 学历

在不同学历的样本教师对学校硬件条件满意度的比较中，学历为专科及以下、学士、硕士、博士、其他学历教师的均值分别为 3.407、3.331、3.275、3.234、3.446，填写其他学历的教师对学校硬件条件满意度最高，博士学历教师对学校硬件条件满意度最低。

为严谨求证不同学历教师对学校硬件条件的满意度是否存在显著差异，进行单因素方差分析。

表 3-3-3　不同学历教师对硬件条件满意度差值比较

	A 专科及以下	B 学士	C 硕士	D 博士	E 其他
C 硕士	－0.13204*	－0.05578*	—	0.04171	－0.17042*
E 其他	0.03838	0.11464	0.17042*	0.21212*	—
说明	差异显著（p＝0.000＜0.05），方差齐性（0.155），采用 LSD 法进行事后多重比较				

* 表示在 0.05 水平上差异显著

由表 3-3-3 可知，硕士学历教师对学校硬件条件的满意度显著低于学士学历及以下的教师（C＜A，C＜B），填写其他学历的教师对学校硬件条件的满意度显著高于硕士学历和博士学历教师（E＞C，E＞D）。

6. 职称

在不同职称的样本教师对学校硬件条件满意度的比较中，职称为正高级、副高级、中级、初级、无职称教师的满意度分别为 3.465、3.332、2.273、

3.269、3.374，正高级职称教师对学校硬件条件的满意度最高，其次为无职称的教师，初级职称教师对学校硬件条件的满意度最低。

为严谨求证不同职称教师对学校硬件条件的满意度是否存在显著差异，进行单因素方差分析检验。

表 3-3-4 不同职称教师对硬件条件满意度差值比较

	A 正高级	B 副高级	C 中级	D 初级	E 无
A 正高级	—	0.13236	0.19155*	0.19527*	0.09112
E 无	−0.09112	0.04124	0.10043*	0.10415*	—
说明	差异显著(p=0.000＜0.05)，方差不齐性(0.016)，采用 Tamhane 法进行事后多重比较				

* 表示在 0.05 水平上差异显著

由表 3-3-4 可知，正高级职称教师对学校硬件条件的满意度显著高于中级和初级职称的教师(A＞C，A＞D)，无职称教师对学校硬件条件的满意度显著高于中级和初级职称教师(E＞C，E＞D)。

7. 学科

从表 3-3-5 可以看出，在不同学科的样本教师对学校硬件条件满意度的比较中，医学学科教师对学校硬件条件满意度最高，法学学科教师对学校硬件条件满意度最低。

表 3-3-5 不同学科教师对硬件条件评价均值排序

序号	专业	均值	序号	专业	均值
1	医学	3.4363	7	教育	3.2614
2	工学	3.3814	8	哲学	3.2415
3	经济	3.3590	9	农学	3.2346
4	理学	3.3485	10	文学	3.1544
5	管理	3.3383	11	法学	3.1262
6	艺术	3.3130			

注：教师学科不做进一步显著性检验，得分排序仅供参考。

8. 承担课程门数

在承担不同课程门数的样本教师对学校硬件条件满意度的比较中，承担0门课程、1门课程、2门课程、3门课程、4门课程、5门及以上课程教师的均值分别为3.34、3.29、3.315、3.32、3.239、3.185，没有承担课程的教师对学校硬件条件满意度最高，承担5门及以上课程的教师对学校硬件条件满意度最低。

通过单因素方差分析验证，方差不齐性(p=0.021)，且通过Tamhane法进行事后多重比较未发现显著差异的结果(p值都大于0.05)。从统计学角度看，承担不同课程门数的教师对学校硬件条件的满意度不存在显著性差异。

9. 每周授课学时

在每周承担不同授课学时数的样本教师对学校硬件条件满意度的比较中，授课学时为0学时、10学时以下、10～15学时、16～20学时、21～25学时、26～30学时、30学时以上教师的均值分别为3.35、3.332、3.312、3.278、3.231、3.272、3.312，授课学时数为0的教师对学校硬件条件的满意度最高，每周授课21～25学时的教师对学校硬件条件的满意度最低。

为严谨求证每周授课学时数不同的教师对学校硬件条件的满意度是否存在显著差异，进行单因素方差分析检验。

表3-3-6　每周承担不同授课学时教师对硬件条件满意度差值比较

	A 0	B 10学时以下	C 10～15学时	D 16～20学时	E 21～25学时	F 26～30学时	G 30学时以上
E 21～25学时	−0.13653	−0.11911*	−0.09892	−0.06484	—	−0.05910	−0.09851
说明	差异显著(p=0.019<0.05)，方差不齐性(0.017)，采用Tamhane法进行事后多重比较						

*表示在0.05水平上差异显著

由表3-3-6可知，每周授课21～25学时的教师对学校硬件条件的满意度显著低于每周授课10学时以下的教师(E<B)。

10. 月收入

在不同月收入水平的样本教师对学校硬件条件满意度的比较中，随着教师月收入的增加，教师对学校硬件条件的满意度呈上升趋势。月收入为2000元以下、2001～3500 元、3501～5000 元、5001～6500 元、6501 元以上教师的均值分别为 3.174、3.193、3.331、3.416、3.462，其中，月收入在 2000 元以下的教师对学校硬件条件的满意度最低，月收入 6501 元以上的教师对学校硬件条件的满意度最高。

为严谨求证不同月收入水平的教师对学校硬件条件的满意度是否存在显著差异，进行单因素方差分析检验。

表 3-3-7　不同月收入水平教师对硬件条件满意度差值比较

	A 2000 元以下	B 2001～3500 元	C 3501～5000 元	D 5001～6500 元	E 6501 元以上
D 5001～6500 元	0.24198*	0.22295*	0.10542*	—	−0.04590
E6501 元以上	0.28788*	0.26885*	0.15132*	0.04590	—
说明	差异显著(p=0.000<0.05)，方差不齐性(0.001)，采用 Tamhane 法进行事后多重比较				

* 表示在 0.05 水平上差异显著

由表 3-3-7 可知，月收入在 5001 元以上的教师对学校硬件条件的满意度显著高于其他月收入教师(D>A，D>B，D>C；E>A，E>B；E>C)。

11. 年收入相对于支出

在年收支情况不同的样本教师对学校硬件条件满意度的比较中，随着年收入相对于支出的增加，教师对学校硬件条件的满意度呈上升趋势。年收入相对于支出不足、不足、持平、略有富余、很富余教师的均值分别为 2.972、3.237、3.457、3.566、3.646，其中，年收入相对于支出很不足的教师对学校硬件条件的满意度最低，年收入相对于支出很富余的教师对学校硬件条件的满意度最高。

为严谨求证年收入相对于支出情况不同的教师对学校硬件条件的满意度是否存在显著差异，进行单因素方差分析检验。

表 3-3-8　不同收支情况教师对硬件条件满意度差值比较

	A 很不足	B 不足	C 持平	D 略有富余	E 很富余
D 略有富余	0.59477*	0.32975*	0.10909*	—	−0.07941
E 很富裕	0.67418*	0.40916*	0.18849	0.07941	—
说明	差异显著(p=0.000<0.05)，方差不齐性(0.000)，采用 Tamhane 法进行事后多重比较				

* 表示在 0.05 水平上差异显著

由表 3-3-8 可知，年收入相对于支出略有富余和很富余的教师对学校硬件条件的满意度显著高于其他教师(D>A，D>B，D>C；E>A，E>B)。

12. 工作满意度

在工作满意度不同的样本教师对学校硬件条件满意度的比较中，对工作非常不满意、不满意、一般、满意、非常满意教师的均值分别为 2.608、2.845、3.206、3.62、4.009，教师的工作满意度越高，对学校硬件条件的满意度越高。

为严谨求证工作满意度不同的教师对学校硬件条件的满意度是否存在显著差异，进行单因素方差分析检验。

表 3-3-9　不同工作满意度教师对硬件条件满意度差值比较

	A 非常不满意	B 不满意	C 一般	D 满意	E 非常满意
D 满意	1.01166*	0.77467*	0.41356*	—	−0.38947*
E 非常满意	1.40113*	1.16414*	0.80304*	0.38947*	—
说明	差异显著(p=0.000<0.05)，方差不齐性(0.000)，采用 Tamhane 法进行事后多重比较				

* 表示在 0.05 水平上差异显著

由表 3-3-9 可知，对工作满意和非常满意的教师对学校硬件条件的满意度显著高于其他教师(D>A，D>B，D>C；E>A，E>B，E>C)。

(三)结论

经过显著性检验验证发现，存在显著性差异的有：教龄、专兼职身份、学校层次、学历、职称、每周授课学时、月收入、年收入相对于支出、工作满意度；不存在显著性差异的有：性别、承担课程门数。结论仅归纳存在显著差异部分。

第一，31 年教龄以上的教师对学校硬件条件的满意度高于 6～20 年教龄的教师。

第二，校外兼职对学校硬件条件的满意度显著高于全职教师和双肩挑教师。

第三，本科学校的教师对学校硬件条件的满意度显著低于专科学校的教师。

第四，硕士学历教师对学校硬件条件的满意度显著低于学士学历及以下的教师，填写其他学历的教师对学校硬件条件的满意度显著高于硕士学历和博士学历教师。

第五，正高级职称教师对学校硬件条件的满意度显著高于中级和初级职称的教师，无职称教师对学校硬件条件的满意度显著高于中级和初级职称教师。

第六，每周授课 21～25 学时的教师对学校硬件条件的满意度显著低于每周授课 10 学时以下的教师。

第七，月收入在 5001 元以上的教师对学校硬件条件的满意度显著高于其他月收入教师。

第八，年收入相对于支出略有富余和很富余的教师对学校硬件条件的满意度显著高于其他教师。

第九，对工作满意和非常满意的教师对学校硬件条件的满意度显著高于其他教师。

二、专业发展

教师是民办高等教育事业发展的基础，教师的专业发展是一个提高个人能力、扩展兴趣、胜任工作，促进教师个人发展的过程，教师专业发展水平是民办高校教学质量的关键因素。

(一)基本情况

专业发展是指促进教师个人成长，提升专业知识与技能、获得施展才能的机会。

民办高校教师对专业发展的满意度位于中等水平，均值 3.134，还需进一步提升。

(二)差异分析

1. 性别

在不同性别的样本教师对专业发展满意度的比较中，男教师(均值 3.206)对专业发展的满意度高于女教师(均值 3.084)。

为严谨求证不同性别教师对专业发展的满意度是否存在显著差异，通过独立样本 T 检验发现，$t=6.112(p<0.05)$，男教师均值 $A=3.206\pm0.87$，女教师均值 $B=3.084\pm0.82$，表明男教师对专业发展的满意度显著高于女教师($A>B$)。

2. 教龄

在不同教龄的样本教师对专业发展满意度的比较中，教龄 1～5 年、6～10 年、11～20 年、21～30 年、31 年及以上教师的均值分别为 3.178、3.049、

3.073、3.258、3.428，教龄为31年及以上的教师对专业发展的满意度较高，教龄为6～10年的教师对专业发展的满意度较低。

为严谨求证不同教龄教师对专业发展的满意度是否存在显著差异，进行单因素方差分析检验。

表3-3-10　不同教龄教师对专业发展满意度差值比较

	A 1～5年	B 6～10年	C 11～20年	D 21～30年	E 31年及以上
B 6～10年	−0.12940*	—	−0.02442	−0.20956*	−0.37922*
C11～20年	−0.10498*	0.02442	—	−0.18514*	−0.35480*
E31年及以上	0.24982*	0.37922*	0.35480*	0.16966*	—
说明	差异显著(p=0.000<0.05)，方差不齐性(0.000)，采用Tamhane法进行事后多重比较				

*表示在0.05水平上差异显著

由表3-3-10可知，教龄为6～20年的教师对专业发展的满意度显著低于其他教龄的教师(B<A，B<D，B<E；C<A，C<D，C<E)，教龄为31年及以上的教师对专业发展的满意度显著高于其他教龄的教师(E>A，E>B，E>C，E>D)。

3. 专兼职身份

在不同教学身份的样本教师对专业发展满意度的比较中，全职、双肩挑、校外兼职教师的均值分别为3.12、3.122、3.406，校外兼职教师对专业发展的满意度最高，全职教师对专业发展的满意度最低。

为严谨求证不同身份教师对专业发展的满意度是否存在显著差异，进行单因素方差分析检验。

表3-3-11　不同身份教师对专业发展满意度差值分析

	A全职	B双肩挑	C校外兼职
C校外兼职	0.28640*	0.28469*	—
说明	差异显著(p=0.000<0.05)，方差齐性(0.184)，采用LSD法进行事后多重比较		

*表示在0.05水平上差异显著

由表3-3-11可知，校外兼职教师对专业发展的满意度显著高于全职教师和双肩挑教师(C>A，C>B)。

4. 学校层次

在不同层次学校的样本教师对专业发展满意度的比较中，本科学校教师对专业发展满意度(均值 3.043)较低，专科学校教师对专业发展满意度(均值 3.234)较高。

通过独立样本 T 检验发现，t＝－9.989(p<0.05)，本科学校均值 A＝3.043±0.85，专科学校均值 B＝3.234±0.82，表明本科学校教师对专业发展的满意度显著低于专科学校的教师。

5. 学历

在不同学历的样本教师对专业发展满意度的比较中，学历为专科及以下、学士、硕士、博士、其他学历教师的均值分别为 3.395、3.193、3.076、3.178、3.321，专科及以下教师对专业发展的满意度最高，硕士学历的教师对专业发展的满意度最低。

为严谨求证不同学历教师对专业发展的满意度是否存在显著差异，进行单因素方差分析检验。

表 3-3-12 不同学历教师对专业发展满意度差值分析

	A 专科及以下	B 学士	C 硕士	D 博士	E 其他
C 硕士	－0.31875*	－0.11707*	—	－0.10227	－0.24545*
说明	差异显著(p＝0.000<0.05)，方差不齐性(0.000)，采用 Tamhane 法进行事后多重比较				

* 表示在 0.05 水平上差异显著

由表 3-3-12 可知，硕士学历教师对专业发展的满意度显著低于专科及以下和学士学历教师(C<A，C<B，C<E)。

6. 职称

在不同职称的样本教师对专业发展的满意度的比较中，职称为正高级、副高级、中级、初级、无职称教师的均值分别为 3.507、3.262、3.051、3.11、3.232，正高级职称教师对专业发展的满意度最高，中级职称教师对专业发展的满意度最低。

为严谨求证不同职称教师对专业发展的满意度是否存在显著差异，进行单因素方差分析检验。

表 3-3-13 不同职称教师对专业发展满意度差值比较

	A 正高级	B 副高级	C 中级	D 初级	E 无
C 中级	−0.45650*	−0.21134*		−0.05905	−0.18091*
D 初级	−0.39745*	−0.15229*	0.05905		−0.12185*
说明	差异显著(p=0.000<0.05)，方差不齐性(0.000)，采用 Tamhane 法进行事后多重比较				

*表示在 0.05 水平上差异显著

由表 3-3-13 可知，中级和初级职称的教师对专业发展的满意度显著低于其他职称教师(C<A，C<B，C<E；D<A，D<B，D<E)。

7. 学科

从表 3-3-14 可以看出，在不同学科的样本教师对专业发展满意度的比较中，医学学科教师对专业发展的满意度最高，文学学科教师对专业发展的满意度最低。

表 3-3-14 不同学科教师对专业发展评价均值排序

序号	专业	均值	序号	专业	均值
1	医学	3.3676	7	理学	3.1616
2	农学	3.2469	8	教育	3.0963
3	艺术	3.2344	9	哲学	3.0797
4	工学	3.1999	10	法学	2.9830
5	经济	3.1869	11	文学	2.9280
6	管理	3.1758			

注：教师学科不做进一步显著性检验，得分排序仅供参考。

8. 承担课程门数

在承担不同课程门数的样本教师对专业发展满意度的比较中，承担 0 门课程、1 门课程、2 门课程、3 门课程、4 门课程、5 门及以上课程教师的均值分别为 3.167、3.117、3.164、3.149、3.054、2.967，不承担课程的教师对专业发展的满意度最高，承担 5 门及以上课程的教师对专业发展的满意度最低。

为严谨求证承担不同课程门数的教师对专业发展的满意度是否存在显著差

异，进行单因素方差分析检验。

表 3-3-15　承担不同课程门数教师对专业发展满意度差值比较

	A0 门	B1 门	C2 门	D3 门	E4 门	F5 门及以上
D3 门	−0.01775	0.03239	−0.01496		0.11003*	0.18191*
说明	差异显著(p=0.001<0.05)，方差齐性(0.097)，采用 LSD 法进行事后多重比较					

*表示在 0.05 水平上差异显著

由表 3-3-15 可知，承担 3 门课程的教师对专业发展的满意度显著高于承担 4 门及以上课程的教师(D>E，D>F)。

9. 每周授课学时

在每周承担不同授课学时数的样本教师对专业发展满意度的比较中，授课学时数为 0 学时、10 学时以下、10～15 学时、16～20 学时、21～25 学时、26～30 学时、30 学时以上教师的均值分别为 3.168、3.154、3.157、3.079、3.063、3.243、3.196，每周承担 26～30 学时的教师对专业发展的满意度最高，每周承担 21～25 学时的教师对专业发展的满意度最低。

为严谨求证每周不同授课学时的教师对专业发展的满意度是否存在显著差异，进行单因素方差分析检验。

表 3-3-16　每周承担不同学时教师对专业发展满意度差值比较

	A 0	B 10 学时以下	C 10～15 学时	D 16～20 学时	E 21～25 学时	F 26～30 学时	G 30 学时以上
D 16～20 学时	−0.08899*	−0.07452*	−0.07731*		0.01619	−0.16422*	−0.11650*
E21～25 学时	−0.10518*	−0.09071*	−0.09350*	−0.01619		−0.18041*	−0.13269*
说明	差异显著(p=0.001<0.05)，方差齐性(0.108)，采用 LSD 法进行事后多重比较						

*表示在 0.05 水平上差异显著

由表 3-3-16 可知，每周授课 16～25 学时的教师对专业发展的满意度显著低于其他教师(D<A，D<B，D<C，D<F，D<G；E<A，E<B，E<C，E<F)。

10. 月收入

在不同月收入水平的样本教师对专业发展满意度的比较中，随着月收入的增加，教师对专业发展的满意度呈上升趋势。月收入为2000元以下、2001～3500元、3501～5000元、5001～6500元、6501元以上教师的均值分别为2.954、3.017、3.124、3.266、3.433，其中，2000元以下的教师对专业发展的满意度最低，6501元以上的教师对专业发展的满意度最高。

为严谨求证不同月收入水平的教师对专业发展的满意度是否存在显著差异，进行单因素方差分析检验。

表 3-3-17　不同月收入水平教师对专业发展满意度差值比较

	A 2000元以下	B 2001～3500元	C 3501～5000元	D 5001～6500元	E 6501元以上
A 2000元以下		−0.06301	−0.17008	−0.31207*	−0.47850*
B2001～3500元	0.06301		−0.10708*	−0.24906*	−0.41549*
说明	差异显著(p=0.000<0.05)，方差不齐性(0.011)，采用Tamhane法进行事后多重比较				

*表示在0.05水平上差异显著

由表3-3-17可知，月收入在3500元以下的教师对专业发展的满意度显著低于3501元以上收入水平的教师(A<D，A<E；B<C，B<D，B<E)。

11. 年收入相对于支出

在年收支情况不同的样本教师对专业发展满意度的比较中，随着年收入相对于支出的增加，教师对专业发展的满意度呈上升趋势。年收入相对于支出很不足、不足、持平、略有富余、很富余教师的均值分别为2.718、3.023、3.349、3.491、3.63，年收入相对于支出很不足的教师对专业发展的满意度最低，年收入相对于支出水平很富余的教师对专业发展的满意度最高。

为严谨求证年收入相对于支出情况不同的教师对专业发展满意度是否存在显著差异，进行单因素方差分析检验。

表 3-3-18　不同收支情况教师对专业发展满意度差值比较

	A很不足	B不足	C持平	D略有富余	E很富余
D略有富余	0.77306*	0.46854*	0.14227*		−0.13896
说明	差异显著(p=0.000<0.05)，方差不齐性(0.000)，采用Tamhane法进行事后多重比较				

*表示在0.05水平上差异显著

由表 3-3-18 可知，年收入相对于支出略有富余的教师对专业发展的满意度显著高于年收入相对于支出持平和不足的教师(D＞A，D＞B，D＞C)。

12. 工作满意度

在工作满意度不同的样本教师对专业发展满意度的比较中，随着对工作满意度的提升，教师对专业发展的满意度呈上升趋势。对工作非常不满意、不满意、一般、满意、非常满意教师的均值分别为 2.241、2.465、3.005、3.584、4.006，其中，对工作非常满意的教师对专业发展的满意度最高，对工作非常不满意的教师对专业发展的满意度最低。

为严谨求证不同工作满意度教师对专业发展的满意度是否存在显著差异，进行单因素方差分析检验。

表 3-3-19　不同工作满意度教师对专业发展满意度差值比较

	A 非常不满意	B 不满意	C 一般	D 满意	E 非常满意
D 满意	1.34343*	1.11910*	0.57907*	—	−0.42215*
E 非常满意	1.76558*	1.54126*	1.00123*	0.42215*	—
说明	差异显著(p=0.000＜0.05)，方差不齐性(0.000)，采用 Tamhane 法进行事后多重比较				

* 表示在 0.05 水平上差异显著

由表 3-3-19 可知，对工作满意和非常满意的教师对专业发展的满意度显著高于其他教师(D＞A，D＞B，D＞C，E＞A，E＞B，E＞C，E＞D)。

(三)结论

经过显著性检验验证发现，存在显著性差异的有：性别、教龄、学校层次、专兼职身份、学历、职称、承担课程门数、每周授课学时、月收入、年收入相对于支出、工作满意度。结论仅归纳存在显著差异部分。

第一，男教师对专业发展的满意度显著高于女教师。

第二，教龄为 6～20 年的教师对专业发展的满意度显著低于其他教龄的教师，教龄为 31 年及以上的教师对专业发展的满意度显著高于其他教龄的教师。

第三，校外兼职教师对专业发展的满意度显著高于全职教师和双肩挑教师。

第四，本科学校教师对专业发展的满意度显著低于专科学校的教师。

第五，硕士学历教师对专业发展的满意度显著低于专科及以下和学士学历教师。

第六，中级和初级职称的教师对专业发展的满意度显著低于其他职称教师。

第七，承担3门课程的教师对专业发展的满意度显著高于承担4门及以上课程的教师。

第八，每周授课16～25学时的教师对专业发展的满意度显著低于其他教师。

第九，月收入在3500元以下的教师对专业发展的满意度显著低于3501元以上收入水平的教师。

第十，年收入相对于支出略有富余的教师对专业发展的满意度显著高于年收入相对于支出持平和不足的教师。

第十一，对工作满意和非常满意的教师对专业发展的满意度显著高于其他教师。

三、教学沟通

民办高校只有在管理中与教师建立起良好的沟通和交流，才能真正做到以人为本。以人为本的管理核心就是对现实社会关系中人与人关系的把握，把人作为最根本的要素，要求管理者充分尊重人、塑造人、培养人，给个人的发展提供广阔空间。

(一)基本情况

教学沟通是指教师在工作中与领导、同事、学生交换思想、交流感情、探讨问题、参与学校管理的机会和条件。教学沟通良好，体现在教师与领导、教师与学生的交流、互动能够在平等、和谐的氛围中进行。

民办高校教师教学沟通处于中等水平，均值3.116，教师的教学沟通水平有待提高。

(二)差异分析

1. 性别

在不同性别的样本教师教学沟通水平的比较中，男教师(均值 3.165)的教学沟通水平高于女教师(均值 3.083)。

为严谨求证不同性别教师教学沟通水平是否存在显著差异，进行独立样本 T 检验。t=4.288(p=0.000<0.01)，男教师均值 A=3.165±0.85，女教师均值 B=3.083±0.78，表明男教师教学沟通水平显著高于女教师(A>B)。

2. 教龄

在不同教龄的样本教师教学沟通水平的比较中，教龄 1～5 年、6～10 年、11～20 年、21～30 年、31 年及以上教师的均值分别为 3.154、3.06、3.062、3.212、3.276，教龄在 31 年及以上的教师教学沟通水平最高，教龄 6～10 年的教师教学沟通水平最低。

为严谨求证不同教龄教师教学沟通水平是否存在显著差异，进行单因素方差分析检验。

表 3-3-20　不同教龄教师对教学沟通满意度差值比较

	A 1～5 年	B 6～10 年	C 11～20 年	D 21～30 年	E 31 年及以上
B 6～10 年	−0.09428*		−0.00208	−0.15169*	−0.21656*
C11～20 年	−0.09220*	0.00208		−0.14961*	−0.21448*
说明	差异显著(p=0.000<0.05)，方差齐性(0.127)，采用 LSD 法进行事后多重比较				

*表示在 0.05 水平上差异显著

由表 3-3-20 可知，教龄在 6～20 年的教师教学沟通水平显著低于其他教龄的教师(B<A，B<D，B<E；C<A，C<D，C<E)。

3. 专兼职身份

在不同教学身份的样本教师教学沟通水平的比较中，全职、双肩挑、校外兼职教师的均值分别为 3.098、3.169、3.398，校外兼职教师教学沟通水平最高，全职教师教学沟通水平最低。

为严谨求证不同身份教师教学沟通水平是否存在显著差异，进行单因素方差分析检验。

表 3-3-21　不同身份教师对教学沟通满意度差值比较

	A 全职	B 双肩挑	C 校外兼职
C 校外兼职	0.29988*	0.22923*	—
说明	差异显著(p=0.000<0.05)，方差齐性(0.661)，采用 LSD 法进行事后多重比较		

*表示在 0.05 水平上差异显著

由表 3-3-21 可知，校外兼职教师教学沟通水平显著高于全职教师和双肩挑教师(C>A，C>B)。

4. 学校层次

不同层次学校的样本教师教学沟通水平的比较中，本科学校教师教学沟通水平(均值 3.068)较低，专科学校教师教学沟通水平(均值 3.169)较高。

通过独立样本 T 检验发现，t=－5.411(p=0.000<0.05)，本科学校均值 A=3.068±0.81，专科学校均值 B=3.169±0.81，表明本科学校教师的教学沟通水平显著低于专科学校的教师(A<B)。

5. 学历

在不同学历的样本教师教学沟通水平的比较中，学历为专科及以下、学士、硕士、博士、其他学历教师的均值分别为 3.333、3.164、3.068、3.201、3.237，硕士学历的教师教学沟通水平最低，专科及以下教师教学沟通水平最高。

为严谨求证不同学历教师教学沟通水平是否存在显著差异，进行单因素方差分析检验。

表 3-3-22　不同学历教师对教学沟通满意度差值比较

	A 专科及以下	B 学士	C 硕士	D 博士	E 其他
C 硕士	－0.26557*	－0.09658*	—	－0.13321*	－0.16918*
说明	差异显著(p=0.000<0.05)，方差齐性(0.136)，采用 LSD 法进行事后多重比较				

*表示在 0.05 水平上差异显著

由表 3-3-22 可知，硕士学历教师教学沟通水平显著低于其他学历教师(C<A，C<B，C<D，C<E)。

6. 职称

在不同职称的样本教师教学沟通水平的比较中，职称为正高级、副高级、中级、初级、无职称教师的均值分别为 3.392、3.205、3.041、3.125、3.201 正高级职称教师教学沟通水平最高，中级职称教师教学沟通水平最低。

为严谨求证不同职称教师教学沟通水平是否存在显著差异，进行单因素方差分析检验。

表 3-3-23　不同职称教师对教学沟通满意度差值比较

	A 正高级	B 副高级	C 中级	D 初级	E 无
A 正高级	—	0.18655*	0.35122*	0.26635*	0.19070*
C 中级	−0.35122*	−0.16467*	—	−0.08487*	−0.16051*
说明	差异显著(p=0.000<0.05)，方差齐性(0.170)，采用 LSD 法进行事后多重比较				

* 表示在 0.05 水平上差异显著

由表 3-3-23 可知，正高级职称的教师教学沟通水平显著高于其他职称教师(A>B，A>C，A>D，A>E)，中级职称的教师教学沟通水平显著低于其他职称教师(C<A，C<B，C<D，C<E)。

7. 学科

从表 3-3-24 可以看出，在不同学科的样本教师教学沟通水平的比较中，医学学科教师教学沟通水平最高，文学学科教师教学沟通水平最低。

表 3-3-24　不同学科教师对教学沟通评价均值排序

序号	专业	均值	序号	专业	均值
1	医学	3.3529	6	教育	3.1270
2	艺术	3.2128	8	管理	3.1253
3	经济	3.2046	9	法学	3.0922
4	哲学	3.1473	10	农学	3.0370
5	理学	3.1335	11	文学	2.9592
6	工学	3.1270			

注：教师学科不做进一步显著性检验，得分排序仅供参考。

8. 承担课程门数

在承担不同课程门数的样本教师教学沟通水平的比较中，承担 0 门课程、1 门课程、2 门课程、3 门课程、4 门课程、5 门及以上课程教师的均值分别为

3.176、3.118、3.135、3.103、3.058、2.932，不承担课程的教师教学沟通水平最高，其次为承担2门课程的教师，承担5门及以上课程的教师教学沟通水平最低。

为严谨求证承担不同课程门数的教师教学沟通水平是否存在显著差异，进行单因素方差分析检验。

表 3-3-25　承担不同课程门数教师对教学沟通满意度差值比较

	A 0门	B 1门	C 2门	D 3门	E 4门	F 5门及以上
F 5门及以上	−0.24436*	−0.18569*	−0.20308*	−0.17131	−0.12593	—
说明	差异显著(p=0.001<0.05)，方差不齐性(0.004)，采用 Tamhane 法进行事后多重比较					

*表示在0.05水平上差异显著

由表3-3-25可知，承担5门及以上课程的教师教学沟通水平显著低于承担0～2门课程的教师(F<A，F<B，F<C)。

9. 每周授课学时

在每周承担不同授课学时数的教师教学沟通水平的比较中，授课学时0学时、10学时以下、10～15学时、16～20学时、21～25学时、26～30学时、30学时以上教师均值分别为3.182、3.154、3.14、3.054、3.02、3.238、3.13，每周承担26～30学时的教师教学沟通水平最高，每周承担21～25学时的教师教学沟通水平最低。

为严谨求证每周授课学时数不同的教师教学沟通水平是否存在显著差异，进行单因素方差分析检验。

表 3-3-26　每周承担不同授课学时教师对教学沟通满意度差值比较

	A 0	B 10学时以下	C 10～15学时	D 16～20学时	E 21～25学时	F 26～30学时	G 30学时以上
E 21～25学时	−0.16242*	−0.13383*	−0.11970*	−0.03422	—	−0.21800*	−0.10968*
说明	差异显著(p=0.000<0.05)，方差齐性(0.051)，采用LSD法进行事后多重比较						

*表示在0.05水平上差异显著

由表 3-3-26 可知，每周授课 21～25 学时的教师教学沟通水平显著低于除授课 16～20 学时的其他教师(E＜A，E＜B，E＜C，E＜F，E＜G)。

10. 月收入

在不同月收入水平的样本教师教学沟通水平的比较中，随着教师月收入的增加，教师的教学沟通水平呈上升趋势。月收入为 2000 元以下、2001～3500 元、3501～5000 元、5001～6500 元、6501 元以上教师的均值分别为 2.999、3.051、3.107、3.191、3.316，其中，月收入在 2000 元以下的教师教学沟通水平最低，月收入 6501 元以上的教师教学沟通水平最高。

为严谨求证不同月收入水平的教师去个性化水平是否存在显著差异，进行单因素方差分析检验。

表 3-3-27　不同月收入水平教师对教学沟通满意度差值比较

	A 2000 元以下	B 2001～3500 元	C 3501～5000 元	D 5001～6500 元	E 6501 元以上
B 2001～3500 元	0.06024	—	−0.05638	−0.14008*	−0.26512*
C3501～5000 元	0.11662	0.05638	—	−0.08371*	−0.20875*
E6501 元以上	0.32537*	0.26512*	0.20875*	0.12504*	—
说明	差异显著(p=0.000＜0.05)，方差不齐性(0.019)，采用 Tamhane 法进行事后多重比较				

*表示在 0.05 水平上差异显著

由表 3-3-27 可知，月收入在 2001～5000 元的教师教学沟通水平显著低于月收入 5001 元以上的教师(B＜D，B＜E；C＜D，C＜E)。月收入在 6501 元以上的教师教学沟通水平显著高于其他月收入水平教师(E＞A，E＞B，E＞C，E＞D)。

11. 年收入相对于支出

年收支情况不同的样本教师教学沟通水平的比较中，随着年收入相对于支出的增加，教师的教学沟通水平呈上升趋势。年收入相对于支出很不足、不足、持平、略有富余、很富余教师的均值分别为 2.748、3.024、3.32、3.391、3.599，其中，年收入相对于支出很不足的教师教学沟通水平最低，年收入相对于支出很富余的教师教学沟通水平最高。

为严谨求证年收入相对于支出情况不同的教师教学沟通水平是否存在显著差异，进行单因素方差分析检验。

表 3-3-28　不同收支情况教师对教学沟通满意度差值比较

	A 很不足	B 不足	C 持平	D 略有富余	E 很富裕
D 略有富余	0.64292*	0.36705*	0.07119	—	−0.20826
E 很富余	0.85118*	0.57530*	0.27945	0.20826	—
说明	差异显著(p=0.000<0.05)，方差不齐性(0.000)，采用 Tamhane 法进行事后多重比较				

*表示在 0.05 水平上差异显著

由表 3-3-28 可知，年收入相对于支出略有富余和很富余的教师教学沟通水平显著高于年收入相对于支出很不足和不足的教师(D>A，D>B；E>A，E>B)。

12. 工作满意度

在工作满意度不同的样本教师教学沟通水平的比较中，对工作非常不满意、不满意、一般、满意、非常满意教师的均值分别为 2.246、2.506、2.997、3.532、3.966，教师的工作满意度越高，教学沟通水平越高。

为严谨求证工作满意度不同的教师教学沟通水平是否存在显著差异，进行单因素方差分析检验。

表 3-3-29　不同工作满意度教师对教学沟通满意度差值比较

	A 非常不满意	B 不满意	C 一般	D 满意	E 非常满意
A 非常不满意	—	−0.25967*	−0.75060*	−1.28630*	−1.71975*
B 不满意	0.25967*	—	−0.49093*	−1.02663*	−1.46009*
C 一般	0.75060*	0.49093*	—	−0.53569*	−0.96915*
D 满意	1.28630*	1.02663*	0.53569*		−0.43346*
E 非常满意	1.28630*	1.02663*	0.53569*	−0.43346*	
说明	差异显著(p=0.000<0.05)，方差不齐性(0.000)，采用 Tamhane 法进行事后多重比较				

*表示在 0.05 水平上差异显著

由表 3-3-29 可知，对工作非常不满意、不满意和一般的教师教学沟通水平显著低于对工作满意和非常满意的教师(A<B，A<C，A<D，A<E；B<C，B<D，B<E)。对工作满意和非常满意的教师教学沟通水平显著高于其他教师(D>A，D>B，D>C，E>A，E>B，E>C，E>D)。

(三)结论

经过显著性检验验证发现，存在显著性差异的有：性别、教龄、学校层次、专兼职身份、学历、职称、承担课程门数、每周授课学时、月收入、年收入相对于支出、工作满意度。结论仅归纳存在显著差异部分。

第一，男教师教学沟通水平显著高于女教师。

第二，教龄在 6～20 年的教师教学沟通水平显著低于其他教龄的教师。

第三，校外兼职教师教学沟通水平显著高于全职教师和双肩挑教师。

第四，本科学校教师的教学沟通水平显著低于专科学校的教师。

第五，硕士学历教师教学沟通水平显著低于其他学历教师。

第六，正高级职称的教师教学沟通水平显著高于其他职称教师，中级职称的教师教学沟通水平显著低于其他职称教师。

第七，承担 5 门及以上课程的教师教学沟通水平显著低于承担 0～2 门课程的教师。

第八，每周授课 21～25 学时的教师教学沟通水平显著低于除授课 16～20 学时的其他教师。

第九，月收入在 2001～5000 元的教师教学沟通水平显著低于月收入 5001 元以上的教师。月收入在 6501 元以上的教师教学沟通水平显著高于其他月收入水平教师。

第十，年收入相对于支出略有富余和很富余的教师教学沟通水平显著高于年收入相对于支出很不足和不足的教师。

第十一，对工作非常不满意、不满意和一般的教师教学沟通水平显著低于对工作满意和非常满意的教师。对工作满意和非常满意的教师教学沟通水平显著高于其他教师。

四、职业待遇

民办高校教师的生存与发展直接关系着民办高校的未来，民办高校教师的职业待遇问题是民办高校管理的瓶颈，应该引起政府、学校的高度关注。

(一)基本情况

职业待遇是指为民办高校为吸引优秀师资所提供的工资、住房保障、社会保险、医疗健康服务等基本条件。

民办高校教师职业待遇不高，均值2.824，在四个维度中处于最低水平。

(二)差异分析

1. 性别

在不同性别的样本教师职业待遇满意度的比较中，男教师(均值2.903)职业待遇满意度高于女教师(均值2.771)。

为严谨求证不同性别教师职业待遇满意度是否存在显著差异，进行独立样本T检验。t=6.795(p=0.000<0.01)，男教师均值A=2.903±0.86，女教师均值B=2.771±0.80，表明男教师职业待遇满意度显著高于女教师(A>B)。

2. 教龄

在不同教龄的样本教师职业待遇满意度的比较中，教龄1～5年、6～10年、11～20年、21～30年、31年及以上教师的均值分别为2.859、2.73、2.764、3.019、3.211，教龄31年及以上的教师职业待遇满意度最高，教龄在6～10年的教师职业待遇满意度最低。

为严谨求证不同教龄教师职业待遇满意度是否存在显著差异，进行单因素方差分析检验。

表3-3-30　不同教龄教师职业待遇满意度差值比较

	A 1～5年	B 6～10年	C 11～20年	D 21～30年	E 31年及以上
B 6～10年	−0.12893*	—	−0.03346	−0.28913*	−0.48112*
C11～20年	−0.09547*	0.03346	—	−0.25566*	−0.44765*
E31年及以上	0.35218*	0.48112*	0.44765*	0.19199*	—
说明	差异显著(p=0.000<0.05)，方差不齐性(0.000)，采用Tamhane法进行事后多重比较				

*表示在0.05水平上差异显著

由表3-3-30可知，教龄在6～20年的教师对职业待遇的满意度显著低于其他教龄教师(B＜A，B＜D，B＜E；C＜A，C＜D，C＜E)。教龄在 31 年及以上的教师对职业待遇的满意度显著高于其他教龄的教师(E＞A，E＞B，E＞C，E＞D)。

3. 专兼职身份

在不同教学身份的样本教师职业待遇满意度的比较中，全职、双肩挑、校外兼职教师的均值分别为 2.801、2.834、3.265，校外兼职教师职业待遇的满意度最高，全职教师职业待遇的满意度最低。

为严谨求证专兼职教师职业待遇的满意度是否存在显著差异，进行单因素方差分析检验。

表 3-3-31　不同身份教师对职业待遇满意度差值比较

	A 全职	B 双肩挑	C 校外兼职
C 校外兼职	0.46430*	0.43114*	—
说明	差异显著(p＝0.000＜0.05)，方差齐性(0.382)，采用 LSD 法进行事后多重比较		

*表示在 0.05 水平上差异显著

由表 3-3-31 可知，校外兼职教师职业待遇的满意度显著高于全职教师和双肩挑教师(C＞A，C＞B)。

4. 学校层次

在不同办学层次学校的样本教师职业待遇满意度的比较中，本科学校教师(均值 2.767)职业待遇的满意度比专科学校教师低(均值 2.888)。

通过独立样本 T 检验发现，t＝－6.409(p＝0.000＜0.05)，本科学校均值 A＝2.767±0.83，专科学校均值 B＝2.888±0.82，表明本科学校教师职业待遇的满意度显著低于专科学校的教师(A＜B)。

5. 学历

在不同学历的样本教师职业待遇满意度的比较中，学历为专科及以下、学士、硕士、博士、其他学历教师的均值分别为 3.115、2.901、2.751、3.012、2.956，硕士学历教师职业待遇的满意度最低，专科及以下学历教师职业待遇的满意度最高。

为严谨求证不同学历教师职业待遇的满意度是否存在显著差异，进行单因素方差分析检验。

表 3-3-32 不同学历教师对职业待遇满意度差值比较

	A 专科及以下	B 学士	C 硕士	D 博士	E 其他
C 硕士	−0.36426*	−0.15011*	—	−0.26166*	−0.20573*
说明	差异显著(p＝0.000＜0.05)，方差不齐性(0.000)，采用 Tamhane 法进行事后多重比较				

* 表示在 0.05 水平上差异显著

由表 3-3-32 可知，硕士学历教师职业待遇的满意度显著低于其他学历教师(C＜A，C＜B，C＜D，C＜E)。

6. 职称

在不同职称的样本教师职业待遇满意度的比较中，职称为正高级、副高级、中级、初级、无职称教师的均值分别为 3.366、3.011、2.715、2.803、2.908，正高级职称教师职业待遇的满意度最高，中级职称教师职业待遇的满意度最低。

为严谨求证不同职称教师职业待遇满意度是否存在显著差异，进行单因素方差分析检验。

表 3-3-33 不同职称教师对职业待遇满意度差值比较

	A 正高级	B 副高级	C 中级	D 初级	E 无
A 正高级	—	0.35553*	0.65106*	0.56342*	0.45801*
C 中级	−0.65106*	−0.29553*	—	−0.08764*	−0.19304*
说明	差异显著(p＝0.000＜0.05)，方差不齐性(0.000)，采用 Tamhane 法进行事后多重比较				

* 表示在 0.05 水平上差异显著

由表 3-3-33 可知，正高级职称教师的职业待遇满意度显著高于其他职称教师(A＞B，A＞C，A＞D，A＞E)。中级职称教师职业待遇满意度显著低于其他职称教师(C＜A，C＜B，C＜D，C＜E)。

7. 学科

从表 3-3-34 可以看出，在不同学科的样本教师职业待遇满意度的比较中，艺术学学科教师职业待遇的满意度最高，文学学科教师职业待遇的满意度最低。

表 3-3-34　不同学科教师对职业待遇评价均值排序

序号	专业	均值	序号	专业	均值
1	艺术	2.9216	7	农学	2.8333
2	医学	2.9210	8	哲学	2.7754
3	经济	2.9137	9	教育	2.7558
4	理学	2.8939	10	法学	2.7388
5	工学	2.8877	11	文学	2.6190
6	管理	2.8535			

注：教师学科不做进一步显著性检验，得分排序仅供参考。

8. 承担课程门数

在承担不同课程门数的样本教师职业待遇满意度的比较中，承担 0 门课程、1 门课程、2 门课程、3 门课程、4 门课程、5 门及以上课程教师的均值分别为 2.843、2.804、2.864、2.827、2.776、2.642，承担 2 门课程的教师职业待遇满意度相对最高，承担 5 门及以上课程的教师职业待遇的满意度最低。

为严谨求证承担不同课程门数的教师职业待遇的满意度是否存在显著差异，进行单因素方差分析检验。

表 3-3-35　承担不同课程门数教师对职业待遇满意度差值比较

	A 0 门	B 1 门	C 2 门	D 3 门	E 4 门	F 5 门及以上
F 5 门及以上	−0.20152*	−0.16262	−0.22252*	−0.18511*	−0.13488	—
说明	差异显著($p=0.000<0.05$)，方差齐性(0.127)，采用 Tamhane 法进行事后多重比较					

* 表示在 0.05 水平上差异显著

由表 3-3-35 可知，承担 5 门及以上课程的教师职业待遇的满意度显著低于不承担课程的教师及承担 2～3 门课程的教师(F＜A，F＜C，F＜D)。

9. 每周授课学时

在每周承担不同授课学时数的样本教师职业待遇满意度的比较中，授课学时为 0 学时、10 学时以下、10～15 学时、16～20 学时、21～25 学时、26～30 学时、30 学时以上教师的均值分别为 2.839、2.869、2.851、2.741、2.733、3.034、2.917，每周承担 26～30 学时的教师职业待遇的满意度最高，每周承担 21～25 学时的教师职业待遇的满意度最低。

为严谨求证每周授课学时数不同的教师职业待遇的满意度是否存在显著差异，进行单因素方差分析检验。

表 3-3-36　每周承担不同授课学时教师对职业待遇满意度差值比较

	A 0	B 10 学时以下	C 10～15 学时	D 16～20 学时	E 21～25 学时	F 26～30 学时	G 30 学时以上
B 10 学时以下	0.02996	—	0.01822	0.12874*	0.13627*	－0.16496	－0.04762
C10～15 学时	0.01174	－0.01822	—	0.11053*	0.11806*	－0.18317	－0.06583
说明	差异显著(p=0.000＜0.05)，方差不齐性(0.001)，采用 Tamhane 法进行事后多重比较						

*表示在 0.05 水平上差异显著

由表 3-3-36 可知，每周授课 15 学时以下的教师职业待遇满意度显著高于每周授课 16～25 学时的教师(B＞D，B＞E；C＞D，C＞E)。

10. 月收入

在不同月收入水平的样本教师职业待遇满意度的比较中，随着教师月收入的增加，教师的职业待遇满意度呈上升趋势。月收入为 2000 元以下、2001～3500 元、3501～5000 元、5001～6500 元、6501 元以上教师的均值为 2.682、2.689、2.802、2.974、3.235，其中，月收入在 2000 元以下的教师职业待遇满意度最低，月收入 6501 元以上的教师职业待遇满意度最高。

为严谨求证不同月收入水平的教师职业待遇满意度是否存在显著差异，进行单因素方差分析检验。

表 3-3-37　不同月收入水平教师对职业待遇满意度差值比较

	A 2000 元以下	B 2001～3500 元	C 3501～5000 元	D 5001～6500 元	E 6501 元以上
B 2001～3500 元	0.00688	—	－0.11242*	－0.28463*	－0.54521*
E 6501 元以上	0.55209*	0.54521*	0.43279*	0.26058*	—
说明	差异显著(p=0.000＜0.05)，方差不齐性(0.000)，采用 Tamhane 法进行事后多重比较				

*表示在 0.05 水平上差异显著

由表 3-3-37 可知，月收入在 2001～3500 元的教师职业待遇满意度显著低于 3501 元以上月收入教师(B＜C，B＜D，B＜E)，月收入在 6501 元以上的教师职业待遇满意度显著高于其他月收入水平教师(E>A，E>B，E>C，E>D)。

11. 年收入相对于支出

在年收入相对于支出情况不同的样本教师职业待遇满意度的比较中，随着年收入相对于支出的增加，教师的职业待遇满意度呈上升趋势。年收入相对于支出很不足、不足、持平、略有富余、很富余教师的均值分别为 2.288、2.681、3.096、3.293、3.609，其中，年收入相对于支出很不足的教师职业待遇满意度最低，年收入相对于支出很富余的教师职业待遇满意度最高。

为严谨求证年收入相对于支出情况不同的教师职业待遇满意度是否存在显著差异，进行单因素方差分析检验。

表 3-3-38 不同收支情况教师对职业待遇满意度差值比较

	A 很不足	B 不足	C 持平	D 略有富余	E 很富余
D 略有富余	1.00542*	0.61265*	0.19743*		−0.31601
E 很富裕	1.32143*	0.92866*	0.51344*	0.31601	
说明	差异显著(p=0.000<0.05)，方差不齐性(0.000)，采用 Tamhane 法进行事后多重比较				

* 表示在 0.05 水平上差异显著

由表 3-3-38 可知，年收入相对于支出略有富余和很富余的教师职业待遇的满意度显著高于其他教师(D>A，D>B，D>C，E>A，E>B，E>C)。

12. 工作满意度

在不同工作满意度的样本教师对职业待遇满意度比较中，对工作非常不满意、不满意、一般、满意、非常满意教师的均值分别为 2.005、2.186、2.685、3.262、3.831，教师的工作满意度越高，职业待遇的满意度越高。

为严谨求证工作满意度不同的教师职业待遇的满意度是否存在显著差异，进行单因素方差分析检验。

表 3-3-39 不同工作满意度教师对职业待遇满意度差值比较

	A 非常不满意	B 不满意	C 一般	D 满意	E 非常满意
B 不满意	0.18084	—	−0.49885*	−1.07633*	−1.64501*
E 非常满意	1.82585*	1.64501*	1.14616*	0.56868*	—
说明	差异显著(p=0.000<0.05)，方差不齐性(0.000)，采用 Tamhane 法进行事后多重比较				

* 表示在 0.05 水平上差异显著

由表 3-3-39 可知，对工作不满意的教师职业待遇的满意度显著低于其他教师(B＜C，B＜D，B＜E)。对非常满意的教师职业待遇的满意度显著高于其他教师(E＞A，E＞B，E＞C，E＞D)。

(三)结论

经过显著性检验验证发现，存在显著性差异的有：性别、教龄、专兼职身份、学校层次、职称、学历、承担课程门数、每周授课学时、月收入、年收入相对于支出、工作满意度。结论仅归纳存在显著差异部分。

第一，男教师职业待遇满意度显著高于女教师。

第二，教龄在 6～20 年的教师对职业待遇的满意度显著低于其他教龄教师。教龄在 31 年及以上的教师对职业待遇的满意度显著高于其他教龄的教师。

第三，校外兼职教师职业待遇的满意度显著高于全职教师和双肩挑教师。

第四，本科学校教师职业待遇的满意度显著低于专科学校的教师。

第五，硕士学历教师职业待遇的满意度显著低于其他学历教师。

第六，正高级职称教师的职业待遇满意度显著高于其他职称教师。中级职称教师职业待遇满意度显著低于其他职称教师。

第七，承担 5 门及以上课程的教师职业待遇的满意度显著低于不承担课程的教师及承担 2～3 门课程的教师。

第八，每周授课 15 学时以下的教师职业待遇满意度显著高于每周授课 16～25 学时的教师。

第九，月收入在 2001～3500 元的教师职业待遇满意度显著低于 3501 元以上月收入教师，月收入在 6501 元以上的教师职业待遇满意度显著高于其他月收入水平教师。

第十，年收入相对于支出略有富余和很富余的教师职业待遇的满意度显著高于其他教师。

第十一，对工作不满意的教师职业待遇的满意度显著低于其他教师。对非常满意的教师职业待遇的满意度显著高于其他教师。

第四章　职业培训

教师职业培训问卷是了解民办高校教师职业培训现状和需求的有效工具。教师职业培训是一项专业性很强的工作。各级各类培训对提高教师的教学、科研、实践等多方面的能力和素质，促进教师发展，提升教师专业素养，改进其育人效果至关重要。

培训是指企业或组织为开展业务及培育人才的需要，采用各种方式对员工进行有目的、有计划的培养和训练的一种管理活动。

职业培训是指劳动者为了具有从事某一种职业必备的技能和素质而必须接受的培训。

教师培训是指通过一定的科学方法，促使教师在知识、技能、能力和态度等方面得到提高，以保证教师能够按照预期的标准或水平，完成所承担或将要承担的工作和任务。

一、已有培训

民办高校教师培训状况是影响教师专业发展、提高民办高校教学质量的关键点。了解已有培训的现状，是改善教师发展条件和环境的重要前提。

(一)基本情况

已有培训是指民办高校教师曾参加过的职业培训，本研究重点了解教师已有培训形式、经费来源与效果评价。

(二)差异分析

1. 性别

从图 3-4-1 可以看出，在对民办高校不同性别的样本教师在已有培训的主办方和培训经费来源上的比较中，男女教师在参加本院系和本校提供的培训上比例相当(男 34.6%、女 33.9%)，女教师参加地方培训机构培训的比例(26.7%)高于男教师(20.9%)，但参加国家培训机构培训的比例低于男性(男 29.4%、女 21.7%)。在经费来源上，男女教师的培训经费来源构成各部分比例相当，主要经费来源均为本校(男 54.2%、女 52.4%)，其次是本院系、自己和地方财政。表明不同性别教师参加校内外培训的比例相当，且培训经费来源相近。

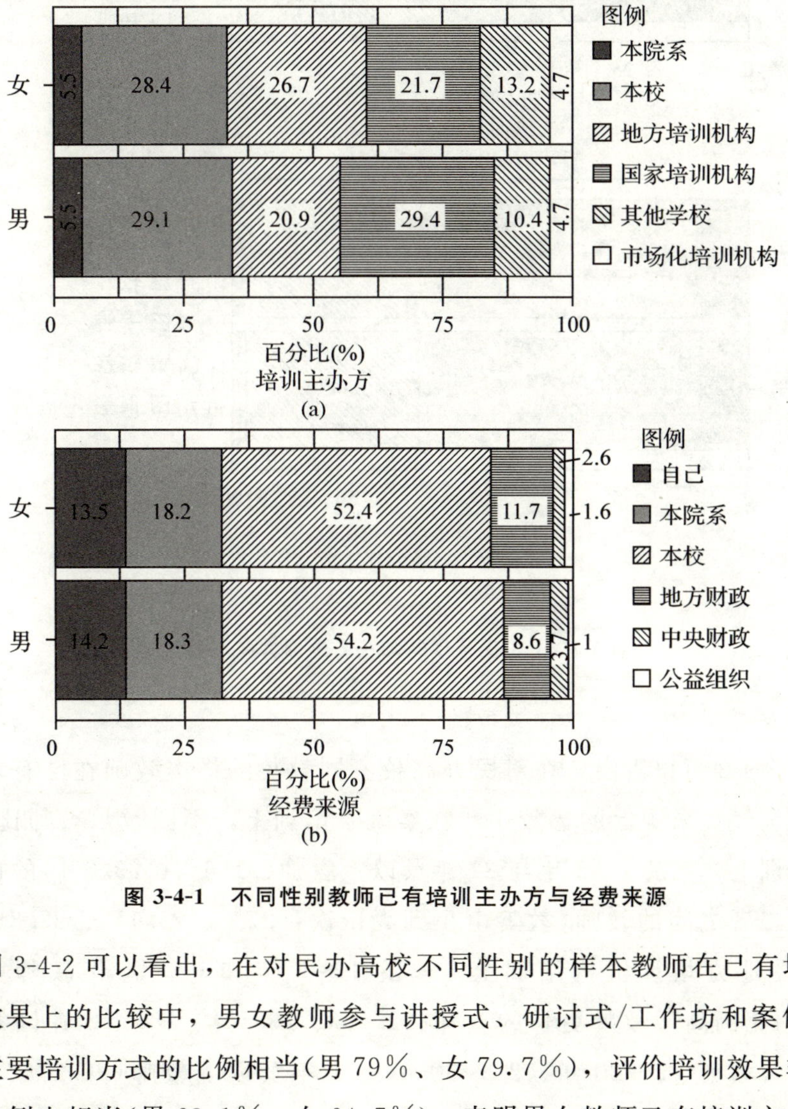

图 3-4-1　不同性别教师已有培训主办方与经费来源

从图 3-4-2 可以看出，在对民办高校不同性别的样本教师在已有培训方式和培训效果上的比较中，男女教师参与讲授式、研讨式/工作坊和案例式培训这三种主要培训方式的比例相当(男 79%、女 79.7%)，评价培训效果非常好与较好的比例也相当(男 63.1%、女 64.7%)。表明男女教师已有培训方式的构成及对培训效果的评价类似。

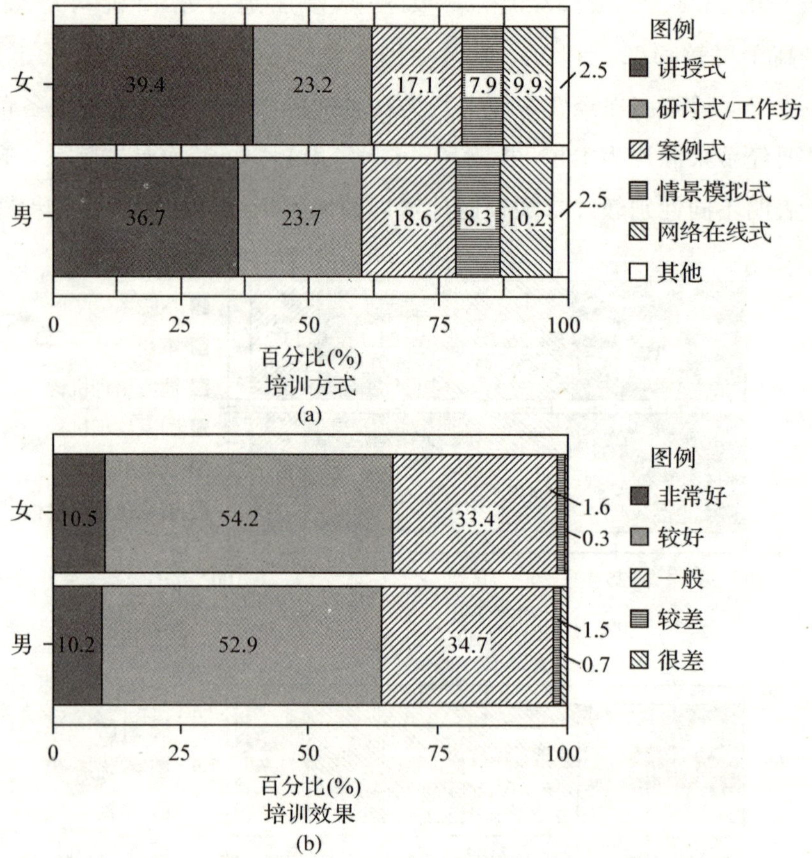

图 3-4-2 不同性别教师已有培训方式与效果

2. 教龄

从图 3-4-3 可以看出，在对民办高校不同教龄的样本教师在已有培训的主办方和培训经费来源上的比较中，在本院系培训上，不同教龄教师比例相当；在本校培训上，教龄 1～5 年与 31 年及以上教师(31.6％、29.6％)的比例高于教龄处于二者之间的教师(教龄由小到大依次：27％、25.1％、27.8％；次序下同)；在地方培训机构培训上，教龄 1～5 年和 6～10 年教师(25.1％、25.6％)的比例高于教龄更长的教师(22.7％、23.1％、18％)；在国家培训机构培训上，教龄 11～20 年、21～30 年、31 年及以上教师(28.2％、29.2％、34％)的比例高于教龄较短的两类教师(21.8％、24.4％)。经费来源上，教龄 31 年及以上和教龄 1～5 年教师(61.6％、55.9％)在本校经费上的比例高于教龄介于二者之间的教师(50.8％、50.5％、48.8％)；教龄 1～5 年教师在个人经费上的比例(14.5%)最高；教龄 21～30 年教师的本院系经费来源比例(24.2%)最高，在其他各经费来源比例上则与 11～20 年和 6～10 年教师相当。表明，教师参加本校培训的比例随着教龄增长呈先下降后上升的趋势；参加地方培训机构培训的比例随着教龄增长呈下降趋势；参加国家培训机构的比例随着教龄增长呈上升趋势。随着教龄增长，教师在培训上的个人经费投入比例降低，院系投入比例先增后降，学校投入比例先降后升。

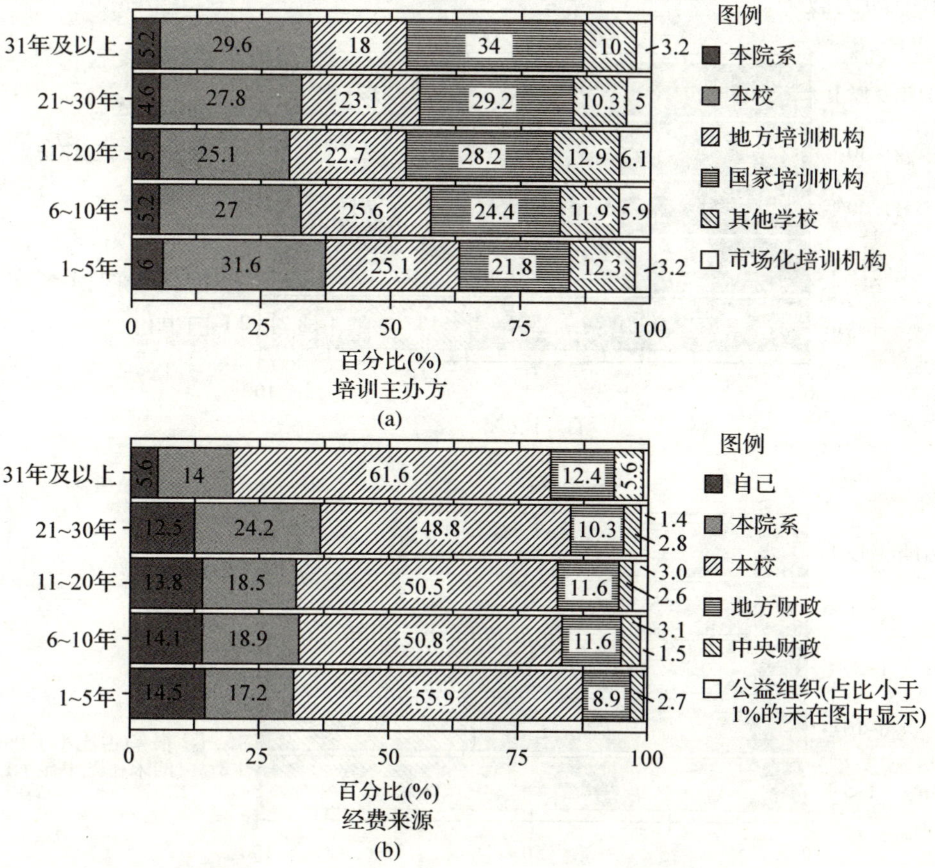

图 3-4-3 不同教龄教师已有培训主办方与经费来源

从图 3-4-4 可以看出，在对民办高校不同教龄的样本教师在已有培训方式和培训效果的比较中，教龄 1～5 年教师在讲授式培训上的比例(41.6%)高于教龄更长的四类教师；教龄 21～30 年和 31 年及以上教师(29.1%、29.5%)在研讨式/工作坊培训上的比例高于教龄更低的三类教师(20.1%、24.2%、

26%)；在网络在线式培训方面，教龄 11～20 年教师的比例(12.3%)最高，教龄 31 年及以上教师的比例(6.1%)最低。在培训效果方面，教龄 31 年及以上教师认为培训效果非常好和较好的比例(80.4%)远高于教龄较短的四类教师；教龄 6～10 年和 11～20 年教师(39%、38.1%)认为培训效果一般、较差或差的比例高于其他三类教师(34.7%、29.9%、19.6%)。表明，教龄较短的教师已有培训多以传统讲授式为主，教龄最长和最短的教师对培训效果的评价高于教龄介于中间的教师。

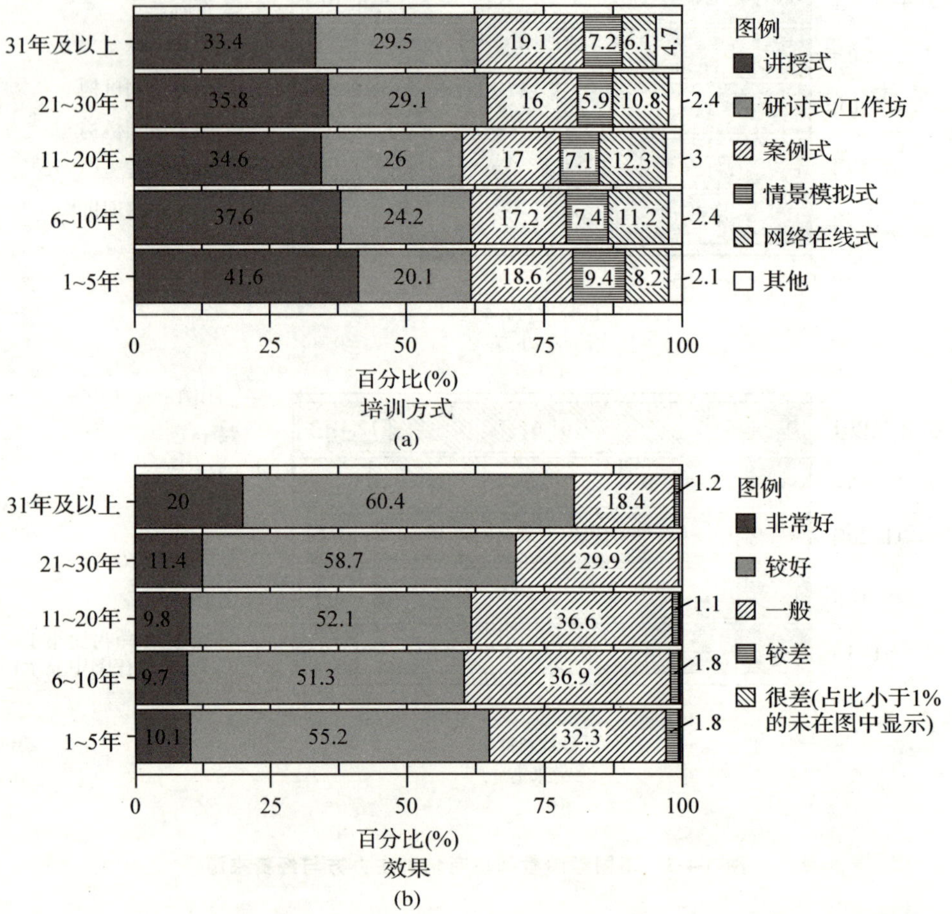

图 3-4-4　不同教龄教师已有培训方式与效果

3. 专兼职身份

从图 3-4-5 可以看出，在对民办高校不同教学身份的样本教师在培训主办方和经费来源上的比较中，校外兼职和全职教师在本院系、本校和地方培训机构的培训上比例相近(61.2%、58.7%)，高于双肩挑教师(53.8%)；而双肩挑教师在国家培训机构和其他学校培训上(41.1%)高于校外兼职教师和全职教师(31.8%、36.8%)。此外，校外兼职教师在市场化培训机构培训上的比例(7%)高于双肩挑和全职教师(5.1%、4.5%)。校外兼职教师培训经费来自自己和本院系的比例(47.5%)远高于全职教师和双肩挑教师(31.7%、25.7%)，在本校、公共财政和公益组织上的经费来源(52.5%)则低于后二者(68.3%、84.3%)。表明，全职和兼职教师接受本地培训多于双肩挑教师，个人和院系承担培训经费的比例大于双肩挑教师；而双肩挑教师接受的国家级培训则更多，由本校和公共财政承担的培训经费比例比全职和兼职教师更大。

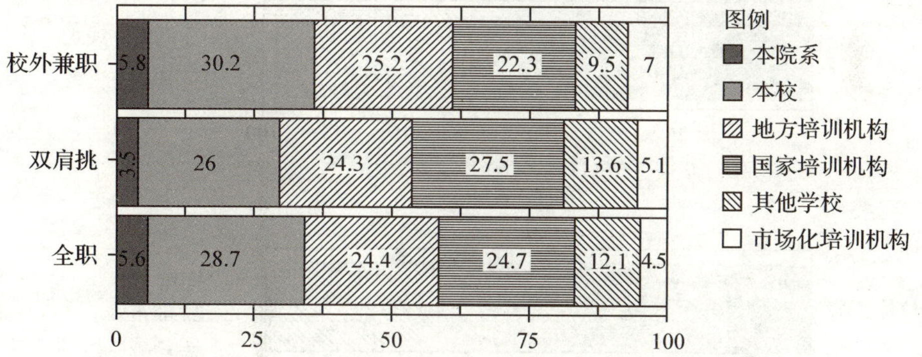

(a)

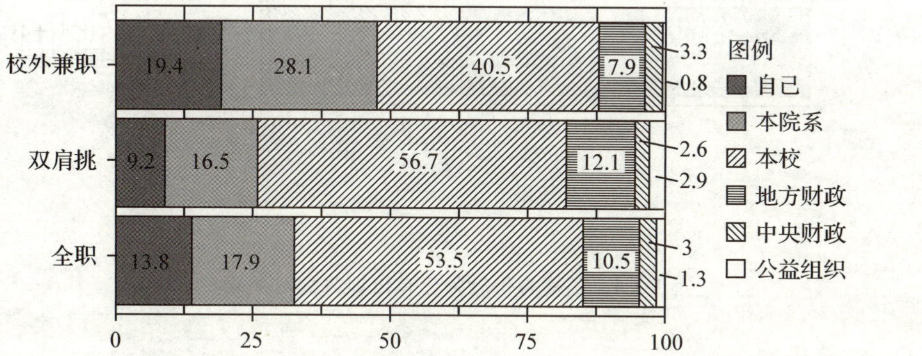

(b)

图 3-4-5　不同身份教师已有培训主办方与经费来源

从图 3-4-6 可以看出，在对民办高校不同身份的样本教师在已有培训方式和培训效果的比较中，全职教师接受讲授式培训的比例(38.8%)高于兼职教师和双肩挑教师(33.2%、35.3%)，而兼职教师接受研讨式/工作坊培训的比例(30.3%)明显高于全职和双肩挑教师(23%、24.5%)。在培训效果评价上，兼职教师认为效果非常好和较好的比例(68.6%)高于全职和双肩挑教师(64.1%、61.3%)。表明，兼职教师接受传统讲授式培训的比例最低，培训满意度最高。

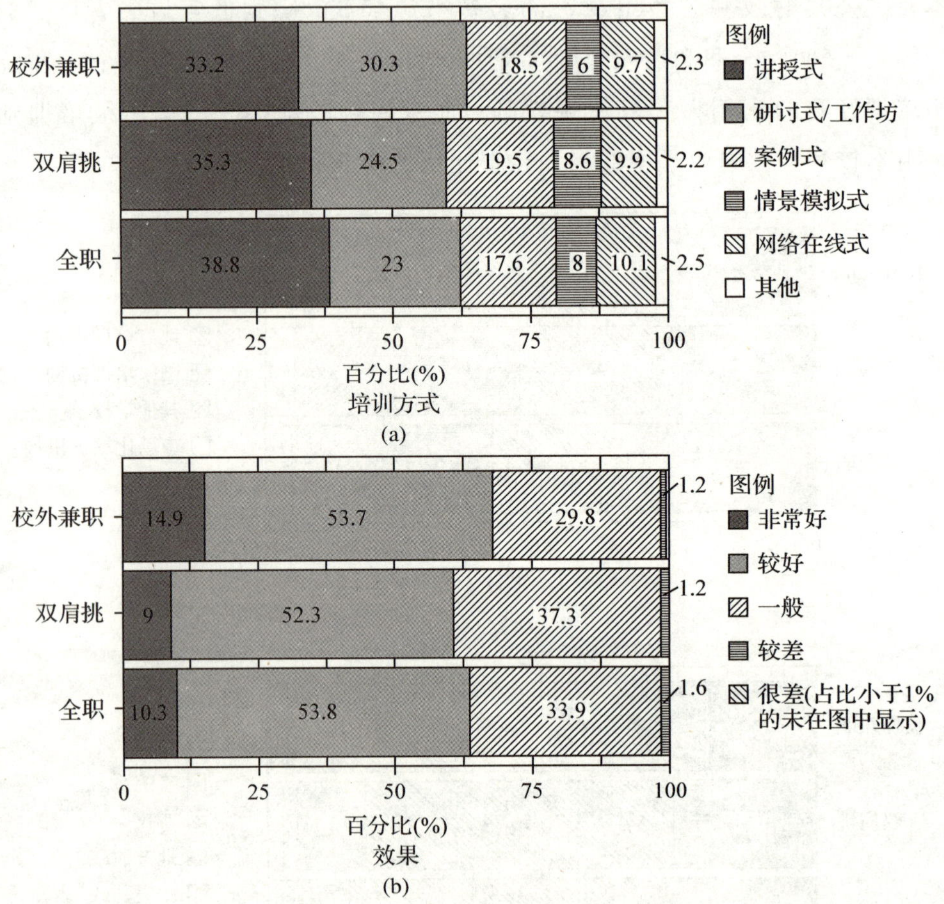

图 3-4-6　不同身份教师已有培训方式与效果

4. 学校层次

从图 3-4-7 可以看出，在对民办高校不同学校层次教师在培训主办方和经费来源上的比较中，本科学校教师参加本院系和本校提供培训的比例(42.5%)高于专科学校教师(24.5%)，参加地方和国家培训机构培训的比例(40.3%)低于专科学校教师比例(59.2%)。在经费来源上，本科学校教师在自己和本院系来源上的比例(37.6%)高于专科学校教师(25.6%)，在地方财政上的比例(4.3%)低于专科教师(17.5%)。表明，专科学校教师参加校外培训的机会较少，同时自己出资的比例也较小。

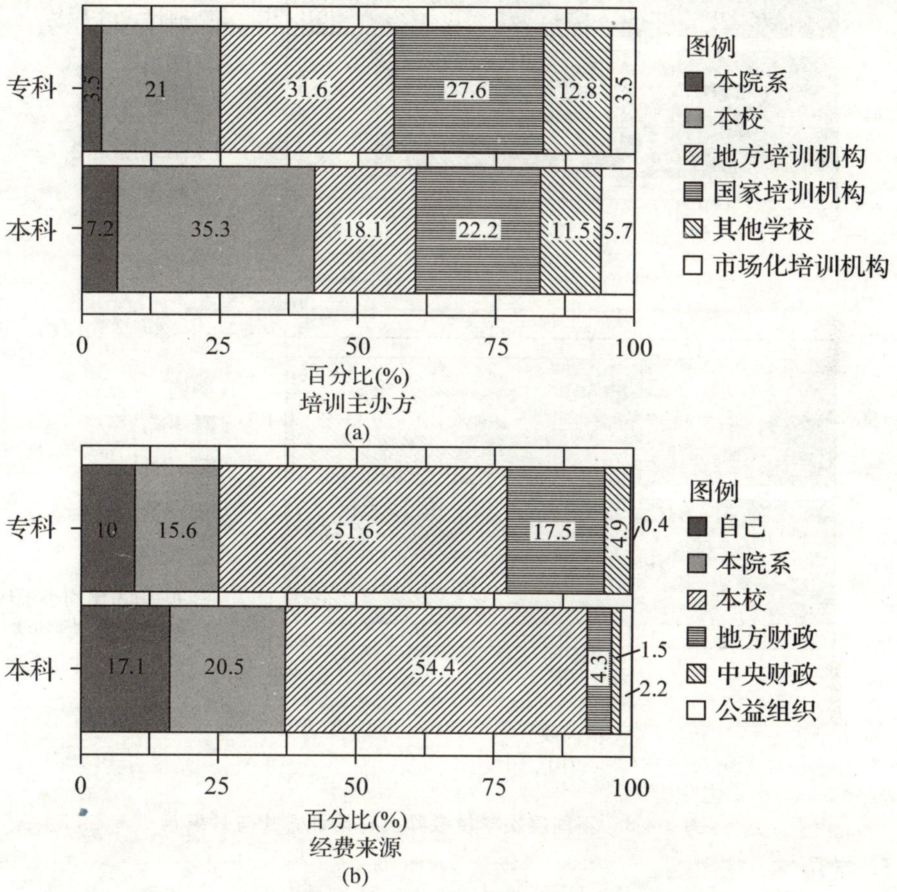

图 3-4-7　不同学校层次教师已有培训主办方与经费来源

从图 3-4-8 可以看出，在对民办高校不同层次学校的样本教师在已有培训方式和培训效果的比较中，本科和专科学校教师在讲授式和研讨式/工作坊培训上的比例相近(61.8%、61.6%)，专科学校教师在案例式和情景模拟式培训上的比例(29.9%)高于本科学校教师(22%)，在网络在线式培训上的比例(5.9%)低于本科学校教师(13.8%)。在培训效果评价上，专科教师认为培训效果非常好和较好的比例(69.5%)高于本科教师(59.2%)。表明，本科学校和专科学校教师接受的传统培训方式与现代培训方式相当，但专科学校教师对培训的满意度高于本科学校教师。

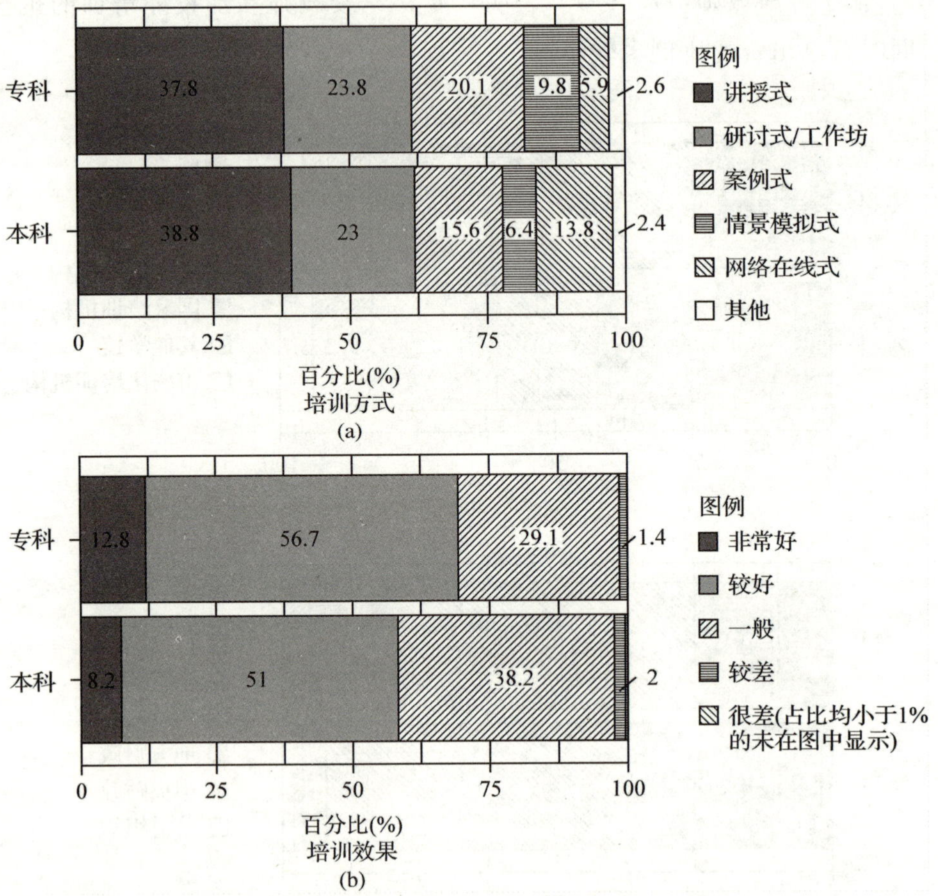

图 3-4-8　不同层次学校教师已有培训方式与效果

5. 学历

从图 3-4-9 可以看出，在对民办高校不同学历的样本教师在培训主办方和经费来源上的比较中，专科及以下学历和博士学历教师接受校内培训的比例(41.7%、47.1%)高于学士、硕士和其他学历教师(34.3%、33.1%、33.8%)。在培训经费来源上，各学历教师得到校内的资助比例相当(75.7%、71%、71.1%、73.9%、71.3%)。表明，专科及以下学历教师和博士学历教师参加校内培训的比例较大，是学校培训关注的重点群体。各学历层次教师的培训经费主要来源于学校和院系。

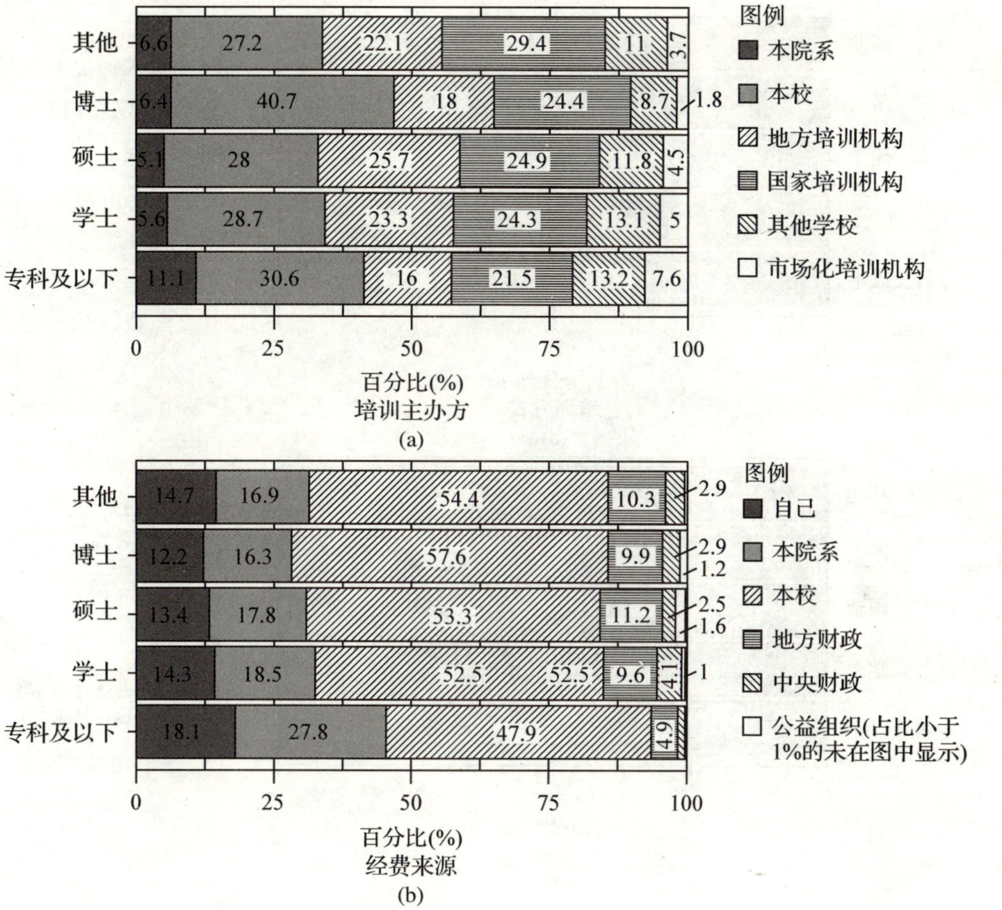

图 3-4-9　不同学历教师已有培训主办方与经费来源

从图 3-4-10 可以看出，是对民办高校不同学历的样本教师在已有培训方式和培训效果上的比较中，博士学历教师参加研讨式/工作坊培训的比例(30.1%)高于其他四类学历教师(21.6%、21.9%、24.2%、18%)，但总体上，不同学历教师参与的培训在培训方式构成比例上接近。对培训效果的评价上，专科及以下学历教师认为培训效果非常好和较好的比例(71.5%)最高，硕士学历教师比例(61.7%)最低。表明，对博士学历教师的培训多重视研讨与交流，另外几种学历水平的培训多以传统讲授式为主，但专科及以下学历教师对培训效果的认可度最高。

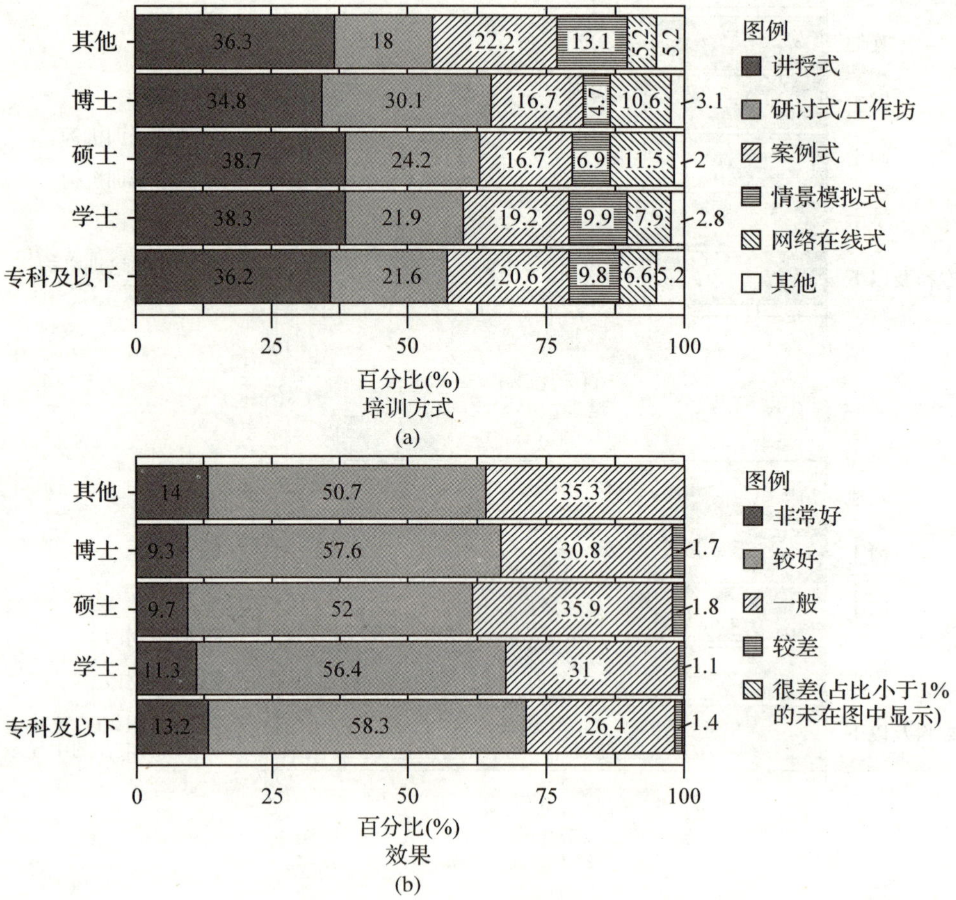

图 3-4-10　不同学历教师已有培训方式与效果

6. 职称

从图 3-4-11 可以看出，在对民办高校不同职称的样本教师在培训主办方和经费来源上的比较中，没有职称和初级职称教师参加本院系、本校和地方培训机构培训的比例（59.8%，64.4%）高于中级、副高级和正高级职称教师（56.7%、55.7%、58.5%），参与国家培训机构培训的比例（19.9%、20.3%）低于中级、副高级和正高级职称教师（26.2%、28.4%、33.3%）。在培训经费来源上，没有职称和初级职称教师的个人培训经费比例（15.8%、16.2%）高于中级、副高级和正高级职称教师（13.7%、10.5%、7.2%）；副高级和正高级职称教师的本院系经费比例（22.6%、23.7%）高于没有职称、初级和中级职称教师比例（15.1%、16.6%、18%），没有职称、初级职称和正高级职称教师

(59.5%、53.8%、55.1%)在本校经费来源上的比例高于中级和副高级职称教师(52.1%、49.9%)。表明，中高级职称教师接受的国家级培训多于没有职称和初级职称教师；没有职称和初级职称教师在培训经费来源上，个人和学校投入较多，高级职称教师的个人投入较小，而学校投入较大。

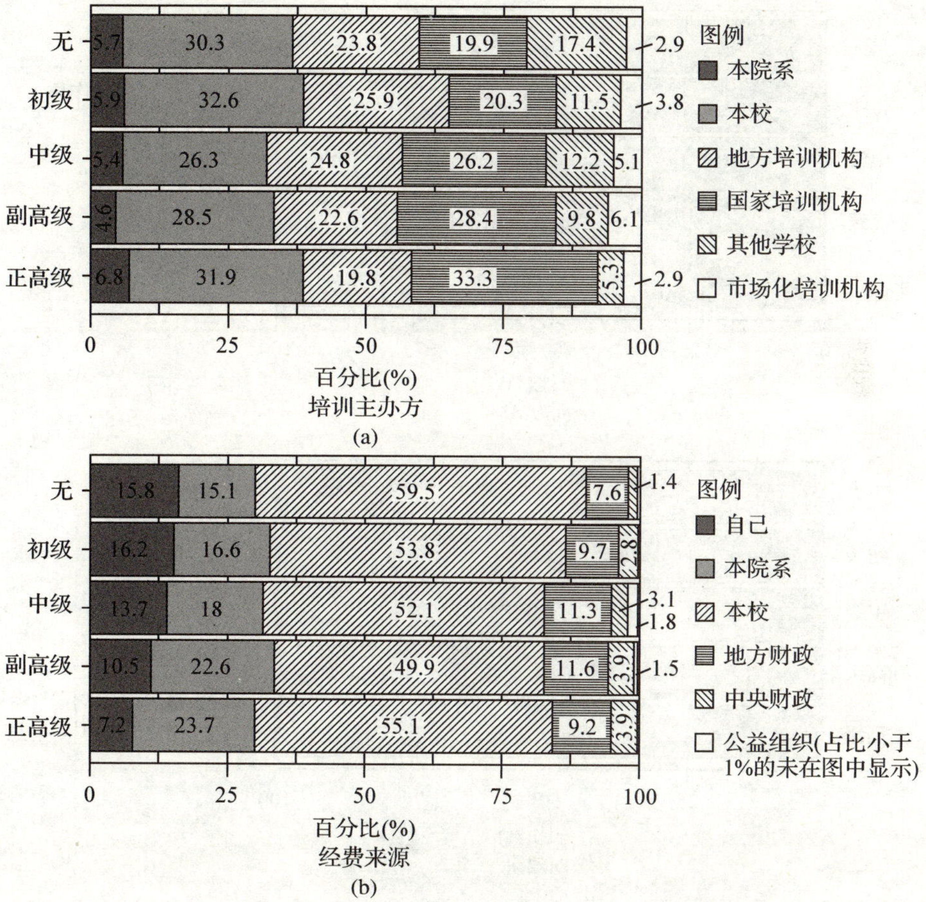

图 3-4-11　不同职称教师已有培训主办方与经费来源

从图 3-4-12 可以看出，在对民办高校不同职称的样本教师在已有培训方式和培训效果上的比较中，无职称和初级职称教师在讲授式培训上的比例(43.8%、40.6%)高于中高级职称教师(38.1%、33.6%、29.9%)，研讨式/工作坊的比例(17.1%、20.1%)低于中高级职称教师(24.3%、28.5%、29.7%)，中级和副高级教师(11.3%，11.3%)在网络在线式培训上的比例高于无职称、初级职称和正高级职称教师(5.8%、9%、6.7%)。在培训效果上，正高级职称教师和无职称教师认为培训效果非常好和较好的比例(76.8%、70.1%)高于初级、中级和副高级职称教师(63.8%、60.6%、68.4%)。表明，随着教师职称的升高，讲授式培训比例降低，研讨式/工作坊培训比例增高；无职称和正高级职称教师的培训满意度最高。

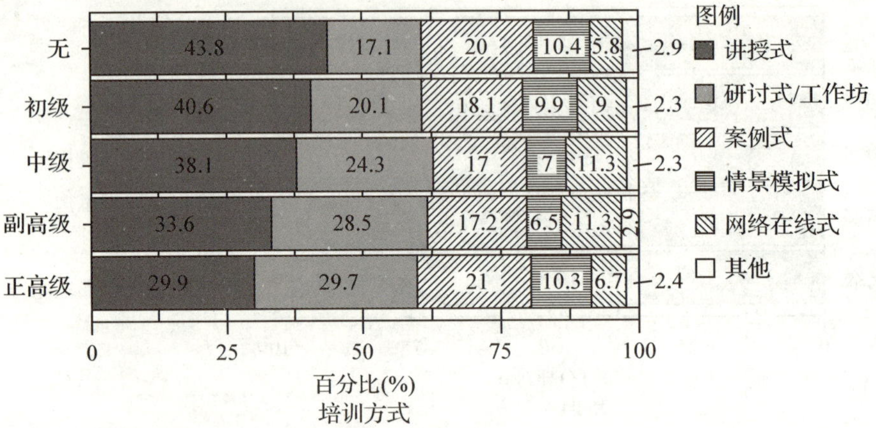

(a)

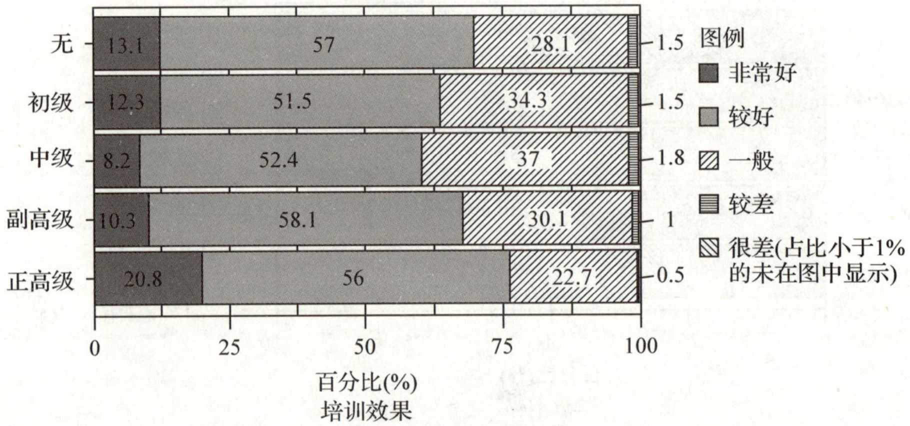

(b)

图 3-4-12　不同职称教师已有培训方式与效果

7. 学科

从图 3-4-13 可以看出，在对民办高校不同学科的样本教师在培训主办方和经费来源上的比较中，哲学、医学、工学教师参加校外培训的比例较大(85%，75.9%，67.6%)。在经费来源上，农学教师由自己承担培训经费的比例最高(23.8%)，来自院系经费的比例最低(14.3%)；医学教师来自地方财政的培训经费比例最高(33.3%)，来自自己和本校的经费与其它专业相比比例最低

（3.7%、42.6%）；哲学教师来自本校的培训经费比例最高（61.7%）。表明，哲学、医学、工学教师校外培训的机会更多，其中医学教师培训得到地方财政扶持的力度最大。

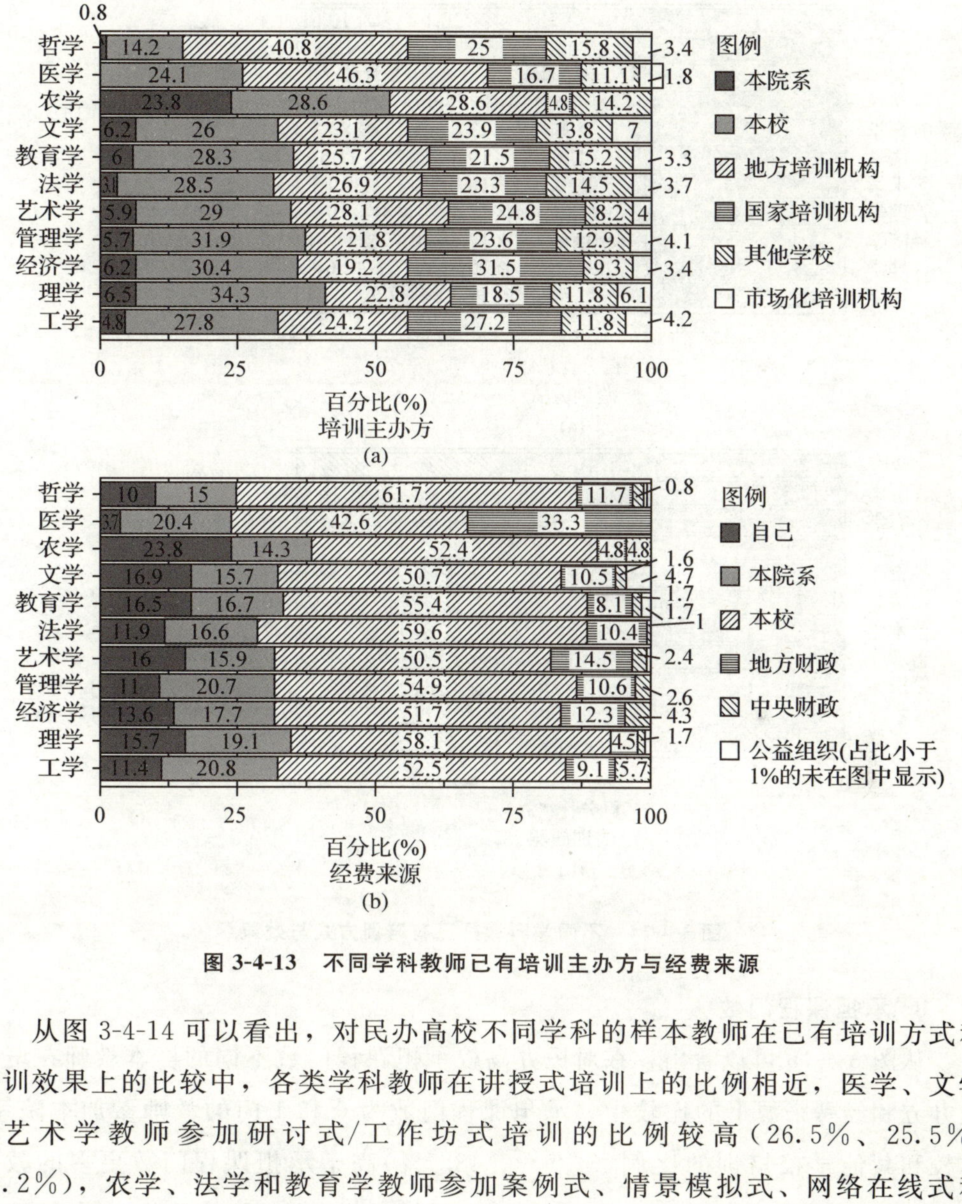

图 3-4-13 不同学科教师已有培训主办方与经费来源

从图 3-4-14 可以看出，对民办高校不同学科的样本教师在已有培训方式和培训效果上的比较中，各类学科教师在讲授式培训上的比例相近，医学、文学和艺术学教师参加研讨式/工作坊式培训的比例较高（26.5%、25.5%、25.2%），农学、法学和教育学教师参加案例式、情景模拟式、网络在线式和其他类型培训的比例最高（41.5%、40.9%、40.5%）。在培训效果评价上，农学、医学教师认为培训效果非常好和较好的比例较高（76.2%、72.2%），理学和文学教师比例最低(57.1%、62.2%)。表明，各类学科教师在讲授式培训上的比例相近，不同学科教师培训方式略有不同；农学、医学教师对培训的认可度最高。

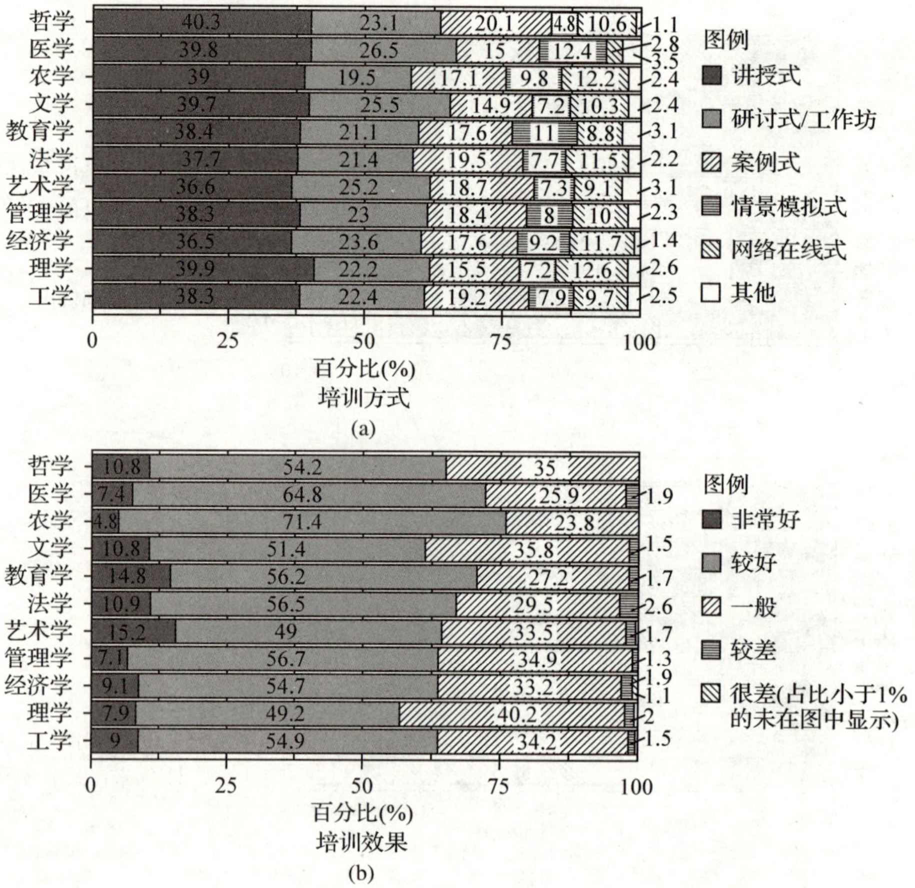

图 3-4-14　不同学科教师已有培训方式与效果

8. 承担课程门数

从图 3-4-15 可以看出，在对民办高校承担课程门数不同的样本教师在培训主办方和经费来源上的比较中，承担课程门数为 0 和 1 门的教师参加本院系、本校和其他学校培训的比例(61.5%、48.7%)高于承担课程门数更多的教师(课程数由少到多：46.4%、39.8%、37.4%、37.3%；次序下同)，参加地方培训机构和国家培训机构培训的比例(36.9%、46.4%)则低于承担课程门数更多的教师(49.1%、54.8%、57.7%、55.2%)。在培训经费来源上，承担课程数量在四门及以上的教师培训经费来自个人和地方财政的比例(33.6%、35.8%)高于承担课程门数在3门及以下的教师(19.8%、22.5%、22.8%、27%)，来自本校的培训经费则低于承担课程门数在3门及以下的教师(62.6%、55.6%、54.1%、48.8%)。表明，承担课程门数越少的教师参与本校培训的比例越大，由本校提供培训经费的比例也越大。

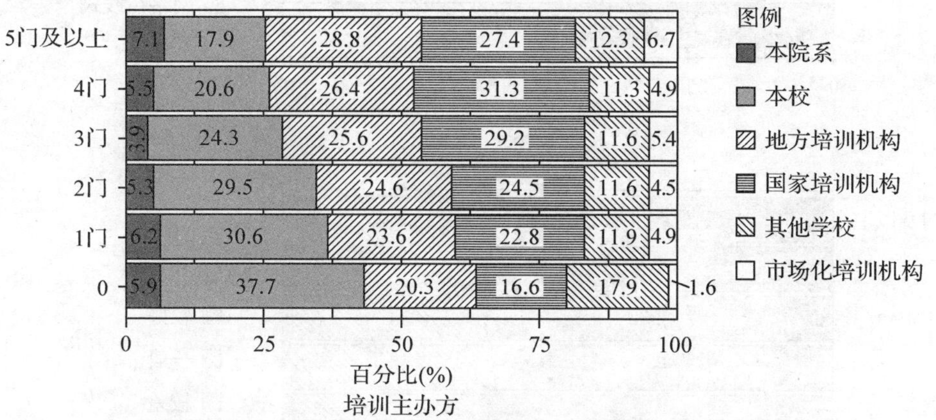

(a)

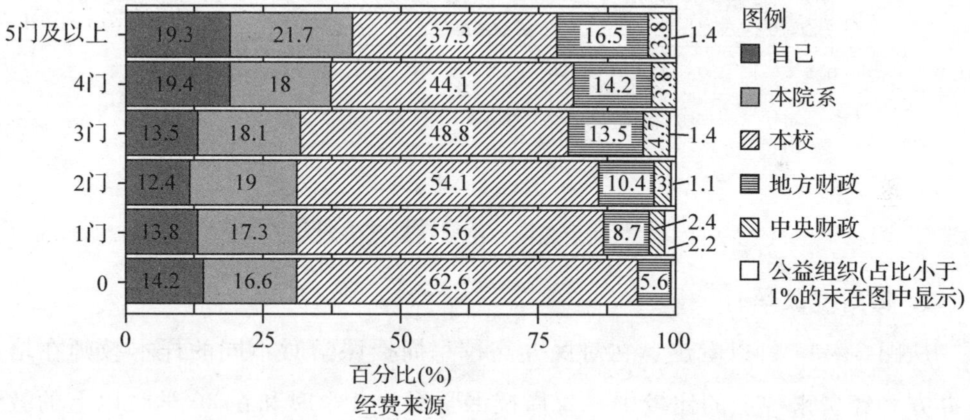

(b)

图 3-4-15　不同课程承担门数教师已有培训主办方与经费来源

从图3-4-16可以看出，在对民办高校承担课程门数不同的样本教师在已有培训方式和培训效果上的比较中，承担课程门数不同的教师在各类培训方式上的比例相近，承担课程门数较少的教师认为培训效果非常好和较好的比例最高(60.6%、55.9%)。

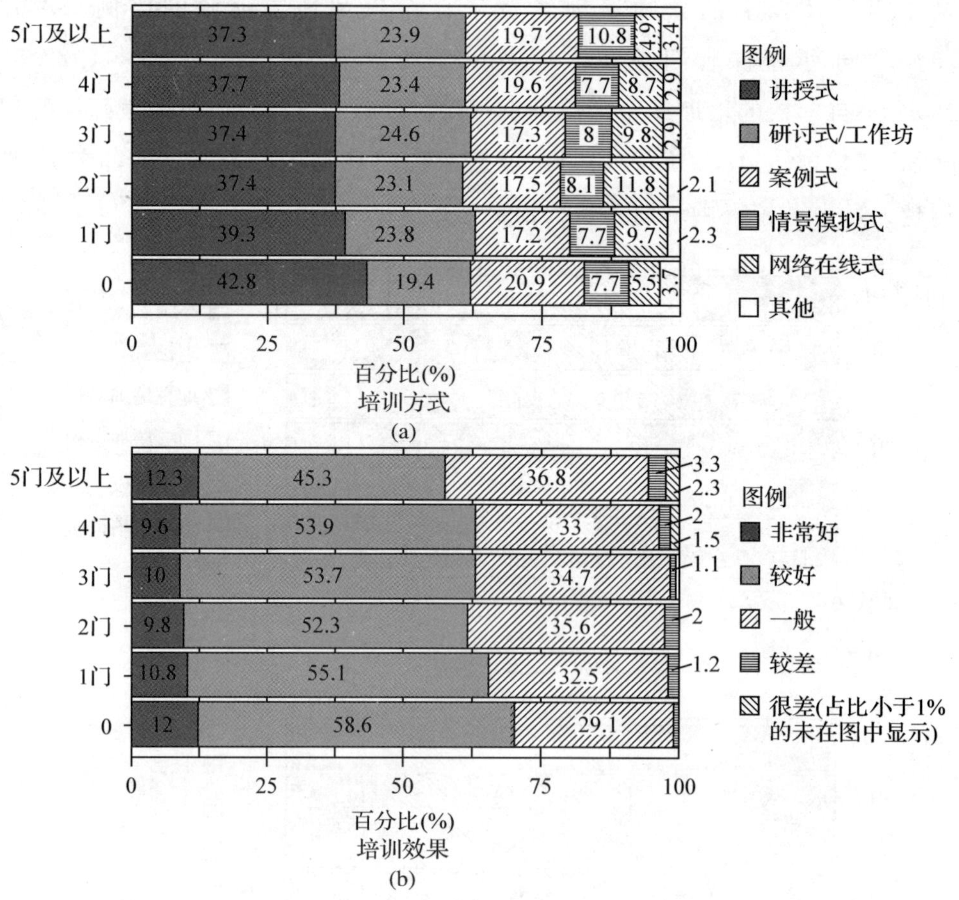

图 3-4-16　不同课程承担门数教师已有培训方式与效果

9. 每周授课学时

从图 3-4-17 可以看出，在对民办高校每周授课学时不同的样本教师在培训主办方和经费来源上的比较中，每周授课学时为 0 学时和在 30 学时以上的教师接受本院系和本校的培训比例(43.9%、42.8%)大于授课学时介于二者之间的五类教师；每周授课学时为 26～30 学时的教师参加国家机构培训的比例最高(29.7%)。在培训经费来源上，每周授课学时为 0 学时和在 30 学时以上教师的培训经费来自本校的比例最高(62.3%、56.9%)，每周授课学时在 26～30 学时的教师来自个人和本院系的经费比例最高(39.1%)，来自本校的经费比例(44.8%)最低。表明，每周授课学时数最高和最低的两类教师参与本院系和本校的培训比例最高，其来自本校的培训经费比例也最高。

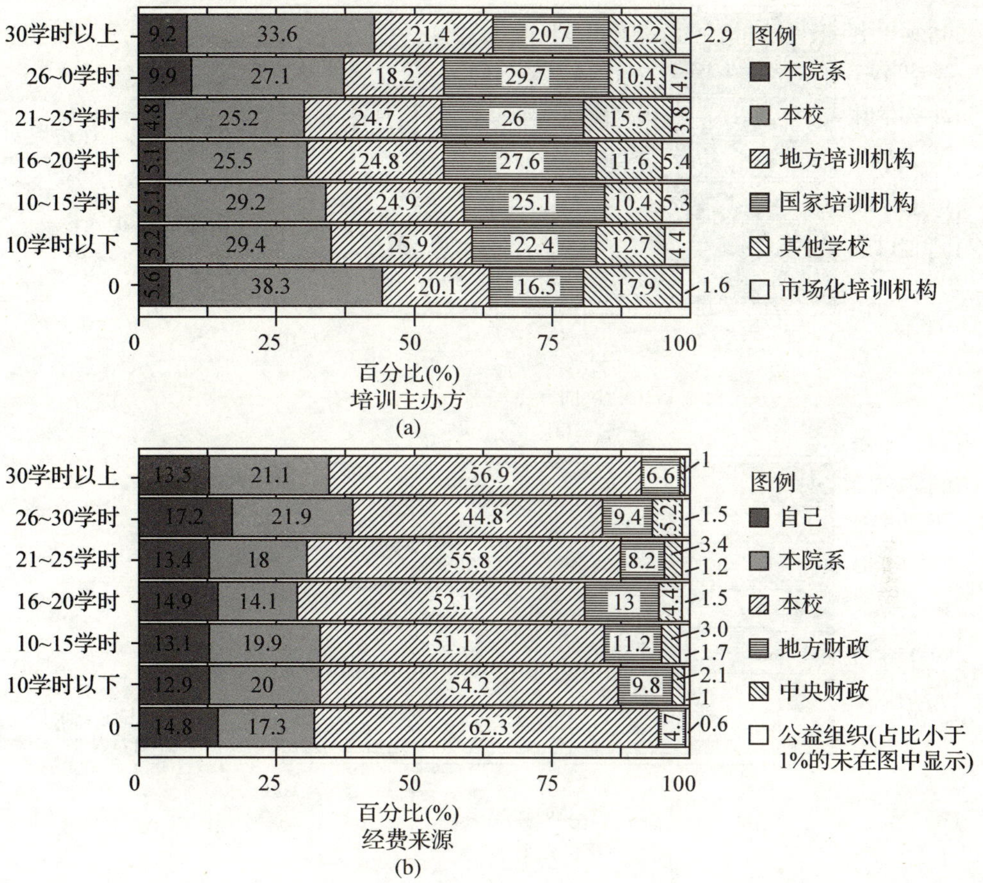

图 3-4-17 不同授课学时教师已有培训主办方与经费来源

从图 3-4-18 可以看出，在对民办高校每周授课学时不同的样本教师在已有培训方式和培训效果上的比较中，每周授课学时为 0 的教师参与讲授式培训的比例最高(42.7%)，参与情景模拟式、网络在线式和其他类型培训的比例最低(17%)；每周授课学时为 26～30 学时教师参与讲授式培训的比例最低(32.7%)，参与情景模拟式、网络在线式和其他类型培训的比例最高(24.5%)。在培训效果评价上，每周授课学时为 0 的教师认为培训效果非常好和较好的比例最高(61%)，每周授课学时为 26～30 学时的教师比例最低(57.3%)。表明，每周授课时数最少的教师接受传统讲授式培训的比例最高，对培训效果评价最高，授课学时较多的教师接受讲授式培训的比例最低，对培训效果评价最低。

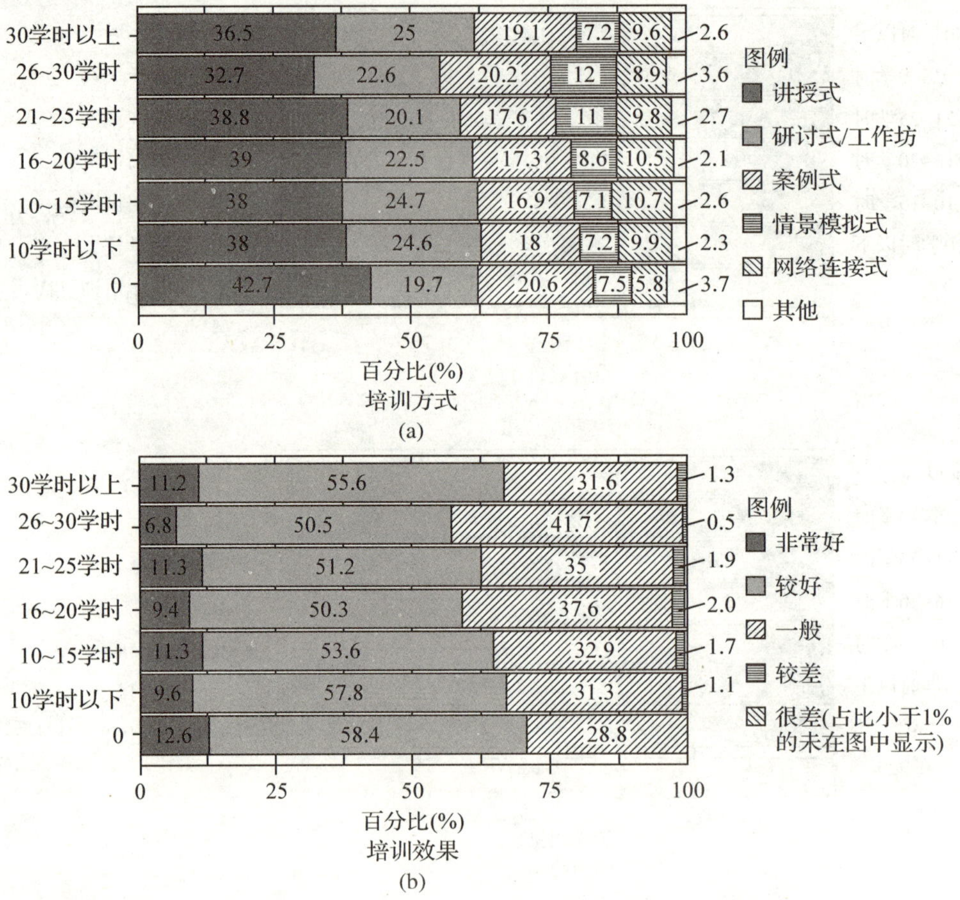

图 3-4-18　不同授课学时教师已有培训方式与效果

10. 月收入

从图 3-4-19 可以看出，在对民办高校月收入不同的样本教师在培训主办方和经费来源上的比较中，月收入在 2000 元以下的教师参与本院系培训的比例(19.8%)远高于其他四类教师(收入由低到高：6.2%、5.2%、4.7%、2.8%；次序下同)；月收入在 6501 元以上的教师参与国家培训机构培训的比例(36.9%)高于其他四类(15.6%、21.9%、25.2%、24%)，参与其他学校和市场化培训机构培训的比例(9.4%)低于其他四类(16.6%、19.3%、15.6%、18.7%)。在培训经费来源上，收入在 2000 元以下的教师，培训经费来自个人的比例(41.7%)远高于其他四类教师(17.5%、12.9%、11.1%、6.2%)；收入在 6501 元以上的教师，培训经费来自本校的比例最高(63.6%)。表明，收入最低的教师参加本院系和本校培训的比例最高，培训经费来自个人的比例也最高；收入最高的教师参加国家培训机构培训的比例最高，培训经费来自学校的比例最高。

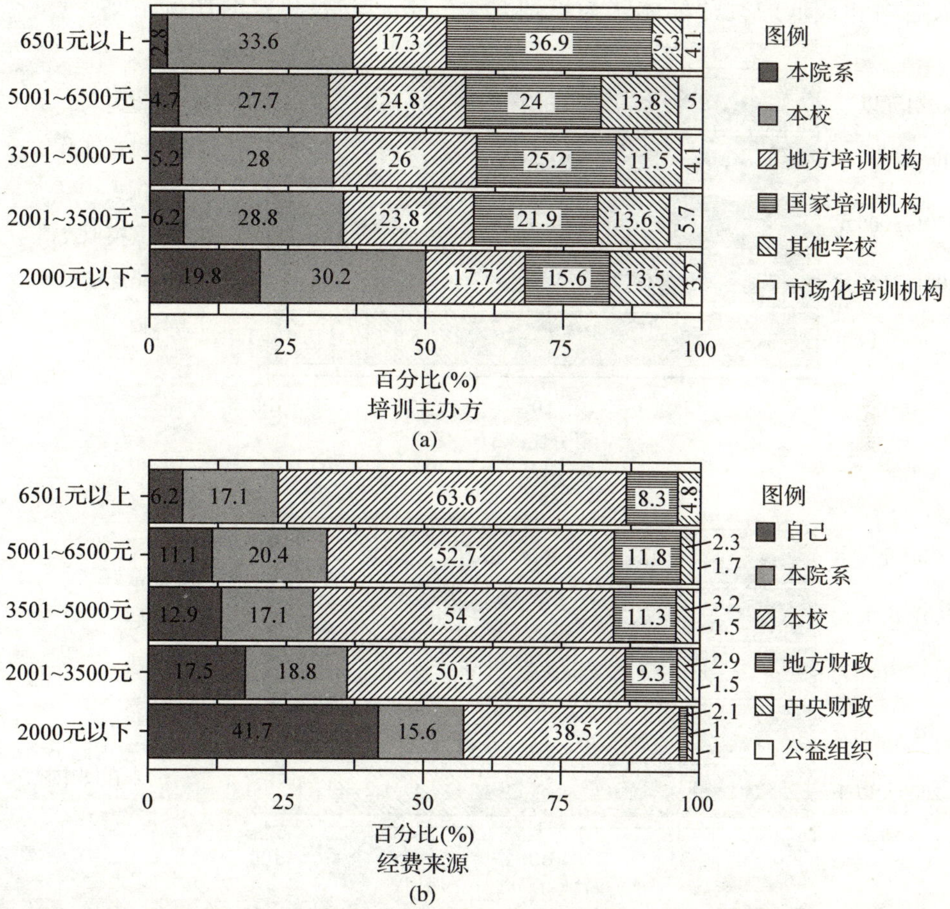

图 3-4-19　不同月收入教师已有培训主办方与经费来源

从图 3-4-20 可以看出，在对民办高校月收入不同的样本教师在已有培训方式和培训效果评价上的比较中，月收入在 2000 元以下的教师参与讲授式培训的比例最高(49.1%)，参与研讨式/工作坊培训的比例最低(17%)，而月收入在 6501 元以上的教师参与讲授式培训的比例最低(31.7%)，参与研讨式/工作坊培训的比例最高(29.9%)，月收入在 3501～6500 元的教师参与网络在线式培训的比例最高(10.9%、11.3%)。在培训效果评价上，月收入 6501 元以上的教师认为培训效果非常好和较好的比例最高(77.6%)，月收入为 3501～5000 元和月收入 2000 元以下的教师认为培训效果一般、较差和很差的比例最高(49%、37.5%)。表明，随月收入增加，教师参与讲授式培训的比例降低，参与研讨式/工作坊和案例式培训的比例增加；月收入最高的教师对培训效果评价最高，收入居中和最低的教师群体认为培训效果一般、较差和差的比例最高。

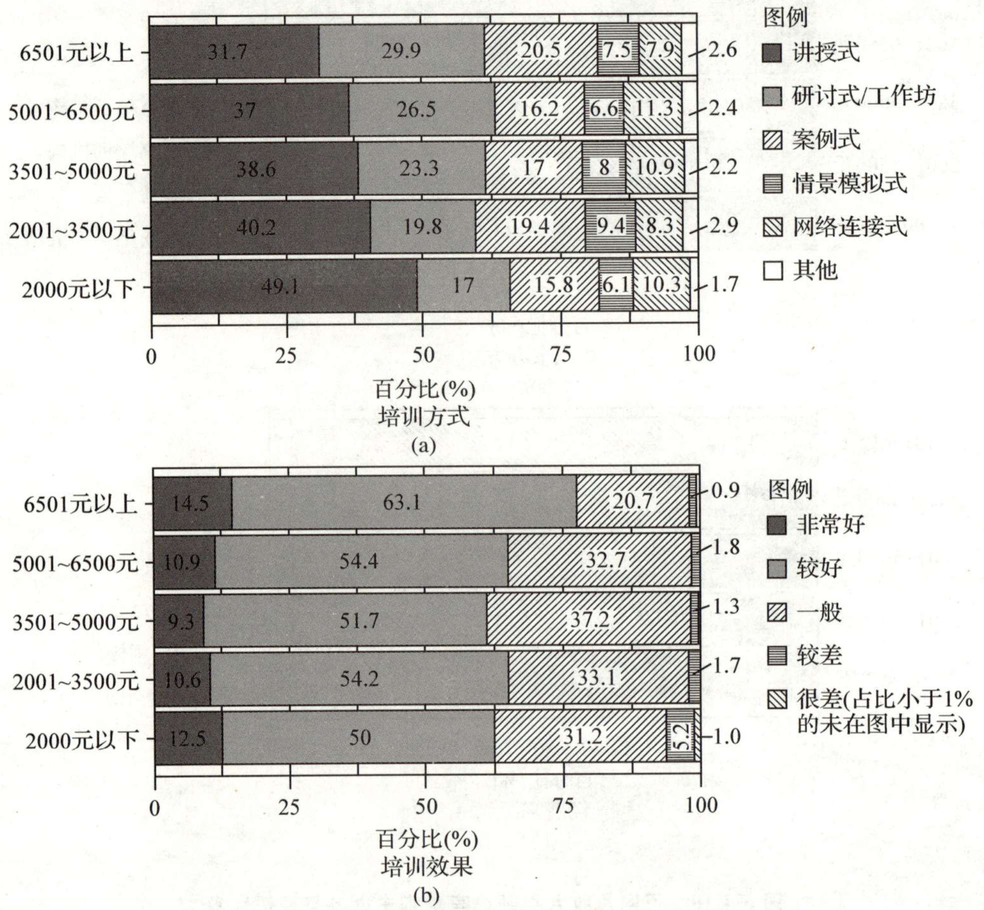

图 3-4-20 不同月收入教师已有培训方式与效果

(三)结论

根据不同性别、教龄、专兼职、学校层次、学历、职称、专业、承担课程门数、每周授课学时、月收入水平和收支情况等人口统计学变量的百分比差异比较，初步掌握民办高校教师已有培训的不同形式和效果，结论如下。

第一，不同性别教师参加校内外培训的比例相当，且培训经费来源相近。男女教师已有培训方式的构成及对培训效果的评价类似。

第二，教师参加本校培训的比例随着教龄增长呈先下降后上升的趋势；参加地方培训机构培训的比例随着教龄增长呈下降趋势；参加国家培训机构的比例随着教龄增长呈上升趋势。随着教龄增长，教师在培训上的个人经费投入比例降低，院系投入比例先增后降，学校投入比例先降后升。教龄较短的教师已有培训多以传统讲授式为主。教龄最长和最短的教师对培训效果的评价高于教龄介于中间的教师。

第三，全职和兼职教师接受本地培训多于双肩挑教师，个人和院系承担培训经费的比例大于双肩挑教师；而双肩挑教师接受的国家级培训更多，由本校和公共财政承担的培训经费比例比全职和兼职教师更大。兼职教师接受传统讲授式培训的比例最低，培训满意度最高。

第四，专科学校教师参加校外培训的机会较少，同时自己出资的比例也较小。本科学校和专科学校教师接受的传统培训方式与现代培训方式相当，但专科学校教师对培训的满意度高于本科学校教师。

第五，专科及以下学历教师和博士学历教师参加校内培训的比例较大，是学校培训关注的重点群体。各学历层次教师的培训经费主要来源于学校和院系。对博士学历教师的培训多重视研讨与交流，另外几种学历水平的培训多以传统讲授式为主。专科及以下学历教师对培训效果的认可度最高。

第六，中高级职称教师接受的国家级培训多于没有职称和初级职称教师；没有职称和初级职称教师在培训经费来源上，个人和学校投入较多，高级职称教师的个人投入较小，而学校投入较大。随着教师职称的升高，讲授式培训比例降低，研讨式/工作坊培训比例增高。无职称和正高级职称教师的培训满意度最高。

第七，哲学、医学、工学教师校外培训的机会更多，其中医学教师培训得到地方财政扶持的力度最大。各类学科教师在讲授式培训上的比例相近，不同学科教师培训方式略有不同。农学、医学教师对培训的认可度最高。

第八，承担课程门数越少的教师参与本校培训的比例越大，由本校提供培训经费的比例也越大。承担课程门数不同的教师在各类培训方式上的比例相近，承担课程门数较少的教师对培训效果认可度最高。

第九，每周授课学时数最高和最低的两类教师参与本院系和本校的培训比例最高，其来自本校的培训经费比例也最高。每周授课时数最少的教师接受传统讲授式培训的比例最高，对培训效果评价最高，授课学时较多的教师接受讲授式培训的比例最低，对培训效果评价最低。

第十，收入最低的教师参加本院系和本校培训的比例最高，培训经费来自个人的比例最高；收入最高的教师参加国家培训机构培训的比例最高，培训经费来自学校的比例最高。随月收入增加，教师参与讲授式培训的比例降低，参与研讨式/工作坊和案例式培训的比例增加；月收入最高的教师对培训效果评价最高，收入居中和最低的教师群体认为培训效果一般、较差和差的比例最高。

二、培训需求

了解民办高校教师培训需求有利于民办高校有针对性地开展教师培训业务，切实促进教师专业发展。

(一)基本情况

培训需求是指了解不同教师群体对特定培训的需求程度。主要包括课堂教学和实践教学培训需求、学科和科研培训需求和能力发展与职业发展培训需求。

(二)差异分析

1. 性别

从图 3-4-21 可以看出，在民办高校不同性别的样本教师在课堂教学和实践教学培训需求上的比较中，课堂教学培训需求上，女教师在教学技能与方法培训和专业知识进修方面的培训需求比例(54.7%)高于男教师(52.1%)，男教师在教师形象、礼仪、沟通方面的培训需求比例(8.5%)高于女教师(5.8%)；实践教学培训需求上，女教师在参加行业活动机会方面的培训需求比例(25.8%)高于男教师(26.4%)。表明，男女教师最需要的教学培训都是专业知识进修和参加行业活动的机会，女教师的需求大于男教师的需求。

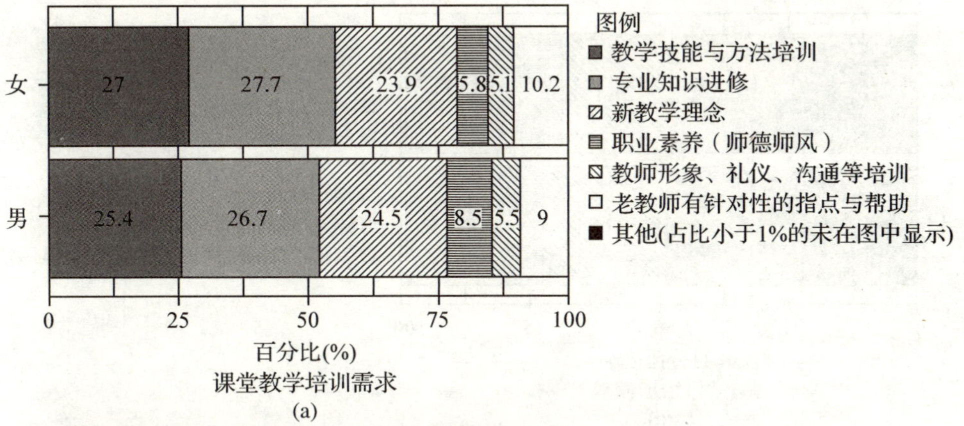

(a)

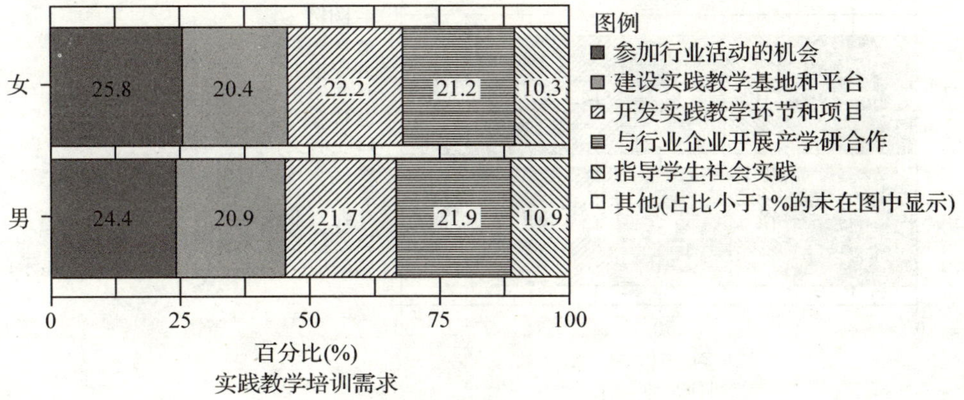

(b)

图 3-4-21　不同性别教师课堂教学培训需求与实践教学培训需求

从图 3-4-22 可以看出，在民办高校不同性别的样本教师在学科和科研培训需求上的比较中，学科培训需求方面，女教师在课程建设上的培训需求比例(17.2%)高于男教师(14.6%)，在了解行业发展最新状况上的培训需求比例(23.8%)低于男教师(24%)；科研培训需求方面，女教师在选题讨论、名师传帮带、跨校师生关系网方面的培训需求比例(33.8%)高于男教师(27.9%)，在资金支持、成果转化、评奖等方面的需求比例(30.2%)低于男教师(36.2%)。表明，男教师和女教师最需要的学科建设培训是了解行业发展最新状况和参与专业学科建设培训，女教师更需要前者，男教师更需要后者；男女教师最需要的科研帮助是资金支持和选题讨论。

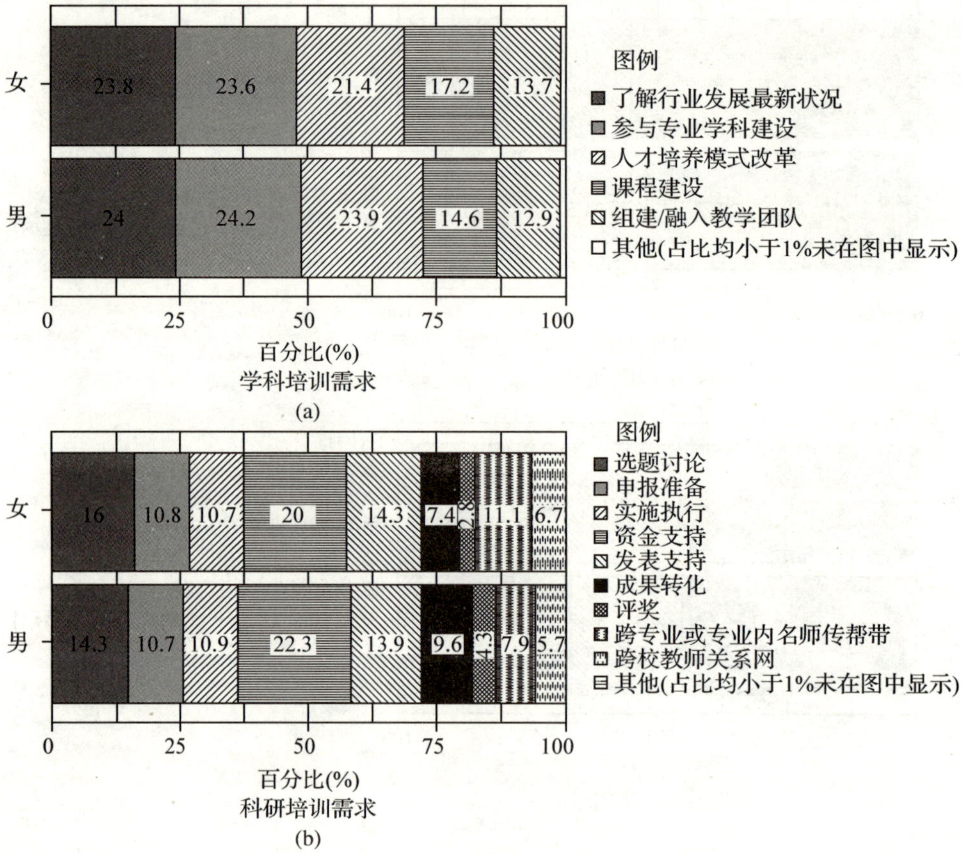

图 3-4-22 不同性别教师学科培训需求与科研培训需求

从图 3-4-23 可以看出，民办高校不同性别的样本教师在能力发展与职业发展培训需求上的比较中，能力发展需求培训方面，女教师在创新能力培训需求上的比例(22.5%)高于男教师(20.9%)，在时间管理能力、冲突管理能力上的培训需求比例(25.1%)低于男教师(28.3%)；职业发展需求培训方面，女教师在海外研修、科研与教学平衡、在职攻读学位方面的培训需求比例(37%)高于男教师(31.4%)，在学术会议、职称晋升、学术休假方面的培训需求比例(34.9%)低于男教师(39.8%)。表明，男女教师最需要的能力发展培训是创新能力和实践操作能力培训，女教师的需求强于男教师；男女教师最需要的职业发展培训是职称晋升，男教师的需求强于女教师。

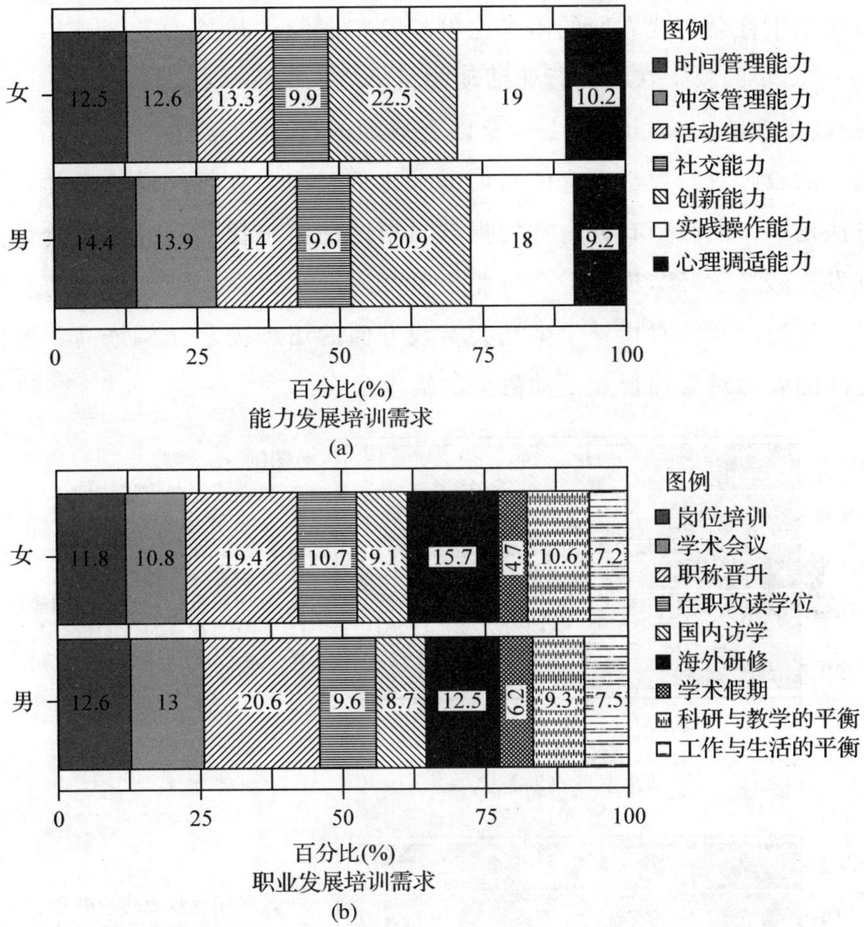

图 3-4-23　不同性别教师能力发展培训需求与职业发展培训需求

2. 教龄

从图 3-4-24 可以看出，在民办高校不同教龄的样本教师在课堂教学和实践教学培训需求上的比较中，课堂教学方面，教龄 21～30 年和 31 年及以上的教师对新教学理念的培训需求比例(30.5％、34.9％)高于教龄较低的三类教师(教龄由低到高：21.4％、24.5％、26.6％；次序下同)，对教学技能与方法培训的需求比例(24.7％、23.4％)低于其他三类教师(26.7％、26.4、26.6％)；教龄 1～5 年和 6～10 年教师对老教师有针对性的指点与帮助的需求比例(11.9％、9.1％)高于教龄较高的三类教师(7.5％、6.6％、5.4％)；实践教学方面，教龄 31 年及以上的教师在开发实践教学环境和项目、与行业企业开展产学研合作和指导学生社会实践方面的需求比例最高(46％)；教龄 1～5 年教师在指导学生社会实践方面的需求比例最高(12%)；教龄为 6～10 年、11～20 年和 21～30 年的教师在参加行业活动的机会方面的需求比例(25.7%、25.8%、25.6%)高于教龄 1～5 年和 31 年及以上教师的比例(24.8%、23.2%)。表明，教龄越高的教师对新教学理念的培训需求比例越高，教龄越低的教师对教学技能与方法培训、老教师有针对性的指点与帮助的需求比例越高。教龄最高的教师对开发实践教学环节项目、与行业企业开展产学研合作等方面的需求比例最高，教龄最短的教师对指导学生社会实践方面的培训需求比例最高，教龄介于二者之间的教师对参加行业活动机会的需求最高。

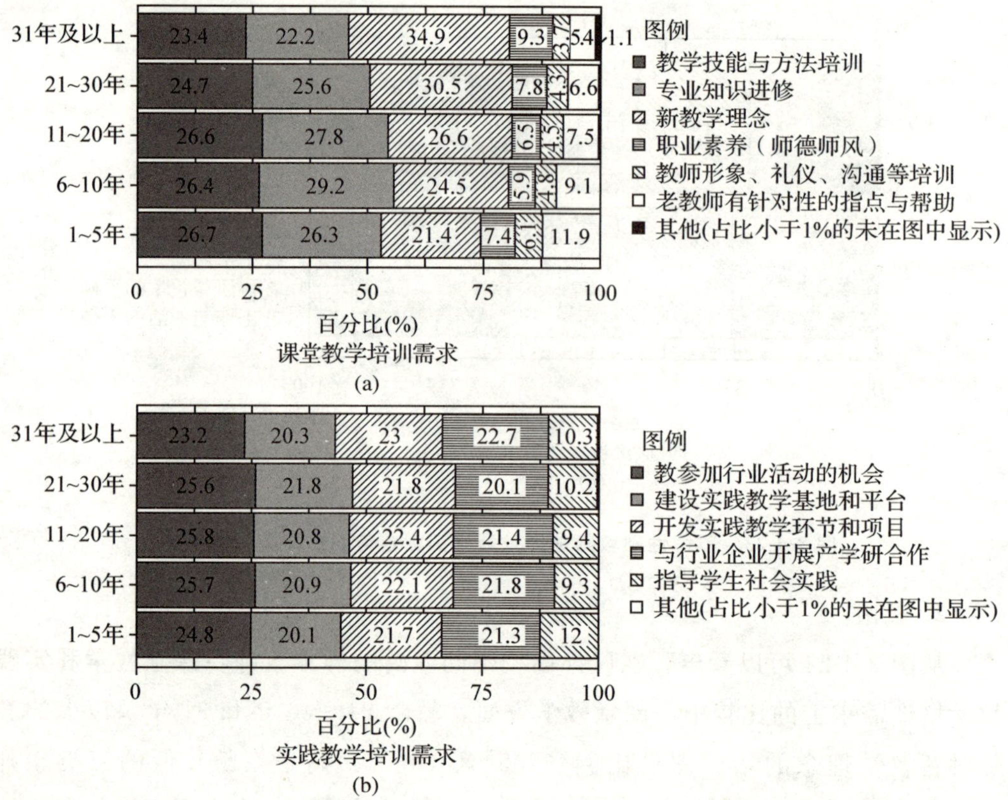

图 3-4-24　不同教龄教师课堂教学培训需求与实践教学培训需求

从图 3-4-25 可以看出，在民办高校不同教龄的样本教师在学科和科研培训需求上的比较中，学科培训需求方面，1～5 年教龄的教师学科培训需求比例最大的是参与专业学科建设(23.9%)，31 年及以上教龄的教师需求比例最大的是人才培养模式改革(24.6%)，中间教龄的教师需求比例最大的是了解行业发展最新状况；科研培训需求方面，各教龄段教师需求帮助比例最大的是资金支持(20.5%～24.4%)，其次是需求的培训，1～5、6～10年教龄和31年及以上教龄的教师需求选题讨论(15.7%、15.4%、15.4%)，11～20和20～30年教龄的教师需求发表的支持(15.5%、16.8%)。表明，随着教龄的增长，教师学科建设需求由参与专业学科建设到了解行业发展最新状况再到人才培养模式改革；各年龄段教师最需要的科研帮助都是资金支持，但高教龄和低教龄教师最需要选题讨论，中间教龄教师最需要发表支持。

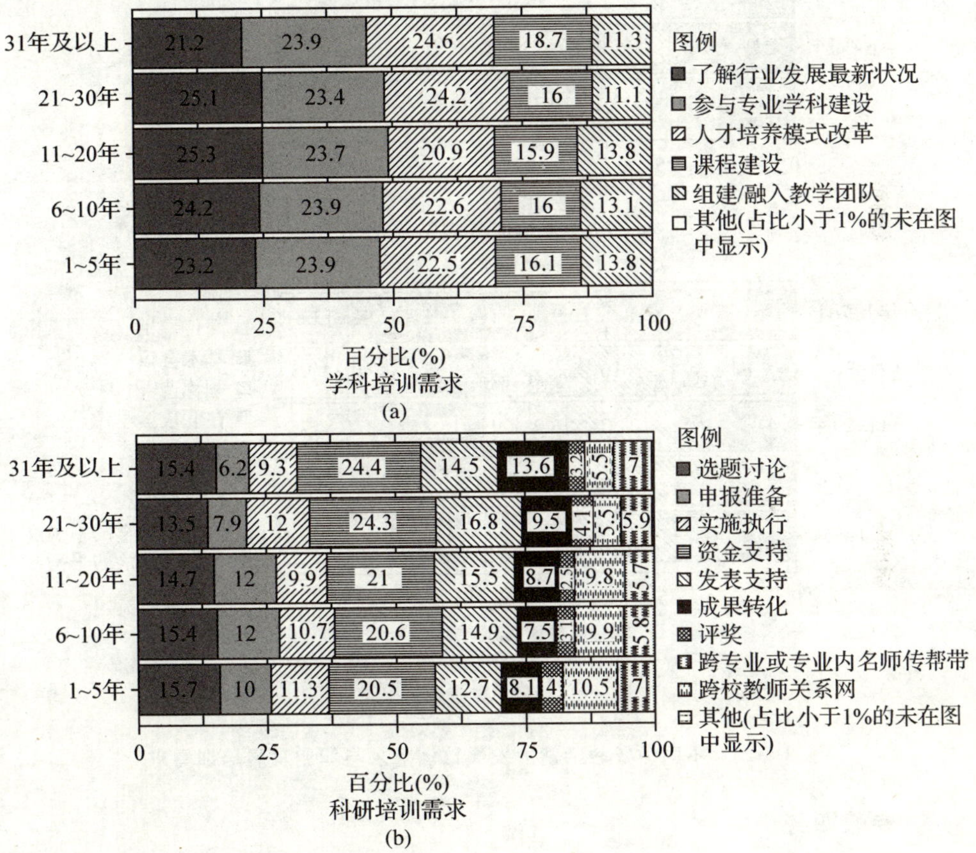

图 3-4-25　不同教龄教师学科培训需求与科研培训需求

从图3-4-26可以看出，在民办高校不同教龄的样本教师在能力发展与职业发展培训需求上的比较中，在能力发展方面，各教龄段教师需求比例最大的都是创新能力(19.9%～28.2%)和实践操作能力培训(17.1%～19.2%)；职业发展培训方面，1～5年、6～10年和11～20年教龄教师需求比例最大的是职称晋升（19％、22％、21.2％），21～30 年和 30 年及以上教龄教师需求比例最大的是学术会议（18％、19.6％）。表明，各教龄段教师最主要的能力发展需要都是创新能力和实践操作能力培训，低教龄教师职业发展上最需要职称晋升的帮助，高教龄教师最需要学术会议的帮助。

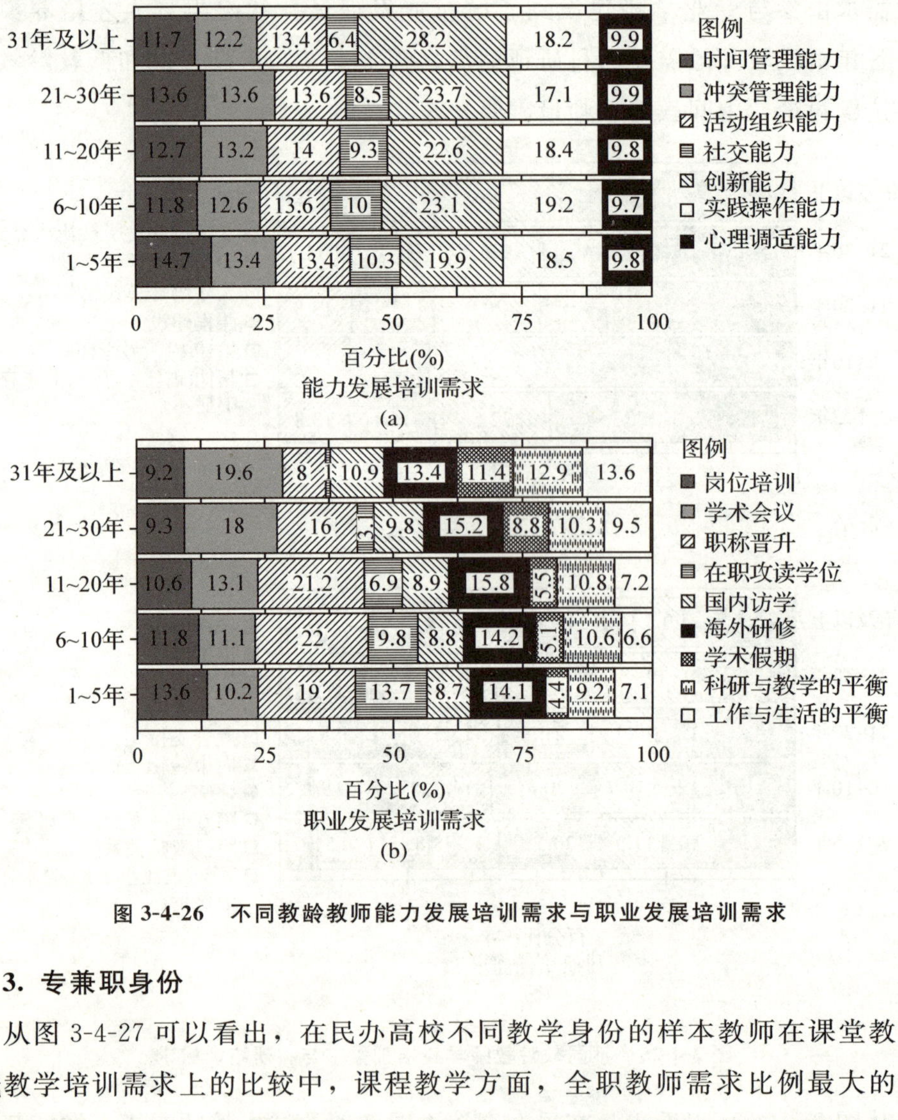

图 3-4-26　不同教龄教师能力发展培训需求与职业发展培训需求

3. 专兼职身份

从图 3-4-27 可以看出，在民办高校不同教学身份的样本教师在课堂教学和实践教学培训需求上的比较中，课程教学方面，全职教师需求比例最大的是专业知识进修（27.6％），双肩挑和校外兼职教师需求比例最大的是教学技能与方法培训（27％、24.8％）；实践教学方面，全职教师和双肩挑教师需求比例最大的是参加行业活动的机会（25.3％、24％），校外兼职教师需求比例最大的是开发实践教学环节和项目(25.8%)。表明，全职教师的课堂教学培训更需要专业知识进修，兼职教师更需要教学技能与方法培训；校内教师的实践教学培训更需要参与行业活动的机会，校外兼职教师更需要开发实践教学环节和项目的培训。

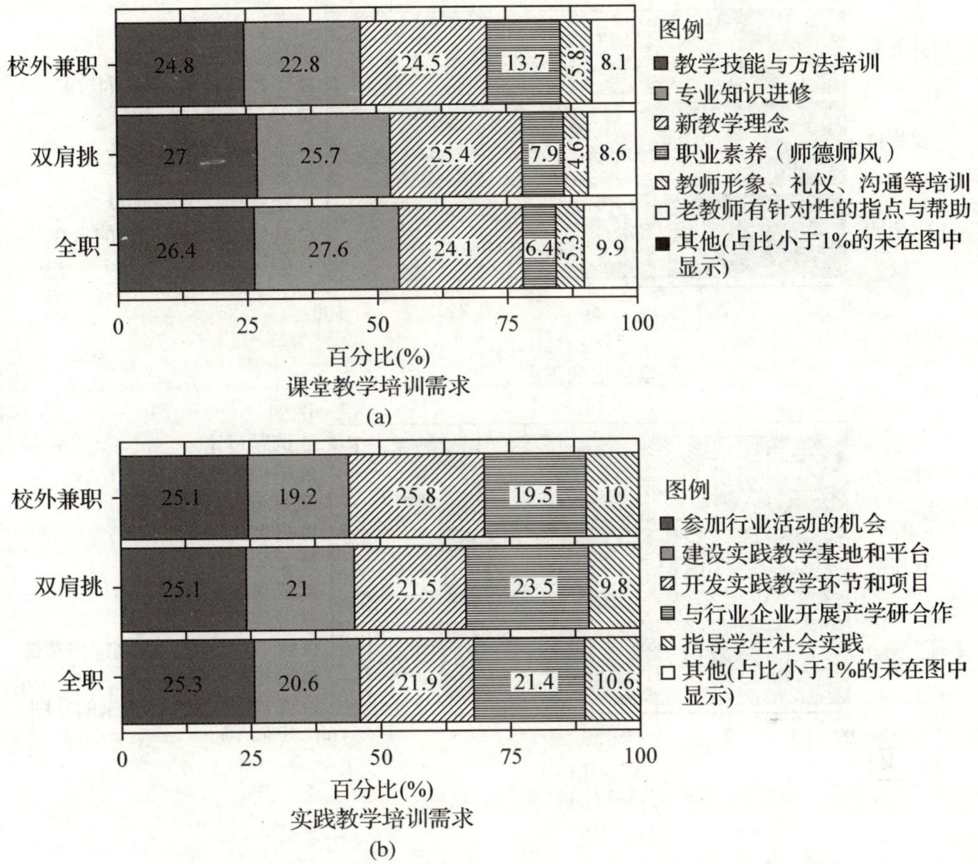

图 3-4-27　不同身份教师课堂教学培训需求与实践教学培训需求

从图 3-4-28 可以看出，在民办高校不同身份的样本教师在学科和科研培训需求上的比较中，学科培训需求方面，全职教师需求比例最大的是了解行业发展状况培训(23.9%)，双肩挑教师需求比例最大的是人才培养模式改革培训(23.8%)，校外兼职教师需求比例最大的是参与专业学科建设的培训(26.3%)；科研培训需求方面，各教学身份的教师需求最大的都是资金支持，其次需求的培训，全职和校外兼职教师需求最大的是选题讨论(15.5%、15.4%)，双肩挑教师需求最大的是发表支持(14.2%)。表明，不同教学身份教师的学科建设培训需求不同，全职教师最需要了解行业发展状况培训，双肩挑教师最需要人才培养模式改革培训，校外兼职教师最需要参与专业学科建设的培训；各教学身份教师最需要的科研帮助是资金支持，除此之外，双肩挑教师对发表支持培训有较大需求，其他教师对选题讨论培训需求较大。

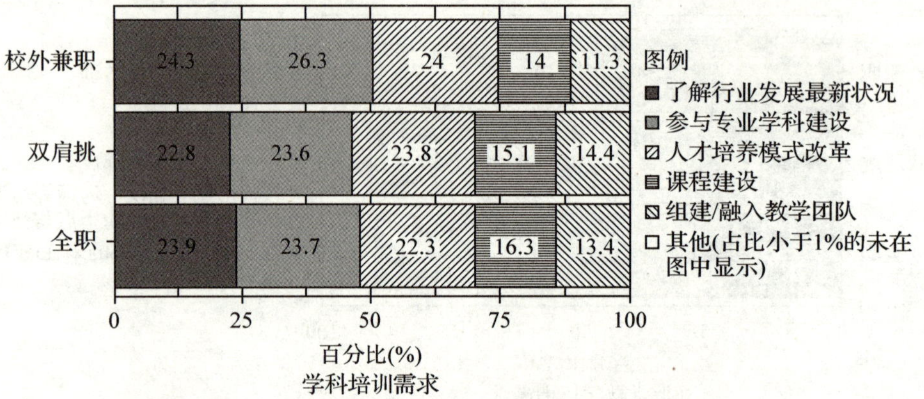

(a)

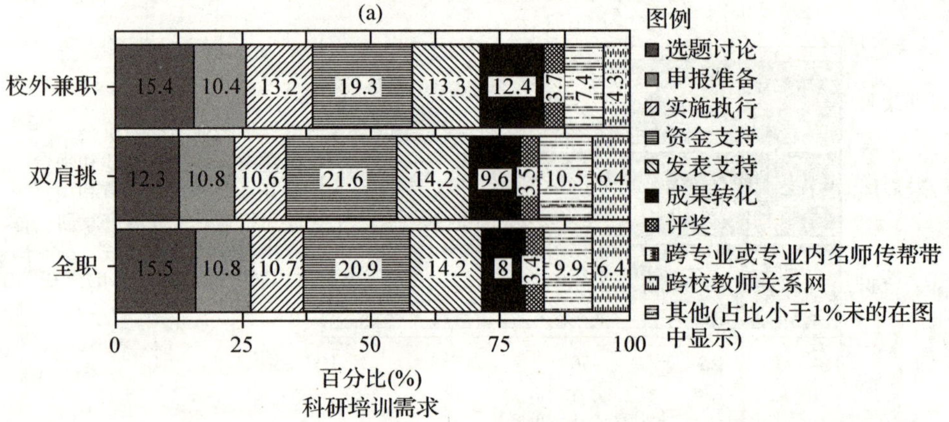

(b)

图 3-4-28　不同身份教师学科培训需求与科研培训需求

从图 3-4-29 可以看出，在民办高校不同教龄的样本教师在能力发展与职业发展培训需求上的比较中，在能力发展方面，各专兼职教师需求比例最大的培训都是创新能力培训(22%、22.9%、17.5%)和实践操作能力培训(18.8%、16.6%，17.7%)。在职业发展方面，全职教师和双肩挑教师需求比例最大的是职称晋升培训(20%、20.1%)，校外兼职教师需求比例最大的是学术会议(16.9%)。表明，各教学身份教师的能力发展培训需求一致，都最需要创新能力和实践操作能力培训；校内教师的职业发展需求最需要职称晋升培训，校外兼职教师最需要学术会议培训。

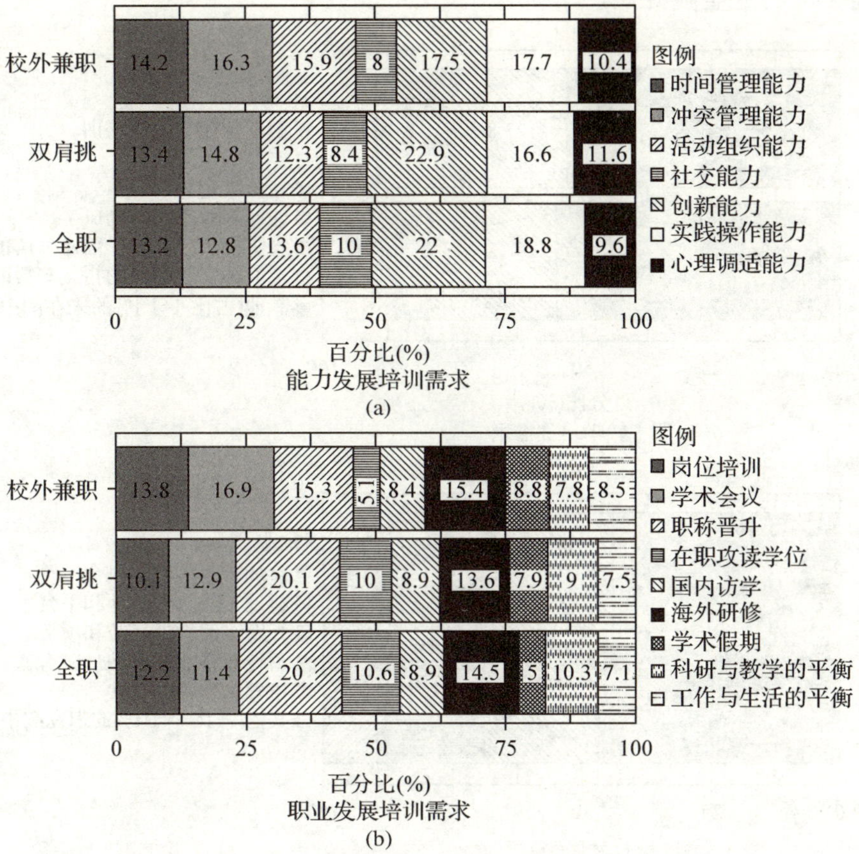

图 3-4-29　不同身份教师能力发展培训需求与职业发展培训需求

4. 学校层次

从图 3-4-30 可以看出，在民办高校不同办学层次学校的样本教师在课堂教学和实践教学培训需求上的比较中，课堂教学培训方面，本科学校教师和专科学校教师需求比例最高的是专业知识进修(28%、26.6%)和教学技能和方法培训(26.6%、26.2%)；实践教学培训方面，本科学校教师和专科学校教师需求比例最高的都是参加行业活动的机会(24.9%、25.6%)，其次是需求的培训，本科学校教师需求比例较大的是开发实践教学环节和项目(22.1%)，专科学校教师需求比例较大的是与行业企业开展产学研合作(22.5%)。这表明，本科学校教师和专科学校教师的课堂教学培训需求一致，都最需要专业知识进修和教学技能和方法培训；教学实践培训方面最需要的培训也都是参加行业活动的机会，除此以外，本科学校教师还比较需要开发实践教学环节和项目，专科学校教师需要与行业企业开展产学研合作。

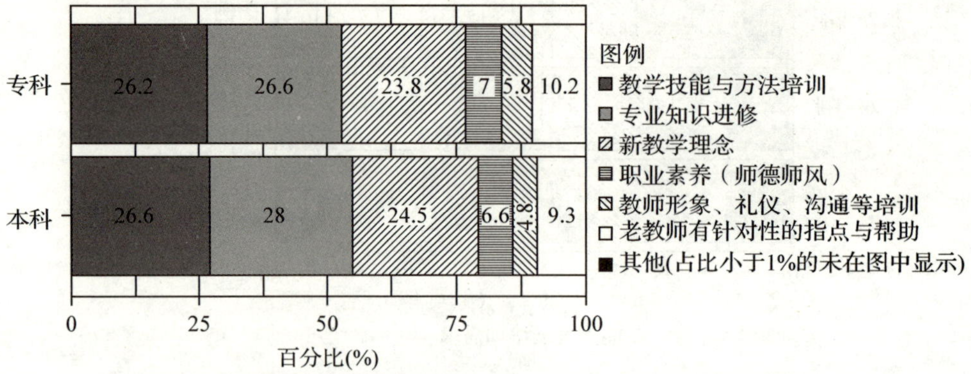

课堂教学培训需求

(a)

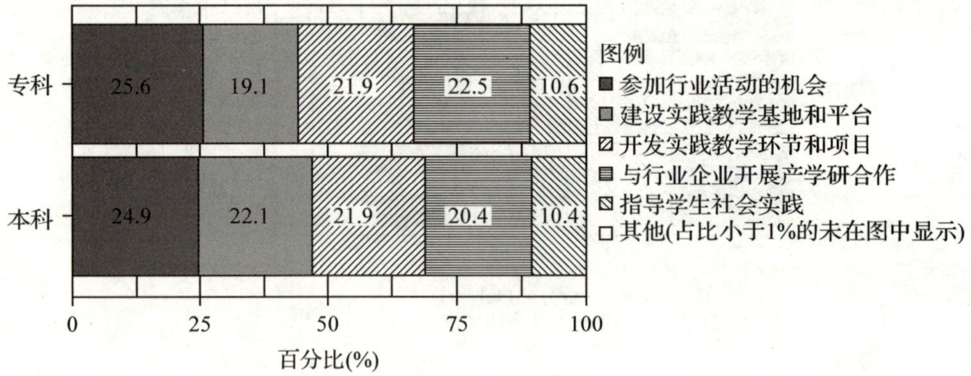

实践教学培训需求

(b)

图 3-4-30　不同学校层次教师课堂教学培训需求与实践教学培训需求

从图 3-4-31 可以看出，在民办高校不同办学层次学校的样本教师在学科和科研培训需求上的比较中，学科培训方面，本科学校教师需求比例最高的是参与专业学科建设培训(24.6%)，专科学校教师需求比例最高的是了解行业发展最新状况(24.1%)；科研培训方面，本科学校教师和专科学校教师需求比例最高的都是资金支持(20.9%)。这表明，本科学校教师和专科学校教师的学科培训需求不同，本科学校教师最需要参与专业学科建设的培训，专科学校教师最需要了解行业发展最新状况的培训；本科学校教师和专科学校教师的科研需求都集中在获得资金支持。

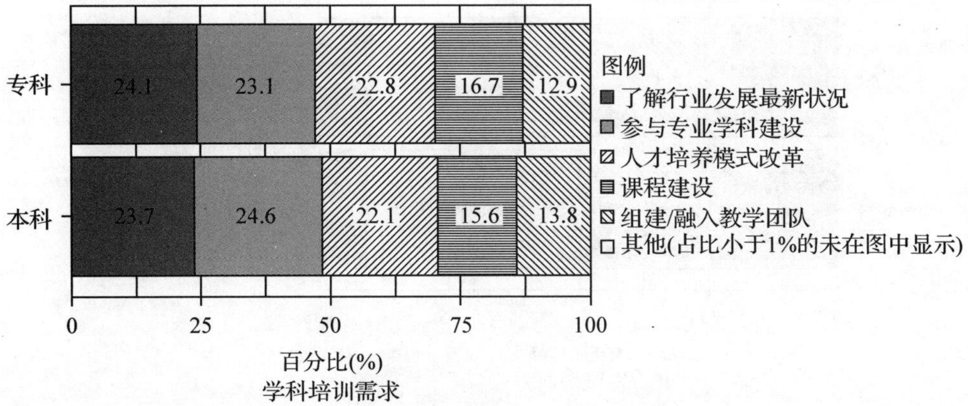

(a)

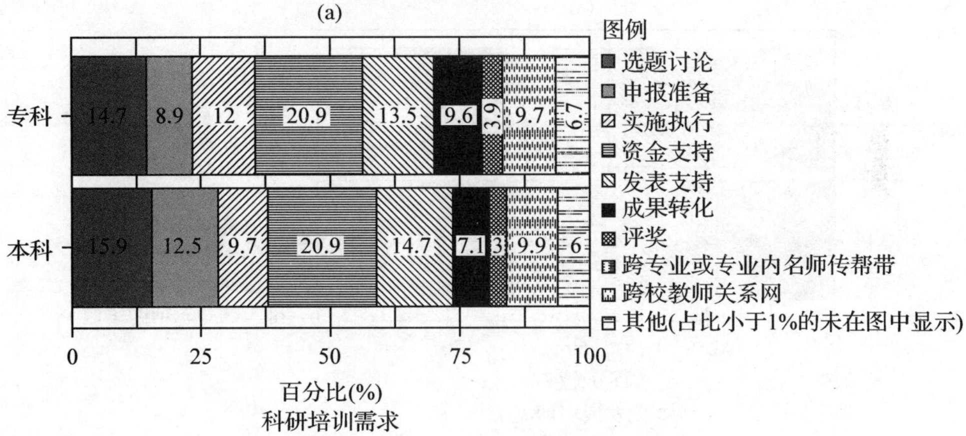

(b)

图 3-4-31　不同学校层次教师学科培训需求与科研培训需求

从图 3-4-32 可以看出，在民办高校不同办学层次学校的样本教师在能力发展与职业发展培训需求的比较中，在能力发展方面，本科学校教师和专科学校教师需求比例最高的都是创新能力培训(22.2%、21.5%)和实践操作能力培训(18.2%、19%)；在职业发展培训方面，本科学校教师和专科学校教师需求比例最高的都是职称晋升(19.9%、19.8%)，其次需求的培训，本科学校教师需求比例较高的是海外研修(14.9%)，专科学校教师需求比例较高的是岗位培训(14.3%)。这表明，本科学校教师和专科学校教师的能力发展需求主要是创新能力培训和实践操作能力培训；职业发展培训需求主要是职称晋升，除此之外，本科学校教师比较需要海外研究培训，专科学校教师比较需要岗位培训。

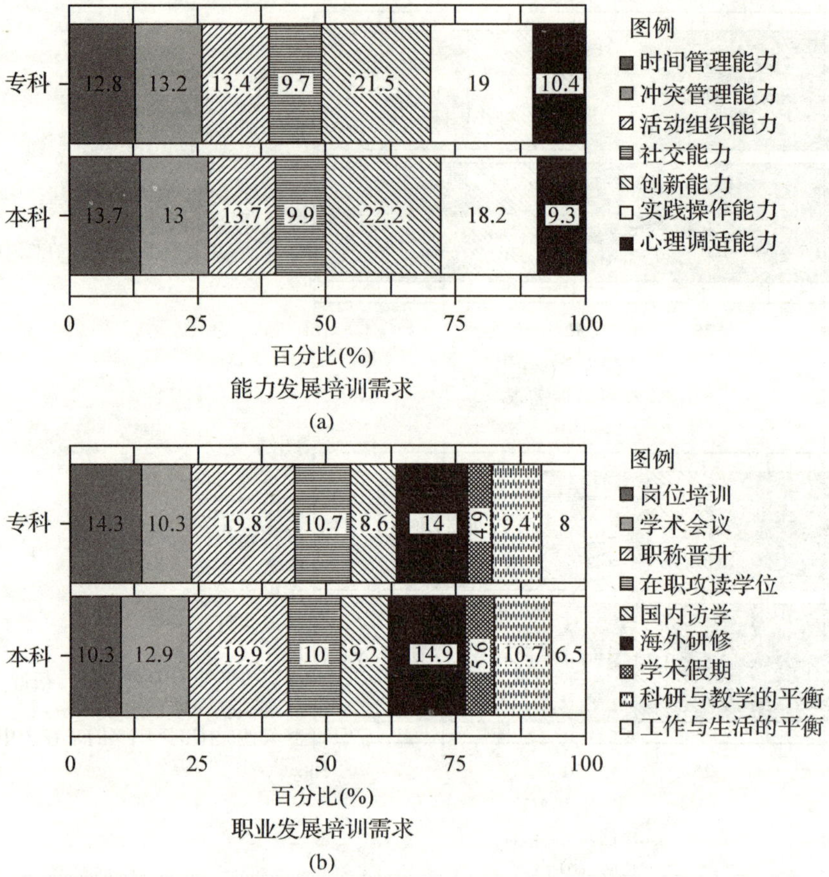

图 3-4-32　不同层次学校教师能力发展培训需求与职业发展培训需求

5. 学历

从图 3-4-33 可以看出，在民办高校不同学历的样本教师在课堂教学和实践教学培训需求的比较中，课堂教学培训方面，专科及以下学历教师需求比例最高的是教学技能与方法培训(24%)，学士、硕士和其他学历的教师需求比例最高的是专业知识进修(27%、27.9%、25.2%)，博士学历教师需求比例最高的是新教学理念培训(27%)；实践教学培训方面，各学历教师需求比例最高的都是参加行业活动的机会(23.4%～25.8%)。表明，随着教师学历的提高，课堂教学方面最需要的培训由教学技能与方法培训，到专业知识进修，再到新教学理念培训；各学历教师的实践教学培训最需要的都是参加行业活动的机会。

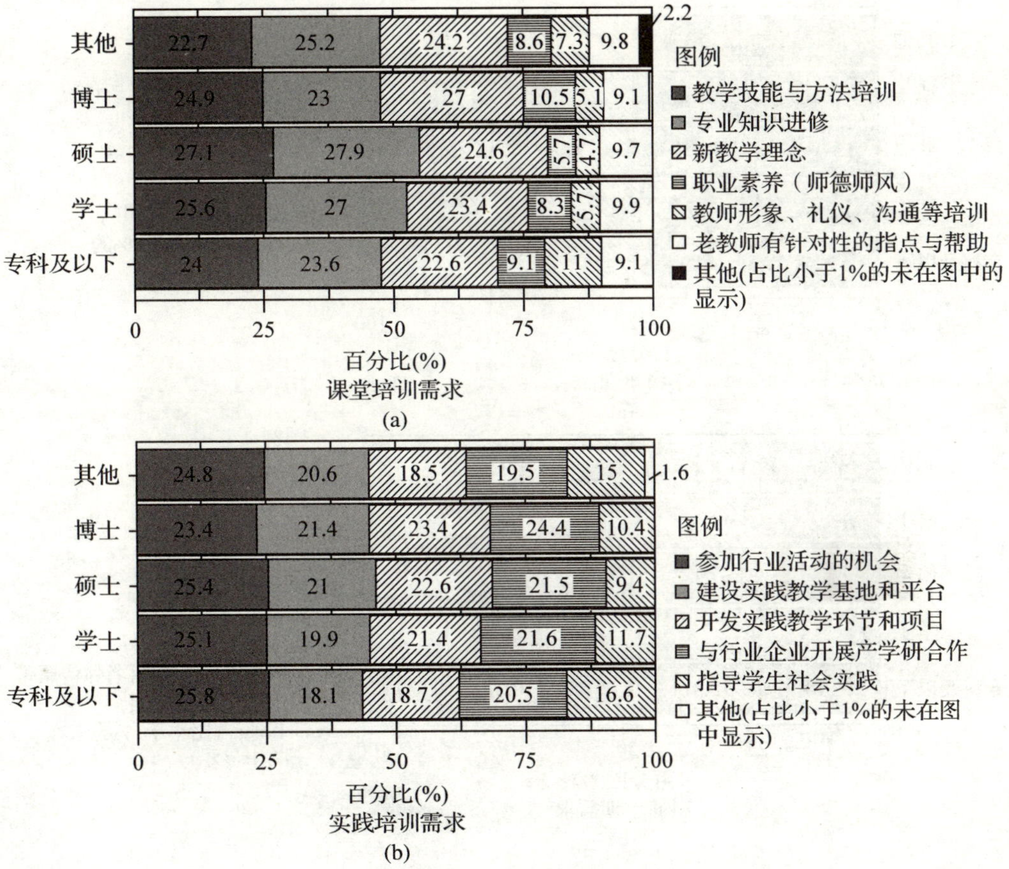

图 3-4-33　不同学历教师课堂教学培训需求与实践教学培训需求

从图 3-4-34 可以看出，在民办高校不同学历的样本教师在学科和科研培训需求上的比较中，学科培训方面，学士和专科及以下学历教师需求比例最高的是人才培养模式改革培训(24.4％、27.7％)，其他学历教师需求比例最高的是了解行业发展最新状况(27.1％)，硕士和博士学历教师需求比例最高的是参与专业学科建设(24.5％、24.6％)；科研培训方面，各学历水平教师需求比例最高都是资金支持(18％～25.3％)，其次需求的培训，学士和专科及以下学历和其他学历教师需求比例较高的是选题讨论(15.3％、17.8％、15.1％)，硕士和博士需求比例较高的是发表支持(15.3％、15％)。表明，随着学历的提升教师的学科培训需求由人才培养模式改革培训，到了解行业发展最新状况，再到参与专业学科建设培训；科研培训需求由选题讨论，到发表支持培训。

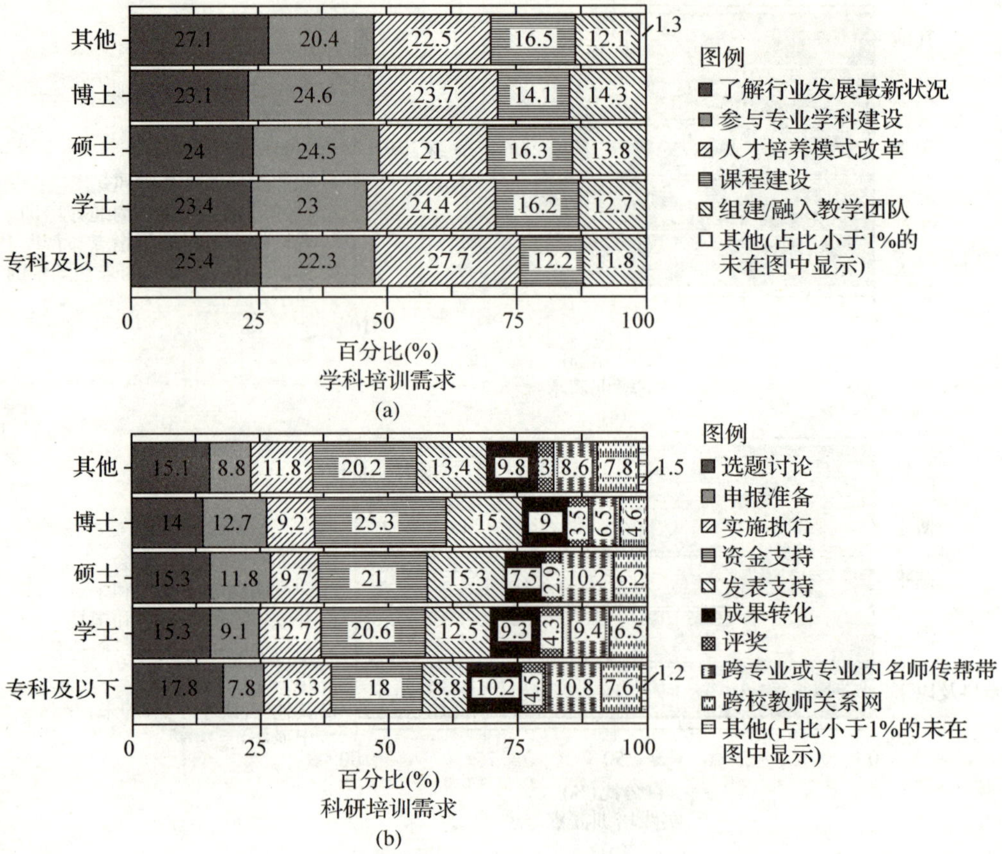

图 3-4-34　不同学历教师学科培训需求与科研培训需求

从图 3-4-35 可以看出，在民办高校不同学历的样本教师在能力发展与职业发展培训需求上的比较中，在能力发展方面，各学历教师需求比例最高的是创新能力培训(18.9%～24.4%)；职业发展培训方面，专科及以下学历教师需求比例最高的是岗位培训(21.7%)，学士、硕士学历和其他学历教师需求比例最高的是职称晋升(20.1%、20%、19.8%)，博士学历教师需求比例最高的是海外研修培训(20.9%)。表明，各学历教师的能力发展培训都最需要创新能力培训；随着学历的提升，职业发展培训由岗位培训，到职称晋升，再到海外研修培训。

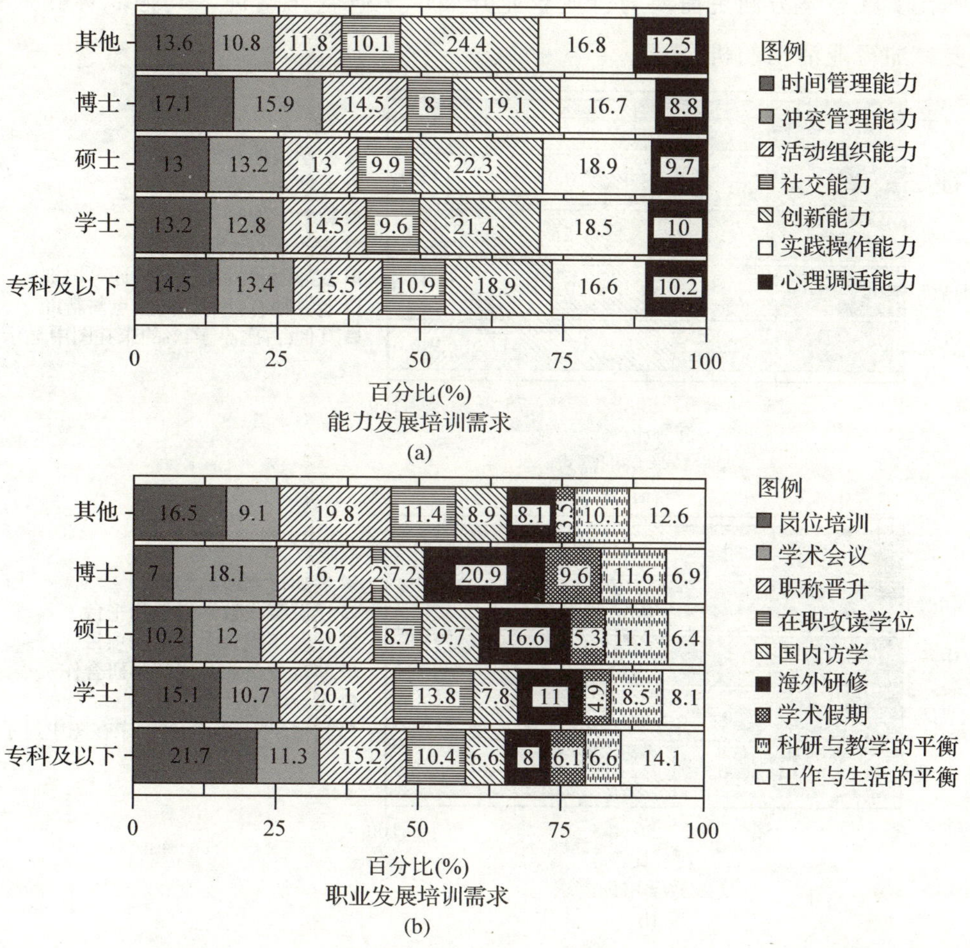

图 3-4-35　不同学历教师能力发展培训需求与职业发展培训需求

6. 职称

从图 3-4-36 可以看出，在民办高校不同职称的样本教师在课堂教学和实践教学培训需求上的比较中，课堂教学培训方面，无职称、初级职称和中级职称教师需求比例最高的是专业知识进修(25.7%、27.5%、28.6%)，副高职称和正高级职称需求比例最高的是新教学理念培训(29.3%、29.1%)；实践教学培训方面，无职称、初级职称、中级职称和副高级职称教师需求比例最高的是参加行业活动的机会(24.4%～25.8%)，正高级职称教师需求比例最高的是与行业企业开展产学研合作培训(24.6%)。表明，职称较低的教师在课堂教学培训方面更需要专业知识进修，职称较高教师更需要新教学理念培训；职称最高的教师在实践教学方面更需要与行业企业开展产学研合作培训，其他职称教师更需要参加行业活动的机会。

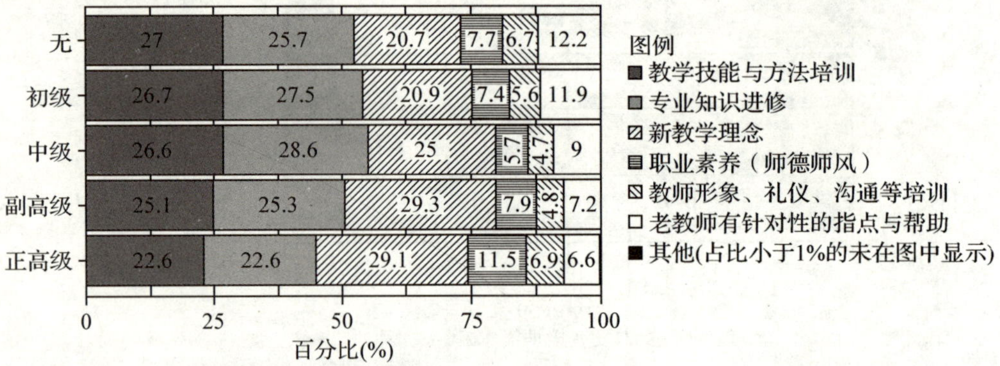

课堂教学培训需求

(a)

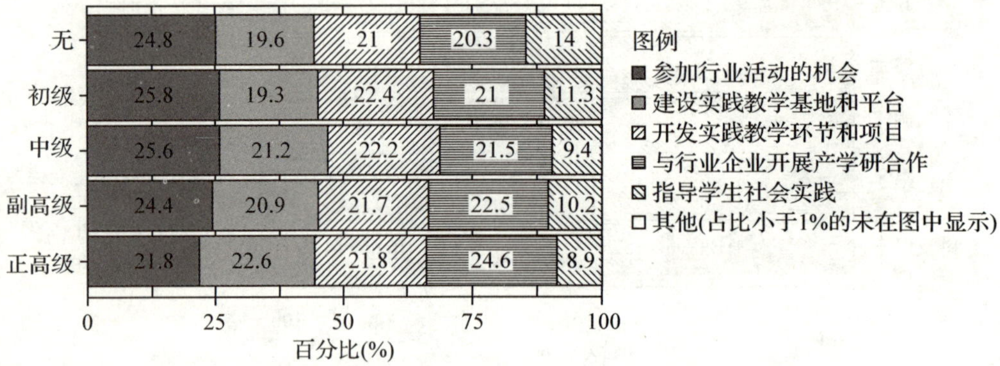

实践教学培训需求

(b)

图 3-4-36　不同职称教师课堂教学培训需求与实践教学培训需求

从图 3-4-37 可以看出，在民办高校不同职称的样本教师在学科和科研培训需求上的比较中，学科培训方面，无职称、中级职称和副高级职称教师需求比例最高的是了解行业发展最新状况（24.3%，24.2%，23.9%），初级职称教师需求比例最高的是参与行业学科建设（24.8%），正高职称教师需求比例最高的是人才培养模式改革培训（28.8%）；科研培训方面，各职称教师需求比例最高的是资金支持（20%～22.6%）。表明，无职称、中级职称和副高级职称教师的学科培训需求主要是了解行业发展最新状况，初级职称教师最需要参与行业学科建设培训，正高职称教师最需要人才培养模式改革培训；各职称教师的科研需求主要是资金支持。

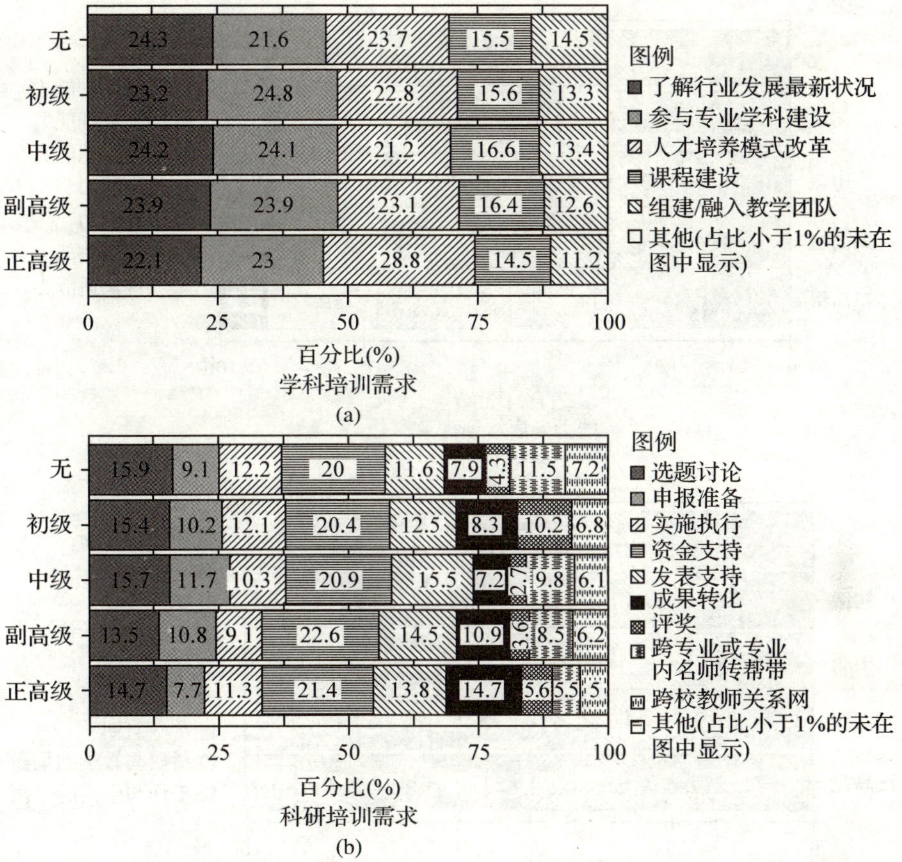

图 3-4-37　不同职称教师学科培训需求与科研培训需求

从图 3-4-38 可以看出，在民办高校不同职称的样本教师在能力发展与职业发展培训需求上的比较中，在能力发展方面，各职称教师需求比例最高的是创新能力培训(19.3％～22.9％)和实践操作能力培训(17.3％～19.7％)；职业发展方面，无职称、初级职称和中级职称教师需求比例最高是职称晋升(18.4％、21％、21.8％)，副高职称和正高职称教师需求比例最高的是海外研修(16.3％、17.1％)。表明，各职称教师的能力发展需求主要是创新能力培训和实践操作能力培训；无职称、初级职称和中级职称教师职业发展培训最需要职称晋升培训，副高职称和正高职称教师最需要海外研修培训。

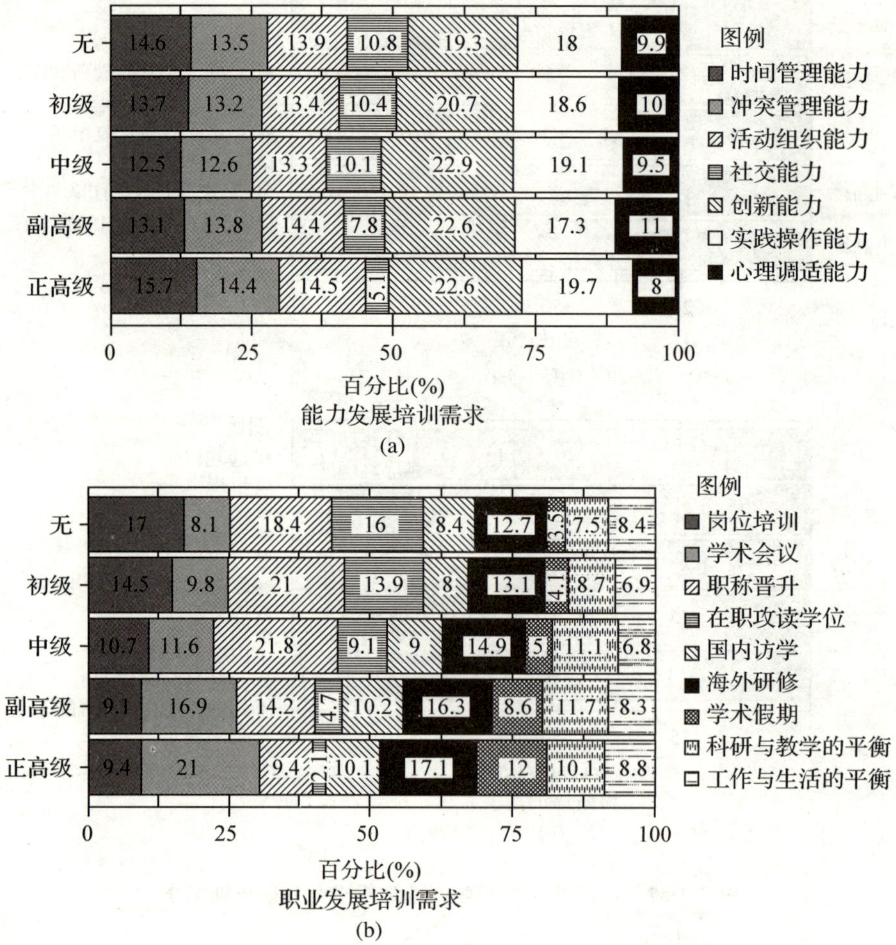

图 3-4-38　不同职称教师能力发展培训需求与职业发展培训需求

7. 学科

从图 3-4-39 可以看出，在民办高校不同学科的样本教师在课堂教学和实践教学培训需求上的比较中，课堂教学培训方面，各学科教师需求比例最高的是教学技能与方法培训(23.5%～29.1%)和专业知识进修(24.8%～29.2%)；实践教学培训方面，哲学、法学学科教师需求比例最高是开发实践教学环节和项目(24.8%，24.3%)，农学学科教师需求比例最高的是建设实践教学基地和平台培训(23.5%)，其他学科教师需求比例最高的是参加行业活动的机会(23.1%～28.4%)。表明，各学科教师课堂教学培训最需要教学技能与方法培训和专业知识进修；哲学、法学学科教师实践教学培训最需要开发实践教学环节和项目培训，农学学科教师最需要实践教学基地和平台培训，其他学科教师最需要参加行业活动的机会。

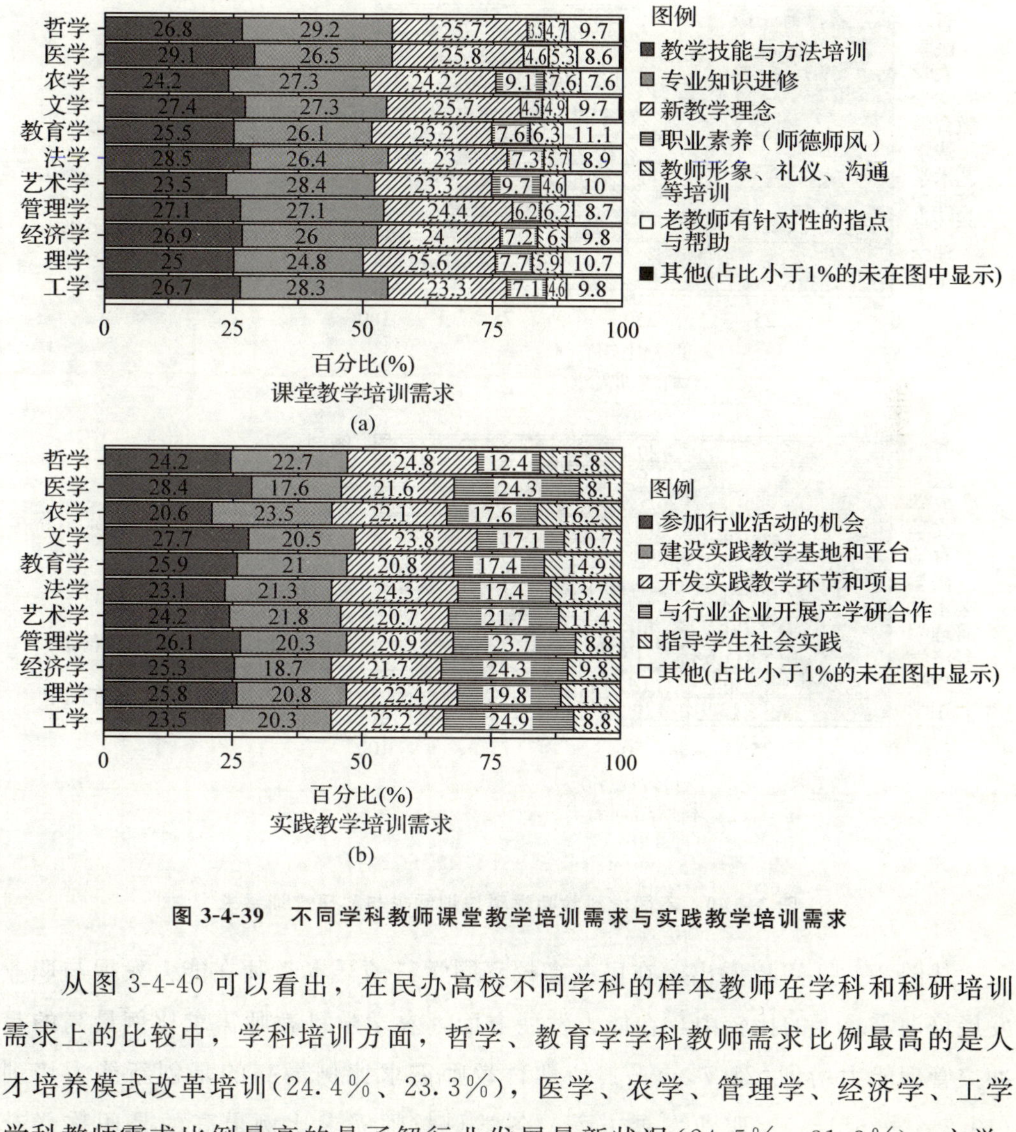

图 3-4-39　不同学科教师课堂教学培训需求与实践教学培训需求

从图 3-4-40 可以看出，在民办高校不同学科的样本教师在学科和科研培训需求上的比较中，学科培训方面，哲学、教育学学科教师需求比例最高的是人才培养模式改革培训(24.4%、23.3%)，医学、农学、管理学、经济学、工学学科教师需求比例最高的是了解行业发展最新状况(24.5%～31.3%)，文学、法学、艺术学、理学学科教师需求比例最高的是参与专业学科建设(23.4%～25.3%)。科研培训方面，各学科教师需求比例最高的是资金支持(19.9%～26.5%)。表明，哲学教育学学科教师的学科培训需求主要是人才培养模式改革培训，医学、农学、管理学、经济学、工学学科教师最需要了解行业发展最新状况培训，文学、法学、艺术学、理学学科教师最需要参与专业学科建设；各学科教师的科研需求主要是资金支持。

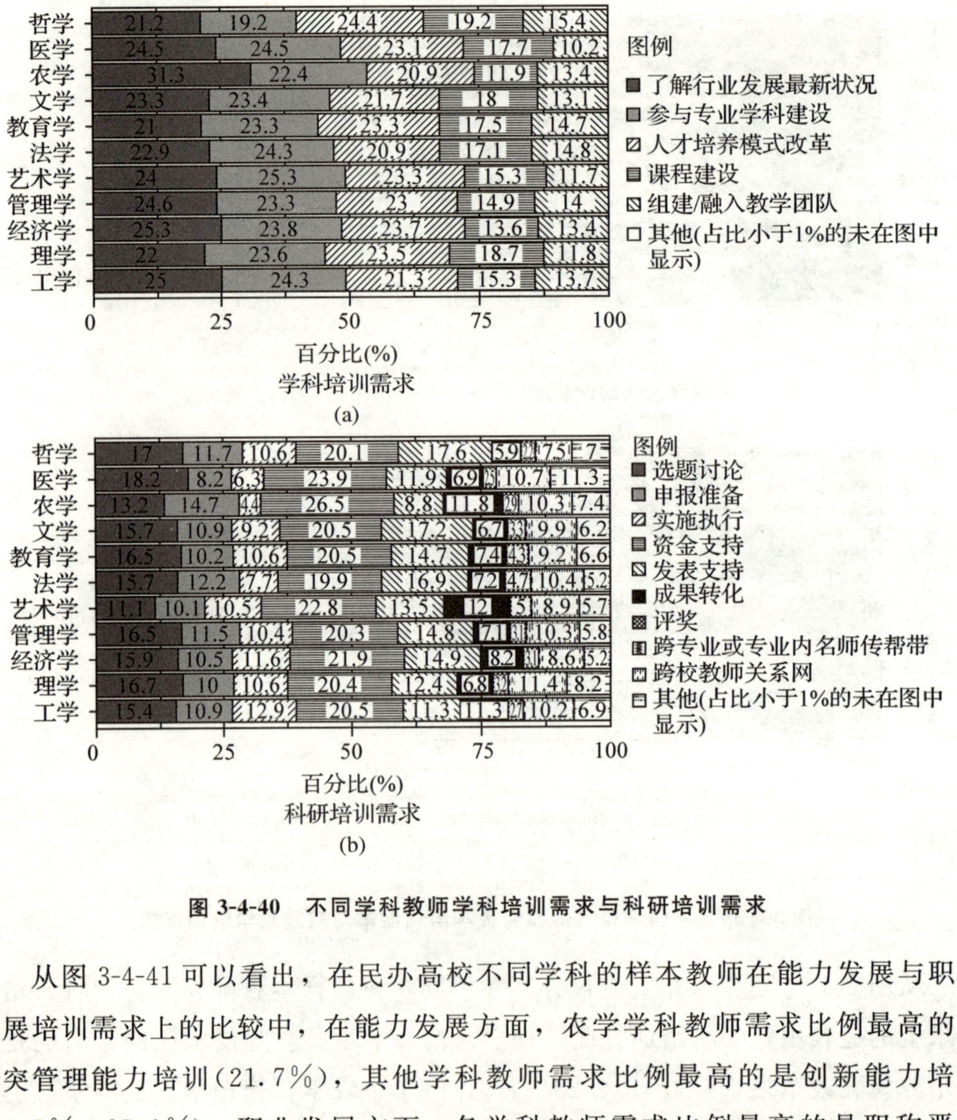

图 3-4-40　不同学科教师学科培训需求与科研培训需求

从图 3-4-41 可以看出，在民办高校不同学科的样本教师在能力发展与职业发展培训需求上的比较中，在能力发展方面，农学学科教师需求比例最高的是冲突管理能力培训(21.7%)，其他学科教师需求比例最高的是创新能力培训(19.7%～25.1%)；职业发展方面，各学科教师需求比例最高的是职称晋升(13.7%～24.1%)。表明，大部分学科教师的能力发展培训最需要创新能力培训，但农学学科教师最需要冲突管理能力培训；各学科教师职业发展培训最需要职称晋升培训。

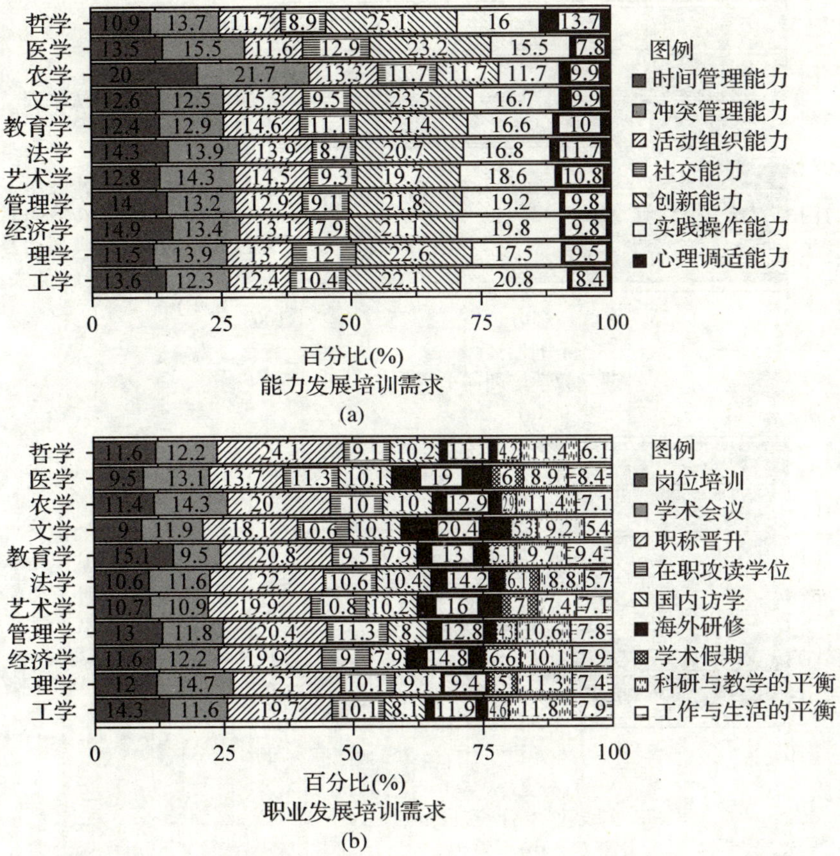

图 3-4-41　不同学科教师能力发展培训需求与职业发展培训需求

8. 承担课程门数

从图 3-4-42 可以看出，在民办高校承担不同课程门数的样本教师在课堂教学和实践教学培训需求上的比较中，课堂教学培训方面，承担 0～1 门课程的教师需求比例最高的是教学技能与方法培训(26.2%、27.3%)，承担 2 门、3 门、4 门和 5 门及以上课程的教师需求比例最高的是专业知识进修(27.7%～29.6%)；实践教学培训方面，承担不同课程门数的教师需求比例最高的都是参加行业活动的机会(24.1%～26.3%)。表明，承担课程门数最少教师的课堂教学培训需求主要是教学技能与方法培训，承担课程门数较多教师主要需求专业知识进修；承担不同课程门数的教师的主要实践教学培训需求均为参加行业活动的机会。

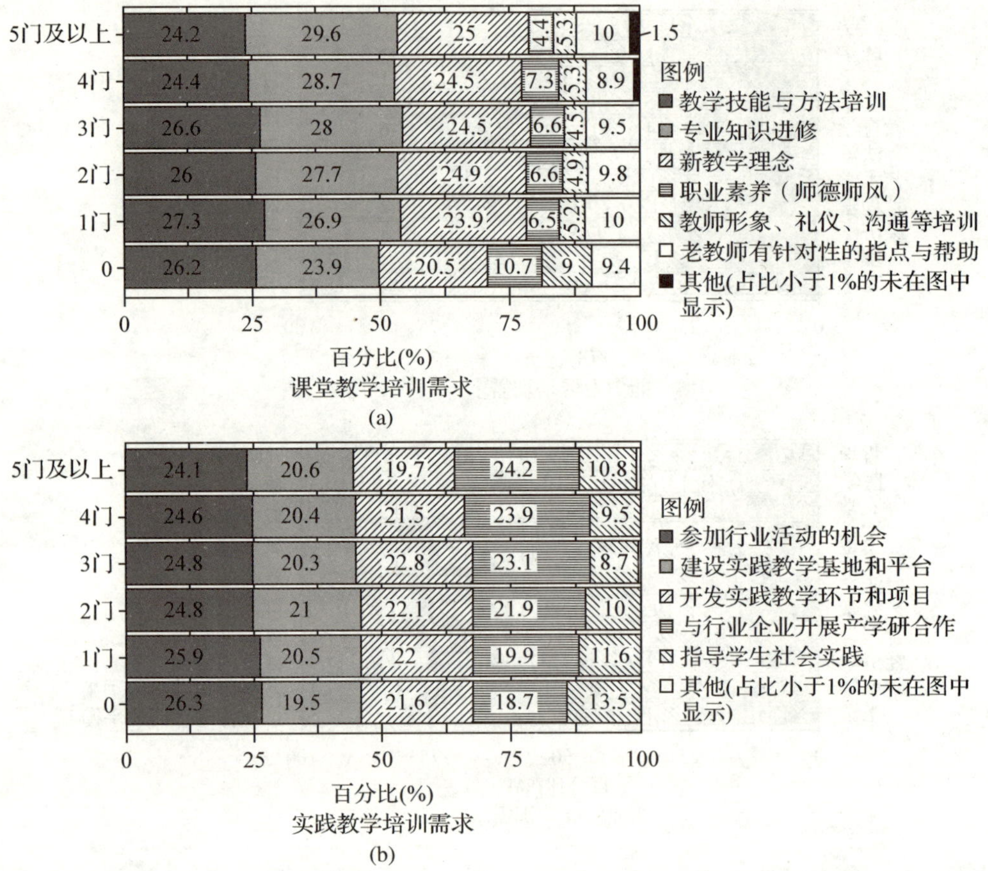

图 3-4-42　承担不同课程门数教师课堂教学培训需求与实践教学培训需求

从图 3-4-23 可以看出，在民办高校承担不同课程门数的样本教师在学科和科研培训需求上的比较中，学科培训方面，未承担课程的教师需求比例最高的是人才培养模式改革培训(27.1％)，承担 2～4 门课程的教师需求比例最高的是参与专业学科建设培训(24.3％～25.1％)，承担 1 门或 5 门及以上课程的教师需求比例最高的是了解行业发展最新状况培训；科研培训方面，承担不同课程门数教师需求比例最高的是资金支持(20.4％～24.4％)。表明，未承担课程的教师的学科培训最需要人才培养模式改革培训，承担 2～4 门课程的教师最需要参与专业学科建设培训，承担 1 门或 5 门及以上课程的教师最需要了解行业发展最新状况培训；承担不同课程门数教师科研培训最需要的是资金支持。

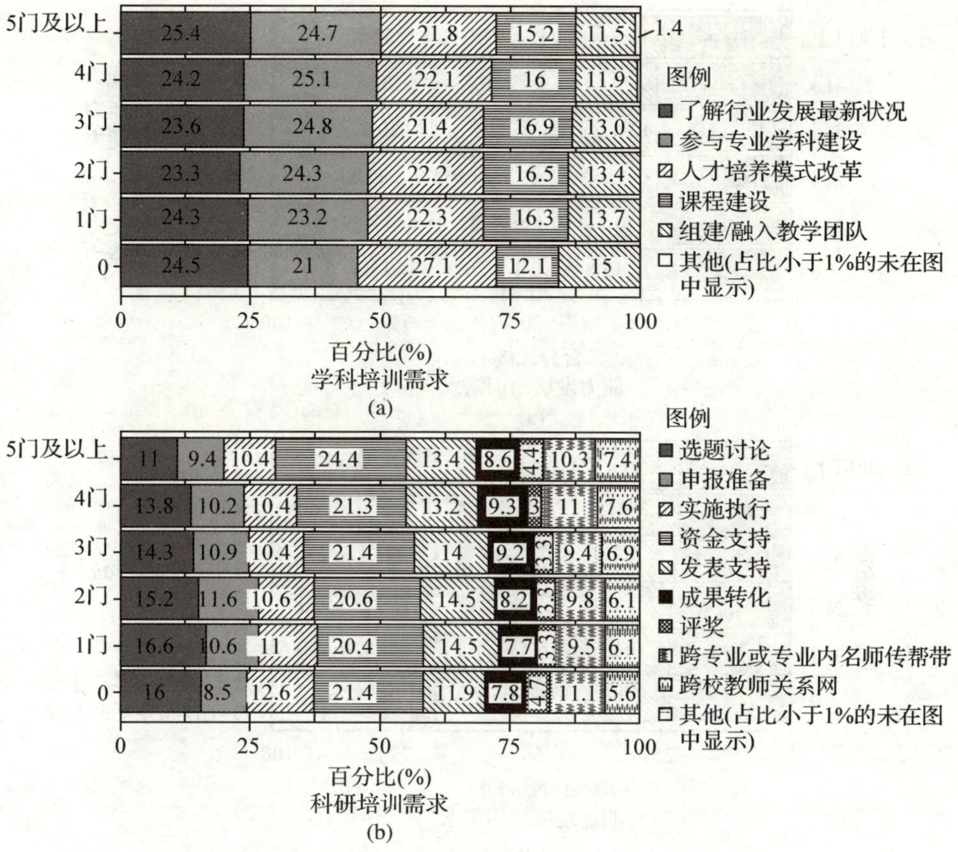

图 3-4-43　承担不同课程门数教师学科培训需求与科研培训需求

从图 3-4-44 可以看出，在民办高校承担不同课程门数的样本教师在能力发展与职业发展培训需求上的比较中，在能力发展方面，承担不同课程门数教师需求比例最高的是创新能力培训（20.5%～22.5%）和实践操作能力培训（15.3%～20.7%）；职业发展培训方面，承担不同课程门数教师需求比例最高的是职称晋升（19.4%～20.6%）。表明，承担不同课程门数教师的能力发展需求主要是创新能力培训和实践操作能力培训；职业发展培训需求主要是职称晋升。

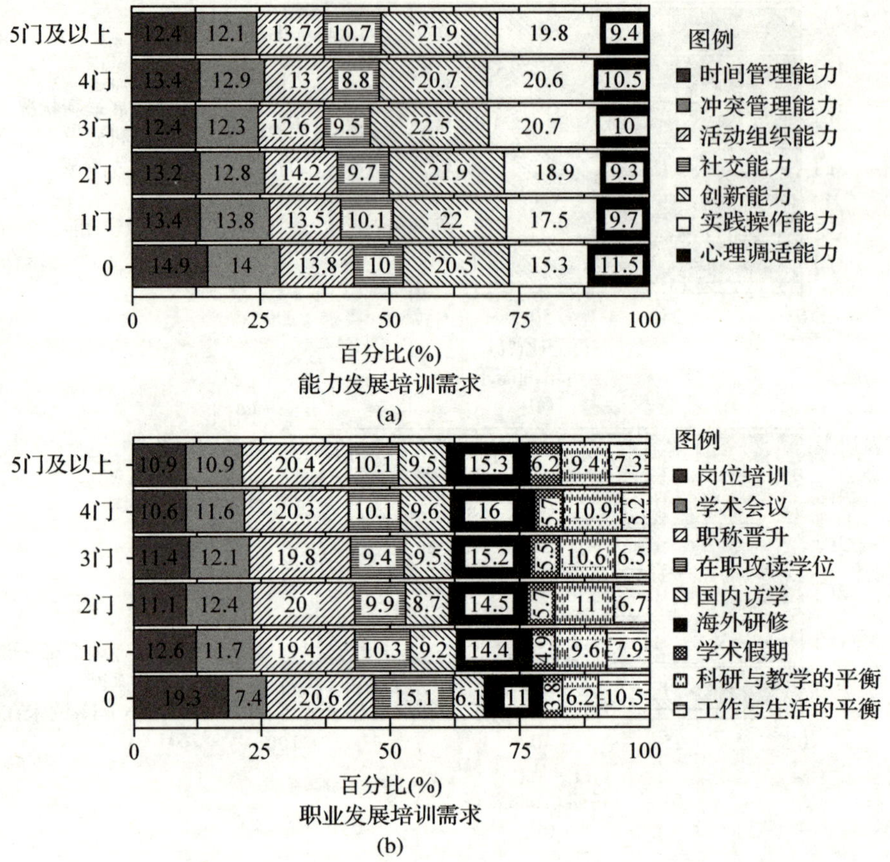

图 3-4-44 承担不同课程门数教师能力发展培训需求与职业发展培训需求

9. 每周授课学时

从图 3-4-45 可以看出，在民办高校每周承担不同授课学时的样本教师在课堂教学和实践教学培训需求上的比较中，课堂教学培训方面，每周承担授课学时的教师需求最大的是专业知识进修(25.7%～28.1%)，不承担授课学时的教师需求最大的是教学技能与方法培训(26.5%)；在实践教学培训方面，每周授课学时在 26 学时以下以及 30 学时以上的教师需求最大的是参加行业活动的机会(23.1%～26.1%)，每周授课学时在 26～30 学时的教师需求最大的是与行业企业开展产学研合作(22.3%)。表明，每周承担授课学时教师的课堂培训需求主要是专业知识进修，不承担学时教师的主要需求是教学技能与方法培训；每周承担授课学时最多和较少教师的实践教学培训需求主要是参加行业活动的机会，授课学时中等教师的主要需求与行业企业开展产学研合作。

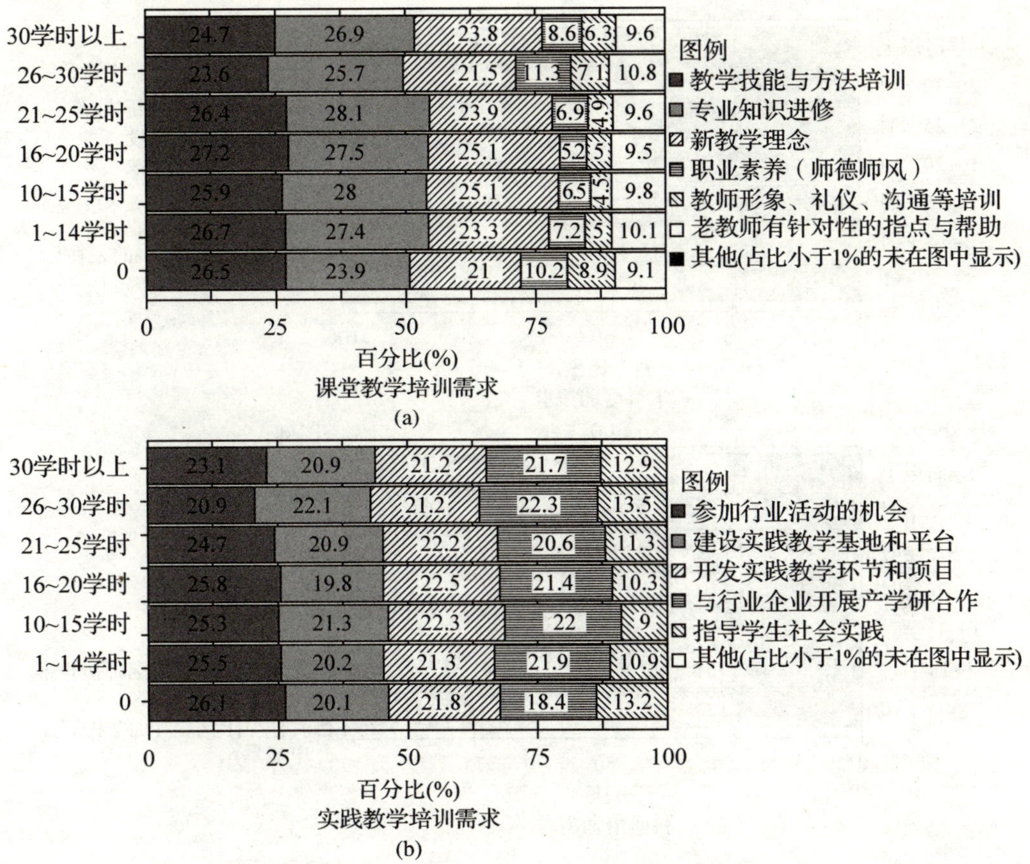

图 3-4-45　每周承担不同授课学时教师课堂教学培训需求与实践教学培训需求

从图 3-4-46 可以看出，在民办高校每周承担不同授课学时的样本教师在学科和科研培训需求上的比较中，学科培训方面，每周承担 26～30 学时教师需求最大的是人才培养模式改革(26.7%)，承担 10～15 学时、21～25 学时、30 以上学时教师需求最大的是参与专业学科建设(24.2%～24.9%)，承担其他学时量教师需求最大的是了解行业发展最新状况(23.4%～24.5%)；科研培训方面，每周承担不同学时教师需求最大的是资金支持(20.4%～22.9%)。表明，承担学时量中等教师的学科培训需求主要是人才培养模式改革培训，承担学时量较多教师主要需求参与专业学科建设机会，承担学时量较少教师主要需求了解行业发展最新状况；每周承担不同学时教师科研培训需求主要是资金支持。

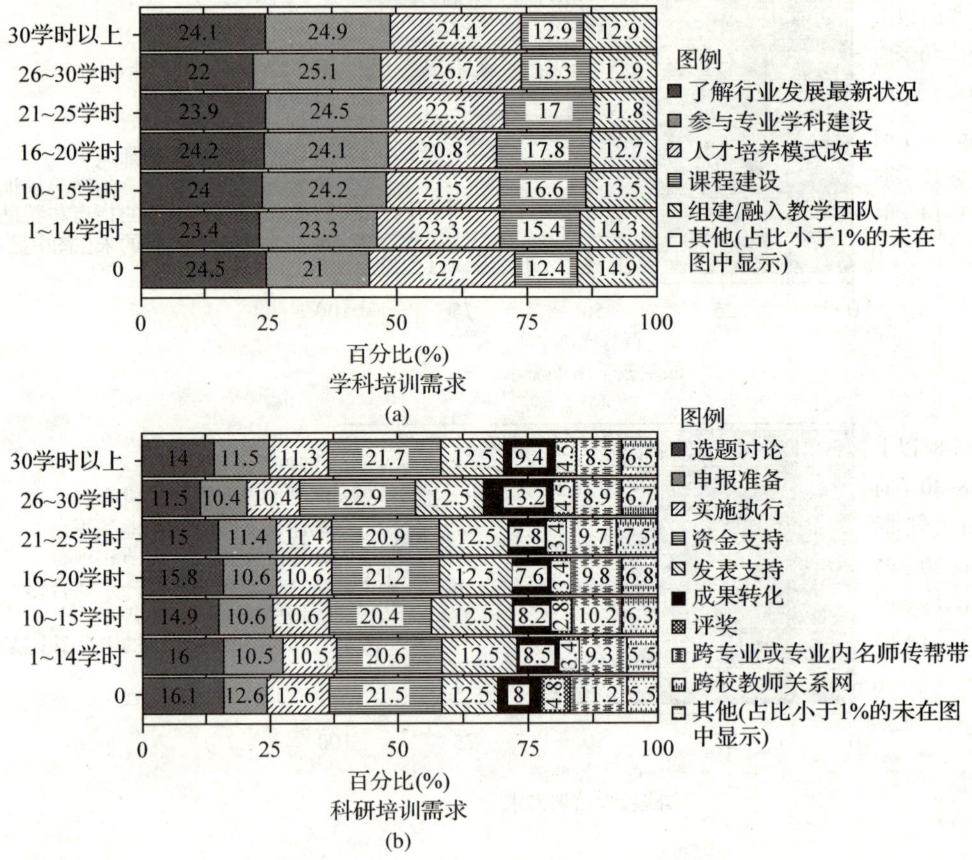

图 3-4-46　每周承担不同授课学时教师学科培训需求与科研培训需求

从图 3-4-47 可以看出，在民办高校每周承担不同授课学时的样本教师在能力发展与职业发展培训需求上的比较中，在能力发展方面，每周授课 26 学时以下教师需求最大的是创新能力培训(20.8%～22.9%)，授课 26 学时以上教师需求最大的是实践操作能力培训(19.3%～21.6%)；职业发展培训方面，每周承担不同授课学时教师需求最大的是职称晋升(18.4%～21.6%)。表明，每周授课学时较少教师的能力发展培训需求主要是创新能力培训，学时较多教师主要需求实践操作能力培训；每周承担不同授课学时教师的职业发展培训需求主要是职称晋升。

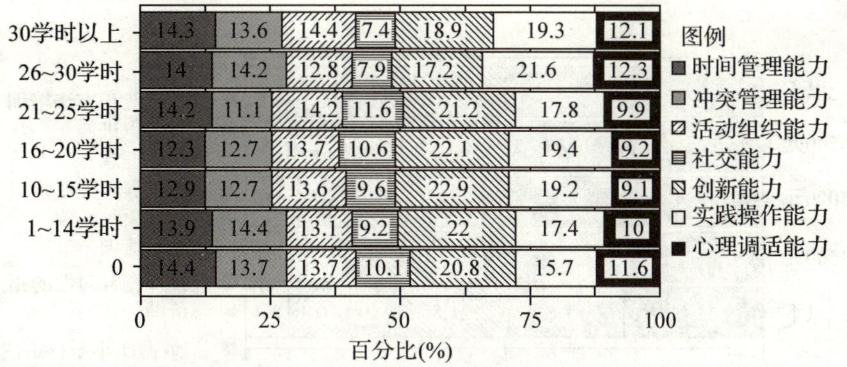

(a)

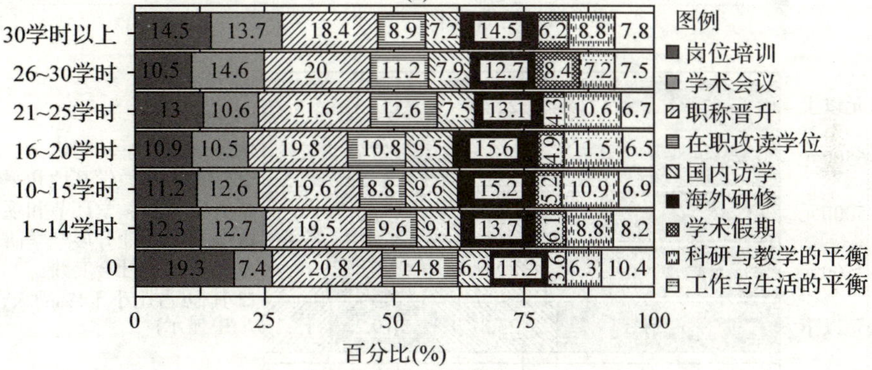

(b)

图 3-4-47　每周承担不同授课学时教师能力发展培训需求与职业发展培训需求

10. 月收入

从图 3-4-48 可以看出，在民办高校不同月收入水平的样本教师在课堂教学和实践教学培训需求上的比较中，课堂教学培训方面，月收入 2000 以下教师需求最大的是教学技能与方法培训(27.4%)，月收入 6500 元以上教师需求最大的是新教学理念(30.3%)，其他月收入水平教师需求最大的是专业知识进修(27.1%～28.2%)；实践教学培训方面，月收入 6500 元以下教师需求最大的是参与行业活动的机会(25.2%～26.5%)，月收入 6500 元以上教师需求最大的是与行业企业开展产学研合作(23.6%)。表明，月收入最低教师的课堂教学培训需求主要是教学技能与方法培训，月收入最高教师主要需求新教学理念培训，中等收入教师主要需求专业知识进修；月收入较低教师的实践教学培训需求主要是参与行业活动的机会，月收入较高教师主要需求与行业企业开展产学研合作。

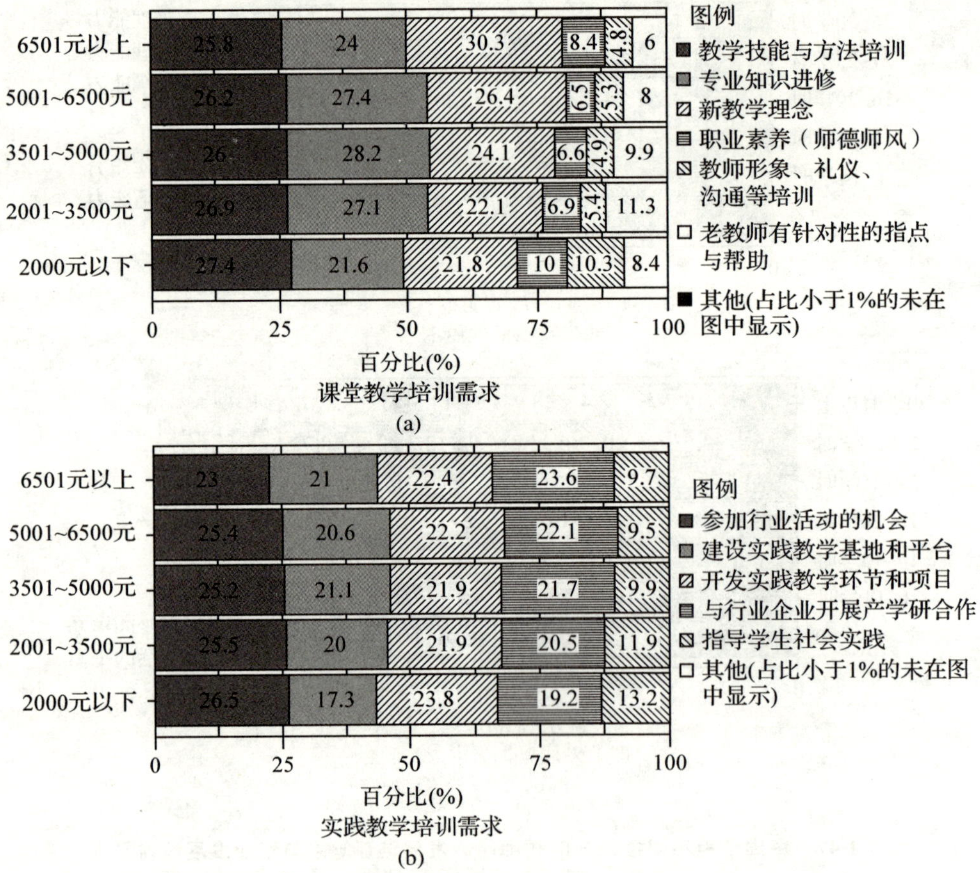

图 3-4-48　不同月收入教师课堂教学培训需求与实践教学培训需求

从图 3-4-49 可以看出，在民办高校不同月收入水平的样本教师在学科和科研培训需求上的比较中，学科培训方面，不同月收入教师需求最大的是了解行业发展最新状况(23.2%～25.7%)；科研培训方面，月收入 2000 元以下教师需求最大的是选题讨论(18.7%)，月收入 2000 元以上教师需求最大的是资金支持(20.8%～22%)。表明，不同月收入教师的学科培训需求主要是了解行业发展最新状况；月收入最少教师的科研培训需求主要是选题讨论，月收入较多教师主要需求资金支持。

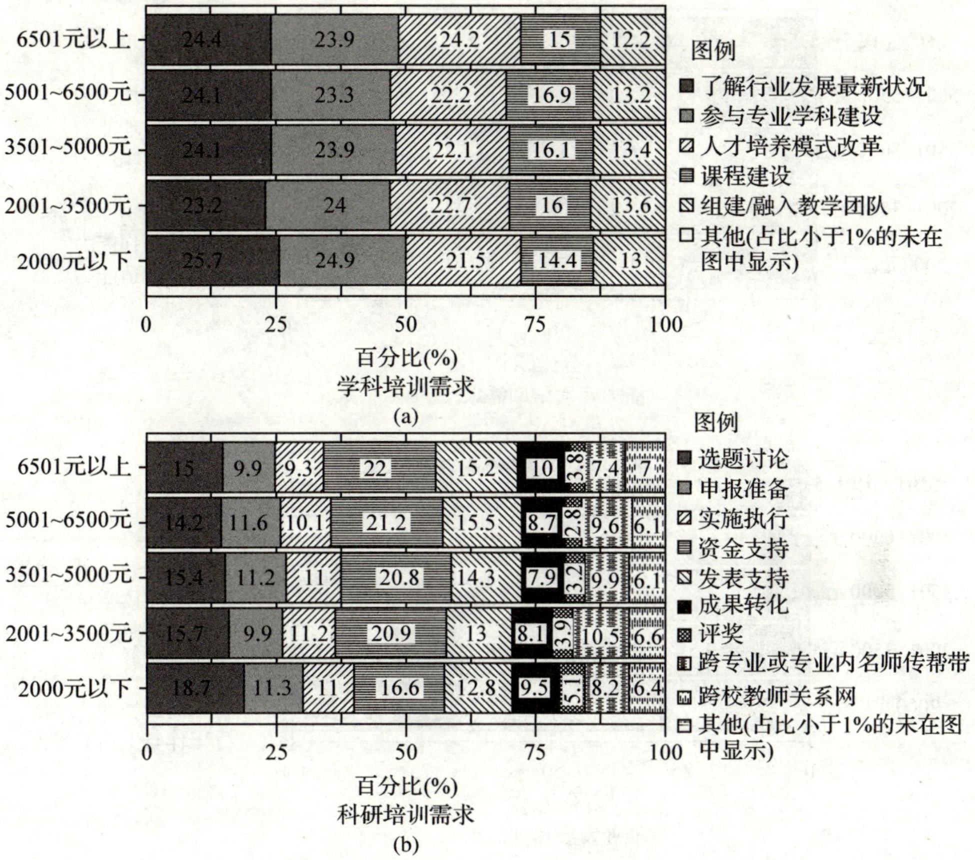

图 3-4-49　不同月收入教师学科培训需求与科研培训需求

从图 3-4-50 可以看出，在民办高校不同月收入水平的样本教师在能力发展与职业发展培训需求上的比较中，在能力发展方面，不同月收入教师需求最大的是创新能力培训(18.1％～24％)；在职业发展方面，月收入 6500 元以下教师需求最大的是职称晋升(18.9％～20.7％)，月收入 6500 元以上教师需求最大的是参加学术会议(17.2％)。表明，不同月收入教师的能力发展培训需求主要是创新能力培训；月收入较低教师的职业发展培训需求主要是职称晋升，月收入最高教师主要需求参加学术会议。

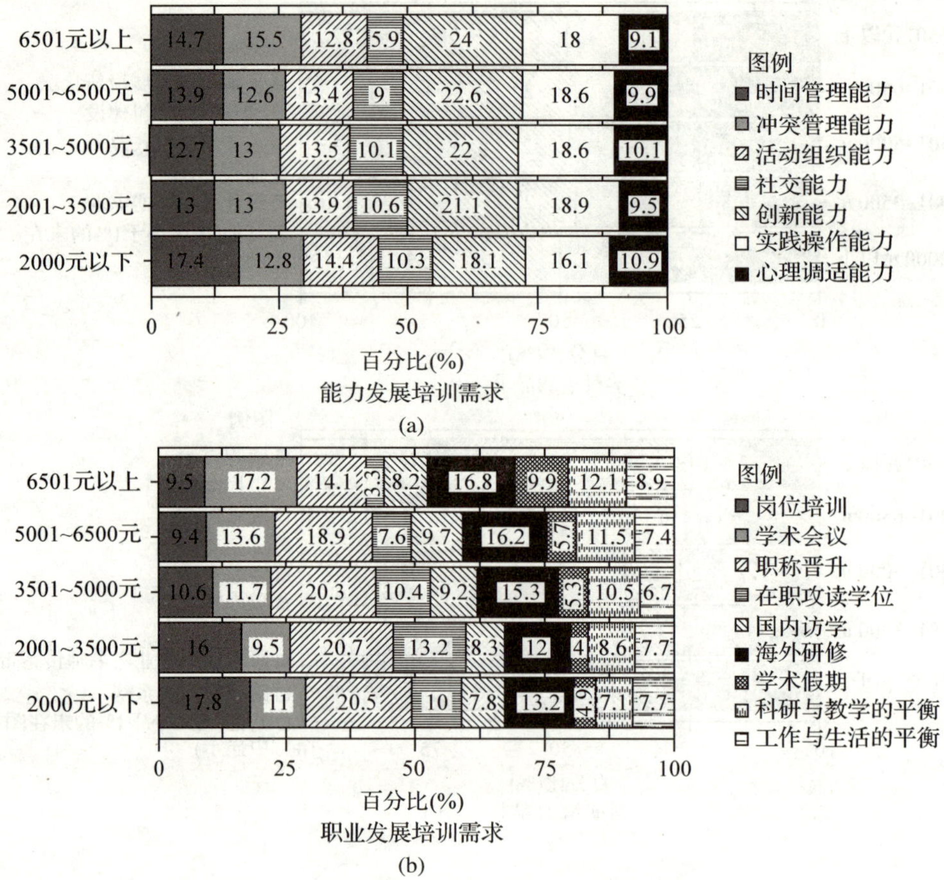

图 3-4-50　不同月收入教师能力发展培训需求与职业发展培训需求

(三)结论

根据不同性别、教龄、专兼职、学校层次、学历、职称、专业、承担课程门数、每周授课学时、月收入水平和收支情况等人口统计学变量的百分比差异比较，初步掌握民办高校教师的培训需求，结论如下。

第一，男女教师最需要的教学培训都是专业知识进修和参加行业活动的机会，女教师的需求大于男教师的需求。男女教师最需要的学科建设培训是了解行业发展最新状况和参与专业学科建设培训，女教师更需要前者，男教师更需要后者；男女教师最需要的科研帮助是资金支持和选题讨论。男女教师最需要的能力发展培训是创新能力和实践操作能力培训，女教师的需求强于男教师；

男女教师最需要的职业发展培训是职称晋升，男教师的需求强于女教师。

第二，教龄越高的教师对新教学理念的培训需求比例越高，教龄越低的教师对教学技能与方法培训、老教师有针对性的指点与帮助的需求比例越高。教龄最高的教师对开发实践教学环节项目、与行业企业开展产学研合作等方面的需求比例最高，教龄最短的教师对指导学生社会实践方面的培训需求比例最高，教龄介于二者之间的教师对参加行业活动机会的需求最高。随着教龄的增长，教师学科建设需求由参与专业学科建设到了解行业发展最新状况再到人才培养模式改革；各年龄段教师最需要的科研帮助都是资金支持，但高教龄和低教龄教师最需要选题讨论，中间教龄教师最需要发表支持。各教龄段教师最主要的能力发展需要都是创新能力和实践操作能力培训，低教龄教师职业发展上最需要职称晋升的帮助，高教龄教师最需要学术会议的帮助。

第三，不同教学身份教师的学科建设培训需求不同，全职教师最需要了解行业发展状况培训，双肩挑教师最需要人才培养模式改革培训，校外兼职教师最需要参与专业学科建设的培训；各教学身份教师最需要的科研帮助是资金支持，除此之外，管理者兼课教师对发表支持培训有较大需求，其他教师对选题讨论培训需求较大。各教学身份教师的能力发展培训需求一致，都最需要创新能力和实践操作能力培训；校内教师的职业发展需求最需要职称晋升培训，校外兼职教师最需要学术会议培训。

第四，本科学校教师和专科学校教师的课堂教学培训需求一致，都最需要专业知识进修和教学技能和方法培训；教学实践培训最需要的培训也都是参加行业活动的机会。除此以外，本科学校教师还比较需要开发实践教学环节和项目，专科学校教师需要与行业企业开展产学研合作。本科学校教师和专科学校教师的学科培训需求不同，本科学校教师最需要参与专业学科建设的培训，专科学校教师最需要了解行业发展最新状况的培训；本科学校教师和专科学校教师的科研需求都集中在获得资金支持。本科学校教师和专科学校教师的能力发展需求主要是创新能力培训和实践操作能力培训；职业发展培训需求主要是职称晋升，除此之外，本科学校教师比较需要海外研究培训，专科学校教师比较需要岗位培训。

第五，随着教师学历的提高，课堂教学方面最需要的培训由教学技能与方法培训，到专业知识进修，再到新教学理念培训；各学历教师的实践教学培训最需要的都是参加行业活动的机会。随着学历的提升教师的学科培训需求由人才培养模式改革培训，到了解行业发展最新状况，再到参与专业学科建设培训；科研培训需求由选题讨论，到发表支持培训。各学历教师的能力发展培训都最需要创新能力培训；随着学历的提升，职业发展培训由岗位培训，到职称晋升，再到海外研修培训。

第六，职称较低的教师在课堂教学培训方面更需要专业知识进修，职称较高教师更需要新教学理念培训；职称最高的教师在实践教学方面更需要与行业企业开展产学研合作培训，其他职称教师更需要参加行业活动的机会。无职称、中级职称和副高级职称教师的学科培训需求主要是了解行业发展最新状况，初级职称教师最需要参与行业学科建设培训，正高职称教师最需要人才培养模式改革培训；各职称教师的科研需求主要是资金支持。各职称教师的能力发展需求主要是创新能力培训和实践操作能力培训；无职称、初级职称和中级职称教师职业发展培训最需要职称晋升培训，副高职称和正高职称教师最需要海外研修培训。

第七，各学科教师课堂教学培训最需要教学技能与方法培训和专业知识进修；哲学、法学学科教师实践教学培训最需要开发实践教学环节和项目培训，农学学科教师最需要实践教学基地和平台培训，其他学科教师最需要参加行业活动的机会。哲学教育学学科教师的学科培训需求主要是人才培养模式改革培训，医学、农学、管理学、经济学、工学学科教师最需要了解行业发展最新状况培训，文学、法学、艺术学、理学学科教师最需要参与专业学科建设；各学科教师的科研需求主要是资金支持。大部分学科教师的能力发展培训最需要创新能力培训，但农学学科教师最需要冲突管理能力培训；各学科教师职业发展培训最需要职称晋升培训。

第八，承担课程门数最少教师的课堂教学培训需求主要是教学技能与方法培训，承担较多教师主要需求专业知识进修；承担不同课程门数的教师的实践教学培训需求主要是参加行业活动的机会。未承担课程的教师的学科培训最需要人才培养模式改革培训，承担 2～4 门课程的教师最需要参与专业学科建设培训，承担 1 门或 5 门及以上课程的教师最需要了解行业发展最新状况培训；承担不同课程门数教师科研培训最需要的是资金支持。承担不同课程门数教师的能力发展需求主要是创新能力培训和实践操作能力培训；职业发展培训需求主要是职称晋升。

第九，每周承担授课学时教师的课堂培训需求主要是专业知识进修，不承担学时教师的主要需求是教学技能与方法培训；每周承担授课学时最多和较少教师的实践教学培训需求主要是参加行业活动的机会，授课学时中等教师的主要需求与行业企业开展产学研合作。承担学时量中等教师的学科培训需求主要是人才培养模式改革培训，承担学时量较多教师主要需求参与专业学科建设机会，承担学时量较少教师主要需求了解行业发展最新状况；每周承担不同学时教师科研培训需求主要是资金支持。每周授课学时较少教师的能力发展培训需求主要是创新能力培训，学时较多教师主要需求实践操作能力培训；每周承担不同授课学时教师的职业发展培训需求主要是职称晋升。

第十，月收入最低教师的课堂教学培训需求主要是教学技能与方法培训，月收入最高教师主要需求新教学理念培训，中等收入教师主要需求专业知识进修；月收入较低教师的实践教学培训需求主要是参与行业活动的机会，月收入较高教师主要需求与行业企业开展产学研合作。不同月收入教师的学科培训需求主要是了解行业发展最新状况；月收入最少教师的科研培训需求主要是选题讨论，月收入较多教师主要需求资金支持。不同月收入教师的能力发展培训需求主要是创新能力培训；月收入较低教师的职业发展培训需求主要是职称晋升，月收入最高教师主要需求参加学术会议。

附录

2015年中国民办教育研究述评

改革开放三十多年来，民办教育在“增加教育供给、改善教育公平、提高教育效率、扩张教育自由、减缓就业压力、推动教育创新”等方面为我国教育发展做出了重要的贡献，并逐渐成长为影响我国教育进程的关键力量。今年是《民办教育促进法》颁布实施的第14年。这十多年来，特别是《国家中长期教育改革和发展规划纲要(2010—2020年)》实施六周年以来，民办教育事业发展总体情况良好，形成了高水平、宽领域的快速发展势头，信誉度、品牌度与社会关注度大幅提升，对促进教育改革发展、丰富教育形式和拓宽人才培养途径的作用进一步凸显，极大地满足了我国人民日益增长的教育需求。

目前，我国民办教育发展整体而言既面临良好机遇，也存在不少困难和挑战。对近年来我国民办教育研究情况进行概括总结，有助于积累经验教训、正视问题，在此基础上开创民办教育事业新局面。下文拟从民办教育可持续发展研究、民办教育政策研究、民办教育治理研究、民办教育产权研究、民办学校融资研究、民办学校分类管理研究、民办学校教师研究、民办学校学生研究八个方面分别展开论述。

一、民办教育可持续发展研究

我国民办教育二十年来取得了巨大成绩，诞生了一批有特色和高质量的民办学校，但从总体来看，民办教育质量还有待提高。在市场经济条件下，民办教育同任何一种产品一样，没有高质量就没有广阔的市场，也就无法拓展自身生存的空间。民办教育发展的外部环境固然存在许多不尽如人意之处，但其发展的关键无疑取决于内部因素，民办学校自身管理和教学做好了，就会为自身发展创造一个良好的内部环境，同时促进外部环境向更积极方向发展。因此，“以质量求生存，以特色求发展”仍是民办教育永恒的主题。这一点已经成为大家的共识。

一是民办教育可持续发展瓶颈问题研究。我国当前民办学校面临的竞争呈现出多种态势，竞争对手不断增多、竞争强度不断加大、竞争领域不断扩展。从宏观层面来看，生源数量萎缩与质量下降、转型期市场经济不健全、社会传统观念的束缚成为制约民办学校发展的社会环境影响因素；从中观层面来看，政策制定存在缺陷、政策执行不力、政府管理中存在问题成为制约民办学校办学水平提升的制度性因素；从微观层面来看，民办学校的逐利性动机和理念、法人治理结构不完善、管理人员素质不高成为制约民办学校办学水平提升的自身原因。民办学校所处的大环境以及自身存在的一些先天缺陷成为制约民办学校内涵发展的关键因素，但当前国家对民办教育大力扶持的政策、大众化时代各级教育的扩张等因素均为民办学校发展提供了良好的发展机会，而灵活的办学机制、多样的办学类型、强大的发展主动性和驱动力等因素则是民办学校自有的内生优势。

二是民办教育可持续发展实施路径研究。我国民办学校在经历了复兴起步、规模壮大的外延式发展阶段后，亟须加速进入内涵个性发展的第三阶段。要彻底实现发展战略转型，就必须解决多年来制约民办学校发展的诸多困境，包括生源剧减背景下不公平竞争导致的生存空间日益缩小、教师流动频繁与教学质量长期难以改观、财力支撑单一与多方融资有限导致发展资金不足、模糊的身份定性使教育投资者谋求长远发展的信心不足等问题。新型人才培养的客观需要、教育需求的多元化和教育供给的差异化，也要求民办学校必须调整自己的办学行为，以特色教育来回应社会发展对民办教育的需求。目前，为民办学校所独有、难以被公办学校等竞争对手模仿的东西还不多，唯有民办体制，以其灵活、高效的管理为公办学校所望尘莫及。因此，民办机制是影响民办学校核心竞争力形成的核心要素，而坚实的资源保障机制、科学的管理合力机制、效益至上的经营机制、敏捷的市场反应机制、严格的质量保障机制、完善的服务供给机制和持续的创新机制则是民办学校形成核心竞争力的必要条件，是民办机制在核心竞争力形成过程中的具体表现。

二、民办教育政策研究

为贯彻落实教育规划纲要，我国政府出台了一系列促进民办教育发展的政策措施，地方各级政府也都纷纷出台相关措施，民办教育迎来了良好的发展契机。这些政策在赋予民办教育以合法地位、保证民办教育的规范发展、引导民办教育的特色发展等方面发挥了重要作用。但也应当看到，我国民办教育发展的制度设计还不够完善，法人属性、产权归属、学校权利、师生权益、会计制度、合理回报、优惠政策、市场监管、政府服务等难点问题亟待寻求解决办法，迫切需要政府、学校与社会各方面通力合作，继续加强对民办教育的政策研究。

一是民办教育政策问题研究。近年来我国民办教育政策发展取得了明显的成效，政策文本得以不断充实与完善、政策基调实现从“合法—限制—规范—扶持”的良好转型、政策内容赋予和加强了民办教育的合法性。这些政策法规解决了长期制约民办教育改革与发展的关键问题和主要矛盾，但与此同时，一些政策理论与政策实践难点问题在逐步显现。在政策理论方面，难点问题主要包括：一是法人属性定位造成的地位不平等问题；二是相关法规相互矛盾的问题；三是举办者财产权益难以保障的问题；四是民办学校法人财产权难以落实的问题；五是民办学校师生权益保障问题；六是民办学校税费减免问题。在政策实践层面，存在的问题主要包括：一是办学实践者对改革喜忧参半；二是办学回报诉求未得到明确回应；三是土地财税贷款等扶持政策落实难；四是落实办学自主权时遇阻滞；五是民办学校师生获得感不明朗；六是基层对改革推进方式有疑虑。

二是民办教育政策改进路径研究。我国民办教育已经进入一个新的发展阶段，之前以“规范”为基调的政策在促进民办教育发展的同时，也存在政策滞后、缺乏全局考虑以及全国“一刀切”等问题。针对民办教育政策发展过程中存在的政策内容不明确、政策主体中政府角色定位不恰当、政策执行效果不理想和政策模型转变缓慢等问题，民办教育政策也应做出相应的调整。我国未来的政策基调应逐步转向“鼓励”与“扶持”，并将改革重点放在五个方面：一是合理调整政策目标实现稳定规模与提升质量并进；二是有效发挥政策主体的职能实现多元利益主体参与的教育治理；三是增强政策效应推进营利性和非营利性民办学校分类管理；四是加强政策监测与评估完善政策执行过程；五是通过合理的政策价值选择实现教育的公益性与营利性双赢。

三、民办教育治理研究

民办教育的管理有别于公办教育的管理，建立一套自我办学、自我管理、自我制约和自我发展的民办教育管理体制至关重要。在民办教育管理体系中，政府层面应重在提供制度支持重点在于加强民办教育法制建设、完善民办教育公共政策和深化教育管理体制改革；社会层面要重在创设配套环境重点在于完善生产要素市场、健全教育中介组织和改善舆论环境；学校层面重在增强内原动力重点在于确立组织使命、明确治理方向、完善法人章程、规范治理行为。

一是民办教育外部管理体制研究。在民办学校教育管理体制方面，现行的管理体制存在政府干预失范、管理制度制约民办教育发展的问题。在管理体制上，我国民办学校存在法律地位不清、管理机构不完善、办学自主权不足、投资产权欠明晰的问题；在办学体制上，民办学校存在教育培养体系衔接不够，“双证互通”规模小、障碍多，“政产学研用”结合还处于尴尬境地等问题；在投融资体制上，民办学校存在投融资渠道单一、经费来源不稳定、公共财政扶持不到位、财务支出结构不合理等问题。民办学校制度优化需要遵循公共教育政策均衡性、制度竞争环境公平性、资源配置制度效率性、内部运行制度激励性等一系列原则，并把握好以下几个原则：对政府来说要实现角色转变框定管理边界、降低管理成本、转变管理方式、提高管理效率，实现由“全能”走向“有限”、由“权利”走向“责任”、由“利益”走向“中立”、由“划桨”走向“掌舵”这四个方面的转变。民办学校自身应该积极探索建立现代学校制度、解决内部管理问题，将政府的普遍性制度要求和自身的实际制度建设结合起来，积极探求特色并使之具备文化的内涵。除此之外，市场应该在资源配置中发挥决定性作用，企业应该在学校发展中发挥需求导向作用，社会中介组织则应该在整合社会资源方面发挥纽带作用。

二是民办教育内部治理体系研究。在民办学校内部治理与权力制衡关系方面，由于内部缺乏有效的监督机制与制衡关系，容易出现权力集中现象，例如校长权力集中化、董事会权力过于膨胀等问题。当前，我国民办学校内部治理问题的症结可归结于四个方面：民办学校“是什么”的法人属性不清；民办学校“归谁所有”的产权制度不明；举办者、利益相关者“做什么”的权责利关系不顺；政府“管什么”的角色定位不细。随着国际上“共同治理”理念的流行，民主决策将成为民办学校共同治理结构的核心价值和必然选择，其内部管理体制亟须摆脱个人治理、家族治理而走向共同治理。我国未来迫切需要突破法人属性、产权制度、举办者权益及政府监管等政策瓶颈，改进民办学校尤其是非营利性民办学校的内部法人治理结构，完善理(董)事会决策机制和校长负责制，改进学术组织建设，建立利益相关者共治机制。

四、民办教育产权研究

近年来，无论是在民办学校的现实发展过程中，还是在民办学校的理论研究中，产权问题一直是个极具争议并且悬而未决的问题。基于产权具有排他性、可分解性、约束和激励功能、可分割可交易及其本质是人与人之间的社会经济关系等，在理解法人属性、学校产权和有关概念的基础上，还需要深入开展后续研究。

一是民办教育产权制度问题研究。民办学校产权问题是近年来民办教育研究中的一个核心问题，产权不清的问题一直困扰着民办学校的发展。民办学校的产权问题具有一定的特殊性，产权不因法律而产生和存在，却由于获得法权形式更为明确、更能确认和保护，并使产权纠纷、矛盾的解决更有依据、更有成效。我国民办学校产权不清、结构不科学、不能进行市场交易等问题制约了民办学校发展。《民办教育促进法》虽然对民办教育的存在形式、地位等问题做了详尽的法律界定，但是对民办教育的法人和产权属性尚未做出明确规定，我国相关的法律、法规对该问题也没有做出较为一致、明确的解释。因此，完善相关的法律法规，成为民办教育工作者最强烈的愿望。建立健全完善的法律法规、妥善落实民办学校法人财产权，是当前和今后一个时期教育行政主管部门和民办学校自身所面临的共同任务。

二是民办学校产权问题的对策研究。产权主体的明晰是产权问题能否得以妥善处理的关键，还会进一步促进产权中各种权益矛盾的化解。要使民办学校摆脱产权关系不明晰的状态，迫切需要在法律上界定以下问题：一是明确界定民办学校不同性质资产的所有权；二是要明确界定民办学校终止时清偿债务后剩余财产的分配办法；三是明确负债民办学校资产监管的主体及其责任。在产权归属问题上，应该是多元而不是单一的；在产权分配问题上，应当坚持“学校优先发展”“所有权与使用权分离”“比例风险与比例收益”“股权与股息相区别”四大原则；在产权结构问题上，应当建立多元化的产权结构；在资产清算原则上，国家对民办学校的投入形成的财产和民办学校受赠形成的财产应由审批机关统筹安排，用于发展民办教育事业；由举办者出资形成的财产，应返还举办者。

五、民办学校融资研究

民办学校在自身发展过程中面临的最突出的问题是发展经费的短缺。现有民办学校中，基本上要么依靠学费积累缓慢滚动发展，要么依靠银行贷款或其他形式的融资而实现快速壮大，其实质都是依靠学费还债，社会捐资办学和民间实际出资办学极少。由于难以吸引民间资金和社会资源真正进入民办教育，导致民办学校教育教学、设施设备和人才队伍建设等方面缺少足够的经费保障，影响了民办教育的发展。

一是民办学校政府财政资助研究。我国民办学校的外部融资主体是以企业、个人为代表的民间资本。由于国家财政支持教育发展的能力十分有限，而且主要用于公办学校，目前未能惠及民办学校。有学者认为，既然民办教育事业属于公益性事业，政府支持民办学校发展就是天经地义的，并不是政府只能支持“非营利性”民办学校而不能支持“营利性”民办学校。我国民办教育专项资金配套制度建设相对缓慢，且各级政府设立的专项资金数额与民办学校的需求差距很大。开展对民办教育专项资金设立的现状、使用的范围、涉及的对象、发挥的作用、存在的问题以及如何进一步完善专项资金制度建设等研究，对促进民办教育的发展将产生积极影响。其中，国家专项资金应主要用于支持贫困地区、边远地区和少数民族地区民办教育发展，扶持高质量有特色民办学校发展等；县级以上地方人民政府可设立专项资金，在民办学校基本建设、设施设备、教学科研、教师保障、学生资助等方面给予补助和奖励。

二是民办学校社会融资问题研究。近年来，我国民办学校教育成本随着学校发展壮大、办学层次的提升和学科门类的多元化而逐步提高，办学结余正逐年减少，靠学费积累、采用内部融资发展民办学校的模式会变得越来越困难。由于民办学校社会捐赠、举办者实际投入、政府资助和学校其他产业开发等渠道的经费来源较少，导致民办学校在较低水平上运转、在较慢速度上滚动前行。在促进民办教育融资的过程中，政府的责任在于完善法律体系，创造良好的促进融资的制度环境，给民办学校必要的融资政策倾斜。对于民办学校而言，则要加强自身品牌建设，吸引社会捐赠，并可根据自身的特点有选择的发行教育债券、设立学校产业基金和发行股票。我国可建立基于"双重属性"的民办学校资本双轨运作机制，确立适应民办资源"类特色"的办学定位，探索资本转化的生命周期规律，放大异质性资源的结构优化价值，构建创新驱动的资源孵化转移机制，优化民办学校资源转化的制度环境，实现现有资本"循环再生"的积极效应。

六、民办学校分类管理研究

建立营利性、非营利性民办学校分类管理制度是我国近期一项重要的民办教育制度顶层设计。在改革推进过程中，分类管理试点遇到的问题倒逼着民办教育分类管理政策的出台，这些政策法规解决了长期制约民办教育改革与发展的关键问题和主要矛盾，尤其是对民办学校实施分类管理所做的专门规定，切中了民办教育诸多问题的要害。与此同时，民办学校分类管理是一项系统工程，在价值理念上既要坚持教育公益性、公平发展、自由选择、利益不损、分步推进等原则，在实践中也要遵从稳扎稳打、循序渐进的策略。

一是分类管理改革存在的问题研究。总的来看，推进民办教育分类管理的意义及作用是明显的。与此同时，我国民办教育本身的复杂性、多样性、诉求多元化特点，加之分类管理改革本来涉及理论探索、制度设计、法律修订、社会环境营造等诸多因素，决定了这一改革势必遇到各种各样的难题。分类管理目前主要面临着六个方面的问题：一是办学实践者对改革喜忧参半；二是办学回报诉求未得到明确回应；三是土地财税贷款等扶持政策落实难；四是落实办学自主权时遇阻滞；五是民办学校师生获得感不明朗；六是基层对改革推进方式有疑虑。还有学者则从分类管理改革试点的个案研究出发，提出民办教育发展的关键在于制度上的理顺、整合、设计与创新。试点分类管理实践中存在分类标准界定难、分类改革推进难、配套政策落实难等棘手问题，导致政策的稳定性和持续性不够；非营利性导向则可能会导致投资办学者退出办学，压缩了民办教育的投入资源。

二是民办教育分类管理的推进路径研究。实施营利性和非营利性民办学校的分类管理是民办教育发展瓶颈的重要利器，这已成为学界、政府和社会的基本共识。如何制定科学合理的改革方案和完善的政策体系，在营造市场化环境、赋予学校最大话语权、降低政策普惠门槛、织就规范运行防护网等重点环节着力，并在类别精细化与管理规范化上做好文章，是稳步推进我国民办学校分类管理改革的迫切任务。新常态下稳妥推进民办教育分类管理的着力点包括：一是完善制度环境，激发分类活力；二是实行分类分配，激活发展潜力；三是强化分类支持，放大政策普惠效应；四是推进简政放权，赋予学校最大话语权；五是保障师生权益，凝聚改革正能量；六是兜住监管底线，织就规范运行的防护网。此外，新常态下稳妥推进民办教育分类管理可以考虑以下方式：新校新办法，在存量调整上要有长期的过渡性措施；借鉴公司注册制度，借鉴医疗改革、养老机构改革经验，建立最低注册资本制度和风险保证机制；扩大捐赠免税范围；引入战略投资者，鼓励兼并或重组民办学校；实施政府赎买制度；允许自由选择办学类型乃至退出办学领域。

七、民办学校教师研究

在民办教育领域，落实民办学校教师与公办学校教师的同等法律地位、构建民办学校教师的权益保障机制、稳定民办学校教师队伍，一直是民办学校发展的重中之重。与公办学校相比，民办学校出于自身建校时间短和教学资源紧缺等消极原因，为了加速发展，往往将精力和资源集中在基础设施建设上，而对于滞后的教学管理理念、不合理的教学管理队伍结构、不稳定的教学队伍、有限的培训进修机会、不完善的教学管理制度等内容缺乏关注，如不加以优化，就会制约民办学校提高教学质量和培养人才目标的实现。

一是民办学校教师权益保障研究。民办学校教师权益保障，是营利性与非营利性学校发展共同关注的问题。在《民办教育促进法》颁布之前，民办师生发展和权益保障问题研究较少，之后相关研究逐年增多。我国民办学校教师权益实现过程中的主要问题有社会地位不高、身份编制不明、待遇保障不足、职称评定困难、参与学校民主管理受限，并存在观念歧视、体制排挤、政策夹击、权利侵害、权益难保障等问题。有学者提出，既然学生没有公办、民办之分，教师也就不该有公办学校、民办学校之分，保障民办学校教师权利政府责无旁贷。我国应当依法建立和落实教师的各项社会保障制度，深化社会保障制度改革，做到公办学校与民办学校社会保障制度的相互衔接或者转换，最终实现公、民办学校教师的双向流动，保障教师的合法权益。

二是民办学校教师队伍建设研究。由于投资规模和资金来源等因素的限制，我国民办学校的办学层次普遍较低，教师流失率高，对人才吸引力低；教师年龄结构大多呈现“葫芦型”的特点，兼职教师和退休教师比例过大，导致无法形成合理的教师梯队。民办学校亟须加强对教师培养机制的构建，努力构建一支高素质、高水平、结构合理、优势互补的教师队伍，“以教促学、以学促教、教研结合、以师兴校”。一是政府要加大对民办学校教师培养的政策支持力度；二是学校自身要加大经费投入，创建完善的培养机制，建立分阶段的梯级成长模式，加大科研引领与学术交流，提升教师整体素质；三是教师本人应积极参与，做好职业生涯规划，提高培训积极性和参与度。

八、民办学校学生研究

人才培养是衡量学校办学水平和质量的首要指标，也是一所学校在社会得以立足和发展的生命线。民办学校尽管存在诸多劣势，但与公办院校相比，在办学体制上具有较大的优势。民办学校的管理体制和运行机制比公办学校更灵活，在专业设置和学科设置上拥有较大的自主权，可以根据培养目标进行相应的调整。因此，在人才培养过程中可以较好地适应市场的变化，以社会需求为导向来培养人才。

一是民办学校学生权益保障研究。近年来，在全国范围内发生了不少与民办学校学生权益保障相关的诉讼案件在我国当前民办教育快速发展的过程中，民办学校学生合法权益的保护问题值得充分关注。我国民办学校学生权益保障的主要问题有：在国家资助政策、交通优惠、医疗保险、评奖评优等方面未能享受与公办学校学生同等的待遇；部分地方对民办学校学生的文凭和学历存在歧视等。我国应落实民办学校学生与公办学校学生的同等法律地位，在入学、升学、转学、学籍、学习、表彰及国家经费补助等方面享受与公办学校学生同等待遇。此外，为了降低民办学校的办学风险和有效保护民办学校学生的合法权益，政府部门应当逐步建立并推行民办学校风险保证金制度，即在民办学校建校之初和存续期间设立保证金，专项用于学校遇到困难或危机时处理学生退学、转学和教师工资等遗留问题。

二是民办学校学生发展研究。随着我国民办学校规模的扩张，如何通过创新人才培养模式来提高教育质量问题日益凸显。当前，不少民办学校热衷于照搬公办学校的办学与人才培养模式，无视自己师资水平与办学条件较低的现实。这种"照搬病"与"攀高症"带来的严重后果是"大专不专""高职不职"，这也是民办学校毕业生就业领域不宽的重要因素。我国民办学校受到自身办学实际、生源特点、生存环境的特殊性限制，直接套用现有的培养模式显然是不合适的。民办学校想要突出重围、依靠自身特色持续发展，就必须对人才培养的模式进行深入了解、深入挖掘。民办学校应根据自身定位和民办学校特点构建人才培养模式，并遵循效率性、适应性、多样性、兼容性、阶段性、灵活性、创新性、发展性等基本原则。例如实施"错位发展"，创建品牌特色专业；加强产学研合作教育，提升学生实践创新能力；依托地方产业，增强毕业生行业竞争力；深化学分制改革试点，全面提高人才培养质量等。

结语

作为重要学术问题和重点现实问题，民办教育研究已取得相当丰硕的研究成果，尤其在明晰法人属性、明确产权权益、实行分类管理以及获取合理收益等方面，已有研究体现出前期理论基础好、成果数量多等特点，一方面为后续研究准备了有待辨析的理论概念和亟须剖析的现象，另一方面提供了所涉体制机制、扶持政策、学校治理、外部服务、师生发展、推进策略等一系列基本问题的线索。不过对现有成果的立足点和研究方法应持辩证的态度，既应看到研究的进步之处，也应看到当前研究的不足之处。

第一，从研究内容来看，政策研究较少，服务政策决策的对接性待增强。

政府是发展民办教育的关键力量，民办学校诸多问题的根源在于其历史发展方式，但是解决这一问题的关键在于顶层法律制度的健全，这就决定了民办教育对政策支持和法律法规保障的依赖。由于种种原因，已有研究大多处于理论探讨层面或因为不了解政策制定的基本要素和程序，不清楚政策制定者真正面临的抉择，多提出学理性建议，真正服务决策、影响决策的研究少。为此，无论是民办教育的发展轨迹研究还是教育决策咨询研究，民办教育政策研究都非常必要，特别是目前我国民办教育正处于先试先行以点带面的试点发展阶段，各个地方的民办教育发展水平差异较大，政府扶持力度和政策保障参差不齐。通过对民办教育的政策比较研究，特别是各省基于《民办教育促进法》及实施条例基础上的民办教育政策比较分析，不仅有助于研究者对民办教育更加深入系统地认识，同时，也可以为地方决策者提供决策参考。

第二，从研究方法来看，学理性研究较多，实证性研究不足，工具开发和运用力度有待加大。

研究者的研究方法相对单一，在涉及概念界定、产权归属方面，现有的研究大多思辨说理的成分较高，偏规范、轻实证，较少涉及实地调研、数据采集与分析。具体而言：一是多数相关研究重理论轻实证。尽管国内相关研究成果十分丰富，绝大多数文献都仅采用了思辨研究方法，较少采用实证研究方法。即便一些采用了实证研究方法的成果，也存在方法适切性不够、工具设计不合理等问题，导致研究结果的信度、效度都大打折扣。二是衡量指标和大数据库建设缓慢。目前，对民办教育分类政策的评估指标体系尚未建立，也缺乏全国民办学校基本信息库，许多研究结论缺乏资料和数据的支持。未来研究需重视实证研究方法的应用与规范研究方法的有机结合，加大对民办教育的实证研究，深入民办学校多调研、多考察、多采集数据，用科学数据和真实案例佐证民办教育存在的实际问题，增强研究的科学性。

第三，从研究区间来看，现状研究较多，历史研究不够，关注学段呈现“一边倒”的趋势。

现有有关民办教育问题的研究，大部分都是基于民办学校的问题现状，面对民办学校的发展历史以及不同类型治理结构的成因研究，则显得不够。不少研究“就事论事”，套用单一理论模式，缺少文化背景和历史深度。另外，学者的关注点在各学段间分布不均衡，研究主题向民办高等教育呈现“一边倒”的趋势。在未来的民办教育研究中，在各学段、各类型的民办教育领域展开全面的、深入的研究，并将研究视角从关注表面问题拓展到深入分析内外部因素对民办教育现状的影响，使得研究成果更加具有合理性、真实性和时效性，并能为政府相关决策提供科学依据。

参考文献

[1]陈金秀．论中国民办高等教育可持续发展的教育策略[J]．中国成人教育，2015(4)．

[2]董圣足．新常态下民办教育治理新走向[N]．中国教师报．2015(6)．

[3]董圣足．对民办学校实施分类管理需要智慧和耐心[J]．教育发展研究，2015(7)．

[4]丁昭，李臻．民办高校教学管理队伍专业化探析——评《高校教学管理创新研究》[J]．当代教育科学，2015(10)．

[5]段仁启，杨丽霞．民办高校青年教师专业发展水平研究[J]．教育与职业，2015(7)．

[6]范绪锋．民办学校分类管理改革难在哪[J]．教育发展研究，2015(1)．

[7]巩丽霞．民办高校分类管理的地方政策比较分析与建议[J]．高校教育管理，2015(3)．

[8]郭会宁，边国栋．民办高校实践教学活动周的教学效果评价研究[J]．教育评论，2015(4)．

[9]韩芳．中外合作办学对民办高校英语教学的启示[J]．中国教育学刊，2015(1)．

[10]贺春英，潘春英．民办高校外语信息资源建设有效性研究[J]．黑龙江高教研究，2015(2)．

[11]胡天佑．新形势下民办高职院校发展的困境及求解[J]．高教探索，2015(3)．

[12]胡卫．深化办学体制改革 促进民办教育发展[J]．教育与职业，2015(11)．

[13]黄藤．民办高等教育可持续发展的政策演进：必须坚持开放性原则

[J]. 浙江树人大学学报(人文社会科学版), 2015(3).

[14]李桂荣, 郝连儒. 民办高校构建现代大学制度的困境[J]. 教育与职业, 2015(5).

[15]李维民, 李瑾. 民办高等教育专项资金制度建设[J]. 现代教育管理, 2015(12).

[16]李清刚. 民办教育公共治理的缺失与重建[J]. 教育理论与实践, 2015(11).

[17]李莹莹, 潘奇. 民办高校探索"小规模、高质量"发展模式的路径与策略[J]. 中国高等教育, 2015(12).

[18]刘建银. 民办学校产权问题研究: 一个基于案例、理论和法律制度的综述[J]. 教育科学, 2015(12).

[19]刘曼琴. 官员参与民办高校治理: 法规与现实的悖论[J]. 高教探索, 2015(2).

[20]刘珍. 营利性民办学校制度建设的探索——以温州民办教育改革为例[J]. 中国教育学刊, 2015(12).

[21]刘忠, 刘成立, 陈雪莹. 民办高校实践育人体系建设的路径研究[J]. 长春大学学报, 2015(10).

[22]柳珂. 地方民办教育可持续发展研究[J]. 教育与职业, 2015(11).

[23]卢彩晨. 经济论: 当代高等教育哲学的必要基础[J]. 教育研究, 2015(11).

[24]罗腊梅. 民办高等教育政策变迁研究[D]. 西南大学, 2015.

[25]马鹏巍. 民办院校管理体制创新研究[D]. 沈阳: 辽宁师范大学, 2015.

[26]明航. 民办学校产权研究综述[J]. 职业技术教育, 2008(9).

[27]秦惠民, 杨程. 我国民办高等教育投资政策的调试与嬗变[J]. 清华大学教育研究, 2015(3).

[28]任芳. 我国民办高校融资问题研究[D]. 西北大学, 2015.

[29]孙霄兵. 民办学校的依法治理[J]. 中国高教研究, 2015(2).

[30]潘留仙, 陈文联. 论非营利性民办高校约束机制的构建[J]. 中国高教研究, 2015(3).

[31]潘奇．对我国民办教育政府扶持体系建构路径的分析[J]．复旦教育论坛，2015(4)．

[32]田继万，骆登宇．完善民办教育政策法规[J]．群言，2015(11)．

[33]孙霄兵．民办学校的依法治理[J]．中国高教研究，2015(11)．

[34]盛振文，安波，王素琴．创造可持续竞争优势　实现民办高校可持续发展[J]．中国高等教育，2015(10)．

[35]盛振文，李建，徐会吉．民办高校可持续竞争优势动态系统模型构建与机理分析[J]．山东社会科学，2015(6)．

[36]宋丽娟，蒋荣．民办高校创新创业教育的优化——以江西服装学院为例[J]．复旦教育论坛，2015(5)．

[37]宋静．民办高校就业困境与对策研究——以高校转型为视角[J]．教育理论与实践，2015(30)．

[38]沈逸君，王芳．民办高校学生就业竞争力提升的非智力因素策略[J]．江苏高教，2015(1)．

[39]唐立波．民办高校青年教师培养机制的构建[J]．高教探索，2015(3)．

[40]覃红霞．民办高校与政府关系的反思与重构[J]．江苏高教，2015(6)．

[41]屠海波．民办高校在转型发展中的定位研究[J]．吉首大学学报(社会科学版)，2015(12)．

[42]王波，李小琴．教育公益性与资本逐利性的冲突与共生——民办高校对社区利益公司制度的借鉴[J]．高教探索，2015(1)．

[43]王海桥．公共治理视角下的民办高校管理模式探索[J]．贵州社会科学，2015(12)．

[44]王慧英，黄元维．建构新型校企合作模式的逻辑选择与实施策略——辽宁省部分民办高校探索"应用技术型大学"建设的逻辑示范[J]．黑龙江高教研究，2015(1)．

[45]王强．民办与公办学校间教师流动的新制度主义分析[J]．教师教育研究，2015(3)．

[46]王蔷馨．新形势下民办高校教学管理"内涵式"发展与思路转变[J]．江苏高教，2015(6)．

[47]王庆如．民办高校办学水平提升策略研究[D]．陕西师范大学，2015．

[48]王文源．破解三大发展难题培育民办教育发展新动力[N]．人民政协报，2015-11-25.

[49]王贤德，邱小健．民办高校产权问题研究述评[J]．浙江树人大学学报（人文社会科学版），2015(7).

[50]翁伟斌．民办学校特色建设发展思路探析[J]．中国教育学刊，2015(12).

[51]吴华，章露红．对民办学校分类管理“国家方案”的政策风险分析[J]．中国高教研究，2015(11).

[52]吴文刚，周进．从资源到资本：民办高校资源转化机制构建[J]．高等工程教育研究．2015(7).

[53]宣飞霞．民办高校“团学工作”对策研究——基于对民办高校团委书记的调查[J]．中国青年社会科学，2015(3).

[54]徐辉．民办教育五问[J]．群言．2015(11).

[55]徐绪卿．民办高校治理须紧紧抓住五个着力点[J]．教育发展研究，2015(9).

[56]徐绪卿．大学治理与民办高校的着力点[J]．浙江树人大学学报，2015(9).

[57]杨树兵．关于提升民办高校核心竞争力的战略和政策研究[D]．苏州大学，2015.

[58]杨淑平，刘翠兰．民办高校不同个体特征教师能力差异及提升策略[J]．当代教育科学，2015(9).

[59]杨光岐．民办高校大学生素质教育的思考与探索——以郑州工业应用技术学院为例[J]．中国高教研究，2015(9).

[60]尹晓敏．构建民办学校学生合法权益的保障机制[J]．浙江树人大学学报．2015(1).

[61]查明辉．民办高等教育发展模式转型的必要性：市场化到社会企业化[J]．湖北社会科学，2015(1).

[62]曾文婧，秦玉友．城镇化背景下低端民办学校的发展困境与发展能力建设[J]．教育发展研究，2015(2).

[63]张利国，袁飞．民办高校分类管理中政府职能的重塑[J]．黑龙江高教研究．2015(10).

[64]张义清，尹瑾．公办高校与民办高校“划界立法”机理分析[J]．湖南社会科学，2015(4).

[65]赵军山．凝心聚力是民办高校生存和发展的基础——对民办高校人才战略的思考[J]．中国教育学刊，2015(2).

[66]郑双花．当前我国民办高校战略转型面临的五大困境[J]．教育探索，2015(3).

[67]钟秉林．设立国家民办教育发展专项资金[J]．教育与职业，2015(11).

[68]祝珣，马文静．多元文化教育视角下流动儿童生活满意度的研究——以北京市民办学校为例[J]．中国教育学刊，2015(3).

[69]周海涛．民办学校分类管理改革如何推[J]．教育发展研究，2015(8).

[70]周海涛，施文妹．完善民办高校法人治理结构的难题与策略[J]．江苏高教，2015(7).

[71]周海涛，张墨涵．如何突破民办高校筹资的困境[J]．国家教育行政学院学报，2015(2).

[72]邹淑俐．民办高校自考助学学生的群体心理引导——社会互动论的视角[J]．教育学术月刊，2015(2).

后记

2015年，在总结《中国民办教育发展报告2012》《中国民办教育发展报告2013》《中国民办教育发展报告2014》的编撰经验的基础上，北京师范大学民办教育研究团队调整了发展报告撰写的思路和框架，积极收集、梳理和分析数据，经过近一年的努力，于2016年下半年完成了《中国民办教育发展报告2015》。

《中国民办教育发展报告2015》立足于当前我国教育综合改革背景，以及民办教育发展所面临的热点和难点问题，通过尽可能全面、系统的选题，呈现出我国当前民办教育领域师生发展的现状，为进一步推进以提高质量为根本、以特色发展为核心的民办教育发展提供理论依据和实践参考。

本报告的策划着重突出定量研究的规范化运用，讲究以数据说话，同时通过量化的数据直观、清晰地呈现当前我国民办教育发展中的热点与难点问题。报告坚持改革导向、问题导向、政策导向，在研究方法上着重突出实证研究，既有全国和跨省域性质的大范围调研，又有集中于学校层面的教师发展、学生培养等微观层次的考查，由此得出的研究结论也具有一定的借鉴意义。

本报告是研究团队共同劳动和集体智慧的结晶。全报告具体分工为：周海涛、钟秉林负责全报告的结构和框架，提出报告的研究思路和编写大纲，主持审稿、统稿和定稿工作；第一部分“民办高校师生发展总报告”，由周海涛、张墨涵、罗炜撰写；第二部分“民办高校学生发展报告”，由张墨涵撰写；第三部分“民办高校教师发展报告”，由马艳丽、郭二榕撰写；附录“2015年中国民办教育研究评述”，由朱玉成、周海涛撰写；图表由罗炜绘制。全报告由周海涛进行多轮调整完成统稿，张墨涵、刘永林、马艳丽、郭二榕等参与修订、校对、排版工作，方芳、李虔、景安磊、史少杰、闫丽雯等参与了前期材料的收集整理。

本报告得到教育部发展规划司特别是民办教育管理处的一贯指导和大力支持，受到教育部社会科学司和北京师范大学的科研经费支持。北京师范大学出版社高度重视该项工作，组织精干力量，高质量地完成了本书的出版工作。在研究过程中，北京师范大学和教育学部的领导、高等教育研究所的同事们给予大量的指导和帮助。同时，本报告借鉴了许多同行专家的精到见解和宝贵意见，吸收了部分省市民办教育改革和发展的创新成果。在此，向本研究所有的支持者们，向参与本报告编写的同志们，以及对本报告给予帮助和指导的领导、专家们表示衷心感谢！

由于时间和水平有限，加之人力和数据资源等限制，报告编写中可能会存在一些疏漏与不足，恳请广大读者予以批评指正。

编委会

2016 年 6 月

图书在版编目(CIP)数据

中国民办教育发展报告.2015/周海涛，钟秉林主编.—北京：北京师范大学出版社，2017.1
ISBN 978-7-303-21779-3

Ⅰ.①中…　Ⅱ.①周…②钟…　Ⅲ.①社会办学-研究报告-中国-2015　Ⅳ.①G522.74

中国版本图书馆CIP数据核字(2016)第307750号

营销中心电话　010-58805072　58807651
北师大出版社学术著作与大众读物分社　http：//xueda.bnup.com

ZHONGGUO MINBAN JIAOYU FAZHAN BAOGAO 2015
出版发行：北京师范大学出版社 www.bnup com
北京市海淀区新街口外大街19号
邮政编码：100875
印　　刷：北京中印联印务有限公司
经　　销：全国新华书店
开　　本：787 mm×1092 mm　1/16
印　　张：20.5
字　　数：340千字
版　　次：2017年1月第1版
印　　次：2017年1月第1次印刷
定　　价：78.00元

策划编辑：陈红艳　　　责任编辑：郭　瑜
美术编辑：王齐云　　　装帧设计：王齐云
责任校对：陈　民　　　责任印制：马　洁